国家文化产业资金支持媒体融合重大项目

21世纪高等职业教育精品教材·投资与理财专业

个人理财实务

（第三版） Geren Licai Shiwu

高泽金 郑兴 主编

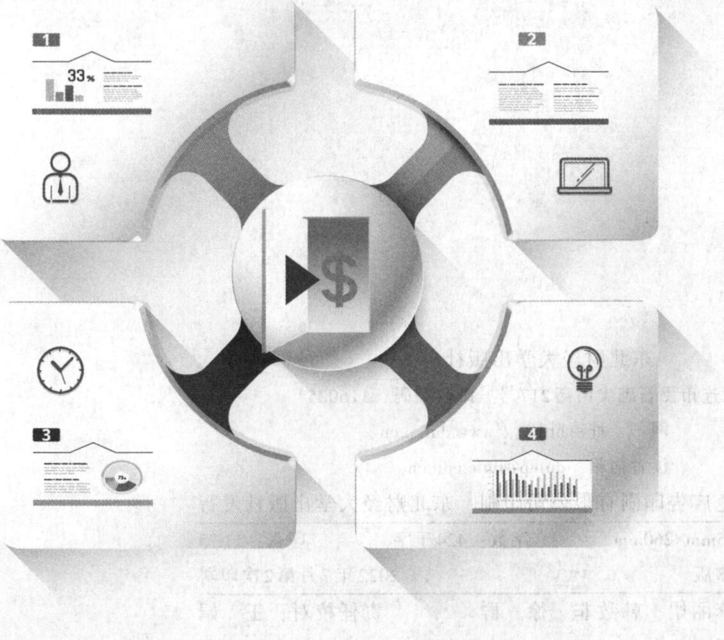

东北财经大学出版社
Dongbei University of Finance & Economics Press
大连

图书在版编目（CIP）数据

个人理财实务 / 高泽金，郑兴主编. —3版. —大连：东北财经大学出版社，2021.9（2022.7重印）

（21世纪高等职业教育精品教材·投资与理财专业）

ISBN 978-7-5654-4314-5

Ⅰ. 个… Ⅱ. ①高… ②郑… Ⅲ. 私人投资-高等职业教育-教材 Ⅳ. F830.59

中国版本图书馆CIP数据核字（2021）第170956号

东北财经大学出版社出版

（大连市黑石礁尖山街217号 邮政编码 116025）

网 址：http://www.dufep.cn

读者信箱：dufep@dufe.edu.cn

大连永发彩色广告印刷有限公司印刷 东北财经大学出版社发行

幅面尺寸：185mm×260mm 字数：424千字 印张：17.75

2021年9月第3版 2022年7月第2次印刷

责任编辑：李丽娟 韩敌非 徐 群 责任校对：王 娟

封面设计：冀贵收 版式设计：钟福建

定价：42.00元

教学支持 售后服务 联系电话：（0411）84710309

如有印装质量问题，请联系营销部：（0411）84710711

出版说明

高等职业教育是我国高等教育体系的重要组成部分。大力发展高等职业教育，培养大量的高等技术应用型人才，是实现高等教育大众化目标的必然选择。而要实现这一根本任务，迫切需要解决的问题之一就是教材问题。

为满足教学需要，近年来东北财经大学出版社投入了大量资源开发财经类及相关专业高职教材，取得了阶段性的成果，在相关领域积累了丰富的经验，并经过多年的市场检验，树立了一定的市场认可度和品牌影响力。“21世纪高等职业教育精品教材·投资与理财专业”就是我社在此基础上开发的更为完善、更加实用的新型教材。

本系列教材是为了满足投资与理财等相关专业不断增长的教学需求，从财政金融大类的套系中剥离细分出来的，目前已开发了多个品种，并已陆续更新，主要包括《期货投资实务》《商业银行经营管理实务》《证券投资基金》《证券投资分析》《公司理财实务》《货币银行学》《保险实务》《筹资实务》《个人理财实务》等。

本系列教材具有如下特点：

1.本系列教材力求贯彻落实教育部关于高等职业教育教材建设的最新要求，以就业为导向，以培养高端技能型人才为目标，在内容选择和体系安排上，理论知识“适度、够用”，并将学历教育与职业资格认证考试相结合，结构合理，既能为学生的专业学习打下坚实的基础，又能满足其将来从事相关岗位和个人发展的基本要求。

2.本系列教材的作者均从教学一线严格遴选，既具有较高的学术水平，又具有丰富的教学和实践经验，从而保证了教材能够紧跟投资与理财专业领域的最新发展情况，及时修订、完善，且定位准确，内容丰富，实训到位，具有很强的科学性、实用性和指导性。

3.本系列教材均配有课程资源包，主要包括电子课件、电子教案、教学视频、微课、配套习题及参考答案等，以方便教学使用，改善教学效果。

高等职业教育的发展日新月异，这就需要教材与时俱进，不断改革和创新。东北财经大学出版社作为一家专业性、开放式、国际化的财经教育出版机构，一直致力于教材的改革和创新，与时俱进地不断推出具有我国高等职业教育特色的新型教材。期待广大专家、学者和读者朋友们继续给我们提出宝贵的意见建议，使本系列教材通过修订不断完善，并与我国高等职业教育的改革和发展始终保持同步。

东北财经大学出版社

第三版前言

理财是人的通识能力，财商像智商、情商一样，深刻地影响着人的一生。每个人都应该学习理财并掌握理财的基本技能。

学习理财知识和技能，首先要认知所有可以为我们所用的理财工具，还要学会以科学的方式在人生的每个阶段合理安排收支，积累更多的财富。

理财还是一个冉冉升起的行业。我国社会积累的百万亿元级的居民财富需要足够专业的理财工具和理财服务，这就造就了一个巨大的、新兴的理财行业。这个行业，需要大量的从业者，也需要在高校中进行大量的人才储备和培养。

即便对理财的学习需求十分明显，但编写“个人理财实务”的教材并不容易。“个人理财实务”教材须涵盖金融、会计、经济、管理等诸多领域，全面综合了高等职业院校财经类专业学生学习中所涉猎的金融学、证券投资学、保险学、房地产金融学、国际金融学等诸多课程学习的基础，而且对不同课程知识的整合度较高。

本教材以居民家庭理财规划为主要服务目标，包含投资规划和生活规划两大类内容。投资规划不仅包括证券投资规划，如股票、债券、基金和期权等金融工具的规划，还包括外汇、黄金等方面的投资规划。生活规划包括现金规划、储蓄规划、消费信贷规划、房地产规划、保险规划、税收规划、个人税收规划等诸多方面。

尽管涉猎的专业知识较多，但在编写过程中，我们试图打破“以学科为中心”的教学体系，建立以“职业能力”为核心的内容体系，以“项目—模块—任务”这一逻辑体系，强化工作技能的培养和提高。在具体的学习目标上，分别强调了知识目标和技能目标，知识目标强调的是“应知”，技能目标强调的是“应会”。我们试图通过这种方式，处理好学生就业、创业和职业可持续发展的关系，以保证就业，同时培养学生的创业精神。

为加强学习的互动性，在第三版教材中，我们强调了对学习者学情的分析和对学习效果的检验，并注重引导学习者进行学习分享。在重点项目之前，设有“我的认知”板块，以促进学生对这一项目的了解，引导他们提前思考，确定学习目标。在项目结束后，引导学习者检验自己的学习效果，并将学习过程通过文字、图片、视频进行多种形式的分享，鼓励大家把学习分享的网络资源以二维码的形式呈现在教材中。

此外，本教材还有配套的电子课件、课程标准、教学大纲、微课、教学视频、案例库、习题库等丰富的教学资源，供教师参考。其中，讲解14个核心知识点的微课和相关视频以二维码的形式呈现在教材中，以方便开展信息化教学。

本教材由武汉软件工程职业学院高泽金副教授、郑兴副教授担任主编，武汉软件工程职业学院张利科老师、佘有缘老师、尹慧玲老师担任副主编。本教材的编写分工为：高泽金负责编写项目一、项目二、项目六、项目七和项目九，郑兴负责编写项目三、项目四、项目五、项目八，张利科、佘有缘、尹慧玲共同编写了项目十。在本教材的编写过程中，我们得到了许多兄弟院校以及相关企业的大力支持。此外，我们对不少学者的研究成果进行了综合借鉴，在此谨对相关作者表示感谢！

由于编者水平有限，书中难免有疏漏和不足之处，恳请各位专家和读者批评指正。若有建议，请在“大学双创”公众号后台留言。

编　者

2021年7月

目　录

项目一　个人理财意识的确立

财商，是一个人与金钱打交道的能力，是理财的智慧。

——罗伯特·清崎

学习目标	
重点及难点	
模块一 模块二 模块三	认识财商与个人理财 确定个人理财的目标和步骤 个人理财的主要内容及工具
项目小结 思考与练习 项目实训	

学习目标

【知识目标】

1. 理解个人理财的意义，树立正确的理财观念；
2. 掌握个人理财的目标，理解个人理财的原则，掌握个人理财的基本步骤；
3. 了解个人理财的主要内容，认识主要理财工具。

【技能目标】

1. 具备财商意识；
2. 能够判断个人理财的错误观念；
3. 能够描述个人理财的基本步骤；
4. 能够描述主要的个人理财工具。

【思政目标】

1. 理解居民理财需求增长与改革开放伟大成就的关系；
2. 理解理财意识的确立与“中国梦”伟大征程的关系。

重点及难点

重点：个人理财的目标；个人理财的基本步骤。

难点：个人理财工具的特性。

案例导入

20多岁的你刚迈出学校大门，在你的心里有着远大的理想和对今后生活的美好憧憬，在你的面前有着众多的机遇和绚烂的生活，事业起步，需要积累你人生第一桶金，人生第一次置业——买房，甚至是买车也要在此阶段筹划，虽然有压力，但你无所谓，因为你拥有人生最宝贵的资本——年轻。

30多岁的你经过10年的打拼积累了一定的社会经验，事业开始快速发展。同时，家庭的组建，小宝宝的诞生，房屋贷款的支出，更新住房和交通工具的需求使你的消费能力进一步增强。事业的发展和消费能力的增强进一步加大了对钱的需求。作为人生最精华的10年黄金成长期，确实很忙。虽然要面对这些问题，但你认为开源第一，发展才是硬道理。

40多岁的你踏入"财富积累期"，人到中年，从前的投资、工作的晋升、事业上的成就为自己带来了可观的收入进账，但同时作为家庭支柱的你上有老下有小，事业迈上巅峰的同时，压力也不断加大。"真累啊！要是再干几年退休享受人生就好了。"也许忙了一天的你会蹦出这样一个平时根本没时间去考虑的问题。但退休时要有多少钱才能使自己生活有保障，让自己过得既幸福又有尊严呢？

50多岁的你已经面临退休了，经过几十年的奋斗，现在的你最为富有。看着大半辈子积攒下来的钱，你有时不禁想，这么多钱应该要干些什么吧！可是邻居张老先生股市的"悲惨损失"又困扰着你。股市有风险，现在又听说国家在调控住房，房产投资也有风险，究竟用这些钱做什么好呢？

60岁的你退休了。虽然自己攒了一些钱，但物价一天比一天贵，年纪大了，从不上医院的你偶尔也会上医院了。收入减少了，但支出一点儿也没少。本来计划退休后要经常出去旅游的，因为钱的原因只好减少或取消了。钱到用时方恨少，这时你才深深体会到这一点……

理财看似很难，其实只不过是一种个人或家庭的规划。理财的目的是指导我们如何用好我们的钱，尽量使个人及家庭的财务状况保持最佳的状态，从而提高生活质量，让我们更好地生活。如何有效地使用每一分钱，如何及时地把握住任何一个投资的好机会，是理财的关键所在。同时，理财与我们每个人的生活息息相关，理财不是富人的专利，而是我们每一个人的权利！

模块一　认识财商与个人理财

任务1　财商的认知

一、财商的含义

进入21世纪以来，财商的概念席卷全球。财商已经与智商、情商一起，成为人们口中的"三商"。所谓财商，英语是Financial Quotient，简称FQ，简单地说就是一个人认识金钱和驾驭金钱的能力，体现的是一个人理财的智慧。"财商"一词的提出者罗伯特·清崎说过："财商与你挣了多少钱没关系，它是测算你能留住多少钱以及能让这些钱为你工作多久的指标。换句话说，如果随着年龄的增长，你的钱仍然不断地给你买来更多的自由、幸福、健康和人生选择的话，那么意味着你的财商在增加。”理解了这个定义，我们就会发现，我们培养学生财商的目的绝不是想让他们成为拜金主义者，而是想让他们懂得正确认识金钱以及如何运用金钱的规律，让他们去创造财富，使自己能够过上富足、自由的生活。

财商是一个人判断金钱的敏锐性，以及对怎样才能生成财富的了解。它被越来越多的人认为是实现成功人生的关键。财商和智商、情商一起被教育学家列入了青少年的“三商”教育。财商教育最好的非犹太人莫属。说起犹太人，一般会想到的国家是以色列，其实，犹太人的渗透力和生存力非常强，全球经济圈中的很多精英都是犹太人，比如美联储前主席格林斯潘，全球外汇、商品和股票投资家索罗斯，纽约市市长、彭博新闻社创办人布隆伯格……

二、国外的财商教育

1. 犹太人注重延后享受

犹太人进行财商教育最重要的一点，就是培养延后享受的理念。所谓延后享受，就是指延期满足自己的欲望，以追求自己未来更大的回报。这也是犹太人成功的最大秘诀。他们会告诉孩子：“如果你喜欢玩，就需要你去赚取所需要的自由时间，这需要良好的教育和学业成绩。然后你可以找到很好的工作，赚到很多钱，等赚到钱以后，你可以玩更长的时间，玩更昂贵的玩具。如果你搞错了顺序，整个系统就不会正常工作，你就只能玩很短的时间，最后的结果是你拥有一些最终会坏掉的便宜玩具，然后你一辈子就得更努力地工作，没有玩具，没有快乐。”这是犹太人延后享受的最基本的例子。

在犹太人的财商教育思维里已经融入了现代社会的价值观，个人的一生是其规划的范围，个人追求和个人资源都要有理性规划，其最高目标是幸福的一生，财商是其规划的总体理论。我们以犹太财商教育的精髓思想为核心，为中产阶级归纳出了青少年财商教育的三个方面：掌钱能力、赚钱能力、财富知识。

视频1

犹太人的致富金律

2. 法国人强调学会花钱

法国的克里夫妇两年前曾给他们的一对龙凤胎儿女各自设立了3 000欧元的“独立账户”，时下儿子的账户上仅剩下1 800欧元，而女儿的账户上却还有2 500欧元。克里夫妇并没有据此简单地批评儿子、表扬女儿，而是对他俩的消费情况作了具体的分析：儿子尽管在两次消费中有“超前”之嫌，但多数消费合情合理，他享受到了理应享受的生活乐趣；相反，女儿近来总是“勒紧腰带过日子”，连必需的学习用品也舍不得买，更不用说娱乐享受了，因而从总体来说她的生活质量远不如弟弟。克里夫妇对儿女作了针对性极强的指导，让两个孩子明白：要学会做金钱的主人，而不是金钱的奴隶。这是克里夫妇正在进行的“家庭理财课程”的教育。事实上，法国孩子的“家庭理财课程”早在三四岁就开始了。那时的孩子刚刚有“数”的概念并初步知道了加减法，已经懂得了如何区分不同金额的钱币，明白了金钱与购买之间的“有机关系”，孩子们第一次得到的零用钱可能仅为1~5欧元，从拿到这笔“小钱”开始，法国的父母就会鼓励他们正当、合理地进行消费，当然，在消费之前免不了给他们出点儿主意。

3. 日本家长不“赏钱”

日本人教育孩子的名言是：除了阳光和空气是大自然赐予的，其他一切都要通过劳动获得。许多日本孩子在课余时间，都要到校外参加劳动赚钱。与美国不同的是，日本学校在金钱教育中强调的是一种责任感。日本教育家认为：在家庭教育中，孩子的家务劳动是孩子应尽的义务。如果孩子干完活后要报酬的话，这就是对家庭关系的扭曲。有的家长因为孩子学习好而赏钱，这无疑是一种贿赂。孩子是否完成家庭作业、学习成绩的好坏、能否升入名牌学校等，同家长给孩子零花钱之间并没有什么必然的联系，这是教育中必须正视的问题。

4.美国家长循序渐进教理财

美国父母教孩子理财有一套循序渐进的规则。孩子3岁时，父母会用寓教于乐的方式，告诉他金钱的重要作用，并且告诉他金钱来之不易。到了4岁，父母会让孩子知道钱的面额，并让他知道，钱虽然有用，但不能自己想要什么就买什么，必须有所取舍。到了5岁，父母开始告诉孩子哪种面额的钱可以买到哪种东西，以及钱是从哪儿来的。孩子6岁时，父母会让孩子进一步认识金融货币，并学习简单找零，练习点数目很多的零钱，并让他知道在处理财务时会遇到许多困难。孩子7岁时，父母会帮孩子认识标价，以及寻找打折品。8岁时，父母让孩子了解他们可以做额外的工作来赚钱，例如，让孩子在家门口放一个茶水摊，路过的大人一般都乐于惠顾，他们并不是为了饮用，而是为了鼓励孩子的劳动。同时，父母会教孩子如何学着存钱，因为他可以拥有一个储蓄账户了。家长会带他去银行，开一个监护账户，要他知道银行的地点，告诉孩子他可以定期去存钱，而且保管这个存折。到了9岁，父母会让孩子简单地制订一周的花钱计划，并让他学着货比三家。10岁时，在孩子每花一笔大钱之前，父母会让他从小将钱存起来，积少成多。11岁时，孩子基本上知道了买家与卖家的关系，有了对电视广告的正确认识，并可以试着在银行进行定期存款。12岁的孩子已经有能力管理自己的零用钱了，这时父母会帮助他们做预算，有计划地花钱。例如，孩子想要买一个芭比娃娃，父母就会先帮助他做预算，每周存钱，直到足够买一个芭比娃娃为止。父母认为让孩子意识到为得到某些物品而储蓄是很重要的，并且孩子应该知道如何去储蓄和使用这笔钱。如果他在周末的下午发觉自己已没有钱可用，那不妨就让他在下周身无分文，这样他就会懂得责任和结果，知道用钱时应该谨慎。

视频2

四步提高财商

任务2 个人理财的认知

理，管理；财，财富。理财就是管理自己的财富。

随着经济的发展，近年来，理财日益成为人们规划未来生活不可或缺的部分，并走进了每个人的日常生活。到底什么是个人理财呢？所谓个人理财就是通过对财务资源的适当管理来实现个人生活目标的过程，是一个为实现整体理财目标设计的统一的互相协调的计划。具体地讲，个人理财是在对个人收入、资产、负债等数据进行分析整理的基础上，根据个人对风险的偏好和承受能力，结合预定目标运用诸如储蓄、保险、股票、基金、债券、住房投资等多种手段管理资产和负债，合理安排资金，从而在个人风险可以接受的范围内实现资产增值和最大化的过程。

一、为何进行个人理财

1.有助于获取和保有财富

个人和家庭财富的积累需要一个过程，但理财可以加速我们富裕的过程，从无到有，从少到多，实现原始财富的积累与财富的进一步增值。

这个世界上有一些人轻松获得财富，例如中奖，但70%的人会在2年内花光所有的奖金，因为他们不懂得理财。这个世界上也有很多人辛苦一辈子积累一笔财富，但却在一夜之间化为乌有或者大幅缩水，这也是因为他们不懂得合理投资和理财。科学地理财，审视自己的资产分配状况及承受能力，根据专家的建议或自己的学习，调整资产配置与投资结构，使个人或家庭的财务状况处于最佳状态，实现个人和家庭资产收益的最大化，这也是进行理财的主要目的之一。

2.规避生活中的风险，保障生活的安稳和安全

天有不测风云，人有旦夕祸福。人生中有太多的意外和可能的灾难，有些你能够应付自如，但是有些却让你承载不起。一场疾病或者意外的灾难就可能使你和你的家庭一贫如洗，彻底改变你和家人的人生和生活；当你出现意外时，你年迈的父母是否老有所养，年幼的子女是否能顺利成长。因此，我们要有给自己的风险寻求保障的意识，通过科学合理地分配财产的投资类型，把自己和家人的风险让保险公司来承担，从而规避生活中的意外和经济风险，保障生活的安稳和安全。

3.实现人生的财务自由，获得更加有品质的生活

假如你有几个月不工作，或者自己的公司没有什么业务，你还有收入吗？每个人都有自己的理想，可是有多少人能够实现自己的理想呢？一想到生活的重负，我们就不得不把那个美丽的梦紧紧收藏。从生活的经历来看，大家并不认同“金钱是万能的”，但一定会认可“没有金钱是万万不能的”这个道理。如果我们有足够的金钱，就可以实现人生的财务自由，我们就可以撇开并不喜欢的工作，去做一些自己感兴趣的事，获得更加有品质的生活。

个人如果不理财可能会导致我们非理性消费，浪费辛苦挣来的血汗钱，而这些钱本来可以用在其他方面，使我们的生活更加美好；也可能会导致投资的收益偏低，甚至任凭通货膨胀吞噬我们的财富；不理财可能会导致我们投资不当，损失惨重，也可能因为上面的原因导致我们个人或家庭财务陷入困境，从而极大地增加我们的生活压力，损害自己的健康；不理财可能会让我们丧失许多机会……

为了获取和保有个人财富，规避生活中的风险，保障生活的安稳和安全，实现人生的财务自由，获得更加有品质的生活，从现在起，大家就必须学习理财。

二、何时进行个人理财

我们的回答是：现在！

在您开始阅读本书的时候，就要准备开始理财啦！树立投资理财的意识和学习投资理财的知识，是理财的第一步。

实际上，开始投资理财的时间应该越早越好！在国外，许多小孩从他们入学时就开始进行理财方面的学习和培训，一些富翁更是如此，他们唯恐自己的孩子无法继承自己的巨额资产，或者成为浪荡子，于是强迫自己的孩子学习理财知识，效果很显著。相对来说，中国的孩子则缺乏这些理财观念的灌输。实际上，从小树立正确的理财观念，培养正确的理财习惯对一个人的成长非常有帮助，年轻时的理财观能够决定一个人的后半生。

现在就理财吧！

在说明趁早开始理财的优势之前，我们需要了解一个财务管理中非常重要的原理，即

货币时间价值原理。所谓货币时间价值是指货币经历一定时间的投资和在投资中所增加的价值。理财与有钱与否没有直接的联系，而且要强调的是理财越早开始越好，因为复利的力量是非常大的。我们用简单的事例来说明货币时间价值。

一对双胞兄弟A和B，A从22岁时开始每年存2 000元，存到30岁后不再存钱，等到60岁再支取。B从28岁时开始存钱，每年存2 000元，一直存到60岁再支取。假设在年利率为10%时，如表1-1所示，支取时A比B多拿29 404.35元。

表1-1 A和B投资收益明细表

	A	B
存款	22~30岁，每年存入2 000元	28~60岁，每年存入2 000元
总共存入	9年共存入18 000元	33年共存入66 000元
支取时间	60岁时	60岁时
支取本息和	473 907.44元	444 503.09元
相差	A比B多29 404.35元	

注：$M_A=2\,000\times[(1+10\%)^9-1]\div10\%\times(1+10\%)^{30}=473\,907.44$（元）

$M_B=2\,000\times[(1+10\%)^{33}-1]\div10\%=444\,503.09$（元）

我们知道了时间的神奇后，也就了解了同样的资金在5年前投资和5年后投资的回报将会完全不同。同时，我们对通货膨胀对金钱的腐蚀作用也要有清醒的认识。假如你有100万元，在年通货膨胀率为4%时，如果你不理财，使其保值、增值，那么经过18年的时间，原来的100万元就仅仅相当于现在的不到50万元了。所以，你要趁早投资理财。

任务3 树立正确的理财观

一、正确的理财观

个人理财，首先是观念问题。许多人都认为，挣到手里的钱才是自己的钱，而自己的钱就是供自己花费的，或者存起来，或者随便投资，其实这样的观念已经落伍了。下面我们来讨论一些必须要明确的理财观念。

1. 普通老百姓也可以理财

一般大众认为“理财是富人、高收入家庭的专利，与自己的生活无关”，也有一些工薪阶层或中低收入者总抱着“有钱才有资格谈理财”的观念，认为每月固定的薪水应付日常生活开销就所剩无几，哪有余财可理呢？理财不只是有钱人的专利，而是任何人都必须学会的一门技巧和方法。事实上，影响未来财富的关键因素，是投资报酬率的高低与时间的长短，而不是资金的多寡。投资理财是与生活息息相关的事，普通老百姓也需要理财，毫不夸张地说，个人理财已成为我们每个人生活中不可缺少的部分。

2. 不要奢求一夜暴富

每个人对财富的追求和对真理的向往一样正当。但是近年来，随着消费主义的甚嚣尘上，社会风气渐趋浮躁，一些急功近利的人幻想着一夜暴富，想通过迅速攫取巨额财富来扭转自己的社会地位。君子爱财，取之有道，要想获取财富，首先要有正确的财富观。个人理财是一个长期过程，需要时间和耐心，不可能一夜暴富。

3.理财不是印钞机，而是追求合理、稳定的收益

个人理财应该将资产的安全性放在第一位，盈利性放在第二位，我们要将生活保障（现金、债券、住房、汽车、保险、教育）与投资增值（股票、实业、不动产）合理分开。投资增值是一种长期行为，目的是使生活质量更高，不要因为投资而降低目前的生活质量。投资资金应该是正常生活消费以外的资金，用这样的闲钱投资，投资人才会保持一个良好的心态。理财是追求合理、稳定的收益，要抵制过高的投资回报率的诱惑，任何过高的投资回报率的项目都是值得怀疑的。

4.理财能力来自学习与实践的积累

为什么收入相当的人，有的人可以过得很好，而且还有一定的积蓄，而有的人却过得一塌糊涂，每个月都是入不敷出呢？这就是理财的作用。每个人都不是天生的理财大师，理财需要不断学习和实践。经过一段时间的努力，你就会悟出一条适合自己的理财之路。

5.不能把希望都放到一个项目上

在个人理财的过程中，适当的投资有可能会带来意想不到的惊喜，但是也有投资并没有得到相应回报的可能。在投资的过程中，有一个关系一定要处理好，那就是“鸡蛋”和“篮子”的关系。把鸡蛋都放到一个篮子里，有可能利润会非常高，但是，一旦发生意外，个人的投资本金将会损失巨大。

一般个人投资理财，千万不能把希望都放到一个项目上，高利润的背后，是巨大的投资风险。个人理财应该是多元化、多视角的投资。以股票投资为例：有的人只是把买股票作为理财的方式之一，一年下来股票涨涨跌跌，总会有一些合理利润；而有一部分人，梦想一下子腰缠万贯，把所有的积蓄，都买一只股票，如果遇到熊市，操作不当，所有美妙的幻想瞬间变成泡影。

知识链接1-1

收益的衡量

理财的目的之一是获得收益，而任何投资都是有风险的，所以收益和风险是理财的最重要的两个特征。

衡量投资收益的主要指标是投资收益率。其计算公式如下：

投资收益率=（期末价格-期初价格+持有期收益）÷期初价格

收益率又可以分为实际收益率和预期收益率。实际收益率就是过去投资实际获得的收益率，可能是正值、负值或零。预期收益率是估算将来预期产生的收益率，也就是投资希望获得的收益率。

我们经常提到的年化收益率就是把当前某一期间的收益率（日收益率、月收益率）换算成一年的收益率，就是一种预期收益率，例如日利率为1‱，则年化收益率是3.65%（按照1年365天计算）。

二、常见的理财误区

1.理财就是赚钱，能赚到钱就是一切

理财是要赚钱，但是首先要在防范风险的基础上赚钱。人生要经历的内容很多，赚钱只是其中的一部分。财产保值增值是理财目标之一，但理财并非单纯为了多赚钱，从机会成本的角度考虑，“赚更多钱”的同时也有“失去更多钱”的可能。从广义上说，理财就

是善用钱财，理财成功意味着用有限的资源获得最大的效益。理财的最终目标是使财务状况处于最佳状态，从而提高生活品质。

2.理财就是做好投资，让自己的钱获得最大的收益

理财和投资是密切相关的，投资是实现理财目标的一个重要手段，尤其是对中国目前大部分还处于财富积累阶段的家庭和个人来说，投资这种手段就显得特别重要。但理财不完全等同于投资，投资只是理财中的一部分。理财的目标是实现投资主体——人的生活目标和财务自由，投资的目标是实现投资客体——钱的保值或增值。

理财不仅仅是投资，还包括了对个人从出生到死亡的一整套有关生存、活动、发展中涉及钱财事项的打理。个人理财除了投资买股票、基金，还有保险计划、税收筹划等。

个人理财的依据不仅要考虑市场环境的因素，更重要的是考虑理财的主体——人本身的各方面因素，包括个人的人生目标、财务需求、个人及家庭的基本情况、资产和负债、收入和支出等等，甚至还要考虑个人的性格特征、风险偏好、投资特点、健康状况等等。理财与投资的不同直接导致个人决策不同。

3.股票投资能赚不能赔，欲望无止境

在充满风险的股票市场中，既没有常胜将军，也没有常败士兵，关键是要随着股票市场行情的变化，采取灵活应对的策略。在股票市场大势下跌或公司受到严重损失时，不要被损失所纠缠，而应该当机立断，忍痛割爱。还有人在投资股票时，有利就要，寸步不让，每当股票价格上涨时，总是不肯果断地抛出自己手中所持有的股票；每当股票价格下跌时，又迟迟不肯买进，总是盼望股价跌了再跌。这种无止境的欲望，反倒使本来到手的获利事实一下子落空。在理财中，他们只看到高风险中有高收益，而很少意识到高收益中有高风险。

4.购买保险可以发财，买的越多保障越大

人们对保险的不正确认识有很多种，其中最普遍的一种是将保险单纯当作一种投资的渠道来看待。保险有许多功能，如获得保障、规避风险、合理避税、资产保全等等，当然保险也具有投资和储蓄的功能，但投资和储蓄的功能并不是保险的主要功能，只是一个附加的功能。现在很多人热衷购买“分红型”保险、“投资连结型”保险，认为这样的保险能够年年分红，这种观念就是保险理财的误区。我们认为保险是一种非常好的理财产品，但并不是一个短期的投资渠道，只适合于长期投资。

同时，个人和家庭在经济条件允许时也容易陷入“保险买的越多，保障越大”的误区。其实，寿险中的住院医疗、车险中的车损险和家庭财产险等，都属于多买不多赔的险种，保险公司定损也是按照实际情况确定赔偿金额。所以，购买太多保险，不仅无法提供全面保障，而且还浪费保费。

5.不是为自己理财

为谁理财？这似乎不是问题。但在实际生活中很多人都不明白必须为自己理财的道理。比如，我们最常听到的理财问题是：请问，我有一笔钱，你看我该如何理财？或者是我在银行有20万元存款，你看投资什么好？完全没有考虑他们生活中真正想要的是什么。他们其实就是在为钱而理财。

还有人在为别人理财。别人买房子了，别人买车子了，别人买基金了，所以自己也要买。还有很多人是在为孩子理财。理财的目的就是积累孩子从小学到大学阶段的

教育基金，还有孩子若干年后的结婚费用等等。我们不要忘了孩子成人后，他就是一个独立个体，他应该对自己的财务状况负责。所以，我们最后应该明确我们应该为自己理财。

模块二　确定个人理财的目标和步骤

任务1　确定个人理财的目标

一、个人理财目标的内容

个人理财目标就是在一定期限内，给自己设定一个个人净资产的增加值，即一定时期的个人理财目标，同时有计划地安排资产种类，以便获得有序的现金流。我们将个人理财的目标分为基本目标、最终目标和具体目标。

1.基本目标和最终目标

(1) 个人理财的基本目标是实现个人或家庭财务安全。个人或家庭财务安全就是要有稳定的收入来源，有基本的社会保障，有安全的现金准备，有合理的投资组合，有必要的商业保险，有固定的居住房产，还有额外的养老计划。

(2) 个人理财的最终目标是实现个人或家庭财务自由，享受高品质的优质人生。

2.具体目标

在实现个人理财最终目标的过程中，我们可以设定不同阶段的具体理财目标。具体理财目标不是一成不变的，在不同的阶段，理财目标也是不一样的。

(1) 个人理财的具体目标按时间长短可分为短期目标（1年左右）、中期目标（3~5年）、长期目标（5年以上）。

(2) 个人理财的具体目标按人生过程可分为：①个人单身期目标：开始工作到结婚之前；②家庭组成期目标：结婚到生育子女之前；③家庭成长期目标：子女出生到子女上学之前；④子女教育期目标：子女上学到子女就业之前；⑤家庭成熟期目标：子女就业到子女结婚之前；⑥退休前期目标：退休以前；⑦退休以后目标：退休以后的时期，也就是所谓的“黄金岁月”。

二、个人理财目标实现的条件

要实现个人理财目标，必须要结合个人自身的理财基础，通过一定的理财专业技能去实现目标。

1.充分认识自身的理财基础

对个人自身理财基础的认识应该从以下几个方面分析：

(1) 全面了解自身生活的必需。这主要包括基本生活条件和社会责任两个方面。基本生活条件是指个人日常的最低生活开支，如吃、穿、住、用等；社会责任是指以个人或家庭作为社会单元，社会所赋予的个人义务，如法律规定对父母的赡养和子女的抚养义务等。

(2) 明确实现人生目标所需要的物质保障程度。在基本条件得到满足后，人们要求得到社会的尊重并进一步追求人生的最终目标——自我实现。而自我实现，在不同的阶段会有不同的物质要求，因此，理财规划必须为此提供保障。

(3) 对个人的资产负债和收支情况有明确的认识，通过自己的财务状况和收支情况制定合理的理财规划。

2.应该具备理财的基本素质和技能

(1) 要有经济学的基本知识。经济学的精髓在于资源稀缺条件下的资源合理配置，也就是以较小的成本获取最大的收益。个人理财行为就是用合理的选择，使有限的资源得以发挥最大的效益。理财目标的实现离不开对经济学知识的了解，对其基本内容的掌握是进行理财规划的基本素质。

(2) 掌握会计的基本知识和技能。会计是使用专门的方法对各种经济业务进行记录、对理财结果进行计量的方法。而对于我们所拥有的，以及未来拥有的，通过会计方法对财富流量和存量的记录，客观地体现在个人或家庭的资产负债表和收支表中，可以清晰地显示自己的财务状况，进而规划出符合自己需要和能力所及的理财目标。掌握会计的基本知识和技能是个人理财的必备技能。

3.掌握金融的运作方式和手段

金融是解决资金融通的问题。我们以目标为起点，通过金融方案的制订，依据理财环境的变化，实施适合自己的资产组合。因此，掌握金融知识是进行理财规划所必备的能力。

任务2 个人理财的基本原则

一、保障第一

人的一生中经常会遇到一些无法预料的事情，可怕的是人们不知道坏事何时会发生，损失会有多大，也不知道它会持续多久，但是它一定无时无刻不存在，有些你能够应付自如，有些却让你承载不起，所以我们需要有给个人和家庭的风险寻求保障的意识。通过个人和家庭理财规划，向保险公司购买保险，把潜在的经济风险转嫁给保险公司，从而以最小的成本，规避个人和家庭经济风险，保障个人和家庭生活的安全就是个人理财的首要职责。

二、分散投资

进行投资就是为了实现个人理财目标，也就是保证投资达到预期的收益率，但是投资都有风险，风险可能影响到预期目标的实现。这就出现了收益与风险的矛盾。怎样解决或者协调这对矛盾呢？答案就是分散投资，因为分散投资可以规避风险。

分散投资就是把资金分别投入到不完全相关的投资方式上，也就是俗话说的“不要把所有的鸡蛋放到同一个篮子里”。所谓投资方式的不相关，是指一种投资的收益与另一种投资的收益没有什么关系，不会相互影响。例如，股票投资的风险与收益和房地产投资的风险与收益就没有什么依赖关系，至少关系不密切。这样做的目的就是当某种投资遭遇不测时，不会影响到其他投资，还可以通过其他投资弥补损失。最好的投资方式之间是完全不相关或者负相关，这样可以把风险降到最低。分散投资原则的根本就是考虑多种投资方式之间的收益和风险是不相关的或完全不相关的。

投资组合包括三个方面：投资工具组合、投资时间组合、投资比例组合。

分散投资的具体策略有：

(1) 不同类型的投资组合，也可以叫作资产分配、资源配置，如在储蓄、债券、股票、基金、房产之间分配资金。

（2）同类型投资的多样化组合，例如在多个股票间分散投资。

（3）全球分散投资，也叫国际分散投资，就是在不同国家之间进行投资。使用全球分散投资策略可以减少系统风险。

任务3　个人理财的基本步骤

一、第一步：设定理财目标

个人理财成功的关键之一就是建立一个周密细致的目标。如何设置自己的具体理财目标呢？

开始前，我们必须区别目标与愿望的差别。日常生活中，我们有许多愿望：我想住大房子，我想退休后过悠闲的生活，等等，这些只是生活的愿望，不是理财目标。具体理财目标必须有两个特征：①目标结果可以用货币精确计算；②有实现具体目标的最后期限，例如，3年后购买一辆15万元左右的小轿车，为小孩每月存300元的学费。

在明确了愿望和目标的差别后，我们开始进行目标的设置：

（1）列举愿望与目标。我们可以通过头脑风暴的方式将所有能够想到的愿望和目标列举出来，包括短期目标、中期目标和长期目标。不同的理财目标会决定不同的投资期限，而投资期限的不同，又会决定不同的风险水平。例如，3个月后要用的钱是绝对不能用来做高风险投资的；反之，3年后要用的钱如果不用来投资，则会失去获得更高回报的可能。

（2）筛选并确立可行的具体理财目标。审查每项愿望的可实现程度，并将其转化为理财目标。对于实现难度大、不切实际的愿望进行筛选并排除。对于筛选出的愿望要转化为一定时间可以实现的、有具体的资金量并有时间长短、优先级别的理财目标。

（3）目标分解和细化，使其具有实现的方向。制订理财行动计划就是制订达到目标需要的详细计划，如每年需要投入多少资金、每年需要达到多少投资收益等等。有些目标不可能一步实现，需要分解成若干子目标。设定子目标后，就可以知道近期努力的方向了。

当然，理财目标的设定还需要与个人、家庭的经济状况和风险承受能力等要素相适应，这样才能确保目标的可行性。同时，应根据实施的情况、具体的环境背景，适时地作相应的调整，以达到最切合自身实际的要求，最好每隔一段时间（如1年），对原来所制定的理财目标进行一次修正。

教学互动 1-1

请同学们结合个人和家庭实际情况，尝试设定一个3~5年的理财目标。

理财目标1：________________　实现的期限：________________

理财目标2：________________　实现的期限：________________

理财目标3：________________　实现的期限：________________

二、第二步：审视财务状况

审视财务状况就是整理个人或者家庭的所有资产与负债，统计所有收入与支出，形成个人或家庭资产负债表和损益表，简单讲就是摸清家底、建立档案、形成账表。

整理资产负债的过程，对于单身的个人来说一目了然，对于有些家庭可能是一件无比复杂的事情，但是每个人都必须认真仔细地完成此项任务。这些工作是投资理财活动中必不可少的过程。只有完成此项工作，个人的投资理财活动才能够做到有的放矢。

个人财产是指个人所拥有的能够以货币计量的财产、债权和其他权利，例如实物、金融产品、存款、各种知识产权、股份，如名誉、所拥有的知识等不能估值的东西不算资产。负债是指各种借贷资金，包括所有的对外债务、银行贷款、应付账单等。在整理资产和负债的过程中，我们需要对每项资产和负债进行价值的评估。评估价值必须依据两个原则：一是参考市场价值；二是评估价值必须确定在某个时间点上。价值评估的基本方法可以参考以下顺序：市场参考价（转让价）、账户余额、成本价。例如，现金、存款可参照余额评估；股票可参照当时的市场价格；房屋的价值可以参照当地同类型房屋的转让价值，也可以以购进价格进行估值。

个人收入是提出所有税款和费用后可以自由支配的所得，一般包括工资、薪金所得（工资、奖金、福利、劳动分红），经营所得，投资收益（各种利息、分红、租金）等。个人的支出主要包括日常开支、投资支出、非日常性消费。理清个人和家庭的收入支出情况，便于了解资金的流动状况，是进行理财分析的基础。

教学互动 1-2

请大家尝试填写个人及家庭月收支基本情况（见表1-2）。

表1-2　个人及家庭月收支基本情况表　单位：元

收入		支出	
1.本人工资收入		1.基本生活开支	
2.配偶工资收入		2.投资支出	
3.其他非经常性收入		3.非日常性消费	
4.投资收入		4.其他支出	
收入合计		支出合计	
每月结余（收入-支出）			

注：投资收入中除存款利息外，还包括分红和股息。

三、第三步：明确理财阶段

在进行了个人资产和负债的清理后，需要了解个人处于何种理财阶段、个人风险偏好以及风险承受能力。

1.个人及家庭生命周期

理财是个人一生都在进行的活动，将伴随人生的每个阶段。一般而言，个人的生命周期与家庭的生命周期紧密相连，都有其诞生、成长、发展、成熟、衰退直至消亡的过程，在生命周期的不同阶段有着不同的特征、需求与目标。所以，针对不同的阶段需要采取不同的理财策略。

（1）青年单身期——参加工作到结婚的时期。这一时期的收入比较低，消费支出大，财务状况是资产少，可能还有负债，甚至净资产为负。

（2）家庭形成期——从结婚到子女出生为止。这一时期家庭成员随子女出生而增加，收入以薪酬为主，支出随家庭成员增加而上升，家庭支出负担大，资产有限，年轻，可承受较高的投资风险，还存在信用卡透支或消费贷款。

（3）家庭成长期——从子女出生到完成学业为止。这一时期家庭成员数固定，收入以酬薪为主，支出随家庭成员固定而趋于稳定，子女上大学费用负担较重，收入增加而支出稳定，在子女上大学前储蓄逐步增加，可积累的资产逐年增加，要适当控制投资风险。

（4）家庭成熟期——从子女完成学业到夫妻均退休为止。这一时期家庭成员数随子女独立而减少，收入以薪酬为主，事业发展和收入达到巅峰。支出随家庭成员减少而降低，资产达到巅峰，要逐步降低投资风险，保障退休金的安全。

（5）家庭衰老期——退休以后。这一时期以理财收入及转移性收入为主，或变现资产维持生计。支出结构发生变化，医疗费用占比提高，其他费用占比降低。

2.个人风险偏好

在投资理财活动中，根据个人的条件和个性，面对风险表现出来的态度通常有四种类型：

（1）激进型：愿意接受高风险，追求高利润。

（2）稳健型：愿意承担部分风险，求取高于平均水平的收益。

（3）保守型：为了安全或获取眼前的利益，放弃可能高于一般水平的收益。

（4）极端保守型：不愿意承担任何风险，只获取在银行的基本收益。

通过以上分类，可以测评个人的风险偏好程度，为风险管理提供必要的依据。

3.风险承受能力

风险承受能力表现在两个方面：

（1）家庭财务状况，即家庭有多少资产以及预计收益用来承受投资理财所带来的风险，同时也需要明确家庭处于生命周期的哪个阶段，因为不同的阶段承受风险的能力是不一样的。

（2）心理承受能力，即个人或家庭心理上能够承受多大的风险或损失。如果个人和家庭财务状况有实力承受风险，但是心理承受能力不够，就有可能给家庭或个人造成伤害，这对投资理财是极为有害的。

四、第四步：优化资产配置

为了实现理财目标，个人仍然需要根据财务状况，参考当前所处的理财阶段及风险承受能力，对个人或家庭的资源进行合理配置。

个人可以通过家庭理财规划书的形式制订实现理财目标所必须采取的策略计划和执行方案。首先，通过对收入和支出的分析，明确可以自由投资的资本，计算出在目标实现年度内需要达到的年收益率；其次，从现行各种金融工具和金融产品中选择满足相应收益率的投资品种，并结合风险承受能力，安排它们之间的组合比例；最后，运用必要的借贷手段来帮助实现目标。

五、第五步：跟踪账户信息

在理财的过程中，必须要及时了解个人或家庭当前的财务状况及其相关信息，如各种现金活期账户的收支情况及其余额、实物资产账户的价值增减情况、投资账户的交易和收益，以及负债的变化情况等。个人跟踪账户信息的主要内容就是日常收支记账、交易记录、家庭记录等。

六、第六步：总结效果，策略调整

完成以上各种投资理财行为后，我们需要评估投资理财的成果。最为直接的衡量指标就是投资回报率，即在单位时间内，投资收益与初始投资额的比例。投资回报率是衡量投资成果的重要标志，是进行投资评估与决策的参考指标，为不同类型投资品种的对比分析提供了依据。

通过回顾和总结过去的投资理财活动，及时评估投资效果，有利于提高投资理财水平。在总结的过程中，主要的思考内容有：①检查在投资理论、理财知识方面是否有欠缺。②检查个人的心理素质是否良好。③检查个人的决策和操作是否合理、科学。④检查个人的投资理念是否产生偏差。

通过对过去理财效果的评估和自我总结，积累理财经验，发现问题和差距，并及时进行策略调整，循序渐进，最终形成个人的投资理财风格。

理财案例分析 1-1

案例介绍：王先生三十而立，三口之家的月收入是8 000元，孩子5岁，有一套小户型的房子，应该怎样制定家庭的理财目标和资产比例？

案例分析：这个答案肯定不是唯一的，因为每个家庭的情况都不相同。对于王先生的三口之家而言，正处于家庭成长期阶段，收入以薪酬为主，支出随子女出生和成长而上升，家庭支出负担大，资产有限。在考虑理财目标的时候，首先要将家庭每个月必要开支的硬目标定好，就是说这一部分钱是每个月必需的，是不能用于投资的，再把剩下的资金按照家庭阶段的理财需求进行合理安排。假设王先生的中长期理财目标主要是为子女教育提供教育资金、增加家庭保障能力，并能够筹集首付款，改善居住条件。

理财建议：将可理财资产分成四份：一份用于固定收益的投资，比如存款；一份用于可以带来长期收益的投资，比如基金定投；一份用于保障性的投资，例如为王先生夫妇购买意外伤害、住院医疗保险；最后一份可以用来做一些收益比较大的投资，比如股票，当然这部分投资的风险也就相对较高。

模块三　个人理财的主要内容及工具

任务1　明确个人理财的主要内容

个人理财的主要内容包括：现金储备和债务管理、证券投资理财、个人风险管理与保险理财、房产理财、个人税收规划、教育投资与退休规划。下面就个人理财的具体内容作进一步介绍。

一、现金储备和债务管理

一个全面的个人理财首先涉及现金、储蓄、消费和债务管理等问题，这是理财的起点。消费贯穿于个人的一生，而收入与支出却呈现出较大的波动性。所以，个人理财对现金、储蓄、消费和债务管理非常有意义，其目的在于使可用的资金保障其他理财的各项支出，并达到个人财富积累的目标。

现金、储蓄管理是对现金和流动资产的日常管理。其目的在于满足日常性、周期性支出的需求，满足应急资金的需求，满足未来消费的需求，满足财富积累和投资获利的需求。消费管理主要关注其合理性。消费的合理性与客户的收入、资产水平、家庭情况、实际需要等因素相关。在消费管理中要注意消费支出的预期、个人信用额度控制及其偿付方式。有效的债务管理应该计算好可负担的额度、再拟订偿债计划，并按照计划还清债务。

二、证券投资理财

证券投资理财是对个人资产进行有效管理和使用的核心。证券投资理财需要依赖不同的投资工具，也需要构建合理的投资组合。这些投资工具根据其期限的长短、风险收益的特征与功能的不同，主要有货币市场工具、固定收益的资本市场工具、权益证券工具和金融衍生工具。单一工具很难满足个人理财对资产流动性、收益率以及风险等方面的特定要求，所以需要了解工具的特性，通过个人投资工具的有效利用和投资组合，使我们在证券投资理财中获得满意的回报。

三、个人风险管理与保险理财

在个人理财中，个人风险的管理应该处于其他类型资产管理的前列。个人风险管理主要是通过合理地利用保险进行可保风险的管理，所以保险理财是完备理财计划不可缺少的一部分。个人参加保险是为了个人和家庭生活的安全和稳定。从这个目的出发，我们投保时主要应掌握转移风险、量力而行的原则，通过一定的步骤做出行之有效的保险决策。

知识链接 1-2

认识保险的基本功能

保险的基本功能包括风险转移和损失补偿。保险将某一单位或个人因为偶然的灾害事故或人身伤害事件造成的经济损失，以收取保费的方式平均分摊给所有被保险人，实现分散风险的职能。在投保人受到损失之后，可以根据保险合同约定的赔偿和支付方式获得一定的经济补偿（财产保险、责任保险）或者经济给付（人身保险）。

四、房产理财

房地产投资是一种长期的大额投资，除了用于个人消费，它还具有明显的投资价值。个人及家庭购买房产主要出于四种考虑：自己居住、对外出租、投机获利和减免税收。在房产理财中需要对我国的房地产法律法规和影响房地产的各种因素有一定的了解，又要明确自身的支付能力以及房地产金融的各种规定，确定合理的房地产购置方案。

五、个人税收规划

依法纳税是每个公民应尽的法定义务，而纳税人出于对自身利益的考虑，往往希望将自己的税负合理地降低并尽可能减至最少。因此，如何在合法的前提下尽量减少税负就成为个人十分关注的问题。个人税收规划对于个人来说，就是指根据政府的税收政策导向，通过经营结构和交易活动的安排，对纳税方案进行优化选择，对纳税地位进行低位选择，从而减轻纳税负担，取得正当的税收利益的活动。我国目前的个人税法结构相对简单，可以利用的策略有：利用减免税的方法，利用税前扣除的方法，利用推迟纳税时间的方法。个人在进行税务规划时要注意法律风险，需要熟练把握税法中的有关基本规定。

六、教育投资与退休规划

教育投资是一种智力投资，它不仅可以提高个人的文化水平和生活品位，还可以使受教育者增加人力资本。教育投资可以分为两类：个人自身的教育投资和对子女的教育投资。个人和家庭在进行教育投资计划时，首先，要对自身的教育需求和子女的基本情况进行分析，确定未来的教育投资资金需求；其次，要分析收入状况，并根据具体情况确定个人和子女教育投资资金的来源；最后，要综合运用各种投资工具来弥补客户教育投资来源和需求之间的差距。

退休规划是一个长期的过程，不是简单地通过在退休之前存一笔钱就能解决，个人在退休之前的几十年就要开始确定目标，进行详细的规划。提早做好退休规划不仅可以使自己的退休生活更有保障，同时也可以减轻子女的负担。

任务2 了解个人理财工具

个人理财必须投资于某些理财工具才能获得理财收益，实现资产的保值增值。任何理财工具均涉及三个方面的特性：收益性、风险性、流动性，并在三者之间寻求一个最佳的平衡。现在我国金融机构和金融市场上有哪些理财工具可供投资？有哪些具体特点？下面我们初步认识主要的个人理财工具，并对它们的风险和收益进行综合分析，帮助我们在后续个人理财实务中去运用相应的理财工具。

一、主要理财工具及其特性

1.国债

国债是公认的最安全的投资工具，收益往往略高于定期存款，但是流动性不佳。

2.储蓄类产品

其收益主要来源于存款利息，收益比较稳定，收益水平不高。在银行不发生破产的情况下，本金和利息能够得到保障，安全性比较高。但是如果发生通货膨胀，固定利率低收益存款类产品的实际收益水平将会大大降低。

3.银行理财产品

银行理财产品的开发主体是银行，在充分调查客户需求的基础上，银行利用自己的投资专业知识，运用不同的基础资产开发出产品风险和收益特征符合个人需求的理财产品。该类理财工具分两类：一类是保本理财，另一类是非保本理财。两种收益率均为预期值，如果出现了风险，收益均可能为零，非保本理财风险有可能严重亏损。这类产品往往和特定的投资工具挂钩，类似于特定投资用途的定期存款，流动性很差，而安全性要高于股票。

4.股票

股票是典型的高风险、高收益、高流动性投资工具。在以股票作为投资工具时，投资者一定要注意通过投资组合来降低风险。

5.基金

基金是介于证券与储蓄之间的一种投资工具，具有中高收益、中低风险、流动性一般的特征，基金的收益率远高于存款但风险相对低于股票，其流动性要比存款和股票弱。

6.保险产品

最普遍的寿险类品种是终身寿险和两全寿险，其主要特征之一就是它们的现金价值。现金价值是逐年递增的，当退保时可以得到一笔现金。这类保险同时具备保险责任给付和储蓄的特征。所以，这类产品特别强调现金价值保险的保障功能和强制储蓄功能。除此之外，目前市场上的保险理财产品主要是集中在变额寿险、万能寿险和变额万能寿险三个保险品种上。这三种产品一般将投保者所缴纳的保费分到两个账户中：保单责任准备金账户和投资账户。前者主要负责实现保单的保障功能，后者用来投资，实现保单收益。

7.外汇

外汇既包括手中持有的各种外汇资产，也包括以外汇为主要投资对象的外汇实盘交易、虚盘交易、杠杆交易等。

8.房地产

房地产投资包括商铺、住宅、写字楼等的投资。房地产的流动性较差，变现能力弱、变现周期长，受宏观经济政策影响大，收益不确定性较大。

9.金银等贵金属

国际上有现货黄金投资，国内银行有纸黄金或者实物黄金投资交易。黄金主要由地域政治冲突、供销变化、货币汇率、能源等因素决定。它们的安全性高、收益性中等，但是流动性低，变现能力较差。

10.衍生金融产品

期货、期权是典型的衍生金融产品，可以说是所有投资工具与产品中风险最高的，但是收益率也是最高的，这与其交易制度所决定的杠杆倍数密切相关。

此外，常见的理财工具还有收藏品、艺术品、古董等。

二、理财工具其他特性比较

1.保障功能

保险产品具有其他投资工具不可替代的保障功能，人们购买保险的主要目的是发挥它的保障功能而不是投资功能。此外，在温和的通货膨胀条件下，房地产、艺术品、黄金等也具有较好的保值功能，可以避免个人资产的损失。

2.准入门槛

各类理财工具的准入门槛有所不同。例如，基金的准入门槛较低，申购起点一般在1 000元以上，基金定投是100元。商业银行的人民币理财产品起点最低一般是在1万元，部分小投资者可能会被拒之门外。金融衍生产品的准入门槛较高，一般情况下，不具备风险承受能力的个人难以参与。

3.专业知识要求

各类理财工具对个人的专业知识有不同的要求。购买国债、储蓄类产品的风险很小，对个人的知识要求较低。期货等高风险金融衍生产品对个人的知识要求非常高，如果不熟悉它们的交易技巧和市场特点就进行交易，有可能会造成非常大的损失。个人在购买银行结构性理财产品的时候，应该根据自己对产品的了解程度、风险承受能力来选择，做到有的放矢。

4.交易费用

理财工具会涉及相关的交易费用，不同的交易费用水平对个人的投资成本和收益有一定的影响。储蓄类产品和国债一般没有交易费用；上市公开交易的股票在买卖时需要缴纳印花税和佣金；货币市场基金可以随时申购、赎回，不收取任何手续费，其他基金的买卖免征印花税，但要在申购（买入）或赎回时支付交易费用。

理财案例分析1-2

选择适合自己的理财方式

案例介绍：李先生今年28岁，参加工作3年，在一家科技企业从事软件销售工作，月收入6 000元，现有银行存款10万元，没有证券投资经历。李先生应该如何选择合适的理财方式？

案例分析： 选择合适的理财方式需要认真分析，有以下几点需要注意：

(1) 个人的职业决定个人的理财习惯。个人的职业决定了你能够用于理财的时间和精力，而且在一定程度上也决定了你理财的信息来源是否充分，由此决定了你对理财方式的取舍。例如，假定你的职业要求你经常奔波来往于各地，甚至有时十天半个月都难以踏实地看一回报纸或电视，显然你选择涉足股市是不恰当的。

(2) 个人的收入决定个人的理财力度。当家理财，当然要有财可理，对于平常家庭而言就是收入。俗话说，看菜吃饭，量体裁衣。个人的收入多少决定了你的理财力度，毕竟超过自身财力，玩"空手道"式的理财方式对常人而言是难以成功的。

(3) 个人的年龄决定个人的理财偏好。年龄就是一种阅历，一种财富。人在不同的年龄阶段所承担的责任不同，需求不同，抱负不同，承受能力也不同。每个阶段各有不同的理财要求和理财方式。

(4) 个人的性格决定个人的理财方式。人的个性决定其兴趣爱好以及知识面，也决定其是保守型的、稳健型的，还是冒险型的，而个人理财的方式众多，各有各的优缺点，合理评估个人性格有利于理财方式的选择。

理财建议： 李先生处于青年单身期，从事软件销售工作，现有理财方式较为保守，根据其职业状况和收入水平，年轻人可以选择风险较大、收益也较高的投资理财组合，在保留6个月支出的活期存款的前提下，可以将现有银行存款10万元转为银行理财产品，并将月收入的1/3用于储蓄之外的其他投资，逐步培养理财意识和承担风险的能力，考虑购买小户型的学区房作为自用或投资之选。

项目小结

1. 个人理财就是通过对财务资源的适当管理来实现个人生活目标的一个过程，是一个为实现整体理财目标设计的统一的互相协调的计划。理财与我们每个人的生活息息相关，理财不是富人的专利，而是我们每个人的权利！

2. 个人理财的基本目标是实现个人或家庭财务安全，终极目标是实现个人或家庭财务自由，享受高品质的优质人生。在实现个人理财最终目标的过程中，我们可以设定不同阶段的具体理财目标。具体理财目标不是一成不变的，在不同的阶段，理财目标也是不一样的。

3. 个人理财的基本步骤是：设定理财目标；审视财务状况；明确理财阶段；优化资产配置；跟踪账户信息；总结效果，调整策略。

4. 个人理财的主要内容包括：现金储备和债务管理、证券投资理财、个人风险管理与保险理财、房产理财、个人税收规划、教育投资与退休规划。

5. 个人理财必须投资于某些理财工具才能获得理财收益，实现资产的保值增值。我国金融机构和金融市场上主要的理财工具有国债、银行理财产品、证券、基金、保险产品、外汇、房地产、贵金属、衍生金融产品，此外，还有收藏品、艺术品、古董等。

思考与练习

一、单选题

1.投资组合决策的基本原则是（　　）。

A.收益率最大化　　B.风险最小化

C.期望收益最大化　　D.给定期望收益条件下投资风险最小化

2.下列理财目标中属于短期目标的是（　　）。

A.子女教育储蓄　　B.按揭买房　　C.退休　　D.休假

3.（　　）不属于个人理财规划的内容。

A.教育投资规划　　B.健康规划　　C.退休规划　　D.居住规划

4.制定个人理财目标需要将（　　）作为必须实现的理财目标。

A.个人风险管理　　B.长期投资目标　　C.预留现金储备　　D.购房目标

二、多选题

1.个人理财的基本原则是（　　）。

A.收益率最大化　　B.保障第一　　C.分散投资　　D.风险最小化

2.个人理财的具体目标按照人生过程可以分为（　　）。

A.个人单身期目标　　B.家庭组成期目标

C.家庭成长期目标　　D.子女教育期目标

3.人们常常会犯的个人理财规划的错误有（　　）。

A.节俭生财　　B.理财是富人、高收入家庭的专利

C.理财是投机活动　　D.只有把钱放在银行才是理财

4.在投资理财活动中，面对风险表现出来的态度类型通常有（　　）。

A.激进型　　B.稳健型　　C.保守型　　D.极端保守型

5.个人理财的基本步骤主要包括（　　）。

A.设定理财目标　　B.审视财务状况　　C.明确理财阶段　　D.优化资产配置

三、判断题

1.个人理财主要考虑的是资产的增值，因此，个人理财就是如何进行投资。（　　）

2.理财工具中的储蓄类产品，其收益主要来源于存款利息，收益比较稳定，收益水平不高。（　　）

3.个人理财的终极目标是实现个人或家庭财务安全。（　　）

4.个人风险管理主要是通过合理地利用保险进行可保风险的管理，所以保险理财是完备理财计划不可缺少的一部分。（　　）

5.理财是有钱人的事，对于普通的工薪阶层是没有用的。（　　）

四、简答题

1.个人理财的目标是什么？

2.个人理财的主要步骤有哪些？

3.主要理财工具有哪些？其基本特性是什么？

4.确立理财的目标能够帮助人们实现长期理财的安全性，很多年轻人认为理财是中年人的事，或是有钱人的事，到了老年再理财也不迟，这种观点正确吗？请说明理由。

项目实训

训练目的：能依据个人理财的基本步骤，明确理财的主要内容和工具。

训练内容：为你自己画一张家庭资产负债表和家庭收支情况表，并据此制订一份简单的个人理财计划。

训练素材：

每月收支状况

收入状况		支出状况	
本人收入		基本生活开支	
配偶收入		其他开支	
收入总计		支出总计	
结余			

家庭资产负债状况

家庭资产		家庭负债	
现金			
定期存款			
房产			
资产总计		负债合计	
资产净值			

项目二　个人理财的基础知识

理财不是为了发财，理财是为了做到未雨绸缪，让你的财务状况更平稳，理财和发财不是一回事，理财的目标是保持平稳。

——刘彦斌

学习目标	
重点及难点	
模块一 模块二 模块三	资金的时间价值 生命周期理论 风险收益均衡观念
项目小结 思考与练习 项目实训	

学习目标

【知识目标】

1.理解货币时间价值的含义，掌握现值与终值、年金的概念；

2.了解生命周期理论的含义与内容；

3.了解风险的含义与类型，掌握风险收益均衡观念。

【技能目标】

1.能够进行货币时间价值中现值与终值的计算，在实际问题中加以运用；

2.掌握生命周期理论在理财实务中的应用；

3.能够分析个人理财中各类风险因素。

【思政目标】

1.理解货币政策手段与改革开放的关系；

2.理解新中国人均寿命增长与理财的关系。

重点及难点

重点：复利现值与复利终值；生命周期不同阶段的特征。

难点：年金终值与现值的计算；基于生命周期理论的理财分析与运用；个人理财风险分析。

案例导入

现代人平均寿命已经接近80岁，但是工作压力大的时候，都想过以后不做这行，要开一家咖啡店，没有人约束，工作时间自己做主；或者老了以后要住在乡下的一个大院子，院子里种几棵果树，房前栽花，屋后种菜，院子里有个小亭子，在里面放个秋千，夕阳西下时便坐在秋千上发呆，还有一个小鱼池，可以养鱼。

但是生活真的能如你所愿吗？

假设你工作到50岁退休。那未来还有30年的时间需要靠退休金来养老，那么250万元就够了，500万元就可以过得非常舒服了。如果吃吃绿色环保食物，每天进行体育锻炼，没有不良的生活习惯，没有需要承担的家庭或者社会负担造成的额外支出，且在退休前已经有房子，解决了住宿问题，那么每天的生活费用按照120元、其他费用80元计算，则累计需要146万元的生活费，再计入100万元的意料之外的费用，实际上250万元足以应付了。

但是，在如今通货膨胀是社会存在的必然现象的情况下，存钱贬值是趋势，届时是否500万元就足够，要看币值是否稳定，还要看社会保障体系的建立程度等多种不可预测因素，而且也不能简单地把未来几十年寄托在别人身上，指望儿女的孝顺和微薄的社会保障给自己养老。养儿防老的风险不再赘述，而社保也只能帮我们解决基本的生活所需，能领到的社保退休金一般是当时社会平均工资的35%～45%，也就是相当于现在每月领取1 200元左右。这或许可以满足基本生活所需，但绝对无法让我们保持在职时的生活水平。

如何通过科学的理财积累财富应付这些庞大的开支需求呢？这是大多数人需要考虑的问题。

模块一　资金的时间价值

任务1　认识货币的时间价值

微课1

货币的时间价值

个人理财通常具有资金量较大、投资周期长的特点，在进行个人理财分析时，需要对不同时点资金的价值进行比较。因此，货币的时间价值在个人理财分析中成为一个重要的理论依据。

一、货币时间价值的概念

货币能够增值，其原因在于它可以作为资本投放到生产与流通环节，经过一段时间的资本循环后实现货币的增值。如果货币不参与生产经营与流通过程，而是放在家里的抽屉里，其数量金额不会发生改变，显然不存在增值。

如果将一笔资金存入银行，经过一段时间后这笔资金产生了利息，也就实现了增值。例如，某人将10 000元存入银行，按照1年定期存款3.25%的利率计算的话，1年的利息是325元（10 000×3.25%），那么现在的10 000元在1年以后就变成了10 325元。可见，并非所有的货币都需要直接投入生产经营与流通过程中才能实现增值，这是因为将资金存入银行后，由银行间接地将资金投入到生产经营与流通过程中，经过一定的时间，资金得到了增值。在金融市场高度发达的环境下，资金拥有者将自己的资金投入到金融市场中，如将资金存入银行或在证券市场上购买证券，虽然资金的拥有者本身并未参与生产经营，但其资金进入了金融市场，参与社会资本周转，从而间接地参与了资本的循环周转，因此资金同样会得到增值。

综上所述，货币的时间价值（又称为资金的时间价值）是指资金被占用，即放弃使用机会，而根据其时间的长短所获得的价值补偿。资金被占用时间的长短与价值补偿的金额成正比关系，占用的时间越长，则要求所获价值补偿也越多。因此，一定量的资金在不同时点上的价值是不同的，今天的1元钱与1年后的1元钱在价值上不相等。

二、货币时间价值的表示形式

利息，是货币拥有者因放弃资金使用权而享受的补偿。从另一方面看，它是货币使用者（借贷者）使用资金在经济上所付出的代价。利息实质上是货币资金在向生产与流通过程注入并回流时所带来的增值额。货币的时间价值通常用利息和利息率来表示。

利息是货币时间价值的绝对数表示形式，在现实个人理财实务中，时间价值更偏向于利率这种相对数的表示形式，因为它便于人们将不同规模的理财决策方案进行直接比较。在日常生活中，我们会接触到各种形式的利率，如存款利率、贷款利率、债券利率等，表示货币时间价值的利率严格来说应该是扣除风险和通货膨胀因素后的社会资金平均收益率。

1. 利息

利息又称为子金，是母金（本金）的对称，它是在信用基础上产生的，是资金拥有者将资金暂时让渡给使用者所收取的报酬。利息的计算公式是：

$$利息=本金\times利率\times时间期数$$

2. 利率

利率（又称利息率）是一定时期内的利息额与借贷资金额（本金）的比率，通常用百分比表示。利率的计算公式是：

$$利率=\frac{一定时期内的利息额}{本金}\times100\%$$

用来表示利率的时间单位称为计息周期，一般计息周期为年，也可以是月或者日等，相对应表示为年利率、月利率、日利率等。除非特别指明，在计算利息时，给出的利率通常为年利率，对于计息周期不足1年的利息，一般以1年等于12个月、360天来折算。

任务2　了解现值与终值

在个人理财分析中要运用货币时间价值，必须先明确现值与终值这两个重要的概念。现值又称为折现值，是指未来一定量的货币资金以恰当的折现率进行折现后的现在价值。终值又称将来值，是指现在一定量的货币资金以恰当的利率计算的在将来某一时点上的未来价值。

例如，你今天将本金10 000元存入银行，在1年定期存款利率为3.25%的情况下，1年后得到本利和10 325元（10 000+10 000×3.25%）。那么，今天存入的本金10 000元就是1年后本利和10 325元的现值；1年后的本利和10 325元则是今天存入的本金10 000元的终值。现值与终值两者之间的差额325元即利息，也就是存入银行本金10 000元1年的时间价值。

从上例可以看出，现值、终值、利率、计息周期有着紧密的联系。利率越高，计息周期时间越长，则终值越大，现值越小。对货币时间价值的计算，可转化为对利息的计算，也就是对现值与终值的计算。

一、单利

利息的计算方式有单利和复利两种。

单利是按照本金在计息周期内获得利息，不管计息周期多长，只有本金生利，而本金所生利息均不再加入本金生利的计息方式。

单利计息方式下利息的计算公式是：

$$I=P\cdot i\cdot n$$

式中：P为现值（本金）；I为利息；n为计息期数；i为利率。

单利计息方式下终值的计算公式是：

$$S=P\cdot(1+i\cdot n)$$

式中：S为终值（本利和）。

单利计息方式下现值的计算公式是：

$$P=\frac{S}{1+i\cdot n}$$

【例2-1】刘女士将一笔金额为10 000元的资金存入银行，期限为3年，年利率为4.25%，则到期时本利和是多少？假设到期时本利和是20 295元，则刘女士存入银行的资金是多少？

解：到期时本利和是：

$$S=P\cdot(1+i\cdot n)=10\,000\times(1+4.25\%\times3)=11\ 275(\text{元})$$

其中，利息是：

$$I=P\cdot i\cdot n=10\,000\times4.25\%\times3=1\,275(\text{元})$$

假设到期时本利和是20 295元，则刘女士存入银行的资金是：

$$P=\frac{S}{1+i\cdot n}=\frac{20\,295}{1+4.25\%\times3}=18\,000(\text{元})$$

二、复利

复利是指不但本金在计息周期内生利，而且本金所生利息也再加入本金生利的计息方式。复利计息方式下每经过一个计息周期，均应将所生利息重新加入本金，从而使下一期的利息计算在上一次的本利和的基础上进行，即以利生利，也就是通常所说的“利滚利”。

“例2-1”中刘女士存入银行的10 000元按复利计息方式计算，则刘女士3年后应得的本利和计算如下：

第1年利息为：

10 000×4.25%=425（元）

将第1年的利息425元转入本金后，第2年利息为：

（10 000+425）×4.25%=443.06（元）

将第2年的利息443.06元也转入本金后，第3年利息为：

（10 000+425+443.06）×4.25%=461.89（元）

加上本金，第3年的本利和为：

10 000+425+443.06+461.89=11 329.95（元）

目前，我国商业银行储蓄存款利息的计算方式不论存期多长，一律不计复利而采用单利的方式，但这并不影响复利计算方式的科学性，因为储户一旦在储蓄存款利息到期后，可将其取出使用或继续存款，从而保证了货币资金的继续运转。从这个角度我们可以说，即使银行采用单利计算利息，我们在现实生活中仍然可以按复利安排理财。

在复利计息方式下，每期计算利息时，都应将前期获得的利息转入本期计算利息时的本金，重新计算利息。这是因为，货币拥有者在每期收到利息后，都不会让其闲置，而是重新贷出，从而扩大自己的货币价值。

单利和复利这两种计息方式相比较，显然复利计息方式更为科学，更为现实。货币拥有者为了追求自身货币时间价值的最大化，必然会在每期收到利息时重新让这部分利息再次去生息。因此，在实际生活中，个人理财决策分析通常都是在复利计息方式下去考虑投资收益和成本等因素的。

知识链接 2-1

银行存款利息计算的有关规定

1.存款的计息起点为元，元以下角分不计利息。利息金额算至分位，分以下尾数四舍五入。除活期储蓄在年度结息时并入本金外，各种储蓄存款不论存期多长，一律不计复利。

2.到期支取：按开户日挂牌公告的整存整取定期储蓄存款利率计付利息。

3.提前支取：按支取日挂牌公告的活期储蓄存款利率计付利息。部分提前支取的，提前支取的部分按支取日挂牌公告的活期储蓄存款利率计付利息，其余部分到期时按开户日挂牌公告的整存整取定期储蓄存款利率计付利息，部分提前支取以一次为限。

4.逾期支取：自到期日起按存单的原定存期自动转期。在自动转期后，存单再存满一个存期（按存单的原定存期），到期时按原存单到期日挂牌公告的整存整取定期储蓄存款利率计付利息；如果未再存满一个存期支取存款，此时将按支取日挂牌公告的活期储蓄存款利率计付利息。

5.定期储蓄存款在存期内如遇利率调整，仍按存单开户日挂牌公告的相应的定期储蓄存款利率计算利息。

6.活期储蓄存款在存入期间遇有利率调整，按结息日挂牌公告的活期储蓄存款利率计算利息。

7.大额可转让定期存款：到期时按开户日挂牌公告的大额可转让定期存款利率计付利息。不办理提前支取，不计逾期利息。

资料来源：作者根据相关资料整理。

1.复利终值的计算

设现有一笔资金，共计金额为P，存期为n年，年利率为i，则：

第1年年末的本利和为：$S=P\cdot(1+i)$

第2年年末的本利和为：$S=P\cdot(1+i)\cdot(1+i)=P\cdot(1+i)^2$

第3年年末的本利和为：$S=P\cdot(1+i)\cdot(1+i)\cdot(1+i)=P\cdot(1+i)^3$

……

第n年年末的本利和为：$S=P\cdot(1+i)^n$

因此，复利终值的计算公式是：$S=P\cdot(1+i)^{n}$

式中：$(1+i)^{n}$称为复利终值系数。在实际个人理财分析中，为了方便复利终值的计算，该系数可以查阅“1元复利终值系数表”得到。“1元复利终值系数表”第一行列示利率，第一列列示期数，行列交叉处列示的系数即为复利终值系数，其含义为1元在利率为i、期数为n时的终值。

知识链接 2-2

1元复利终值系数表（部分）见表2-1。

表2-1 1元复利终值系数表（部分）

	1%	2%	3%	4%	5%	6%	7%	8%	9%	10%
1	1.01	1.02	1.03	1.04	1.05	1.06	1.07	1.08	1.09	1.1
2	1.02	1.04	1.061	1.082	1.103	1.124	1.145	1.166	1.188	1.21
3	1.03	1.061	1.093	1.125	1.158	1.191	1.225	1.26	1.295	1.331
4	1.041	1.082	1.126	1.17	1.216	1.262	1.311	1.36	1.412	1.464
5	1.051	1.104	1.159	1.217	1.276	1.338	1.403	1.469	1.539	1.611
6	1.062	1.126	1.194	1.265	1.34	1.419	1.501	1.587	1.677	1.772
7	1.072	1.149	1.23	1.316	1.407	1.504	1.606	1.714	1.828	1.949
8	1.083	1.172	1.267	1.369	1.477	1.594	1.718	1.851	1.993	2.144
9	1.094	1.195	1.305	1.423	1.551	1.689	1.838	1.999	2.172	2.358
10	1.105	1.219	1.344	1.48	1.629	1.791	1.967	2.159	2.367	2.594

如我们要查找复利终值系数$(1+9\%)^{8}$，可以在表中找到期数为8的这一行与利率为9%的这一列的交叉处是1.993，它的含义为1元在利率为9%、期数为8的情况下终值是1.993元。

资料来源：作者根据相关资料整理。

2.复利现值的计算

复利现值的计算又称为贴现，因此计算复利现值时利率又称为贴现率。根据复利终值的计算，可以反向推导复利现值的计算。

复利现值的计算公式是：

$$P=\frac{S}{(1+i)^{n}}=S\cdot(1+i)^{-n}$$

式中：$(1+i)^{-n}$称为复利现值系数，同理可以查阅“1元复利现值系数表”得到。

知识链接 2-3

1元复利现值系数表（部分）见表2-2。

表2-2　1元复利现值系数表（部分）

	1%	2%	3%	4%	5%	6%	7%	8%	9%	10%
1	0.990	0.980	0.971	0.962	0.952	0.943	0.935	0.926	0.917	0.909
2	0.980	0.961	0.943	0.925	0.907	0.890	0.873	0.875	0.842	0.826
3	0.971	0.942	0.915	0.889	0.864	0.840	0.816	0.794	0.772	0.751
4	0.961	0.924	0.889	0.855	0.823	0.792	0.763	0.735	0.708	0.683
5	0.952	0.906	0.863	0.822	0.784	0.747	0.713	0.681	0.650	0.621
6	0.942	0.888	0.838	0.790	0.746	0.705	0.666	0.630	0.596	0.565
7	0.933	0.871	0.813	0.760	0.711	0.665	0.623	0.584	0.547	0.513
8	0.924	0.854	0.789	0.731	0.677	0.627	0.582	0.540	0.502	0.467
9	0.914	0.837	0.766	0.703	0.645	0.592	0.544	0.500	0.460	0.424
10	0.905	0.820	0.744	0.676	0.614	0.558	0.508	0.463	0.422	0.386

资料来源：作者根据相关资料整理。

【例2-2】某储户将本金1 000元存入银行，存期5年，年利率为6%，每年复利一次，则到期时本利和是多少？假设该储户希望在第5年末得到本息1 500元，则现在应存入本金多少？

解：到期时本利和是：

$S = P\cdot(1+i)^n = 1\,000\times(1+6\%)^5 = 1\,000\times1.338 = 1\,338$（元）

其中，利息是：

$I = 1\,338 - 1\,000 = 338$（元）

假设该储户希望在5年末得到本息共1 500元，则现在应存入本金：

$P = S\cdot(1+i)^{-n} = 1\,500\times(1+6\%)^{-5} = 1\,500\times0.747 = 1\,120.5$（元）

任务3　了解年金

以上所计算的现值与终值，无论是单利计息方式，还是复利计息方式，均只有一笔款项发生。而在实际个人理财业务中，我们往往需要分析的是不同时点的多笔款项，如设备折旧、租金、房贷的月供款等等。因此，相对于单笔款项而言，系列款项时间价值的研究，对于理财分析更具有现实意义。本次任务我们着重讨论一种特殊的系列款项——年金。

年金是指在一定时期内，时间间隔相等的时点上，连续发生收付金额相同的系列款项。年金的时间间隔一般以年为单位，也可以为半年、季度等，所发生的金额相等的款项通常用A表示。

年金按照收付款项发生的时点和期数不同，可以分为后付年金、先付年金、递延年金和永续年金。

后付年金又称为普通年金，是指在一定时期内，从第一期开始每期期末收付等额款项的年金。图2-1是期数为n的后付年金示意图。

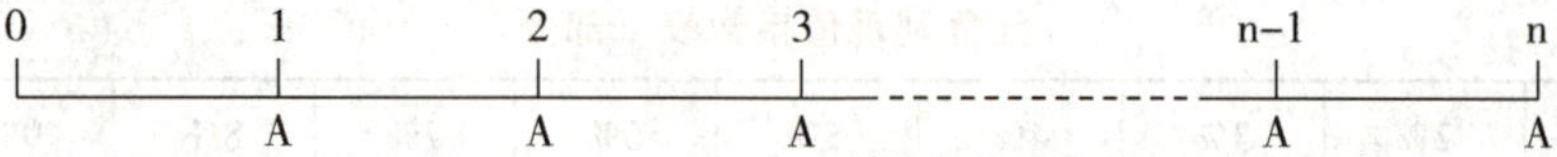

图2-1 后付年金（普通年金）示意图

先付年金又称为预付年金、即付年金，是指在一定时期内，从第一期开始每期期初收付等额款项的年金。先付年金与后付年金的区别在于每期收付款时点不同。图2-2是期数为n的先付年金示意图。

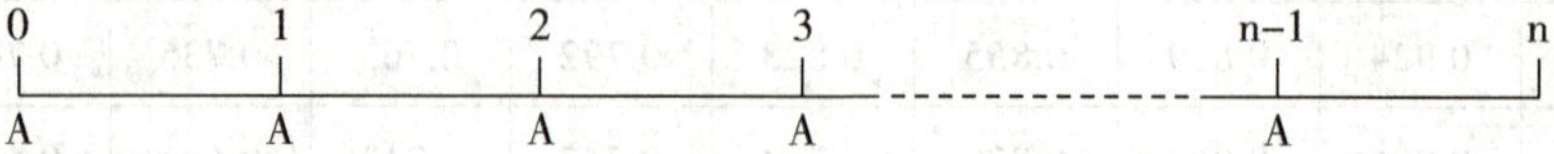

图2-2 先付年金（预付年金、即付年金）示意图

递延年金是指第一笔收付款项发生的时间不在第一期，而是隔若干期后才开始收付等额款项的年金。递延年金与后付年金的区别在于不是第一期开始发生收付款项，它是后付年金的特殊形式。图2-3是间隔2期后开始发生收付款项、期数为n的递延年金示意图。

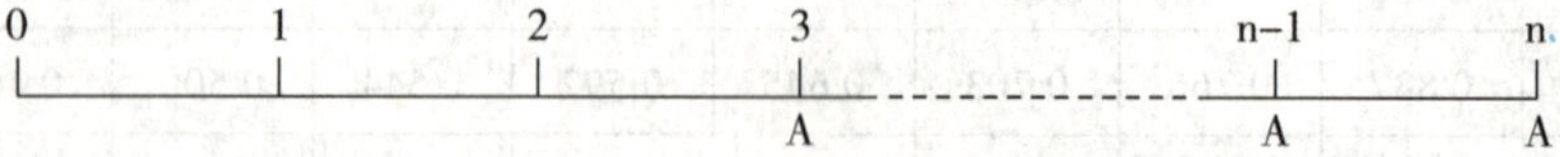

图2-3 递延年金示意图

永续年金是指无限期收付等额款项的特种年金。永续年金与后付年金的区别在于期数是无限的，它也是后付年金的特殊形式。图2-4是永续年金示意图。

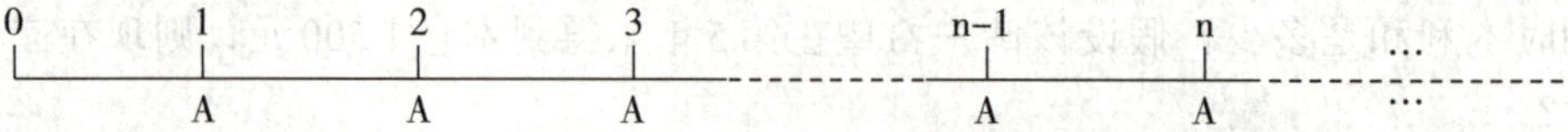

图2-4 永续年金示意图

这四种年金中，后付年金在理财业务中最为常见，因此在实际个人理财分析工作中应重点掌握后付年金时间价值的计算。而其他三种年金是在后付年金基础上变形后的特殊形式，显然也可以根据后付年金终值与现值的计算结果进一步推导。在本项目任务2中分析单笔款项的现值与终值时，我们已经知道单利与复利相比较，复利计息方式更为科学，因此在分析年金的终值与现值时，都是建立在复利计息方式基础之上的。

一、后付年金的终值

后付年金的终值是指每期期末收付等额款项的复利终值之和。

后付年金终值的计算可将后付年金视作n个单笔收付款项的组合，那么每一期收付款项A的终值可以直接运用复利终值计算公式，然后将所计算的n项复利终值累加即为年金的终值。如图2-1所示，第1期期末收付款项的复利终值为$A\cdot(1+i)^{n-1}$，第2期期末收付款项的复利终值为$A\cdot(1+i)^{n-2}$，以此类推，第n-1期期末收付款项的复利终值为$A\cdot(1+i)^{1}$，第n期期末收付款项的复利终值为$A\cdot(1+i)^{0}$，将n项复利终值累加。后付年金终值S_A的计算公式是：

$$S_A=A\cdot(1+i)^0+A\cdot(1+i)^1+A\cdot(1+i)^2+\cdots+A\cdot(1+i)^{n-3}+A\cdot(1+i)^{n-2}+A\cdot(1+i)^{n-1}$$

将等式两边同乘以$(1+i)$得：

$$(1+i)\cdot S_A=A\cdot(1+i)^1+A\cdot(1+i)^2+A\cdot(1+i)^3+\cdots+A\cdot(1+i)^{n-2}+A\cdot(1+i)^{n-1}+A\cdot(1+i)^n$$

将上述两个等式相减后得到下列等式：

$$(1+i)\cdot S_A-S_A=A\cdot(1+i)^n-A$$

$$S_A=\frac{A\cdot(1+i)^n-A}{(1+i)-1}=A\cdot\frac{(1+i)^n-1}{i}$$

式中：$\frac{(1+i)^n-1}{i}$称为后付年金终值系数，该系数可以查阅“1元年金终值系数表”得到。

知识链接 2-4

1元年金终值系数表（部分）见表2-3。

表2-3　　1元年金终值系数表（部分）

	1%	2%	3%	4%	5%	6%	7%	8%	9%	10%
1	1.000	1.000	1.000	1.000	1.000	1.000	1.000	1.000	1.000	1.000
2	2.010	2.020	2.030	2.040	2.050	2.060	2.070	2.080	2.090	2.100
3	3.030	3.060	3.091	3.122	3.153	3.184	3.215	3.246	3.278	3.310
4	4.060	4.122	4.184	4.247	4.310	4.375	4.440	4.506	4.573	4.641
5	5.101	5.204	5.309	5.416	5.526	5.637	5.751	5.867	5.985	6.105
6	6.152	6.308	6.468	6.633	6.802	6.975	7.153	7.336	7.523	7.716
7	7.214	7.434	7.663	7.898	8.142	8.394	8.654	8.923	9.200	9.487
8	8.286	8.583	8.892	9.214	9.549	9.898	10.260	10.637	11.029	11.436
9	9.369	9.755	10.159	10.583	11.027	11.491	11.978	12.488	13.021	13.580
10	10.462	10.950	11.464	12.006	12.578	13.181	13.816	14.487	15.193	15.937

资料来源：作者根据相关资料整理。

二、后付年金的现值

后付年金的现值是指每期期末收付等额款项的复利现值之和。

与后付年金终值的计算同理。如图2-1所示，第1期期末收付款项的复利现值为$A\cdot(1+i)^{-1}$，第2期期末收付款项的复利现值为$A\cdot(1+i)^{-2}$，以此类推，第n-1期期末收付款项的复利现值为$A\cdot(1+i)^{-(n-1)}$，第n期期末收付款项的复利现值为$A\cdot(1+i)^{-n}$，将n项复利现值累加，后付年金现值P_A的计算公式是：

$$P_A=A\cdot(1+i)^{-1}+A\cdot(1+i)^{-2}+A\cdot(1+i)^{-3}+\cdots+A\cdot(1+i)^{-(n-2)}+A\cdot(1+i)^{-(n-1)}+A\cdot(1+i)^{-n}$$

将等式两边同乘以$(1+i)$得：

$$(1+i)\cdot P_A=A\cdot(1+i)^0+A\cdot(1+i)^{-1}+A\cdot(1+i)^{-2}+\cdots+A\cdot(1+i)^{-(n-3)}+A\cdot(1+i)^{-(n-2)}+A\cdot(1+i)^{-(n-1)}$$

将上述两个等式相减后得到下列等式：

$$(1+i)\cdot P_A-P_A=A-A\cdot(1+i)^{-n}$$

$$P_A=\frac{A-A\cdot(1+i)^{-n}}{(1+i)-1}=A\cdot\frac{1-(1+i)^{-n}}{i}$$

式中：$\frac{1-(1+i)^{-n}}{i}$称为后付年金现值系数，该系数可以查阅“1元年金现值系数表”得到。

知识链接 2-5

1元年金现值系数表（部分）见表2-4。

表2-4 1元年金现值系数表（部分）

	1%	2%	3%	4%	5%	6%	7%	8%	9%	10%
1	0.990	0.980	0.971	0.962	0.952	0.943	0.935	0.926	0.917	0.909
2	1.970	1.942	1.914	1.886	1.859	1.833	1.808	1.783	1.759	1.736
3	2.941	2.884	2.829	2.775	2.723	2.673	2.624	2.577	2.531	2.487
4	3.902	3.808	3.717	3.630	3.546	3.465	3.387	3.312	3.240	3.170
5	4.853	4.714	4.580	4.452	4.330	4.212	4.100	3.993	3.890	3.791
6	5.796	5.601	5.417	5.242	5.076	4.917	4.767	4.623	4.486	4.355
7	6.728	6.472	6.230	6.002	5.786	5.582	5.389	5.206	5.033	4.868
8	7.652	7.326	7.020	6.733	6.463	6.210	5.971	5.747	5.535	5.335
9	8.566	8.162	7.786	7.435	7.108	6.802	6.515	6.247	5.995	5.759
10	9.471	8.983	8.530	8.111	7.722	7.360	7.024	6.710	6.418	6.145

资料来源：作者根据相关资料整理。

【例2-3】某投资者在每年年末存入银行5 000元，存款利率为3%，共连续存入8年，那么第8年年末的本利和是多少？这8年的年金现值又是多少？

解：第8年年末的本利和是：

$$S_A = A \cdot \frac{(1+i)^n - 1}{i} = 5\,000 \times \frac{(1+3\%)^8 - 1}{3\%} = 5\,000 \times 8.892 = 44\,460\,(\text{元})$$

这8年的年金现值是：

$$P_A = A \cdot \frac{1-(1+i)^{-n}}{i} = 5\,000 \times \frac{1-(1+3\%)^{-8}}{3\%} = 5\,000 \times 7.020 = 35\,100\,(\text{元})$$

三、偿债基金

偿债基金是指为了在约定的未来某一时点清偿一定数额的债务或储存一定数额的资金，而现在开始应分期等额存入的准备金。年偿债基金实际上是后付年金终值的逆运算，是已知年金终值S_A，求每年的等额款项A。其计算公式是：

$$A = S_A \cdot \frac{i}{(1+i)^n - 1}$$

式中：$\frac{i}{(1+i)^n - 1}$称为年偿债基金系数（或资金存储系数），可直接根据年金终值系数的倒数求得。

四、资本回收额

资本回收额是指在给定的期限内等额回收初始投入的资本或等额清偿所欠的债务的款项。年资本回收额实际上是后付年金现值的逆运算，是已知年金现值P_A，求每年的等额款项A。其计算公式是：

$$A = P_A \cdot \frac{i}{1-(1+i)^{-n}}$$

式中：$\frac{i}{1-(1+i)^{-n}}$称为资本回收系数，可直接根据年金现值系数的倒数求得。

【例2-4】某投资者5年后须一次性偿还银行贷款本息共计10万元，年利率6%，请问该投资者从现在起每年年末应等额存储多少资金以清偿这笔债务？如果该投资者现投资一个100万元的项目，预期年收益率10%，8年内收回全部投资，每年应等额回收多少资金？

解：投资者为清偿债务，每年年末应等额存储资金：

$$A = S_A \cdot \frac{i}{(1+i)^n - 1} = 100\,000 \times \frac{6\%}{(1+6\%)^5 - 1} = 100\,000 \times \frac{1}{5.637} = 17\,739.93\text{(元)}$$

8年内收回全部投资，每年应等额回收资金：

$$A = P_A \cdot \frac{i}{1-(1+i)^{-n}} = 1\,000\,000 \times \frac{10\%}{1-(1+10\%)^{-8}} = 1\,000\,000 \times \frac{1}{5.335} = 187\,441.42\text{(元)}$$

教学互动 2-1

请大家根据后付年金终值与现值的计算公式，尝试推导先付年金、递延年金、永续年金的终值与现值的计算公式。另外，请重点思考一下，永续年金是一种无限期的特种年金，那么它的终值与现值存在吗？

任务4 货币时间价值在个人理财中的运用

货币的时间价值与经济生活息息相关，显示着它无处不在的魅力。随着近年来个人理财活动的飞速发展，货币时间价值在理财活动中应用更加广泛，人们在购房、子女教育、保险、医疗、养老等日常生活事务中均会涉及货币时间价值的运用。货币的时间价值已成为个人理财中一个重要的理论基础，只有坚持货币的时间价值，才能通过理财实现个人（家庭）财富的保值与增值。

一、利用货币的时间价值合理安排个人（家庭）的各项支出

我们在日常经济生活中，为满足个人与家庭的生活需要而购买商品或接受劳务。在进行这些消费支出时，我们会面对多种不同的选择，如何选择最佳方案，使自己的资金运用效率达到最高，就要考虑货币的时间价值问题。

我们在日常经济支出方面经常会面临这样的问题，是一次性付款还是分期付款，是支付现金还是刷信用卡。货币时间价值理论告诉我们，今天的1元钱与明天的1元钱在经济价值上是不相等的。如某人购买一件商品，采用付现方式，价款为2万元，如延期至5年后付款需付3万元，试问付现与延期付款两种方式相比较，哪个更划算？如果不考虑货币的时间价值，3万元大于2万元，显然选择付现方式划算；但如果考虑货币的时间价值，假设现在的2万元可用于投资，平均每年的投资收益率可达15%，即使按单利计算每年也会给个人带来3 000元的收益，5年后2万元的本利和为3.5万元（20 000+20 000×15%×5），与3万元比较，还可多得到5 000元的收益，可见延期至5年后付款更为有利。

在日常生活中，利用货币的时间价值来分析决策个人（家庭）各项支出行为的比比皆是，我们不但要着眼于当前短期和外显的利益，更要以长远的眼光充分考虑货币的时间价值，让自己的理财活动达到最有效。

二、坚持复利原则选择理财投资，扩大投资收益

复利是一个神奇的东西，爱因斯坦曾经说过：复利是世界第八大奇迹，其威力比原子弹更大。假设某人手头上有1万元，每年投资收益为10%，随着时间的推移，单利和复利的投资收益差距会越来越大，见表2-5。

表2-5 单利投资与复利投资对比表

时间	单利投资	复利投资	投资收益差距
1年	11 000元	11 000元	0元
2年	12 000元	12 100元	100元
5年	15 000元	16 110元	1 110元
10年	20 000元	25 940元	5 940元
20年	30 000元	67 270元	37 270元
30年	40 000元	174 490元	134 490元

从表2-5中可以看到，30年后10 000元在复利投资情况下增值到174 490元，相对单利而言，投资收益差距达到134 490元。

因此，我们在理财投资中，要认识到片面追求短期高回报率的误区，而应坚持长期投资、复利投资。在回报率一定的条件下，单利投资还是复利投资对最终结果的影响是巨大的。很多人往往认为货币的时间价值在个人理财投资决策中的作用不大，因为绝大多数人并不拥有巨额资金，对数量较少的资金进行理财的作用不大，实际上却忽视了复利的威力。

随着金融市场的高度发达，针对个人理财的理财产品五花八门、品种繁多，包括银行理财、保险、证券、期货甚至古玩、字画。人们在选择这些理财产品时可能会非常困惑，因此一定要认清货币增值最核心的问题就是坚持复利原则。

模块二　生命周期理论

任务1　了解生命周期理论

个人理财是贯穿个人整个生命周期在内的终身财务规划，只有将个人未来必须面对的教育、职业发展、医疗、保险、购房、纳税、养老、遗产继承等各方面的经济事项妥善安排，才能最终达到终生的财务安全和品质生活。

生命周期理论从个人（家庭）的生命周期整体出发来规划理财，根据人生各阶段的特征，让人们结合实际情况设计理财方案，选择适当的产品，以达到在整个人生过程中合理分配财富、实现人生效用最大化的目标。生命周期理论是个人理财的核心基础理论之一。

一、生命周期理论的主要内容

生命周期理论是20世纪50年代由经济学家莫迪利亚尼、布伦博格与安多共同创建的。

该理论创造性地将个人的储蓄、消费行为和个人终生收入乃至整个生命周期联系起来，明确人的消费与储蓄决策应充分考虑自己的现实财富、现期收入、未来预期收入、未来预期支出等诸多因素，在相当长的时间内做好自己的消费和储蓄计划，避免在一生之中消费水平出现大的波动，以期获得人生的最大总效用。

生命周期理论指出，当社会经济等因素使得家庭财产状况发生变化时，其生活水平和消费支出就会受到影响，个人（家庭）的生活水平和消费支出应与它的财产水平之间保持稳定的比率关系。个人（家庭）消费决策既要考虑当前收入，又要考虑未来收入，即消费是取决于现期工作收入和财富的函数。

莫迪利亚尼认为，理性的消费者要根据一生的收入来安排自己的消费与储蓄，使一生的收入与消费相等，理性的消费者为了保持平稳的消费水平，应将一生之中可以得到的所有收入平摊到一生中去消费，以达到最大的效用。生命周期理论将人的一生分为青年时期、中年时期和老年时期三个阶段。

青年时期为积累阶段，个人一般会有相对稳定的收入来源，但收入水平较低，而收入的绝大部分将用于教育、置业、交通、婚姻等消费，有时甚至举债消费。处于积累阶段的个人往往开始积累财富，但净资产值较小。

中年时期为巩固阶段，个人收入随着事业的发展逐步增加，其收入超过了消费支出，消费在收入中所占的比例降低。处于巩固阶段的个人开始偿还青年时期的负债，巩固与积累财富用于防老，净资产大幅增加。

老年时期为支付阶段，个人退休以后，收入下降，消费超出收入。处于支付阶段的个人消费支出由社会养老保险和先前积累的财富来补偿，净资产不断减少。

由此可见，人生各阶段的收入、支出情况各不相同，只有以长远的目光来安排自己的消费与储蓄行为，做好理财规划，才能未雨绸缪，掌握主动，规避风险。

二、家庭生命周期

个人财务生命周期固然重要，但个人不可能脱离家庭而存在，理财规划必须要在整个家庭财务的基础上进行，因此，家庭生命周期的研究就显得尤为重要。家庭生命周期是用来描绘多数家庭从结婚、子女出生、子女独立到终老的全过程。一般来说，家庭生命周期可分为形成期、成长期、成熟期、衰老期四个阶段。不同代的家庭，其生命周期会出现交集，比如自己的家庭处于成长期时，父母的家庭可能已经进入了成熟期。

家庭处于生命周期的不同阶段，其资产、负债状况会有很大不同，生活消费需求和理财重点也将随之出现差异。因此，了解一个家庭正处于怎样的生命周期阶段，对于消费与储蓄规划、理财策略的制定具有重要意义。表2-6反映了家庭生命周期各阶段的特征。

表2-6 家庭生命周期四个阶段的特征

阶段	家庭特征
形成期	脱离原家庭，组成新的家庭，形成夫妻角色，子女尚未出生。夫妻年龄25~35岁居多
成长期	子女出生到其完成学业，建立父母角色，养育子女。夫妻年龄35~55岁居多
成熟期	子女完成学业至夫妻均退休，夫妻事业发展达到高峰，子女参加工作并独立。夫妻年龄55~65岁居多
衰老期	夫妻均退休至两人中一人过世，夫妻二人居住，子女组建新的家庭。夫妻年龄65~85岁居多

1.家庭形成期

这个时期家庭收入以夫妻双薪为主，收入水平不高，为提高生活质量，家庭建设支出较大，由于购房、购车等需求，一般负债较高。家庭财务状况是净资产较少，甚至因为房贷等负债过高而使净资产为负。

2.家庭成长期

这个时期家庭经济收入增加而且生活稳定，家庭支出主要是子女教育和生活费用，消费支出压力较大。家庭财务状况是净资产开始逐年积累，随着房贷的缴纳，负债逐步减少。

3.家庭成熟期

这个时期夫妻双方工作能力、经济收入均达到高峰，家庭支出因子女独立而减少。家庭财务状况是净资产达到最大值，债务已大幅减轻或清偿完毕。

4.家庭衰老期

这个时期家庭收入减少，以理财收入或转移性收入为主，消费支出减少，医疗费用增加。家庭财务状况是净资产开始逐年减少。

任务2 生命周期理论在个人理财中的运用

基于生命周期理论的理财实质就是寻求个人或家庭在不同阶段收入、需求与适度积累的平衡。其核心内容就是在有限的经济资源约束下，从个人（家庭）的生命周期整体出发来规划理财，根据人生各阶段的经济与需求特征设计理财方案，以满足人生必须面对终生消费、在人生历程中合理分配财富、实现人生效用最大化的目标。

一、个人（家庭）基于生命周期理论理财分析

个人（家庭）理财方案的形成首先要了解影响家庭理财的因素，即理财的目的、规模、财务现状及金融工具。

1.个人（家庭）财务状况

投资理财的本金取决于家庭有多少钱，即家庭资产负债情况。就像企业有资产负债表、利润表、现金流量表，家庭也应建立资产负债表，至少有起码的收支表，你有多少钱可以投资，有多少钱可以追加投资，一定要清楚地了解。个人（家庭）每月或者每年增加多少财产或者财富，这是对收入支出的考量，是影响个人（家庭）基于生命周期理论理财方案设计的第一点。

2.个人（家庭）负担情况

比如你年龄大小，结婚与否，家里有几口人，愿意承担的风险等级，资金流动性需求等，这是对家庭整个负担情况的衡量。并不是说每个人资产投资比例都是一样的，一个20岁的人和一个60岁的人，其资产投资比例是不一样的。个人（家庭）理财方案设计要客观评价自己处于生命周期的哪个阶段。

3.个人（家庭）理财目标

你的理财目标是什么？目标不同，投资资产种类就不一样。如果你明天消费，钱就应该存银行；如果你明年消费，就买货币基金；如果你想5年以后实现理财目标，可以买基金或者买股票。目标不同，决定了你的投资工具不同。理财设计不但要考虑满足整个生命周期的总体目标，也应兼顾生命周期不同阶段的具体目标。

二、生命周期理论在个人（家庭）理财中的运用

明确了家庭理财的影响因素和方案设计步骤，我们可以针对家庭生命周期的不同阶段，来分析各自的财务特点和理财目标，从而选择合适的理财工具，设计相应的理财方案。

1.家庭形成期（筑巢期）

定义：从结婚到最小的子女出生。

特征：筑巢期，家庭成员数量随子女出生增加。

夫妻年龄：25～35岁居多。

收入：双薪为主，追求高收入增长率。

支出：随家庭成员增加而上升。

储蓄：随家庭成员增多而下降，家庭支出压力大。

居住：与父母同住（三代同堂）或自住。

资产：资产有限，但由于年轻，可承受较高的投资风险。

负债：由于购房、购车等需求，一般负债较高。

净资产（资产–负债）：增加幅度不大。

这段时期，年轻的单身男女大多有自己独立的收入，尽管收入水平一般不高，但由于没有什么经济负担，可支配收入比较多。他们从大学刚毕业踏入社会时，总会有一些愿望需要达成。但是单身青年大多具有以自我为中心的消费倾向，其消费和开支会比较大。这段时期是提高自身、投资自己的大好时期，个人进修、结婚创业等也是这类人的主要理财目标。针对此类人可承受风险（波动、损失）能力强的特点，投资组合中股票比重可占很大的比例，甚至可用一部分作投机用途以增加收益，有人偏好投资外汇、期货和期权，储蓄和债券所占的比例可以很小。理财机构对处于单身期客户提供的理财工具有：消费理财、储蓄计划、信贷计划、股票投资、税收筹划、外汇投资、期货投资和期权投资等，但以股票投资等高风险、高收益投资为主。相对应的理财方案应该是：风险投资，节财计划，资产增值计划，应急基金，购置住房。

2.家庭成长期（满巢期）

定义：从最小的子女出生到其完成学业。

特征：满巢期，家庭成员固定。

夫妻年龄：35～55岁居多。

收入：双薪为主，可能因为一方薪资用于养育儿女而成为单薪家庭。

支出：随家庭成员固定而稳定，教育支出压力大。

储蓄：随家庭收入增加、支出稳定而逐渐增加。

居住：与父母同住（三代同堂）或自住。

资产：资产逐年增加，应开始控制投资风险。

负债：缴纳房贷，逐步降低负债。

净资产：投资净资产逐年积累。

从新婚到第一个孩子出生，这一时期是家庭的主消费期，经济收入增加而且生活稳定，家庭已经有一定的财力和基本生活用品。为提高生活质量，往往需要大的家庭建设支出，如购买一些较高档的用品，贷款买房的家庭还需一笔大开支（月供款）。处于这一阶

段的家庭，其理财目标的选择可能更着重于家庭的建设和为未来生育子女准备资金积累。理财工具有：信贷计划、储蓄计划、税收筹划、消费理财和购房计划等，以购房计划为主的投资组合最为合适。相对应的理财方案应该是：购置住房，购置耐用品，节财计划，应急基金，风险投资。

从小孩出生直到上大学这段时间，一般为9～18年。在这一阶段，多数家庭无法单独留出资金为未来的目标进行积累。如果他们储蓄了，也能被用于短期的支付。但是，家庭成员的增加将会促使父母为小孩开立账户或者为了他们未来的教育资金而进行储蓄。在这一阶段里，家庭成员一般不再增加，家庭成员的年龄都在增长，家庭的最大开支是保健医疗费、教育费、智力开发等费用。理财工具主要有：储蓄计划、消费理财、信贷计划、税收筹划、教育投资和保险理财，但最重要的是储蓄计划和教育投资。相对应的理财方案应该是：子女教育规划，资产增值管理，应急基金，特殊目标规划。

子女读大学到子女参加工作的这段时间，家庭主成员均事业有成，自身的工作能力、工作经验、经济状况都达到高峰状态，各项投资也应扩大，但子女正在读大学，子女的教育支出很大，家庭的收支基本平衡，有时在子女开学时期还会出现负债，所以，信贷也成为这一阶段常用的理财策略（个人助学贷款）。理财工具有：储蓄计划、消费理财、信贷计划、税收筹划、保险理财和教育投资等，但最主要的是信贷计划和保险理财。相对应的理财方案应该是：助学贷款，资产增值管理，应急基金，特殊目标规划。

3.家庭成熟期（离巢期）

定义：从最大的子女完成学业到夫妻均退休。

特征：离巢期，家庭成员数量随子女独立逐步减少。

夫妻年龄：55～65岁居多。

收入：双薪为主，事业发展与收入均达到高峰。

支出：随家庭成员减少而降低。

储蓄：随收入增加和支出降低，储蓄大幅增加，应着手准备退休金。

居住：供养双亲或夫妻自住或与子女同住。

资产：资产达到最高峰，应降低投资风险准备退休金。

负债：应已还清负债。

净资产：资产=净资产，因此净资产达到最大值。

家庭成熟期是指子女结婚离开家庭，家庭成为空巢状态到夫妇二人退休前的这段时期。这一阶段子女都已经参加工作，能够自食其力，家庭开支比较小，理财的重点是扩大投资，主要关注稳健性投资，同时养老规划的制定也已经刻不容缓。处于这一阶段的家庭可支配收入较高，在财政上更加舒适，可以做孩子在家时不能做的任何事情，也不必为孩子的支出担忧，进入这一阶段才是人生最幸福的时期。这一阶段的理财需求表现在财务咨询、旅游、养老保险、医疗保险等。理财工具主要包括：债券投资、基金投资、税收筹划、储蓄计划和养老规划、黄金投资和收藏品投资等。相对应的理财方案应该是：资产增值管理，养老规划，特殊目标规划，应急基金。

4.家庭衰老期（空巢期）

定义：从夫妻均退休到二人中一人过世。

特征：空巢期，夫妻二人或只剩一人。

夫妻年龄：65~85岁居多。

收入：理财收入或转移性收入为主。

支出：不再工作，休闲、医疗费用增加，其他支出减少。

储蓄：大部分情况支出大于收入，消耗退休准备金。

居住：夫妻二人居住、一人独居或与子女同住。

资产：逐年变现资产，以固定收益工具为主。

负债：一般无新的负债。

净资产：资产=净资产，净资产随资产逐渐减少而逐年减少。

退休期就是指退休后的时间。这一阶段家庭主要的目的是安度晚年，投资和消费通常都非常保守，可承受风险（波动、损失）的能力较弱，其资金为辛苦半辈子的积蓄，不会放到风险大的投资中去。理财方案应该将重点放到保守且套现能力较强的组合上，以备有需要时（如紧急医疗等）能够有足够现金应急。退休期最忌讳的便是盲目投资，如果把退休金或终身储蓄孤注一掷、错投误投，会导致血本无归的理财灾难。理财策略有：养老规划、遗产计划、储蓄计划、债券投资和黄金投资等，最重要的是养老规划和遗产计划。相对应的理财方案应该是：养老规划、遗产规划、应急基金、特殊目标规划。

理财案例分析2-1

案例介绍：招商银行依据生命周期主线及个人财富状况，将其服务对象细分为五类群体，率先推出与个人生命周期相关联的“伙伴一生”金融计划。

“伙伴一生”金融计划是招商银行根据客户在人生成长过程不同阶段的行为特征和理财趋向整合现有产品和服务，服务于客户一生的更为个性化、人性化的金融服务计划。这一计划的产品组合涵盖了银行、保险、基金、证券等金融产品和其他增值服务。该计划以客户生命周期为主线，将客户细分为“炫彩人生”、“浪漫人生”、“和美人生”、“丰硕人生”和“悠然人生”五类群体，并将银行现有产品整合打包为“核心产品”、“附属产品”、“个性化产品及服务”、“主推功能及服务”和“主要服务渠道”，形成一整套完善的金融解决方案。

案例分析：招商银行依据生命周期不同阶段的特点划分消费人群。

“炫彩人生”阶段为18~25岁刚参加工作、未婚的年轻人群体，其投资风格是风险承受力较低，投资活动较少。“伙伴一生”金融计划为他们推出刷卡消费、网上支付、自助缴费、网上转账汇款、定期定额、教育学资贷款、信用卡循环授信等服务。

“浪漫人生”阶段为23~30岁成家立业阶段的客户群，其有一定风险承受能力，更加注重投资收益。“伙伴一生”金融计划为他们推出的是个人住房按揭贷款、个人汽车消费贷款、信用卡循环授信、信用卡免息分期付款、信用卡调高临时额度、预借现金等融资业务。

“和美人生”阶段为28~40岁养儿育女阶段的三口之家客户群，以进取型投资风格为主，投资品种多样化。“伙伴一生”金融计划为他们推出教育储蓄、结汇/购汇、境外汇款、通知存款、自助缴费、代理扣款、教育学资贷款、住房循环授信、开放式基金、外汇买卖、银证通、本外币理财计划等服务。

“丰硕人生”阶段为38~55岁事业有成的中老年人士，他们的生活压力逐渐减轻，开始为退休生活和保持健康做准备。“伙伴一生”金融计划为他们特别推出特色储蓄、居家服务、融资业务、投资业务等针对性的服务。

“悠然人生”阶段为55岁以上安享晚年的老年人士，他们对生活没有太高的要求，但希望过得悠闲而丰衣足食、身体健康，享受生活乐趣。“伙伴一生”金融计划为他们推出存折、存单、汇入汇款等服务，以凭证式国债、开放式基金、本外币理财计划等为主的稳健型投资方式。

这种对客户的差异化管理，体现了招商银行“因您而变”的理念，将更好地为客户提供高质量的服务，提高客户的满意度。

理财建议：招商银行“伙伴一生”金融计划从不同人生阶段的特点出发，寻找共同需求。投资者可以结合自身实际情况对号入座，选择适合自己的理财产品。但银行理财产品也存在一定的缺陷，因为即使同一生命阶段的投资者，生活具体情况、理财需求也不尽相同，简单地将相同金融产品打包强加于同一生命周期阶段的不同客户显然存在不合适的地方。投资者在理财行为中，一定要分析生命周期不同阶段的特点并结合自身的实际经济情况选择适合的个性化产品。

模块三　风险收益均衡观念

任务1　风险的认识

市场经济条件下理财活动是在有风险的情况下进行的，只有敢冒风险，才能得到额外的收益。投资者由于承担风险进行投资而获得的超过资金时间价值的额外收益，我们称之为风险收益。个人理财，必须研究风险、计量风险并设法控制风险，以求最大程度地增加财富。

一、风险的概念

风险是某一特定危险情况发生的可能性和后果的组合。风险具有客观性、普遍性、损失性、不确定性、可识别性、可控性等特点。

在财务学中，风险则是指在一定条件下和一定时期内预期结果的不确定性或实际结果偏离预期目标的程度。如某人投资于国债，则收益的不确定性较小；若投资于股票，则收益的不确定性就会大很多。各种经济活动和理财行为都有各自不同的特点，投资风险的大小客观存在，而投资者可以凭主观决策判断是否去冒风险以及所冒风险的大小程度。投资国债，最终结果对预期目标可能出现偏离的程度小，称之为低风险；投资股票，最终结果对预期目标可能出现偏离的程度大，称之为高风险。

在理财活动中，风险既可能带来额外的收益，也可能造成超出预期的损失。一般来说，个人理财对意外损失的关注程度远远高于对额外收益的关注程度，因此，人们在分析风险时更加注重研究不利事件发生的可能性以及如何去避免损失或减少损失。从理财的角度来看，风险主要是指发生损失和未达到预期报酬的可能性。

二、风险的类别

1.利率风险

利率风险是指由于市场利率变动的不确定性而使投资者遭受损失的可能性。证券价格与市场利率的关系极为密切，两者呈反向变化。其原因在于，银行利率提高，会吸引一部分资金流向银行等储蓄机构，从而减少对证券的需求，致使证券价格下降；同时利率提高，企业融资成本提高，在其他条件不变的情况下，盈利减少，从而派发的股利也减少，于是导致股价下跌，反之，亦然。

2.通货膨胀风险

通货膨胀风险是指由于通货膨胀而使货币的购买力下降的风险。在通货膨胀期间，虽然随着商品价格的普遍上涨，证券价格也会上涨，投资者的货币收入会有所增加，但由于货币贬值，购买力水平下降，投资者的实际收益可能没有增加反而有所下降。例如，通货膨胀率为7%，年利率为5%，则实际利率为负利率。当投资者年初持有100元货币资金时，年终价值为105元，但年初价格100元的商品年终价格为107元，年初用100元可以购买的商品到年终则无法购得，货币的购买力下降。

3.财务风险

财务风险是指由于举债而给投资者财务成果带来的不确定性，是筹资决策所产生的，又称筹资风险。财务风险是由于投资者举债而引起的到期不能偿债的可能性以及由此而形成的投资收益率的波动。负债在投资者整个资产中所占比重越高，财务风险越大。

4.违约风险

违约风险又称信用风险，是指证券发行人无法按时还本付息而使投资者遭受损失的风险。违约风险是债券的主要风险。一般认为，在各类债券中，违约风险从低到高排列依次为中央政府债券、地方政府债券、金融债券、公司债券。

5.变现力风险

变现力风险是指无法在短期内以合理价格卖掉证券的风险。投资者在出售证券时，有两个不确定性：一是以何种价格成交，二是需要多长时间才能成交。若投资于像垃圾股或不知名公司的股票等流动性差的证券，当遇到另一更好的投资机会，投资者想出售现有证券以便再投资时，往往在短期内很难找到愿意出合理价格的买主，他要么将售价降得很低，要么要等很长时间才能找到买主，于是他不是丧失新的投资机会就是蒙受降价损失。

在以上风险类别中，利率风险与通货膨胀风险属于系统风险，是所有企业和个人都会面对的风险，它不能通过分散投资加以分散，是不可分散风险；财务风险、违约风险及变现力风险属于非系统风险，它只会对特定的企业和个人收益产生影响，可以通过多元化投资来分散，是可分散风险。

此外，个人理财风险中还有一种风险不是经济风险，但也不可忽视，那就是心理风险。心理风险是投资行为可能对投资者心理上造成的伤害，它取决于投资者的素质与承受能力的强弱。

任务2　风险收益均衡

风险与收益相生相伴，投资者选择的核心是寻找可承受风险与预期收益之间的平衡，即以最低的风险获得最大的收益回报。

一、风险与收益的关系

风险与收益的基本关系是风险越大，要求的报酬率越高。风险与收益是一种对称关系，它要求等量风险带来等量收益，即风险收益均衡。个人理财的原则是在一定的风险下必须使收益达到较高的水平，在收益一定的情况下，风险必须维持在较低的水平。

理财投资项目的风险大小不一，在投资报酬率相同的情况下，投资者都会去选择风险较小的项目，结果会因投资者过多、项目竞争激烈而导致风险增加且报酬下降。最终，高风险理财项目有高回报，低风险理财项目回报也低。风险与收益的均衡关系是市场竞争的结果。

二、风险收益的定价模型

风险收益（风险报酬）是指投资者由于冒着风险进行投资而获得的超过资金时间价值的额外收益。投资者在理财行为中投入本金，承担一定的风险，就是期望得到的报酬与承担的风险相适应。投资报酬率与风险的关系可以表示为：

投资报酬率=无风险报酬率+风险报酬率

其中，风险报酬率与风险的大小有关，风险越大，则要求的风险报酬率越高，两者成正相关。

风险报酬率=风险系数×（市场平均报酬率−无风险报酬率）

这是在西方财务理论中资本资产定价模型的表达公式，是衡量收益与风险关系的一个基本模型。例如，无风险报酬率为10%，市场平均报酬率为13%，某种股票的风险系数为1.4，则该股票的投资报酬率=10%+1.4×（13%−10%）=14.2%。

可见，投资收益率随着风险系数的增大而提高，随着风险系数的减小而降低，即收益与风险价值具有对称性，风险越小，收益越低，风险越大，收益越高，这就是风险收益均衡原则。投资者要获得超额收益，就必须敢于承担风险，但并不是说风险与收益是对等（同比）的关系，接受了高风险并不必然带来绝对的高收益。这是因为风险越高，不确定性也越大，发生损失的可能性也就越大，有时甚至造成致命的损失。所以，投资者一定要清晰认识到风险的两面性，要实现投资最大化的目标，一方面要敢于承担风险，另一方面要善于承担风险，这样才能提高获得高收益的可能性。

一般来讲，将资金投入到风险较小的国债或银行，资金的价值和时间成正相关。如果将资金投入到高风险的期货市场或股票市场，其价值随时间推移有两种较难预测的结果，也就是风险与收益的关系问题：风险越大，收益往往越高，但也有可能血本无归！风险与收益存在均衡问题，因不同人群的观念、年龄、收入、风险承受能力等因素的不同而异，不能一概而论，若收入较高，且是中年人群，在不影响生活的情况下，可以考虑将资金投入到风险较大、收入较高的投资品种；若属于年龄偏大、收入较低且不稳定的情况，可考虑将资金投入到收益相对稳定的投资品种。

三、风险收益均衡在理财运用中的原则

1.牢固树立风险意识，杜绝侥幸心理

在投资理财的各个环节中，风险与收益始终同在，对待风险要谨慎。有些投资理财者在巨大利益的诱惑下，往往忽视风险的存在或轻视风险的威胁，致使盲目冒进而遭受不应有的损失。理财一定要从自身的财务实力和理财水平出发，杜绝一切不切实际的贪大、图快、搏一把、不顾资金安全和长远利益的理财行为。

用股市里的行话“股市有风险，入市须谨慎”来形容风险是非常形象的，市场敞开了大门，但进出与否取决于投资者对风险的认识、承受力以及驾驭能力。所谓“天下没有免费的午餐”，妄想不费智力和心力，不加任何分析和运营的投资是不存在的，收益也不是

轻易能获得的。

2.健全决策机制，控制理财风险

投资理财是项目开发、论证评估、决策、计划、实施、结果评估的一个循环过程，其中决策是关键。要充分发挥自身专业知识判断和各方咨询、专家建议在决策中的参谋作用，杜绝仅凭个人意愿的独断专行、不从经济规律出发、不做数学测算而拍脑袋做出的决策。

3.挑战风险，建立风险预警理念

风险包藏着危机，但更孕育着无限的机会和收益，所以要敢于并善于挑战风险。风险来源于滞后的理财观念、错误的决策、资源配置的低效率及风险应对不当。理财者要善于学习，不断提高理财水平，提高挑战风险的能力，从而谋取更多的收益。为了有效地降低财务危机和风险，投资者还应该树立财务风险预警理念，对可能或将要面临的财务危机和风险进行监测预报，并采取有效的化解对策。

任务3　个人理财风险分析与评估

个人理财追求资产最大化增值，但风险也随之增大，如果只考虑收益而不考虑风险，有时也可能实现收益的最大化，但风险大到个人无法承受的程度时，个人会因风险的加大而最终导致本金损失殆尽。因此，成功的理财者总是善于进行风险分析，在风险与收益的相互协调中进行利弊权衡，以期取得较高收益，而不是最高收益。

一、个人理财风险分析

1.投资环境的变化

市场外在因素的变化，如利率、汇率、通货膨胀率、经济景气度等将影响投资回报率，如一项投资的收益率为12%，但如果投资期通货膨胀率为8%，那么真实收益率仅为4%，假如此时银行存款利率为7%的话，则真实收益率为负；而如果持有现金未进行任何理财投资的话，则所受损失更大。另外，还有些突发状况，如战争、政治局势、天灾等不可预知的非人为因素，都将影响理财的收益。

2.金融工具的选择

理财产品的选择错误或投资组合不优化也会影响收益。理想的理财组合是长短期结合、风险高低兼顾，既可保证流动性，又可降低风险的总量，起到风险相互抵消、最终保证较高收益的目的。

3.个人（家庭）因素

因理财资产规模、占用时长、临时变故或其他原因而需撤资中断投资的现象，也会影响理财收益。同时，基于个人主观臆断盲目投资当前热门的投资标的，或听信小道消息而投资自己并不了解和熟悉的产品，也会增大投资风险。

二、个人理财风险评估

1.分散理财

我们常说“不要把鸡蛋放在一个篮子里”，实质就是分散风险。不管哪种投资总存在波动性，有时情况好，有时情况差。如果投资者选择将大部分资产用于一种投资，可能因押对了宝而赢得了极高的报酬，但同时损失惨重与血本无归的可能性也不小。但是，如果分散投资，投资的种类越多，获利的可能性越大。分散投资的基本原理就是在风险与报酬间做一个适度的取舍，以达到降低风险的效果。它和将鸡蛋放在不同的篮子里一样，即使一个篮子打翻了，还可保有其余的鸡蛋。

分散投资就是增加投资的种类，尤其是投资额比较大时，不要只投资在单一的投资项目上，投资组合中各投资标的齐涨齐跌的现象越不明显，或是报酬率呈现相反走势的现象，则其分散风险的效果越好。当然，分散投资并不能实现零风险，最佳的投资组合也只能消除特异性风险（即不同企业、不同投资工具所带来的风险），而不能消除市场方面的风险（即系统风险）。风险评估和管理的目的只是了解风险、降低风险、驾驭风险。

2.做能力以内的理财

一个成熟的投资者，必须先摒除规避风险的思想，培养健康的风险意识，勇于投资在高期望报酬的投资项目上，并承担其所伴随的高风险。每个人承受风险的程度都不一样，这与个人（家庭）的条件和个性有很大关系。投资者必须主观上愿意承担风险，做能力以内的投资理财，风险才不会对其造成伤害。因此，投资者每次做理财方案时，务必先了解可能遭遇的风险，并对每个可能发生的状况，预先设想应变方案，分析盲目冒险的成分有多少，预估成功的概率有多大，且在过程中，需不断地重新评估。

所谓对的风险，是指长期平均而言，具有高报酬的风险。没有高报酬的风险千万不要冒险，例如彩票、赌博等，这都是高风险、低报酬的活动，不值得去投入。

3.选择合适的理财工具

投资理财要有合适的工具，各种投资理财工具的流动性、获利性、风险性各不相同。投资者要明确认识它们的特性与差异性，并根据自身的条件和对产品的掌握程度谨慎选择，合理组合。拿当前常见的理财工具股票来说，股票投资需要一定的知识，需要一定的财务分析能力，更需要一定的资金实力。从长远看，股票投资往往是长线投资才能获利，而且前提是必须选好股票，并不见得对任何一只股票长线持有都能获利。期货市场是一个风险大、利润大的交易场所，一般而言，进入期货市场需要比较多的资金，并且需要比较专业的知识。债券投资是一个稳定、可靠的投资渠道，我国的债券有国库券、企业债券、银行债券等几类。国库券是一般稳健投资者首选的品种，企业和银行债券具有高收益的特点，但信用等级一般比国债低。投资债券必须了解债券的发行、流通交易、收益率计算等相关知识；除此以外，理财工具还有房产投资、外汇投资、土地投资、基金投资、钱币投资、收藏投资等。这些工具的流动性、获利性、风险性各不相同，稳健的理财者要充分了解自己的个性和条件，审慎地选择，科学地组合，以取得风险、流动性与收益三方面的最佳组合。

项目小结

1.货币的时间价值是指资金被占用即放弃使用机会，而根据其时间的长短所获得的价值补偿。对货币时间价值的计算，可转化为对利息的计算，也就是对现值与终值的计算。利息的计算方式有单利和复利两种，为了方便复利现值、终值的计算，可以查阅复利现值系数表与复利终值系数表。

2.在实际个人理财业务中，我们往往需要分析的是不同时点的多笔款项，其中一种特殊的系列款项就是年金。年金是指在一定时期内，时间间隔相等的时点上，连续发生收付金额相同的系列款项。年金按照收付款项发生的时点和期数不同，可以分为后付年金、先付年金、递延年金和永续年金。

3.生命周期理论从个人（家庭）的生命周期整体出发来规划理财，根据人生各阶段的特征，让人们结合实际情况设计理财方案，选择适当产品，以达到在整个人生过程中合理分配财富，实现人生效用最大化的目标，它是个人理财的核心基础理论之一。

4.家庭生命周期是用来描绘多数家庭从结婚、子女出生、子女独立到终老的全过程。一般来说，家庭生命周期可分为形成期、成长期、成熟期、衰老期四个阶段。家庭处于生命周期的不同阶段，其资产、负债状况会有很大不同，生活消费需求和理财重点也将随之出现差异。因此，了解一个家庭正处于怎样的生命周期阶段，对于消费与储蓄规划、理财策略的制定具有重要意义。

5.市场经济条件下理财活动是在有风险的情况下进行的，只有勇于承担风险，才能得到额外的收益。投资者由于承担风险进行投资而获得的超过资金时间价值的额外收益，我们称之为风险收益。

6.风险与收益的基本关系是风险越大，要求的报酬率越高。风险与收益是一种对称关系，它要求等量风险带来等量收益，即风险收益均衡。投资者选择的核心是寻找可承受风险与预期收益之间的平衡，即以最低的风险获得最大的收益回报。

思考与练习

一、单选题

1.资金时间价值与利率之间的关系是（　　）。

A.交叉关系　　B.包含关系　　C.主次关系　　D.无任何关系

2.假定某投资者购买了一种理财产品，该产品的当前价格是82.64元，2年后可获得100元，则该投资者获得的按复利计算的年收益率为（　　）。

A.10%　　B.8.68%　　C.17.36%　　D.21%

3.生命周期理论比较推崇的消费观念是（　　）。

A.及时行乐、“月光族”

B.大部分选择性支出用于当前消费

C.大部分选择性支出存起来用于以后消费

D.消费水平在一生内保持相对平稳的水平

4.整个家庭的收入在（　　）达到巅峰，支出有望降低，是准备退休金的黄金时期。

A.家庭成熟期　　B.家庭成长期　　C.家庭形成期　　D.家庭衰老期

5.风险报酬是指投资者因冒风险进行投资而获得的（　　）。

A.利润　　B.额外报酬　　C.利息　　D.利益

二、多选题

1.影响资金时间价值大小的因素主要包括（　　）。

A.计息方式　　B.利率　　C.资金额　　D.期限

2.递延年金的特点有（　　）。

A.最初若干期没有收付款项　　B.后面若干期等额收付款项

C.其终值计算与普通年金相同　　D.其现值计算与普通年金相同

3.处于不同阶段的家庭理财重点不同，下列说法不正确的是（　　）。

A.家庭形成期资产不多但流动性需求大，应以存款为主

B.家庭成长期的信贷运用多以房屋、汽车贷款为主

C.家庭成熟期的信贷安排以购置房产为主

D.家庭衰老期的核心资产配置应以股票为主

4.下列属于系统性风险的是（　）。

A.市场风险　B.财务风险　C.利率风险　D.购买力风险

5.下列说法不正确的是（　）。

A.风险越大，获得的风险报酬应该越高

B.有风险就会有损失，二者是相伴相生的

C.风险是无法预计和控制的，其概率也不可预测

D.由于筹集过多的负债资金而给企业带来的风险不属于经营风险

三、判断题

1.在利率和计息期相同的条件下，复利现值系数与复利终值系数互为倒数。（　）

2.永续年金既无现值，也无终值。（　）

3.根据风险与收益对等的原理，高风险的投资项目必然会获得高收益。（　）

4.一般来说，高学历、投资知识丰富的人，风险管理能力强，往往能从事高风险投资。（　）

5.如果客户最关心本金的安全性和流动性，则该客户很可能是风险追求者。（　）

四、简答题

1.什么是货币时间价值？其表现形式如何？

2.单利与复利的区别是什么？

3.什么是年金？年金有哪几种类型？

4.简述家庭生命周期各阶段的主要特征。

5.简述风险与收益的均衡关系。

项目实训

训练目的：通过理财分析，掌握资金时间价值的计算和决策分析。

训练内容：从训练素材中选择2～3个案例，对案例内容进行计算分析，提交分析决策结果，并在实训最后环节分享各自的分析思路。

训练素材：

案例1：某人拟于年初借款42 000元，从年末开始，每年年末还本付息额均为6 000元，连续10年还清。假设预期最低借款利率为8%，请问此人是否能按其计划借到款项？

案例2：假定你想自退休后（开始于20年后），每月取得2 000元收入。假设这是第一次收款开始于21年后的永续年金，年报酬率为4%，则为达到此目标，在下个20年中，你每年应存入多少钱？

案例3：有一对父母为两个孩子的大学教育攒钱。他们相差两岁，大的将在15年后上大学，小的将在17年后上大学，估计届时每个孩子每年学费将达到21 000元。如果年利率为15%，那么这对父母每年应存多少钱才够两个孩子的学费？现在起1年后开始存款，直到大孩子上大学为止。

案例4：小王出租了一套房屋，每年租金收入20 000元，年初收取。如果从第1年年初开始出租，共出租10年，利率为6%。那么，这10年租金的现在价值与未来价值分别是多少？

训练场所：校内实训室。

训练步骤：

1. 学员分组（按每组5人左右）。
2. 每个小组从训练素材中选取2～3个案例。
3. 对选取的案例进行分工，指派分析人员。
4. 集中讨论，形成分析决策结果。
5. 由组长发言阐述各自小组的分析思路与结果。

项目三　认识家庭的财务状况

始终遵守你自己的投资计划和规则，这将加强良好的自我控制。

——伯妮斯·科恩

学习目标	
重点及难点	
模块一 模块二 模块三	家庭财务报表的编制 家庭财务分析 家庭财务预算的编制与分析
项目小结 思考与练习 项目实训	

学习目标

【知识目标】

1. 掌握家庭资产负债表、收支储蓄表、现金流量表的相关概念、编制方法和勾稽关系；
2. 掌握家庭财务结构分析和比率分析的方法；
3. 掌握家庭财务预算编制和控制的方法及途径。

【技能目标】

1. 能编制家庭资产负债表、家庭收支储蓄表和家庭现金流量表；
2. 能进行家庭财务结构分析和比率分析；
3. 能编制家庭财务预算并分析预算控制情况。

【思政目标】

1. 理解家庭财富增长与改革开放的关系；
2. 通过家庭财务收支理解国家财政政策。

重点及难点

重点：家庭财务报表的编制；家庭财务结构、比率分析。

难点：家庭财务预算的编制。

案例导入

李先生是一位建筑设计师，30岁，妻子赵女士是一位公务员，28岁。两人准备半年内生小孩，换房子。但他们不清楚自己的家庭财务状况是好是坏，收支储蓄能否满足换房需求。

在实际生活中，每个家庭在每个阶段都会有各种需求（购房需求、旅行需求、退休需求等），也会遇到各种风险（失业、残疾等）。随时了解家庭的财务状况、收支储蓄情况和现金流量可以帮助每个家庭实现需求、摆脱财务困境。

模块一　家庭财务报表的编制

任务1　编制家庭资产负债表

一、家庭资产负债表的概述

家庭资产负债表是根据家庭在某一时点的资产负债和资产净值的基本情况编制的，是最为重要的家庭会计报表。该报表能清晰地反映家庭拥有资产的情况，以及这些资产从何而来，它们之间的比例关系又是如何等。家庭资产负债表的简易格式见表3-1。

表3-1　家庭资产负债表　单位：元

资产		负债及净资产	
项目	金额	项目	金额
流动资产		消费负债	
现金		信用卡欠款	
活期银行存款		小额消费贷款	
其他流动资产		其他消费性负债	
流动资产合计		消费负债合计	
投资资产		投资负债	
定期银行存款		金融投资借款	
股票投资		实物投资借款	
债券投资		投资房地产贷款	
基金投资		其他投资性负债	
实物投资		投资负债合计	
投资性房地产		自用负债	
保单现金价值		自用房地产贷款	
其他投资性资产		自用汽车贷款	
投资资产合计		其他自用贷款	
自用资产		自用负债合计	
自用房地产		负债合计	
自用汽车		净资产（资产-负债）	
其他自用资产			
自用资产合计			
资产总计		负债及净资产总计	

二、家庭资产、负债的定义和分类

1.家庭资产

家庭资产包括其拥有的所有资产，可以将它们进行大体分类，但不必详细地列入每一件物品。有价值的资产才是最重要的，特别是那些可以管理或将来可以规划的资产。从家庭财务状况的分析角度，家庭资产可以分成三类：

（1）流动资产。流动资产是为满足家庭紧急备用金的需要而储备的货币资金，具体包括现金、活期银行存款、其他流动资产等。其特性是可保本，而且变现时不会有资本损失，安全性和流动性最高，但是只有少许甚至没有利息收入，获利性最低。

（2）投资资产。投资资产是那些能够带来收益的资产。例如购买的国债，每年可以获得利息，那么国债就是一项投资资产，同样的，股票、债券、基金都是投资资产；而家中购买的冰箱，除了消耗电费和维修费外，不能带来任何现金流入，因此冰箱不是投资资产。同样的，汽车、家具等消费品都不是投资资产。投资资产是家庭理财中最重要的资产，因为它们是实现家庭财务目标的来源。除了保险和居住的房产外，大多数个人财务管理都是针对这些资产的。

（3）自用资产。自用资产是每天生活要使用的资产，例如房屋、汽车、家电等。它们不能带来现金流入，但如果没有，则需要花钱去购买，汽车等家用消费品构成了家庭财务状况的一部分。个人理财目标之一就是为家庭进行适度的个人使用资产积累。尽管它们不会产生收入，并且如果想一直使用，还需要不断投入资金维护和修理或更新，但它们可供消费，而这本应该是个人财务目标的一个主要方面。

2.家庭负债

家庭负债包括全部家庭成员欠非家庭成员的所有债务。负债一般是由于家庭为了获得资产而形成的，如为了购买自住房而形成的房贷、为了投资而形成的流动资金贷款等。因此，与资产相对应，负债一般可划分为消费负债、投资负债和自用负债。

消费负债是透支信用借款来消费，在结算时点所积欠的余额；投资负债是扩张信用借钱来投入投资性资产的借款余额；自用负债是用来购买自用资产，如汽车和房屋的抵押贷款余额。

3.净资产

净资产是家庭所拥有的对资产的净权益，是资产减去负债以后的净值。从长期来看，当一个家庭开始卖掉其资产时净资产转换为现金。比如到了退休的年龄，一个家庭可以卖掉大房子，买一个小房子，并且卖掉一些日用的资产。另外，家庭成员不再为养老计划缴款而是取得养老金来维持日常的消费，这时累积的净资产也融化为现金以供消费。大多数自用资产会随着时间的推延而贬值。尽管维护或重置这些资产需要再花掉一些收入，但如果客户把当期的收入全部用来消费，而不对基础资产进行维护，那么从长期来看是不利的，因为客户将不得不使用今后的收入来重置这些资产。当加入了通货膨胀因素后，要保持同样的财务状况，家庭就必须增加名义的净资产。

三、家庭资产、负债的计价标准

1.家庭资产的计价标准

（1）流动资产。家庭流动资产主要是现金和活期银行存款，因此，计价时以月底盘点余额为基础。现金需要日清月结，如果记账是以家庭为单位的，则需加总家庭成员的现金。活期银行存款如果有多个不同的银行账户，则要加总各账户在月结日当天的余额。

（2）投资资产。家庭投资资产通常根据市场情况确定价值，持有这类资产的目的是增加收入或获得更多现金价值，因此它们的历史成本除了作为计税依据外，并不是很重要，家庭更关注的是从中可以得到多少利益。

（3）自用资产。家庭自用资产确定价值的原则取决于客观条件。除了购买财产险时作为计算保额的依据之外，很多个人使用资产的价值与个人财务规划无关。未来的消费取决于通过劳动和投资所获得的未来收入，而不是靠变卖个人使用资产。因此，如果计算了它们的重置成本并在资产负债表上增加了净资产，那就是错误的。家庭不可能通过消费来增加净资产。当然自用住宅如果今后考虑出售则另当别论。从另一方面讲，资产的所有权是财务状况的重要组成部分。一个家庭在早期会购置一些基本资产，到了接近退休时已经有了一大堆这样的资产，即使这些家庭的财务状况好转，但并不打算卖掉其中的任何一件。

影响个人使用资产、自用资产计价原则的另一个因素是家庭对未来的计划，特别是临近退休时的计划。如果一个家庭计划卖掉一些个人使用资产并将所得的资金作为退休基金的一部分，那么这些资产应按照市场价值减去处置的费用来确定价值。对于这部分资产通常是按照一般原则来处理的，但也会有例外：

① 房子和汽车按照市场价值来确定价值。如果家庭计划卖掉它们并将全部或部分款项用来购买其他物品（例如退休基金、投资生意），那就应该按照市场价值减去卖出时的所有费用来确定价值。

② 所有其他个人的使用资产按照重置成本确定价值。对所有家庭打算卖掉而且不打算重置的资产按照市场价值减去卖出时的所有费用来确定价值。例如，家中的彩电当初购买的价格为2 800元，现在如果卖给回收家电的人可得200元，到旧货市场上买一台同样品牌、规格的彩电需要500元，其他费用为0，则这台彩电的价值为500元。如果打算卖掉这台彩电并且不打算重新购买彩电的话，则这台彩电的价值为200元。需要注意的是，没有必要给每一件资产确定价值。将一般的家用资产合在一起估价，把房子和汽车分开即可。

③奢侈资产按照除房子和汽车以外的个人使用资产同样的方法确定价值。通常对奢侈资产来说，重置成本与市场价值会有很大差别。

2.家庭负债的计价标准

家庭负债项目应该按照所欠金额的当前价值来计价。这与市场价值不同，因为如果利率发生变化，一笔贷款可能会比所欠金额多或少。例如，张先生购买了一套房子，申请了50万元的住房抵押贷款，申请贷款时利率为年利率5%，已经偿还3年，剩余贷款本金及利息为45万元，现在利率上调至年利率6%，按照新的利率计算，张先生共需要偿还贷款本金及利息为47万元，则该笔贷款的价值为47万元。

信用卡的循环信用余额=上月未还余额+本月应缴款额-本月实际缴款额

房贷、车贷和小额信贷最近缴款通知单上所载的余额减去本期的本金还款额，就是负债余额。

四、家庭资产负债表编制注意事项

（1）资产负债表是一个存量记录，反映的是某一时点的存量，编制资产负债表时首先要确定时点，即月末、季末还是年末。

（2）对资产负债表中特殊项目要特别注意：

①保单现金价值。由于投资型保险和储蓄型保险能够累积现金价值，因此将现金价值视为投资资产。

②投资用房产。除了自用房产外，以收取租金或赚取买卖差价为目的的投资用房地产视为投资资产。

③养老、医疗、住房公积金账户余额。由于养老保险、医疗保险、住房公积金都有个人账户，而且个人账户的累积额可累积生息，因此视为投资资产。

④债权，即借给他人的款项。如确认可以回收，以借出额记成本，预计无法回收的部分应提呆账，以反映其市场价值的减少。

（3）第一次做资产负债表时，要清点家庭资产并评估价值，成本与市价分别记录，并计算账面损益。

（4）以市价计量的资产及净值可反映个人真实财富。

（5）汽车等自用资产可提折旧以反映其市场价值随使用而降低。

理财案例分析 3-1

案例介绍：王先生41岁，是一家外资企业工作人员，他的妻子赵女士，40岁，是一家国有企业的会计，两年前他们花150万元买了一套市中心的房子，首付款是60万元，剩余部分他们申请了一笔住房抵押贷款，每月需要支付贷款本金和利息8 870元。目前这套房子市价180万元，还有835 800元的贷款。他们现在手中有现金5 000元，活期银行存款7.5万元，证券账户中的基金市值为15万元，住房公积金账户余额为2万元，购买的养老保险现金价值为32万元，衣物评估价值为8万元，日常用品评估价值为15万元。王先生开的是一辆新车，价格24万元，目前市价为22万元，每月需要支付6 000元贷款本金和利息，目前还有10万元贷款。赵女士开的是一辆旧车，估价为5万元。本月他们的信用卡欠款为8 000元，他们每月可以拿回家的收入是3万元。今天是2020年12月31日。要求编制王先生家的资产负债表。

案例分析：根据王先生家的情况编制的2020年12月31日资产负债表如表3-2所示。

表3-2 王先生家的资产负债表

2020年12月31日 单位：元

资产		负债及净资产	
项目	金额	项目	金额
流动资产		消费负债	
现金	5 000	信用卡欠款	8 000
活期银行存款	75 000	消费负债合计	8 000
流动资产合计	80 000	投资负债	
投资资产		投资负债合计	0
基金投资	150 000	自用负债	

续表

资产		负债及净资产	
项目	金额	项目	金额
公积金账户	20 000	自用房地产贷款	835 800
养老保险价值	320 000	自用汽车贷款	100 000
投资资产合计	490 000	自用负债合计	935 800
自用资产		负债合计	943 800
自用房地产	1 800 000		
自用汽车	270 000	净资产（资产-负债）	1 926 200
其他自用资产	230 000		
自用资产合计	2 300 000		
资产总计	2 870 000	负债及净资产总计	2 870 000

教学互动 3-1

请分类整理自己家庭的资产负债，并据以编制一份家庭资产负债表，分析它与企业资产负债表的共同点和不同点。

任务2 编制家庭收支储蓄表

一、家庭收支储蓄表的概述

家庭收支储蓄表反映一定时期内家庭收支及储蓄状况，是对一定时期内家庭财富增长的总体反映。编制家庭收支储蓄表的目的，是提供家庭生成现金的能力和时间分布，以利于准确地做出消费和投资决策。编制中需要遵循的原则有真实可靠原则、反映充分原则、明晰性原则、及时性原则和充分揭示原则。

在个人理财业务中通常不会使用权责发生制会计准则，也就是说，记录收入和支出是在实际发生时而不是在其“应收”“应付”时。企业可以将一辆汽车资本化，然后在未来的几年中摊销其价值，但家庭会在买入时直接记录一笔现金支出。尽管这会对家庭的收支储蓄表产生较大的影响，有时会导致负债出现，但这种方法更加恰当。因为企业可以灵活地通过增加资本改善不均衡的现金流，而家庭要把它们直接列入计划，以便提前储蓄或减少今后的开支。

家庭收支储蓄表的格式如表3-3所示。

二、家庭收入、支出和储蓄的分类

家庭收支储蓄表反映的是一定时期家庭流量信息，由收入、支出和储蓄三部分构成。为了更好地分析收入的质量和支出的控制，在收支储蓄表中将三者进行了分类，具体分类如下：

1.收入

收入可以分为工作收入和理财收入。工作收入是通过付出脑力、体力而获得的收益，

表3-3 家庭收支储蓄表

项　目	金　额
工作收入	
薪资收入	
养老保险储蓄	
医疗保险储蓄	
住房公积金储蓄	
其他工作收入	
减：生活支出	
家庭支出	
子女教育支出	
其他支出	
工作储蓄	
理财收入	
利息收入	
资本利得	
其他理财收入	
减：理财支出	
利息支出	
保障型保费支出	
其他理财支出	
理财储蓄	
总储蓄	
减：养老保险储蓄	
住房公积金储蓄	
自由储蓄	

包括工资、薪金、佣金、奖金等。理财收入是通过持有或变现资产而获得的收益，包括利息、股利、红利收入、房租收入、变现资产的利得等。总收入是工作收入加上理财收入之和。

2. 支出

支出可以分为生活支出和理财支出。生活支出是用于家庭日常开支的支出，包括生活费、学费、赡养费、房租等。理财支出是用于投资项目的支出，主要包括利息支出和保障型保费支出，购买基金等资产所支付的手续费或请理财规划师做规划所支付的费用等。总支出是生活支出加上理财支出之和。

3. 储蓄

根据收入和支出的分类，储蓄也可以分为工作储蓄和理财储蓄。它们之间的关系为：

总储蓄=总收入-总支出

=（工作收入+理财收入）-（生活支出+理财支出）

=（工作收入-生活支出）+（理财收入-理财支出）

=工作储蓄+理财储蓄

三、家庭收入、支出的确认范围

1. 家庭收入的确认范围

在编制家庭收支储蓄表时，需要对收入的范围进行确认。可运用收入是扣除个人所得税后的总收入，包括划入个人账户的延期收入。可支配收入是税前收入扣除三险一金和个人所得税后的收入，这一部分收入可以由个人自由支配。收支储蓄表中的收入是总收入，也就是可运用收入的概念。可支配收入和可运用收入之间的关系为：

可支配收入=税前工作收入-医疗保险费-养老保险费-失业保险费-住房公积金-个人所得税

可运用收入=可支配收入+养老保险费+医疗保险费（包括单位划入）+住房公积金（包括单位划入）

2. 家庭支出的确认范围

确认家庭支出的范围需要区分支出和延期收入的关系。支出是支付给他人，对自身而言是为获取某项利益或权利而付出的费用；延期收入是为未来的效用而积累的资产。因此，支出形成费用或成本，而延期收入形成的是资产，如保障型保单支出形成的是支出，而具有保单价值的寿险保单形成的是资产。

四、家庭收支储蓄表编制应注意事项

（1）已实现的资本利得或损失应记入收入或支出项目，未实现的资本利得应记入期末资产与净资产增加的调整项目，不应显示在收支储蓄表中。

（2）期房预付款应记入资产项目，而不是支出项目。每月房贷的缴款额应区分本金与利息，利息费用属于支出项目，偿还房贷本金是负债项目的减少。资产负债项目将期初和期末的差异显示在净资产储蓄额中。

（3）财产险和保费支出基本上无储蓄性质，属于支出科目；寿险中的定期寿险、残疾收入险、医疗费用险、意外伤害险等以保障为主的险种，属于费用性质，应记入支出科目；而终身寿险、教育年金、退休年金及养老险等，可以累积保单的资产现值，有储蓄性质，应记入资产科目。

（4）养老保险费可分为两个部分，实缴保费与当年保单现值增加额的差异部分可当作保险费用，现值增加额的部分可当作资产累积，因此，储蓄险的保费如同定期定额投资，以储蓄累积资产的方式存在，不应该记入理财支出，而应记入净资产储蓄额。

编制个人收支储蓄表的繁简，根据个人的时间与需求而定。如果无法每天记账，但仍然想列出支出细目，可提高信用卡的使用效率，让信用卡账单记录支出明细账目，也可以用信用卡支付各类生活支出、网上购物、缴存定期定额投资款等。而缴纳信用卡费用时，还是由活期存款账户转账缴款。此时，活期存款账户是总账，信用卡的费用明细便是明细账，由此可明确消费的时间及地点。利用活期存款账户及信用卡月结单编写理财日记，就可以轻松掌握每月的收支储蓄及资产负债变动情况。

教学互动 3-2

请分类整理自己家庭的资产负债，并据以编制一份家庭资产负债表，分析它与企业资产负债表的共同点和不同点。

任务3 编制家庭现金流量表

一、家庭现金流量表概述

家庭现金流量表是反映家庭现金流量及财务状况的重要报表。现金是家庭的即付资金，是满足家庭日常生活支出和应急准备的必备资产。家庭的经济活动一般都直接体现为现金的流入与流出，现金流量表的编制可以体现家庭经济运行的基本状况。家庭经济活动通常表现为生活、投资与借贷三大内容，都可能发生某种现金流入或流出的情况，因此对家庭现金流量表的设计，也应包括这三个方面活动体现的现金流入与流出。家庭现金流量表的格式如表3-4所示。

表3-4 家庭现金流量表 单位：元

项　目	金　额
期初现金结存量	
本期家庭日常生活中的现金净流量	
日常生活中的现金流入合计	
家庭各项职业劳动与非职业劳动的现金流入	
家庭其他活动的现金流入	
日常生活中的现金流出合计	
日常生活消费的现金流出	
文化教育、文体娱乐活动的现金流出	
社会人际交往的现金流出	
赡老抚幼的现金流出	
家庭其他消费活动的现金流出	
本期家庭投资活动中的现金净流量	
投资活动的现金流入合计	
股票债券投资售出的现金流入	
投资盈利的现金流入	
其他投资活动的现金流入	
储蓄存款提现的现金流入	
投资活动的现金流出合计	
购买的股票债券、储蓄存款的现金流出	
投资活动亏损的现金流出	

续表

项　目	金　额
其他投资活动的现金流出	
本期家庭借贷活动中的现金净流量	
借贷活动中的现金流入合计	
对外借出款项收回的现金流入	
对外借入款项的现金流入	
借贷活动中的现金流出合计	
对外借出款项的现金流出	
对外借入款项归还的现金流出	
期末现金结存量	

注：本表列出的家庭借贷活动中的现金流入和流出并非一般企业现金流量表反映的筹资活动。企业筹资活动一般包括股权资本筹资和借贷资本筹资两方面内容，而个人家庭的经营筹资活动中，一般不存在发行股票、招商引资等股权类筹资内容，因此这里以更直观的借贷活动替代。

二、家庭现金流量与收入支出的关系

在家庭财务报表中，收入和支出的确认基础是收付实现制，即以收到和支付现金作为确认收入和支出的标准，因此，当确认收入时，表示现金流入，当确认支出时，表示现金的流出，但并不能因此将收入与支出和现金流入与现金流出作为相同的指标。首先，从量的方面，现金流入不一定是收入，例如将股票投资以成本价变现，是将一种资产转换为另一种资产；反之，现金流出不一定是支出，例如投资购入股票，是将现金资产转换为投资性资产。其次，收入和支出只是现金流入和流出的方式和手段，而不是现金流量本身。综合以上两点，家庭的收入和支出产生了现金流量，但收入和支出并不是产生现金流量的唯一来源，除收入和支出外，资产负债表的调整项目也会使现金流量发生变动。

三、家庭现金流量表的数据来源

家庭现金流量表根据用途可以分为日常生活现金流量、投资活动现金流量和借贷活动现金流量三类，其数据来源如表3-5所示。

表3-5　家庭现金流量表的数据来源

类别	项目	数据来源
家庭日常生活现金流量	日常生活现金流入量	收支储蓄表
	日常生活现金流出量	
家庭投资活动现金流量	股票债券投资售出的现金流入	资产负债表
	其他投资活动的现金流入	
	储蓄存款提现的现金流入	
	投资盈利的现金流入	收支储蓄表
	购买的股票债券、储蓄存款的现金流出	资产负债表
	其他投资活动的现金流出	
	投资活动亏损的现金流出	收支储蓄表
家庭借贷活动现金流量	借贷活动中本金流入和流出	资产负债表
	借贷活动中利息流入和流出	收支储蓄表

四、家庭现金流量表编制注意事项

（1）家庭保费支付项目应该分为保障型保费和储蓄型保费，分别记入日常生活现金流出和投资活动现金流出。因为储蓄型保费会形成现金价值，应该属于一种投资行为，所以该项支出应该记入投资活动的现金流出。

（2）有关资负债表项目中的调整项目，涉及现金流量的项目填列在该表中，资产重估增减值或未实现资本利得损失不能列入，因为没有实际产生现金流量。

教学互动 3-3

请分类整理自己家庭的现金流入和现金流出项目，并据以编制一份家庭现金流量表，分析它与企业现金流量表的共同点和不同点。

任务4　分析现金流量表、资产负债表和收支储蓄表的关系

理清三张家庭财务报表之间的关系，有利于编制财务报表、检测财务报表编制的正确性以及加深对财务报表项目的理解。三张家庭财务报表的勾稽关系主要体现在以下两个方面：

（1）家庭现金流量表中现金流量的数额变化主要来自两个部分：第一部分是由家庭收入支出引起的储蓄增加额，第二部分是资产负债的调整数额。因此，家庭现金流量增加净额等于储蓄和资产负债调整现金流量。

三张家庭报表的勾稽关系可以表现为：

期末现金=期初现金+现金流入-现金流出

=期初现金+储蓄+资产负债调整现金流量

=期初现金+理财储蓄+工作储蓄+资产负债调整现金流量

（2）家庭资产负债表与收支储蓄表之间的勾稽关系表现为：

如果以成本计价：

资产负债表净值=储蓄额

如果以市价计价：

资产负债表净值=储蓄额+资产账面价值变动额

两者之间关系表达如图3-1所示。

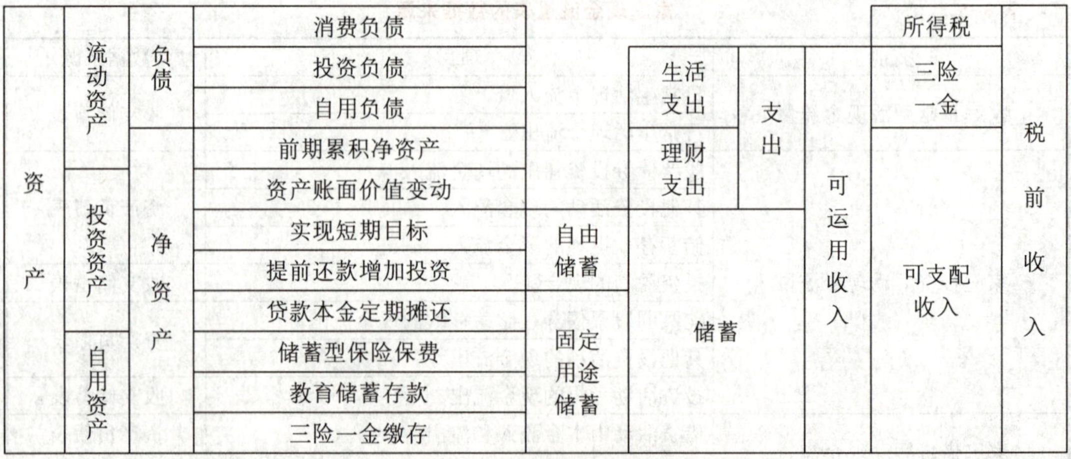

图3-1　资产负债表与收支储蓄表勾稽关系

知识链接 3-1

家庭小账本

1978年，上海市某个里弄里，一个新的家庭诞生了。从这一天起，家庭的主人就将每日的收支开销乃至购买物品的种类、数量和单价等，都在一个小账本上记录得很清晰，到了月底年终，再梳理当期的总情况，检查并分析钱财的来源花销。三十年过去了，该家庭的主人从青年走向老年，该家庭的小账本也按年积累了三十大本。

这一事件在报刊披露后，引起较大的轰动，中国国家博物馆闻讯后，立时同该家庭协商，支付高价将这批小账本全部收买过来，作为“国宝”在博物馆展出，理由是它从一个家庭的视角，完整地记录了我国经济体制改革三十年来，居民家庭拥有的财富和日常生活发生的巨大变化。比如，在账本上可以清晰地看到：家庭月收入从百余元上涨到近万元；家庭资产从数千元涨到百万元之多；家庭拥有的财富也从手表、自行车、缝纫机、收音机的“三转一响”，变为住宅、轿车、电脑、空调、巨量存款；家庭拥有的货币资产也从过去的储蓄存款，变成今天的存款、贷款、股票、国债、期货、基金等，应有尽有。

模块二　家庭财务分析

编制家庭财务报表的目的是通过分析利用报表来把握家庭财务状况，并通过各种指标的计算分析为财务决策做出科学的判断，使家庭理财规划建立在数据分析的基础之上，使家庭理财规划方案有据可依。例如，通过资产负债表可以分析家庭的负债比例和资产结构；通过收支储蓄表可以分析家庭收入结构、消费支出结构、消费习惯、消费信贷规模等情况。以指标数值为基础，可以从家庭的偿债能力、收支状况、储蓄结构和投资结构四个方面对家庭的财务状况进行理财分析。

任务1　分析家庭财务结构

所谓家庭财务结构分析是通过比较家庭财务报表自身结构数据，分析流量和存量结构是否符合生命周期特征以及对理财目标的影响。结构分析包括家庭资产负债表结构分析和家庭收支储蓄表结构分析。家庭资产负债表结构分析主要分析家庭负债比例是否合理，负债与资产的配置是否相一致，以及导致家庭负债比例不合理的原因。家庭收支储蓄表结构分析是通过不同类型的收入和支出比例分析，分析家庭的收支结构和生命周期是否一致。

一、家庭资产负债表结构分析

1.家庭负债比率分析

分析家庭财务结构主要是关注其资产、负债的配置以及负债与资产比例是否合理。因此，考量的主要财务指标是家庭负债比率。

家庭负债比率=总负债÷总资产

其中：

总资产=流动资产+自用资产+投资资产

总负债=消费负债+自用负债+投资负债

家庭负债比率=（消费负债+自用负债+投资负债）÷总资产

=借贷消费占流动资产比率×流动资产权数+自用资产贷款成数×自用资产权数+融资比率×投资资产权数

家庭负债比率越高，财务负担越重，如果收入不稳定，无法还本付息的风险也就越大。消费性负债有消耗性质，应该尽量避免，借钱来投资应按期结算损益后还清，自用资产负债则应考虑还款能力。现将各负债比率的构成要素分析如下：

（1）借贷消费占流动资产比率。其计算公式为：

借贷消费占流动资产比率=消费负债÷流动资产

借贷消费在理财上应该尽量避免，此处的借贷消费额包括已刷卡而尚未缴款的金额，用于购买耐用消费品的分期付款未还余额和小额消费性信用贷款余额。信用卡刷卡额虽然在宽限期之内不用负担利息，但仍应记消费负债，当月刷卡额最好控制在流动性资产的50%以内。

（2）流动资产权数。其计算公式为：

流动资产权数=流动资产÷总资产

流动资产收益率较低，只要能够支付交易性需求和预防性需求即可。除非预期股票市场回跌而预留投机性需求的资金，否则最多6个月的支出就已足够，多出的部分可用来追求较高收益的投资。总资产金额越高者，流动资产权数应越低。

（3）自用资产贷款成数。其计算公式为：

自用资产贷款成数=自用资产贷款额÷自用资产市值

自用住宅在家庭自用资产中占最大的比例，家庭自用资产贷款额是以家庭使用资产为抵押标的物来申请借贷的。若无其他家庭使用资产：

自用资产贷款成数=房贷额÷自用住宅总价款=房贷成数

随着房贷剩余缴款年数减少，该成数会逐步走低；但在房地产市值大幅下降的情况下，房贷比率也有可能反向走高。日本、中国香港都曾出现房地产市值低于房贷额，家庭使用净资产呈现负数的情况。通常房贷负债以本利平均摊还的方式，每期偿还本金的金额递增，因此，房贷负债逐渐减少。房地产净资产增加的主因是房贷余额的降低。

（4）自用资产权数。其计算公式为：

自用资产权数=自用资产÷总资产

自用资产以提供使用价值为主要目的，一般人未购房时此比例不会太高。在购房后贷款未缴清前，多数家庭均将积蓄用来还贷款，以致无法累积投资资产，因此，自用资产占总资产的比重一般在70%以上。

（5）融资比率。其计算公式为：

融资比率=投资负债÷投资资产市值

不管来源于股票融资融券还是证券质押贷款，只要是用来投资的都应记入投资负债中。投资负债额可能是以存单、保单、股票等投资工具质押获得的贷款，也可能是以自用资产抵押获得的贷款，但用途都是投资金融资产，希望在投资报酬率高于利率的情况下，加速资产成长，获得财务杠杆的好处。投资负债期通常不会太长，多采取整笔借整笔还的方式，在借款期间其负债额固定。投资净资产增加的主要原因是投资资产的增加和贷款的减少。

（6）投资资产权数。其计算公式为：

投资资产权数=投资资产÷总资产

投资资产是资产中最具生产力的部分，投资资产占总资产的比重越大，表示资产成长的机会越大。

2. 家庭净资产分析

资产可分为流动资产、自用资产与投资资产；负债按其用途可分为消费负债、自用负债与投资负债。我们把自用负债定义为用来购买家庭自用资产如汽车、房屋的抵押贷款，把投资负债定义为扩张信用借贷来投资金融资产的借款额，另外还有短期的消费借贷。因此，可把资产负债表中的项目重新分类：

流动净资产=流动资产-消费负债

自用净资产=自用资产-自用负债（主要是自用车贷和房贷）

投资净资产=投资资产-投资负债

借钱来投资店面收房租，或自行开店经营，虽然名义上是房贷但实际上是经营性房贷而不是自住性房贷，实质上仍是可产生投资收益的投资借贷。由此可见：

总净资产=流动净资产+自用净资产+投资净资产

流动净资产可以用来随时支付紧急的开销。自用净资产的特征是：自用资产的价值相对较稳定，自用房地产可能增值但也会折旧，而自用汽车更是只有折旧少见增值，但其价值的波动程度不大。净资产中自用净资产比重较大的，总净资产多随负债的减少缓慢增长。净资产中投资净资产比重较大的，因投资负债固定但投资资产市值随行情有较大幅度的波动，总净资产上下起伏较大。当运用负债投资时，因为贷款利率高于存款利率，不可能出现借钱来存款的现象，一定是借钱来投资那些收益率有机会超过贷款利率的创业或股票、基金等。但不管有无获利，时间到一定要还钱，因此，投资负债的比重越大，投资净资产波动的幅度越大。对于资产负债表中完全无负债的人，即使是投资资产全放存款，在房价持平或仅能随物价微涨的年份，投资资产的获利还是比以前提供使用价值为主的自用资产要高。

市场变化对家庭净资产的影响表现为：如果房地产市场行情大幅下滑，在房贷负债不变的情况下，自用净资产会大幅减少，在房屋市值低于贷款额时，自用净资产会成为负数。如果投资资产是以股市投资为主，则股市行情的变动对投资净资产的影响会很大。股市大幅下跌时，投资借款还是要还的，此时投资净资产会大幅减少，甚至变成负数。因此，一个家庭受到房地产和股市变动的影响有多大，只要看其资产结构及其净资产结构即可。

3. 帮助家庭通过资产负债天平状况进行理财诊断

资产和负债是理财天平的两端，资产高于负债的家庭，天平会往资产一方倾斜，会产生净资产的“筹码”来使天平重新平衡。少数家庭负债高于资产，当务之急是获取足以减少负债的净收入才能恢复平衡。因此，不同负债状况的家庭，理财的重点也不同。

一般在欧美发达国家，居民在去世时如果拥有超过一定数额的净资产，就要由遗产继承人缴纳遗产税。因此，如果资产远高于负债、净资产超过余生所需或高于未来遗产税免税额的家庭，理财的重点是节税而非继续创造更多的资产。此时的投资应该谨慎，而非冒不必要的风险追求高报酬率。如果节税规划得当，多移转20%的税后资产给下一代，比投资多挣20%来缴税更为容易。将应税遗产通过以后每年的赠予免税额逐年转为免税遗产，相当于把自己天平上资产的筹码移到下一代的天平上，当自己的资产和负债接近平衡时，以净资产来计算的遗产就会少得多。

资产略高于负债的一般家庭，不用特意考虑财产转移的节税规划，理财的重点是衡量未来生命周期资产负债的可能变化而做好应对的准备，避免晚年负债高于资产，成为子女的负担。在工作期的储蓄累积是净资产的主要来源，如果退休后已累积的资产投资能获得的投资收益低于生活支出，就要变现资产。当所有投资资产变现还不够时，就要处置自用住宅，再不够时就会沦为负净资产，成为需要依赖他人救济的孤苦老人。因此，在退休之前努力累积足够晚年生活所需的净资产，是一般家庭理财的最终目标。

资产负债天平也可以用来衡量保险的需求。一般家庭当资产减损而负债依旧时，为了避免天平倒向负债的一端，就要买保险以把理赔金或保险给付的筹码加注在资产上，使天平恢复均衡状态。房子被火烧掉，创造家庭主要收入来源者死亡或失能，都会使家庭天平瞬间倒向负债端，因此，要买足应有保障来预防万一。

二、家庭收支储蓄表结构分析

1.家庭支出比率分析

家庭支出比率的计算公式为：

家庭支出比率=总支出÷总收入
=生活支出÷总收入+理财支出÷总收入
=消费率+财务负担率

（1）生活支出是指日常的食、衣、住、行、教育、娱乐、医疗等各项支出。生活支出为总收入的函数，赚钱多的人自然花得多，但是并非成等比的关系。经济学上的消费函数是C=A+BY。A是基本消费额，是指即使所得为0，仍需支出的基本生活需求。B称为边际消费率或边际消费倾向，是每增加1元所得而增加的消费金额。通常边际消费率为30%～60%，而且边际消费率随收入增长而递减。也就是说，所得越高，边际消费率越低；所得越低，边际消费率越高。

（2）理财支出是指利息支出与保障型寿险和财产险的保费支出，以及为了投资所支付的交易成本或顾问费用。投资亏损通常视为负的理财收入，是总收入的减项，而不是理财支出。一般来说，财务负担率以利息支出占总收入的20%、保障型保费支出占总收入的10%为合理上限，因此，合计不应超过总收入的30%。

2.家庭自由储蓄额分析

家庭自由储蓄额的计算公式为：

家庭自由储蓄额=总储蓄额-已经安排的本金还款或投资

所谓自由储蓄额，就是可以自由决定如何运用的储蓄。已经安排的本金还款或投资，包括房贷应定期摊还的本金额、应缴储蓄型保费额、应缴的定期定额投资额等。

自由储蓄率=自由储蓄额÷总收入

还本投资率=储蓄率-自由储蓄率

自由储蓄率可以10%为目标。假设以储蓄险或定期定额投资基金准备子女教育金与退休金，以定期还本完成购房计划，其余的自由储蓄额便可满足短期的理财目标，比如用于国内外旅游、添购家具电器或节日消费准备金，当然也可以用于提前还清贷款。通常较多收入的月份，如发放年终奖金与劳动分红时，会有比较高的自由储蓄额可运用。

教学互动 3-4

对工薪阶层而言，年终奖金应如何运用？

月薪为10 000元的家庭，经常性消费支出为5 000元，房贷利息支出为1 000元，保费支出为1 000元，每月经常性储蓄为3 000元。若其中2 000元缴房贷本金，1 000元以定期定额投资基金当作退休准备金，平常的自由储蓄是0。通常年终奖金都可以当作自由储蓄，可考虑的年度支出如下：

（1）当年是否还要补缴所得税，预估金额后将税款存下来。

（2）在经常性支出中若未包含子女的注册费，也要将奖金中相应部分留下备用。

（3）当年的国外旅游支出。

（4）预定的高额耐用消费品支出。

（5）若还有剩下的钱，可用来提前偿还贷款或额外投资。

任务2　分析家庭财务比率

家庭财务比率分析是通过对家庭资产负债表、收支储蓄表和现金流量表中的若干专项数值之比进行分析，找出改善家庭财务状况的方法和措施，以期实现客户的理财目标。理财专家要计算各种财务比率，对客户的资产负债表、收支储蓄表和现金流量表做出进一步分析，找出改善财务状况的潜力，保证财务建议的客观性和科学性。

一、常见的财务比率分析

家庭资产负债表、收支储蓄表和现金流量表会充分揭示家庭的财务状况是否健康，通过三种报表财务比率分析，可找出改善财务状况、实现财务目标的方法。

1.流动比率

资产流动性是指资产在未来可能发生价值损失的状况下迅速变现的能力，这里指家庭拥有的货币流动资产，如手持现金、活期储蓄存款、随时可以交易的证券等。流动比率反映了家庭拥有货币流动资产的数额与每月各项支出的比率，其计算公式如下：

流动比率=货币流动性资产÷每月支出

流动比率按国际上通用的经验标准，这个比值要大于3，在3～6是比较合理的。也就是通常所说的，一个家庭需要保留月支出3～6倍的现金存款，才能保证在遇到某种失业、残疾等变故时，至少能积存有维持3～6个月生活的现金。

2.资产负债率

资产负债率是家庭负债和总资产的比值，可以用来衡量家庭的综合还债能力。其计算公式如下：

资产负债率=负债÷总资产

资产负债率的数值为0～1。理财师建议家庭依照年龄状况将该数值控制在0.2～0.6，以减少因流动性不足而出现财务危机的可能。

3.净资产偿付比率

净资产偿付比率是家庭净资产与总资产的比值，或称为资产权益率。它同样反映了家庭综合还债能力的高低，可用来判断家庭面临破产的可能性。它的计算公式如下：

净资产偿付比率=净资产÷总资产

理论上，净资产偿付比率的变化范围为0～1。一般家庭的该项数值为0.7～0.8，随着年龄的变化，净资产偿付比率的数值会出现某些变化，年轻人可以多贷款，老年人则应当偿还完全部贷款安度晚年。

家庭负债与其净资产之和等于总资产，资产负债率和净资产偿付比率之和为1，即：

资产负债率+净资产偿付比率=负债÷总资产+净资产÷总资产=1

4.负债收入比率

负债收入比率又称债务偿还比率，是衡量家庭财务状况是否良好的重要指标。该比率是家庭某一时期当期偿还负债和当期收入的比值。其计算公式如下：

负债收入比率=当期偿还负债÷当期收入

从财务安全的角度看，家庭的负债收入比率数值如果在0.4以下，其财务状况可认为属于良好；若家庭的负债收入比率高于0.4，则继续借贷融资会出现一定困难。

5.储蓄比率

储蓄比率是家庭现金流量表中当期储蓄存款和当期税后收入的比率，它反映了家庭控制开支和增加净资产的能力。为了更准确地反映家庭的财务状况，这里一般采用家庭的税后收入，其计算公式如下：

储蓄比率=当期储蓄存款÷当期税后收入

我国的家庭储蓄存款大都是为了实现某种财务目标，如积累资金等，故该比率一般都较高，通常都达到了30%。

6.投资与净资产比率

投资与净资产比率是将家庭的投资资产除以净资产所得的数值，即家庭扣除负债后的全部资产中，投资资产占据的比例。这一比率反映了家庭通过投资增加财富来实现财务目标的能力。其计算公式如下：

投资与净资产比率=投资资产÷净资产

理财专家认为，将投资与净资产比率保持在0.5才能保证净资产有较合适的增长率。年轻客户的财富积累年限尚短，或者因买房按揭贷款等，投资在整个资产中占据比率不高，投资比率也会较低，一般为0.2～0.3。

二、综合性财务比率分析

1.净值成就率

净值成就率的计算公式如下：

净值成就率=目前的净资产÷（目前的年储蓄额度×已工作年数）

净值成就率与家庭积累消费比例有较大关系，在收入一定的状态下，积累的数额越大，资产增加的效益越好，净值成就率的指标值越高，表示过去理财的成绩越好。但家庭赚取财富的最终目的是消费，而非仅仅指财富积累数额的最大化。

2.资产成长率

储蓄额加投资利得等于资产成长额。资产成长率，顾名思义就是资产成长额与家庭总资产的比率，它表示家庭财富增加的速度。家庭得以快速致富的财务原因，是资产的成长率较高。资产成长率的计算公式如下：

资产成长率=资产变动额÷期初资产额

$$=（年储蓄+年投资收益）÷期初总资产$$

$$=\frac{年储蓄}{年收入}\times\frac{年收入}{期初总资产}+\frac{生息资产额}{期初总资产}\times 投资报酬率$$

$$=储蓄率\times 收入周转率+生息资产比率\times 投资报酬率$$

通过上述分析，可知家庭有多种提高资产成长率的方式，主要途径有：

（1）增加储蓄，即提高工作储蓄率。

（2）提高收入，即提高资产周转率。

（3）增加生息资产，即减少自用资产比重。

（4）提高投资报酬率。

3.财务自由度

财务自由是指在尚未取得或无须取得劳动收入的情况下，单靠投资理财取得的收益就完全可以维持较好的财务状态，这就是说，人们不再依靠“朝九晚五”的上班，仅仅依赖投资收益就可以过上富足的生活，是从财务自由走向人身自由的重要一步。财务自由度的计算公式如下：

财务自由度=（目前的净资产×投资报酬率）÷目前的年支出

家庭的理想目标值是在退休之际，财务自由度等于1，即包括退休金在内的资产，放在银行生息的话，仅靠利息就可以维持自己的基本生存。利率处于低水平时，即使积累了大笔存款，财务自由度也会很低。每个人估计的投资报酬率不同，财务自由度无从比较。可拟定一个较客观的标准，即每个家庭都采用相同且合理的投资报酬率，然后根据个别的净资产与年支出状况，计算不同家庭的财务自由度。若为家庭计算出的财务自由度远低于应有标准，应建议更积极地进行储蓄投资计划。当整体投资报酬率随存款利率日渐走低时，即使净资产没有减少，财务自由度也会降低。此时应设法以储蓄来积累净资产；否则，就只有降低年支出水平，才可能在退休时实现财务自由的目标。

模块三 家庭财务预算的编制与分析

家庭财务预算是用于预测家庭收入、支出与未来节余或赤字的一种计划性文件。它是在理财规划方案制订后，为保证预算的执行和控制而编制的，是理财规划方案执行的直接依据和执行效果的保证。

任务1 编制财务预算

编制财务预算是为家庭理财方案的执行提供直接依据。在编制家庭理财预算时，首先要理清家庭财务预算与个人理财的关系、预算编制的程序及基本原则。

一、家庭理财预算与个人理财的关系

在个人理财中，预算大多是以月为单位，以现金形式来显示每个月的收入和支出。预算的本质是短期理财预测，用于监察和控制支出和购物的状况。预算还是个人的理财路径，能提供一个使我们实现计划、达成理财目的的有效机制。要做好收支预算，首先要准备好相关资料数据。

家庭收支预算与个人理财的关系大致如图3-2所示。

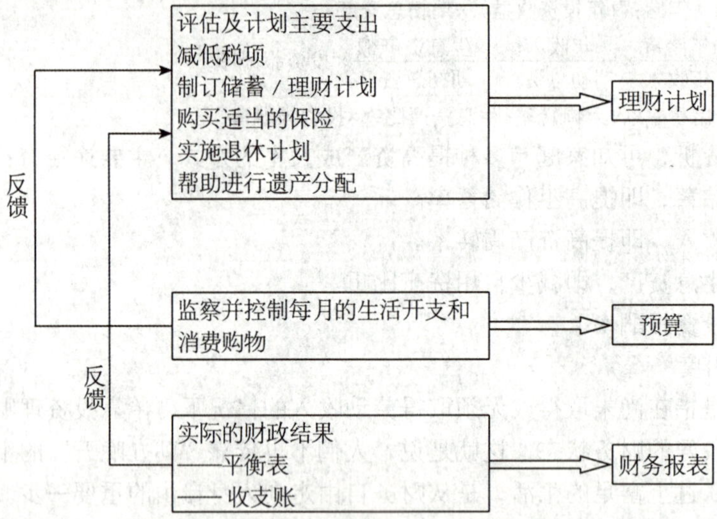

图3-2 家庭收支预算与个人理财的关系

从图3-2可见，编制预算联系了短线收支和长远理财计划，显示了家庭理财的实际营运结果，可以用来订立方向、控制和反馈，有助于预计未来可能产生的问题并及时更正，或对个人未来收支给予有效管理，以实现个人理财目标。编制预算在个人理财规划中扮演着重要角色。

二、家庭财务预算编制程序

编制家庭财务预算，必须明确其编制的程序。

首先，设定长期理财目标，然后计算实现长期理财目标所需的年储蓄额。例如，老王以目标并进法做生涯规划，得出每年要储蓄3万元，才能够实现退休、子女教育、购房等中长期理财目标。

其次，预测年度收入。收入稳定的公务员或大企业的工薪阶层，可比较准确地预估年度收入。收入淡旺季差异大的佣金收入者或自营事业者，就要以过去的平均收入为基准，做最好和最坏状况下的敏感度分析。

再次，计算年度支出预算目标。

年度支出预算=年度收入-年储蓄目标

最后，将预算分门别类划分为细目，作为将来执行预算过程中记账的类目。

三、家庭财务预算编制的基本原则

（1）按照自己最能掌控的分类来编制，记账分类要与预算分类相同，以进行比较，做差异分析。

（2）预算应分为月预算和年预算，分别以当月差异及年度预算达成的进度来做追踪比较。

（3）预算应分为可控制预算与不可控制预算，已经安排好固定金额支付的房贷还款、保费、定期定额投资、房租、管理费、所得税缴纳等通常不会发生差异的项目均属于不可控制预算项目。

（4）金额及用途不确定的项目均应属于可控制预算项目，要做差异分析，每月检查改进。

四、预算表的编制

编制预算表首先要明确收入和支出的来源与特征，对其进行分类，并在预算表上填写收支项目的具体名称。如前所述，家庭收入可分为工作收入和理财收入。家庭支出可分为生活支出和理财支出。家庭收支预算表如表3-6所示。

表3-6　家庭收支预算表

年　月　日　　单位：元

家庭收入			家庭支出		
项 目		金额	项 目		金额
工作收入	薪资		生活支出	生活基本支出	
	养老保险储蓄			医疗保健、文化娱乐支出	
	医疗保险储蓄			子女教育支出	
	住房供给金储蓄			其他支出	
	其他工作收入		理财支出	利息支出	
理财收入	利息收入			保障型保费支出	
	资本利得			其他理财支出	
	其他理财收入				
总收入			总支出		

需要特别说明的是，支出预算中的内容是家庭预算执行、控制和分析的直接依据，预算在执行过程中，要通过账户记录来反映支出，因此，支出预算表中的项目应与账户记录的项目一致。

任务2　控制家庭财务预算

想要有效地控制家庭财务预算，必须首先对家庭状况有正确的认识，掌握提高家庭储蓄的方式，才能有效地对家庭财务预算进行控制。一般来说，控制家庭财务预算有三个步骤：①明确家庭收入支出类型；②确定开源节流的方式；③分析预算和实际的差异。

一、明确家庭收入支出类型

低收入家庭的年可支配收入小于消费支出，需靠借贷或政府救济，几乎没有余钱储蓄来实现未来的理财目标。而高收入家庭可支配收入远远大于其消费支出，他们可以选择高储蓄或高支出。因此，规划时可以从自己家庭当前的收支情况入手。根据家庭收入与支出情况，可以将其分为四种类型：

1.高收入低支出者

年收入超过100 000元但年支出低于60 000元者，赚得多花得少，已做到开源节流，储蓄率比一般人高。其理财重点是有效运用储蓄，积极投资来提高投资报酬率。不过也不要忘了理财的目的是更好地生活，月赚10 000元只花1 000元的“贫民富翁”，并非平衡人生的理财方式。

2.高收入高支出者

年收入超过100 000元但年支出高于80 000元者，赚得多花得也多，储蓄率比一般人低，其理财重点在节流，通过有计划地消费来杜绝浪费，从而提高储蓄率。此时家用方面可节省的空间较大，应制定一个完整的家庭财务预算，将消费支出花在真正的需求上。具体而言，可检讨自己在食、衣、住、行、教育、娱乐方面哪一部分的花费远高于平均比例，来作为控制支出的重点项目。

3.低收入低支出者

年收入低于40 000元且年支出低于20 000元者，赚得少花得也少，虽可保持一定的储蓄率，但因收入低，储蓄的金额并不高，仍不易达到丰富生活的理财目标。理财的重点在于开源，可以通过加班、兼职、换工作到高佣金的行业、努力争取加薪等方式，想办法提高收入，从而提高储蓄的金额。

4.低收入高支出者

年收入低于40 000元但年支出高于30 000元者，赚得少却花得多，储蓄率比一般人低或没有任何储蓄。在信用卡先享用后付款的诱惑下，有些人甚至支出高于收入，通过借贷透支消费。这种人首先要量入为出，尽量避免消费借贷，然后拟订偿债计划，等到债务还清后再把还债的现金流转为储蓄的现金流。

二、提高家庭储蓄的方式

依据收入、支出以及储蓄之间的关系，要提高家庭储蓄，无非是开源（增加收入）或节流（减少支出），或两者并重。

1.增加家庭工作收入

增加家庭工作收入的主要方式有以下几种：

（1）在原有工作上求表现来获得晋升加薪。

（2）论时或论件计酬时，加班或增加工作量来增加收入。

（3）在有可能的情况下争取兼职或写书、演讲来增加收入。

（4）寻找待遇更好的工作机会伺机跳槽。

（5）行销能力强者可寻找以业绩佣金为主的工作来提高收入。

（6）辞去工作自行创业，不让收入的成长受限。

（7）单薪家庭者可转成双薪家庭，多一份工作收入。

2.增加家庭理财收入

家庭理财收入的计算公式为：

家庭理财收入=投资性资产×投资报酬率

投资性资产的多寡在短期内变化有限，而且投资报酬率通常也并非主观努力可决定，只有等客观环境出现利息调高、股市上升、房租上扬时，拥有相关资产的人的理财收入才会增加。另外，投资时如果能顾及节税的规划，或是利用手续费打折时投资，所省下的钱也可以作为理财收入。如果能通过借款扩大信用投资，当投资报酬率高于借款利率时，财务杠杆的作用会使得理财收入大幅上扬。

3.降低家庭生活支出

对储蓄的累积而言，其实降低生活支出比增加工作收入的效果更好。如对所得税边际税率为20%的人而言，增加1 000元的收入税后只能增加800元，如果支出不变储蓄增加额为800元。但如果收入不变，支出减少1 000元，则储蓄就可以增加1 000元。我们可以通过下列方式降低生活支出：

（1）省吃俭用。少上餐馆，少买衣服，尽量不买近期用不着的东西。

（2）善用折扣。在打折时才购物，同样的东西以较低的价格取得。

（3）多用大众运输工具，如地铁、公车、火车，这样可节省交通费。

（4）制定支出预算。大额消费或旅游应事前计划并按预算执行。

（5）使用公共产品。以逛公园、上图书馆的方式节省休闲支出。

4.降低家庭理财支出（减债减息和保单调整计划）

（1）寻找适合自己状况的政策性、优惠性低息贷款或首次购房贷款，如住房公积金贷款。

（2）支付能力有限时以租代购，而租金支出通常会低于房贷本息支出。

（3）情况允许的时候可以进行保单的调整，如年轻时可以将储蓄型寿险调整为保障型寿险，这样在同样保额下降低保费支出。

（4）当宏观环境使利率走低时，理财支出也会随之减少。

三、分析预算和实际的差异

如果每月按照预算科目记账，就可以得出实际的收入、支出和储蓄的数据。与预算金额比较后，根据差异的金额或比率大小，则能分析差异原因以检讨改进。差异分析应注意的要点如下：

1.总额差异的重要性大于细目差异

如果实际支出总额和预算总额差异不大，即使有些科目预算被高估，有些科目预算被低估，也无须进行专门的调整。但如果持续两三个月仍如此，则应根据实际支出更改个别科目预算。

2.明确追踪差异的金额门槛或比率门槛

如果总额支出大于预算额10%以上，就应挑出负面差异大的科目做进一步分析。可定出实超预算1 000元或10%等门槛来作为追踪的标准。

3.按预算类别分别分析

年预算一般以整年的达标率作为比较标的，月预算则以当月的差异作为控制要项。支出预算则是和原定整个支出计划做比较，收入也要尽量分为年收入和月收入进行预算。

4.如果预算差异较大，应每月选择一个重点项目集中改善

刚开始做预算和记账的人常会发现花的钱远比想象中高出很多，如预算支出5 000元，但实际支出往往突破8 000元。此时应制订分期改善计划，如每月缩减支出500元，分6个月来达到目标。可能每个科目都超支，但每个月选择一个重点科目来寻求改善可能是最有效的达标方法。

5.如果无法降低支出，就要想办法增加收入

月支出预算和年支出预算是理财规划的重点，如果尝试许久还是无法降低支出，那就想办法以加班、兼职等各种方式来提高收入，通过提高收入预算的方式将新的预算水平作为实际收入的目标。

【检验】我们家庭可以这样改善财务状况

财务状况没有最好，只有更好。根据家庭的实际情况，思考能够改善家庭财务状况的方法，把您的思考填入下表，填写方式可以是极简的句子，也可以是关键词。

方案	内容	预期成果

项目小结

1. 家庭资产负债表是根据家庭在某一时点的资产负债和资产净值的基本情况编制的，是最为重要的家庭会计报表。该报表会清晰地反映家庭拥有资产的情况，以及这些资产从何而来，其间的比例关系又是如何等。

2. 家庭收支储蓄表反映一定时期内家庭收支及储蓄状况，是对一定时期内家庭财富增长的总括反映。编制家庭收支储蓄表的目的，是提供家庭生成现金的能力和时间分布，以利于准确地做出消费和投资决策。

3. 现金流量表是反映家庭现金流量及财务状况的重要报表。现金是家庭的即付资金，是满足家庭日常生活支出和应急准备的必备资产。家庭的经济活动一般都直接体现为现金的流入与流出，现金流量表的编制可以体现家庭经济运行的基本状况。

4. 结构分析是通过比较家庭财务报表自身结构数据，分析流量和存量结构是否符合生命周期特征以及对理财目标的影响。结构分析包括家庭资产负债表结构分析和家庭收支储蓄表结构分析。

5.家庭资产负债表结构分析主要分析家庭负债比例是否合理，负债与资产的配置是否相一致，以及导致家庭负债比例不合理的原因。

6.家庭收支储蓄表结构分析是通过不同类型的收入和支出比例分析，分析家庭的收支结构和生命周期是否一致。

7.家庭财务比率分析是通过家庭资产负债表、收支储蓄表和现金流量表中的若干专项数值之比进行分析，从而找出改善家庭财务状况的方法和措施，以期实现客户的理财目标。

8.家庭财务预算是用于预测家庭收入、支出与未来节余或赤字的一种计划性文件。它是在理财规划方案制订后，为保证预算的执行和控制而编制的，是理财规划方案执行的直接依据和执行效果的保证。

【学习分享】请将学习的过程和成果做成文字、图片或视频内容，分享在相应的自媒体或社群中。请将线上分享的文件转成二维码后张贴至空白处，文字分享可以打印后张贴至空白处。

粘贴二维码	粘贴二维码	粘贴二维码	粘贴二维码
粘贴文字	粘贴文字	粘贴文字	粘贴文字

思考与练习

一、单选题

1.（　　）可以清晰地反映家庭拥有资产的情况，以及这些资产从何而来，其间的比例关系又是如何等。

A.家庭资产负债表　B.家庭利润表　C.家庭现金流量表　D.家庭收支平衡表

2.（　　）是家庭理财中最重要的资产，因为它们是实现家庭财务目标的来源。

A.流动资产　B.投资资产　C.个人资产　D.自用资产

3.家庭投资资产通常根据（　　）确定它们的价值。

A.历史成本　B.重置价值　C.评估价值　D.市场情况

4.支出形成费用或成本，而延期收入形成的是（　　）。

A.资产　　B.负债　　C.收入　　D.费用

5.（　　）是反映家庭现金流量及财务状况的重要报表。

A.家庭资产负债表　　B.家庭利润表　　C.家庭现金流量表　　D.家庭收支平衡表

6.在家庭财务报表中，收入和支出的确认基础是（　　）。

A.实收实付制　　B.收付实现制　　C.权责发生制　　D.权益实现制

7.家庭负债比率等于（　　）除以总资产。

A.自用负债　　B.投资负债　　C.总负债　　D.消费负债

8.对于一个家庭来说，自由储蓄率可以以（　　）为目标。

A.15%　　B.20%　　C.12%　　D.10%

9.储蓄比率是家庭现金流量表中当期储蓄存款和当期（　　）的比率，它反映了家庭控制开支和增加净资产的能力。

A.收入　　B.支出　　C.工作收入　　D.消费

10.（　　）中的内容是家庭预算执行、控制和分析的直接依据。

A.收入预算　　B.支出预算　　C.资产预算　　D.负债预算

二、多选题

1.家庭资产可以分为（　　）。

A.流动资产　　B.固定资产　　C.投资资产

D.自用资产　　E.个人资产

2.编制家庭收支储蓄表需要遵循的原则有（　　）。

A.真实可靠原则　　B.反映充分原则　　C.明晰性原则

D.及时性原则　　E.充分揭示原则

3.家庭经济活动通常表现为（　　）三大内容，都可能发生某种现金流入或流出的情况。

A.融资　　B.生活　　C.投资

D.借贷　　E.消费

4.家庭现金流量增加净额等于（　　）和（　　）。

A.储蓄　　B.资产　　C.负债

D.资产负债调整现金流量　　E.收入支出调整现金流量

5.理财支出包括（　　）。

A.利息支出　　B.保费支出　　C.交易成本

D.投资亏损　　E.顾问费用

三、判断题

1.消费负债是扩张信用借钱来投入投资性资产的借款余额。（　　）

2.净资产是家庭所拥有的对资产的净权益，是资产减去负债以后的净值。（　　）

3.支出可以分为日常消费支出和理财支出。（　　）

4.期房预付款应记入收入项目，而不是支出项目。（　　）

5.家庭保费支付项目应该分为保障型保费和储蓄型保费，分别记入日常生活现金流出和投资活动现金流出。（　　）

6.家庭资产负债表结构分析是通过不同类型的收入和支出比例分析，分析家庭的收支

结构和生命周期是否一致。 ( )

7.家庭负债比率越高，财务负担越小。 ( )

8.净资产中自用净资产比重较大的，总净资产多随负债的减少缓慢增长。 ( )

9.流动比率反映了家庭拥有货币流动资产的数额与每月各项支出的比率。 ( )

10.编制预算表首先明确资产和负债的来源与特征，对其进行分类，并在预算表上填写收支项目的具体名称。 ( )

四、简答题

1.家庭资产负债表中资产、负债如何分类？

2.家庭资产负债表中资产、负债的计价标准是什么？

3.编制收支储蓄表应注意哪些事项？

4.家庭现金流量和收入支出有什么区别？

5.家庭资产负债表、收支储蓄表和现金流量表之间有什么关系？

6.常见的家庭财务比率有哪些？它们能够反映家庭的什么情况？

7.提高家庭储蓄的方式有哪些？

项目实训

训练目的：通过家庭资产负债表、收支储蓄表和现金流量表，了解家庭财务状况，分析家庭财务结构，为达到理财目标给出合理建议。

训练内容：编制某个家庭资产负债表、收支储蓄表和现金流量表，分析该家庭的财务状况和收支储蓄情况，并对该家庭财务的问题提出总体改善意见。

训练素材：

高先生今年38岁，高校教师、副教授；妻子36岁，在一家报社做会计工作，儿子今年7岁，小学一年级。高先生父母是农民，居住在河南老家，与高先生哥哥同住，父亲今年74岁，母亲70岁，身体健康。岳父母均为大学老师，已经退休。家庭资产状况如下：

3年前从市郊购买一套120平方米的商品房，市价7 500元/平方米，利用公积金贷款40万元，贷款年限20年，房贷利率4.77%；在市区有一套62平方米商品房，市价1.7万元/平方米，无贷款，现用于出租，月租金收入2 600元；为解决孩子上学问题，2年前在市中心购买一套40平方米学区房，市价1.5万元/平方米，从银行流动资金贷款20万元，每年循环贷款，贷款利率4.28%，从亲友处借款10万元，无利息，其他款项自付。现该房用于出租，每月租金1 800元。高先生3年前购买10万元汽车一辆，现市值5万元。另有股票投资5万元，银行活期存款2万元，住房公积金每月合计2 500元，全部用于支付房贷。另无其他资产。

家庭收支情况（收入为税后收入）：

高先生月收入6 000元，年底奖金2万元，妻子月收入4 000元，年底奖金1万元，家庭日常生活支出3 000元/月，儿子特长班学费600元/月，衣物及礼金支出1万元/年，支付高先生父母生活费5 000元/年，旅游费用1万元/年，汽车使用费（包括保险）2万元/年。

家庭保障：

高先生养老保险金账户余额为3.8万元，医疗保险账户余额为4 000元，去年购买了1份万能险，年缴费6 000元，保额10万元，目前现金价值为0，妻子养老保险金账户余额

2.7万元，医疗保险账户余额为2 800元，没有购买其他任何保险。

理财目标：

1.尽快还清银行流动资金贷款。

2.3年内换一辆价值18万元左右的汽车。

3.儿子大学阶段到英国留学。

4.提高家庭风险保障能力。

5.为父母准备充足的养老金和大病基金。

6.退休后在市区周边购买一套别墅，并保持目前的生活质量。

训练步骤：

1.编制高先生家庭资产负债表、家庭收支储蓄表和家庭现金流量表。

2.分析高先生家庭财务结构。

3.计算高先生家庭财务比率并对高先生家庭财务状况的改善提出建议。

项目四　现金、储蓄和消费信贷理财

君子爱财，取之有道；君子爱财，更当治之有道。

——孔子

学习目标	
重点及难点	
模块一 模块二 模块三	现金管理与储蓄存款理财 消费信贷理财 信用卡理财
项目小结 思考与练习 项目实训	

学习目标

【知识目标】

1. 了解现金管理的目的，掌握应急现金的测算，掌握储蓄存款利息的计算；
2. 掌握消费信贷理财的主要方式，理解个人信用管理的策略；
3. 了解信用卡，掌握信用卡免息期与循环利息计算。

【技能目标】

1. 能分析现金储备原因并测算应急现金量；
2. 能计算主要储蓄存款利息；
3. 能计算信用卡免息期与循环利息。

【思政目标】

1. 理解现金管理需求与社会进步的关系；
2. 理解个人储蓄与社会投资、经济发展的关系。

重点及难点

重点：储蓄存款利息的计算；个人信用额度测定与控制评价。

难点：信用卡免息期与循环利息计算。

案例导入

现在的一些年轻朋友，月收入不低，但总是在哭穷。“这个月好像什么都没有买，可是钱怎么就不知不觉没有了呢?”在现实生活中，很多人都有这样的困惑。这是因为他们对日常生活没有一个合理的规划。

在个人消费中，我们可以用信用卡这个工具记账，从而培养理财观念。张小姐就在别人的建议下选择了日常消费都以刷卡付账，这样每月账单会逐笔列出消费日期、商店及金额。每到月底，张小姐都会查看一下自己的账单，看自己每月开支了哪些必需品，哪些消费是不必要的。那么你是如何管理现金和个人消费的?

模块一　现金管理与储蓄存款理财

任务1　现金管理认知

一、现金管理的目的

个人理财首先涉及现金、储蓄、消费和债务管理等问题，这是理财的起点。我们首先来讨论现金管理的问题。

现金管理是对现金和流动资产的日常管理。其目的在于：

(1) 满足日常的、周期性支出的需求；

(2) 满足应急资金的需求；

(3) 满足未来消费的需求；

(4) 满足财富积累与投资获利的需求。

二、财务预算编制

现金管理的主要内容是编制财务预算。合理的现金预算是实现个人理财的基础，也是帮助个人达到短期财务目标的需要。预算必须与个人的生活方式、家庭状况及价值观相一致。预算编制的主要内容包括：

1.设定长期理财规划目标

编制财务预算首先要设定长期理财规划目标，如退休、子女教育及买房等，并计算达到各类理财规划目标所需的年储蓄额。

2.预测年度收入

收入稳定的个人可以较准确地预估年度收入。收入淡旺季差异大的个人，就要以过去的平均收入为基准，做最好与最坏状况下的分析。

3.算出年度支出预算目标

年度支出预算的计算公式如下：

年度支出预算=年度收入-年储蓄目标

4.对预算进行控制与差异分析

(1) 预算的控制。认知需要是储蓄的动力，其后将由开源或节流产生储蓄。

认知需要=储蓄动机+开源节流的努力方向

个人可通过合理的工作安排增加家庭收入，同时回顾在食、衣、住、行、教育、娱乐方面，哪一部分的比例远高于平均比例，就将其作为节约支出的重点控制项目。

为了控制费用与投资储蓄，个人或家庭需要在银行开立三种类型的账户：一是储蓄账户，达到强迫储蓄的目的；二是开立一个扣款账户，若有贷款本息要缴，方便随时掌握贷款的本息交付状况；三是开立信用卡账户，弥补临时性资金不足，减少低收益资金的比例，提高其他账户的资金安全性。

（2）预算与实际的差异分析。每月按时记账，可以得出实际的收入、费用支出、可分析差异原因来改进。个人进行差异分析应注意：总额差异的重要性大于细目差异；依据预算的分类进行个别分析；刚开始做预算若差异很大，应每月选择一个重点项目改善；如果实在无法降低支出，就要设法增加收入。

三、应急资金管理

1.应急资金的测算

在正常的收入与支出范围内，每月或多或少会有一些结余，但是当遇到意外导致收入突然减少、中断或支出突然大幅增加时，如没有一笔可以动用的紧急准备金则会陷入财务困境。应急资金可以应对失业或失能导致的工作收入中断，或紧急医疗或意外所导致的超支费用。以现有资产状况来衡量紧急预备金的应变能力的具体公式表达如下：

失业保障月数=存款、可变现资产或净资产÷月固定支出

意外或灾害承受能力=（可变现资产+保险理赔金-现有负债）÷基本费用

其中，可变现资产包括现金、活期存款、定期存款、股票、基金等，不包括汽车、房地产、古董字画等变现性较差的资产；固定支出除生活费开销以外，还包括房贷本息支出、分期付款支出等已知负债的固定现金支出。失业保障月数的指标较高，表示即使失业也暂时不会影响生活，可审慎地寻找下一个适合的工作。最低标准的失业保障月数是3个月，能维持6个月的失业保障较为妥当。

教学互动 4-1

某人有1 000元现金，2 000元活期存款，25 000元定期存款，价值8 000元的股票，价值40 000元的汽车，价值800 000元的房产，价值20 000元的字画。每月的生活费开销为1 500元，每月需还房贷6 000元，则他的失业保障月数为多少？

失业保障月数=（存款+可变现资产）÷月固定支出

可变现资产包括：现金、活期存款、定期存款、股票、基金等，不包括汽车、房地产、古董等；固定支出包括日常生活开销、贷款本息支出、分期付款支出等已知债务的固定现金支出。因此：

失业保障月数=（1 000+2 000+25 000+8 000）÷（1 500+6 000）=4.8（个月）

2.应急资金的储存形式

应急资金可以用两种方式来储备：一是流动性高的活期存款、短期定期存款或货币市场基金；二是利用贷款额度。

以存款作为储备是为了保持资金的流动性，但可能无法达到长期投资的平均报酬率。而以贷款额度作为储备，一旦动用就要支付高利息。存款利率与短期信用贷款利率的差距越大，以部分资金保留流动性，而以存款当作紧急预备金的诱因就越大。事故一旦发生，借款持续的时间较短，因为紧急备用额度是有支用才按日计息，因此，利率虽高，但借用的日子不多，可以用经常性收支余额还清，负担也不会太大。最好的方式是二者搭配。

任务2 认知储蓄存款

储蓄是指居民个人将闲置不用的货币资金存入银行，并可以随时或者按照约定时间支取款项的一种信用行为。在我国任何种类的储蓄都有利息收入，支取安全方便，安全性高，因而储蓄是人们进行理财的首要选择。

一、储蓄的意义和特点

1.储蓄的意义

储蓄作为传统的理财方式，具有高流动性、固定收益和低风险的特点，如果合理利用这一理财工具，就能够实现家庭或个人的理财目标。

（1）储蓄是个人理财的基础。个人在进行其他投资行为前，必须进行储蓄，否则就会缺少资金来源。个人或家庭的储蓄就是为了积谷防饥，进行计划管理，为购买大件商品、子女教育和备用金积累金钱以实现理财目标。

（2）储蓄能够集腋成裘，达成基本的理财目标和人生目标。储蓄能够最大限度地规避信用风险，长期坚持合理储蓄，并进行合理搭配，也能够积累可观的资金，实现我们的理财目标和人生目标。

2.储蓄的特点

储蓄作为最基础的理财手段和广泛使用的理财工具，具有以下特点：

（1）安全性高。储蓄的最大优点在于它的安全性，由于各国对金融机构的严格监管，因此存在银行的钱是非常安全的，银行永远是资金最好的“住所”。

（2）收益较低。相比较于其他的理财工具，储蓄的收益可能是最低的。由于储蓄的风险非常小，因而收益率也低。储蓄的唯一收益是利息，如果利率不断降低，并随着物价水平的上涨，绝对收益就有可能更低。

（3）方式和期限灵活。储蓄存款的方式多样，有活期、定期、定活两便等方式，期限有3个月、6个月、1年、2年等，完全可以满足个人不同方式和期限的储蓄存款需要。

（4）操作简单。储蓄存款除了开户和挂失等业务需要凭身份证在柜台办理外，其他的各类业务均可通过银行的自动存取款机办理，另外，还可以通过网上银行完成各类交易，简单易行，随时随地满足个人办理业务的需要。

二、储蓄存款的种类

储蓄存款的划分有很多种形式。根据客户存入的币种不同，储蓄存款可以分为人民币储蓄和外币储蓄；根据存款期限不同，个人储蓄存款业务可以分为活期储蓄存款、定期储蓄存款和其他储蓄存款业务。下面主要介绍各类人民币储蓄存款业务。

1.活期储蓄存款

活期储蓄存款是指开户时不约定存取日期，可随时存取、存取金额不限的一种个人存款。这种储蓄存款适合于个人生活待用或者暂时不用资金的存储。目前，银行一般约定活期储蓄存款1元起存，多存不限，实名开户，由银行发给存折或银行卡，通过预留密码，在营业网点、自动柜员机通存通兑。个人活期存款按季结息，按结息日挂牌活期利率计息。不到结息日清户时，按清户日挂牌公告的活期利率计算到清户前一日为止。

2.定期储蓄存款

定期储蓄存款是储户在存款开户时约定存期，一次或按期分次存入本金，整笔或分期、分次支取本金或利息的一种储蓄方式。个人定期储蓄可分为以下几种类型：整存整取、零存整取、整存零取、存本取息。其存取方式因类型不同而有区别。定期存款中，只有整存整取可办理一次部分提前支取，其他储种只能办理全部提前支取。

（1）整存整取储蓄存款是指开户时约定存期，整笔存入，到期一次整笔支取本息的一种个人存款。人民币50元起存。该储种只能进行一次部分提前支取。计息按存入时的约定利率计算，利随本清。整存整取存款可以在到期日自动转存，也可根据客户意愿，到期办理约定转存。人民币存期分为3个月、6个月、1年、2年、3年、5年六个档次。

（2）零存整取储蓄存款是指开户时约定存期、分次每月固定存款金额（由储户自定）、到期一次支取本息的一种个人存款。一般5元起存，每月存入一次，中途如有漏存，应在次月补齐。计息按实存金额和实际存期计算。存期分为1年、3年、5年。利息按存款开户日挂牌零存整取利率计算，到期未支取部分或提前支取部分按支取日挂牌的活期利率计算利息。

（3）整存零取储蓄存款是指在存款开户时约定存款期限、本金一次存入，固定期限分次支取本金的一种个人存款。存款利息按存款开户日挂牌整存零取利率计算，于期满结清时支取。到期未支取部分或提前支取部分按支取日挂牌的活期利率计算利息。存期分为1年、3年、5年。

（4）存本取息储蓄存款是指在存款开户时约定存期、整笔一次存入，按固定期限分次支取利息，到期一次支取本金的一种个人存款。一般是5 000元起存。可1个月或几个月取息一次，可以在开户时约定的支取限额内多次支取任意金额。利息按存款开户日挂牌存本取息利率计算，到期未支取部分或提前支取部分按支取日挂牌的活期利率计算利息。存期分为1年、3年、5年。

3.其他储蓄存款

（1）定活两便储蓄存款是指储户在存款开户时不约定存期，银行根据客户存款的实际存期按规定计息，可随时支取的一种个人存款种类。50元起存，存期不足3个月的，利息按支取日挂牌活期利率计算，其他期限的利息一律按支取日定期整存整取同档次存款利率的六折计息。

（2）通知存款是指储户在存入款项时不约定存期，支取时事先通知银行，约定支取存款日期和金额的一种个人存款方式。最低起存金额为人民币5万元。个人通知存款需一次性存入，可以一次或分次支取，但分次支取后账户余额不能低于最低起存金额，当低于最低起存金额时银行给予清户，转为活期存款。个人通知存款按存款人选择的提前通知的期限长短划分为1天通知存款和7天通知存款两个品种。

任务3　计算储蓄存款利息

一、储蓄存款利息的基本规定

1.利率

利率也称为利息率，是在一定日期内利息与本金的比率，一般分为年利率、月利率、日利率三种。年利率以百分比表示，月利率以千分比表示，日利率以万分比表示。

储蓄存款利率由各家商业银行根据中国人民银行规定的金融机构存款基准利率自行决定。对于储户来讲，可根据利率高低选择银行，以获取最大收益。中国各主要银行存款利率情况如表4-1所示。

表4-1 2018年8月8日存款利率一览表

银行/基准利率	活期（年利率%）	定期存款（年利率%）						通知存款（%）	
		三个月	半年	一年	二年	三年	五年	一天	七天
基准银行（央行）	0.35	1.1	1.3	1.5	2.1	2.75	—	0.8	1.35
工商银行	0.3	1.35	1.55	1.75	2.25	2.75	2.75	0.55	1.1
农业银行	0.3	1.35	1.55	1.75	2.25	2.75	2.75	0.55	1.1
建设银行	0.3	1.35	1.55	1.75	2.25	2.75	2.75	0.55	1.1
中国银行	0.3	1.35	1.55	1.75	2.25	2.75	2.75	0.55	1.1
交通银行	0.3	1.35	1.55	1.75	2.25	2.75	2.75	0.55	1.1
招商银行	0.35	1.35	1.55	1.75	2.25	2.75	2.75	0.55	1.1
浦发银行	0.3	1.5	1.75	2	2.4	2.8	2.8	0.55	1.1
上海银行	0.35	1.5	1.75	2	2.4	2.75	2.75	0.8	1.35
徽商银行	0.35	1.43	1.69	1.95	2.73	3.33	4	0.8	1.35
邮政储蓄银行	0.35	1.35	1.31	2.03	2.5	3	3	0.55	1.1
兴业银行	0.3	1.5	1.75	2	2.75	3.2	3.2	0.8	1.35
泉州银行	0.42	1.944	2.232	2.52	3.055	3.9	4.225	1.04	1.755
厦门银行	0.385	1.21	1.43	1.8	2.52	3.3	3.3	0.88	1.485
中信银行	0.3	1.5	1.75	2	2.4	3	3	0.55	1.1
平安银行	0.3	1.5	1.75	2	2.5	2.8	2.8	0.55	1.1
华夏银行	0.3	1.5	1.75	2	2.4	3.1	3.2	0.63	1.235
北京银行	0.35	1.505	1.765	2.025	2.5	3.15	3.15	0.8	1.35
宁波银行	0.3	1.5	1.75	2.025	2.6	3.1	3.3	0.88	1.35
广发银行	0.3	1.5	1.75	2	2.4	3.1	3.2	0.63	1.235
上海农商行	0.35	1.57	1.81	2.10	2.41	3.125	3.125	0.92	1.62

2.计息起点

在计算储蓄存款利息时，本金以元为起息点，元以下的角、分不计息，利息的金额算至分位，分位以下四舍五入。分段计息算至厘位，合计利息后分以下四舍五入。

3.存期计算规定

（1）算头不算尾，计算利息时，存款天数一律算头不算尾，即从存入日起算至取款前一天止。

（2）不论闰年、平年，不分月大、月小，全年按360天，每月均按30天计算。

（3）关于对年、对月、对日的计算，各种定期存款的到期日均以对年、对月、对日为准，即自存入日至次年同月同日为一对年，存入日至下月同一日为一对月。

（4）关于定期储蓄存款到期日，如遇法定假期不办公，可以提前一日支取，视同到期计算利息，手续同提前支取办理；存款在存期内如遇利率调整，仍按存单开户日挂牌公告的相应的定期储蓄存款利率计算利息。

二、基本的利息计算方法

由于存款种类不同，具体计息方法也各不相同，但计息的基本公式不变，即利息是本金、存期、利率三要素的乘积，公式如下：

利息=本金×利率×存期

如用日利率计算：

利息=本金×日利率×存款天数

如用月利率计算：

利息=本金×月利率×月数

1.活期储蓄存款利息计算

活期储蓄存款的计息采用日积数计息法，按业务发生日到下一结息日的实际存取款天数加减利息积数。活期储蓄存款季度结息，按照结息日挂牌公告的活期储蓄存款利率计算给付。结息后的利息计入本金起息，元以下尾数不计息。

【例4-1】林女士在2013年8月1日存入一笔2 000元的活期存款，9月1日全部取出，按照计息规定，她能够得到的本利和是多少？（假设活期存款年利率为0.35%）

解：利息=2 000×31×0.35%÷360=0.60（元）

本利和=2 000+0.60=2 000.60（元）

2.定期储蓄存款利息计算

（1）整存整取储蓄：利息=本金×存期×开户日整存整取定期储蓄存款利率

（2）零存整取储蓄：$利息=\frac{月存}{金额}\times(\frac{存入的}{次数}+1)\times\frac{存入}{次数}\times\frac{开户日零存整取定}{期储蓄存款月利率}$

（3）整存零取储蓄：$利息=(\frac{全部}{本金}+\frac{每次支}{取金额})\div2\times\frac{支取本}{金次数}\times\frac{每次支}{取间隔}\times\frac{开户日整存零取定期}{储蓄存款月利率}$

（4）存本取息储蓄：每次支取利息数=（本金×存期×开户日存本取息定期储蓄存款利率）÷取息次数

【例4-2】林女士在2017年8月1日存入一笔40 000元的整存整取定期存款，1年后到期全部取出的金额是多少？（假设整存整取定期存款年利率为3.25%）

解：取回金额=本金+本金×存期×开户日整存整取定期储蓄存款利率

=40 000+40 000×1×3.25%

=41 300（元）

【例4-3】假如林女士为在武汉上学的小孩存入12 000元的整存零取储蓄，期限为1年，约定每月取现一次作为生活费，年利率为1.71%，计算利息总额是多少？

解：每次支取金额=12 000÷12=1 000（元）

$$\frac{到期}{利息}=(\frac{全部}{本金}+\frac{每次支}{取金额})\div2\times\frac{支取本}{金次数}\times\frac{每次支}{取间隔}\times\frac{开户日整存零取定}{期储蓄存款月利率}$$

$$=(12\,000+1\,000)\div2\times12\times1\times(1.71\%\div12)$$

$$=111.15(元)$$

3.定活两便储蓄存款利息计算

到期利息=本金×存期×利率×60%

定活两便储蓄存款，存期不满3个月的，按支取日挂牌公告的活期储蓄存款利率计付利息；存期满3个月而不满6个月的，按支取日挂牌公告的3个月整存整取定期储蓄存款利率6折计算；存期满6个月而不满1年的，按支取日挂牌公告的6个月整存整取定期储蓄存款利率6折计算利息；存期在1年以上（含1年）的，无论存期有多长，一律按支取日挂牌公告的1年期整存整取定期储蓄存款利率6折计算利息。

【例4-4】储户林女士于2017年4月6日存入定活两便储蓄存款10 000元，2017年8月5日支取，得到的利息是多少？（假设整存整取3个月定期存款年利率为2.85%）

解：到期利息=10 000×119×（2.85%÷360）×60%=56.52（元）

任务4　把握储蓄存款理财策略

一、储蓄理财的指导原则

1.强制储蓄，将其作为投资的“蓄水池”

个人和家庭每月的收入除去日常开支的现金以外，应该尽可能及时存入银行，因为手中的现金是没有任何收益的。强制储蓄后，当“蓄水池”中的金钱积累到一定程度时，再将它们转移到其他收益更高的理财工具上。当其他投资收益兑现后，又及时地转回到“蓄水池”，等待下一次合适的投资机会。由此可见，储蓄存款是一个必需的资金中转站。

2.存款不宜过于集中，尽量采取合理的储蓄组合

个人和家庭在进行储蓄存款时不应该在单一存单的总金额和期限上过于集中。如果一笔存单的金额过大，期限过长，在需要用其中一部分钱的时候就要受到损失。储蓄存款理财应该采取合理的储蓄组合方法，兼顾收益和日常开支的需要。

3.注重期限和储种选择

到银行存款要注意不同的储种有不同的特点，不同的存期会获得不同的利息；在选择储蓄理财时不注意合理选择储种，也会蒙受利息损失。储蓄存款应该合理规划资金的使用渠道和方式，充分考虑提前支取的情况，选择活期、定期和通知存款等储种。考虑未来利息升降趋势，合理选择短、中、长期的定期存款。

二、储蓄理财的基本策略

1.阶梯储蓄法

阶梯储蓄法既可获取高利息，又不影响资金的灵活使用。具体方法为：假定你现在有3万元，按照将来的计划用度，可分成3个1万元，分别开设1年期存单、2年期存单、3年期存单各1个。以此类推，3年后手中所持有的存单全部为3年期。只是每个1万元存单的到期年限不同，依次相差1年。这种储蓄方法既可以跟上利率调整，又能获得3年期定期存款的高利息，使生活节奏井井有条，是保守型家庭中长期投资的一种方法。

2.月月储蓄法

月月储蓄法又称12张存单法。具体方法为：每月拿出1 000元来储蓄，每月开1张1年期存单。当存足1年后，手中便会有12张存单，而这时第1张存单到期。把第1张存单的利息和本金取出，与第2年第1个月要存的1 000元相加，再存成1年期定期存单。以此类推，手中一直会有12张存单。一旦急用，只要支取近期所存的存单就可以了。此种方

法不仅能够很好地聚集资金，又能最大限度地发挥储蓄的灵活性，即使急需用钱也可减少利息损失，又能解燃眉之急，适用于工薪家庭应急之需。

3.利滚利储蓄法

利滚利储蓄法是存本取息储蓄和零存整取储蓄有机结合的一种储蓄方法。具体方法为：假如你现在有5万元，你可以先把它存成存本取息储蓄品种。1个月后，取出存本取息储蓄的第1个月利息，再用这第1个月利息开个零存整取储蓄账户。以后每月把利息取出后，都存到这个零存整取储蓄账户。这样不仅得到了利息，而且又通过零存整取储蓄使利息又生利息。这种储蓄方法使一笔钱能取得两份利息，只要长期坚持，也会有不错的回报。

4.四分储蓄法

如何做到活期灵便的同时又有较高的收益呢？四分储蓄法是个好选择，假设你有1万元，1年内要使用一笔钱，但用钱的具体金额、时间并不确定。为让这1万元钱尽可能获取较高利息，可选择此种储蓄方法。其具体方法为：把资金分别存成4张存单，但金额要一个比一个大。例如，可以把1万元分别存成1 000元、2 000元、3 000元和4 000元共4张，当然也可以进一步细分成更多的存单。这样一来，假如需要1 000元，只要动用1 000元的存单便可以了，避免了只需要1 000元，却要动用“大”存单的情况，可减少不必要的利息损失。

理财案例分析4-1

案例介绍：李先生参加工作3年，属于年轻白领一族，收入以工资为主，每月税后收入为3 800元。单位财务部门每月都将工资以银行代发的方式发到他的银行卡。李先生平时使用现金消费。3年以来，李先生总是感觉资金方面捉襟见肘。

案例分析：李先生属于现在年轻人中的“月光一族”。这些“月光”了一两年的人都会后悔，在别的朋友都开始买房、买车准备成家的时候才发现自己没有存款。由于他们大多没有强制储蓄的习惯，在没有外来资源的情况下，一旦遇到用钱的时候，就后悔不已，怨天尤人。另外，放在银行卡的活期存款，通常都是只有活期利息，这样一方面不利于资本的积累，另外一方面也在利息上受到了损失。

理财建议：年轻白领族一定要学会运用储蓄理财方案，合理利用阶梯储蓄法、月月储蓄法等，进行强制储蓄。一种有效的方法是每月发工资以后，合理预留正常使用的活期存款，把剩余部分选择1年期整存整取存单，并自动续存，这样1年下来就有12张单子，1年以后每个月都会有1张存单到期并自动转存，这样既不会在用钱的时候没有到期存单，同时也享受了比活期存款高的利息。

5.合理做好转存

个人和家庭储户在遇到利率加息周期时，应该合理做好转存选择。是否将存款提前支取后再存储，要根据原有存款的金额大小、存期以及距离到期日的时间来决定，切不可盲目提前支取后再存，以避免利息损失。转存利息平衡分界点的计算公式为：

$$\frac{\text{存款盈亏}}{\text{临界天数}}=360\text{天}\times\frac{\text{现存单的}}{\text{年期数}}\times\left(\frac{\text{新定期}}{\text{年利率}}-\frac{\text{现有存单的}}{\text{定期年利率}}\right)\div\left(\frac{\text{新定期}}{\text{年利率}}-\frac{\text{活期}}{\text{利率}}\right)$$

根据以上公式，就可以确定存款盈亏临界天数。若已存天数大于此天数就不要转存；

若已存天数小于这个天数，就可以转存赚取更多的利息。

6.尽量避免提前支取

如果急需用钱，而存单又尚未到期，并且是在以前高利率时存入的，可不必提前支取，因为银行规定定期存款提前支取时利息按活期存款计算。这时，可以用存单作抵押获得银行贷款，等存单到期后再归还贷款。当然，事先要计算一下，假如到时归还的贷款利息要高于存款利息，那么这一方法就不可取了。这时，可以到银行办理部分提前支取，余留部分存款银行将再开具一张新存单，仍以原存入日为起息日，这一部分的定期存款的利息就不会受到影响。

教学互动 4-2

请大家简单计算，如果上述案例中的李先生每月结余2 000元，分别放在银行卡中存活期和按照月月储蓄法进行循环周期存钱，两者的利息有多大的差距。（活期和定期存款利率请参照表4-1的工商银行利率）

模块二　消费信贷理财

任务1　认知消费信贷

一、消费信贷的概念及特点

1.消费信贷的概念

消费信贷是个人和家庭用于满足个人需求的信贷形式，也是商业企业、银行或其他金融机构对消费者个人提供的信贷。其主要用于消费者购买耐用消费品（如家具、家电、汽车等）、房屋和各种劳务。

消费信贷是金融创新的产物，它打破了传统的个人与银行单向融资的局限性，开创了个人与银行相互融资的全新的债权债务关系。消费信贷是当期得到现金、商品和服务，在将来支付有关费用的一种安排，它以个人未来的购买力为放款基础，旨在通过信贷方式预支远期消费能力，来满足个人当期消费需求。消费信贷的基础是人们在账单到期时支付的能力和意愿。

2.消费信贷的特点

和其他贷款形式相比，个人消费信贷具有以下特点：

（1）贷款对象为个人或家庭。消费信贷以自然人为特定信用对象，而不是针对一般的法人或组织。

（2）贷款用途的消费性。消费信贷用于购买个人和家庭的各类消费品，以消费性需求为目的，而非以营利为目的。

（3）贷款额度的小额性。消费信贷一般只有较小信用额度，通常在1 000元至50万元之间，不大量占用银行的信贷资金。

（4）贷款期限的灵活性。消费信贷期限灵活，一般为6个月至5年，部分信贷期限相对较长，如个人住房贷款期限最长可达30年。

二、消费信贷的种类

消费信贷按照不同的分类标准，可以分为不同的种类。

消费信贷根据担保的不同，可分为抵押贷款、质押贷款、保证贷款和信用贷款；根据消费信贷期限的不同，可分为短期、中期、长期消费信贷；根据是否需要事先向金融机构申请，可分为封闭式信贷和开放式信贷。封闭式信贷的使用必须事先申请，用于特定的用途，以合同的形式规定偿还金额、偿还条件、偿还次数等，主要有个人短期信用贷款、个人综合消费贷款、个人住房贷款、个人汽车贷款等；开放式信贷在首次申请成功后，只要不超过信用额度，就可以循环发放，循环使用，主要形式有旅游和娱乐卡、银行信用卡等。

下面我们重点认识一下封闭式消费信贷中贷款品种的一些基本特征。开放式信贷中的银行信用卡将在下一模块中重点介绍。

1.个人小额短期信用贷款

个人小额短期信用贷款是指银行为解决借款人临时性的消费需要发放的期限在1年以内、金额在2万元以下、无须提供担保的人民币信用贷款。

（1）贷款对象：在借款银行所在地，有当地城镇常住户口（或有效居住证明）、具有完全民事行为能力的中国公民。

（2）贷款条件：借款人有正当的职业和稳定的经济收入（月工资收入需在1 000元以上），具有按期偿还贷款本息的能力；借款人所在单位必须是由贷款人认可的并与贷款人有良好合作关系的行政及企事业单位且需由贷款人代发工资；遵纪守法，没有违法行为及不良信用记录。

（3）贷款金额：起点2 000元，不超过借款月平均工资收入的6倍，且最高不超过2万元。

（4）贷款期限：贷款期限在1年以下（含1年），且不能展期。

（5）贷款利率：按照同期贷款利率计算。

2.个人综合消费贷款

个人综合消费贷款是贷款人向借款人发放的不限定具体消费用途、以贷款人认可的有效权利质押担保或能以合法有效房产作抵押担保，借款金额在2 000元至50万元的人民币贷款。

（1）贷款对象：在借款银行所在地有当地城镇常住户口（或有效居住证明）、年龄在65周岁以下，具有完全民事行为能力的中国公民。

（2）贷款条件：借款人有正当职业和稳定的收入，具有按期偿还贷款本息的能力，并能够提供相关的证明文件；具有良好的信用记录和还款意愿，无不良信用记录；能提供银行认可的合法、有效、可靠的担保；有明确的贷款用途，且贷款用途符合相关规定。

（3）贷款金额：贷款额度由银行根据借款人资信状况及所提供的担保情况确定具体贷款额度。以个人住房抵押的，贷款金额最高不超过抵押物评估价值的70%；以个人商用房抵押的，贷款金额最高不超过抵押物评估价值的60%。

（4）贷款期限：贷款期限一般最长不超过5年，对贷款用途为医疗和留学的，期限最长可为8年（含），不展期。部分贷款银行的个人综合消费贷款年限最长不超过10年。

（5）贷款利率：执行利率根据各个贷款银行的不同政策要求，贷款利率至少在基准利率的基础上上浮10%。

（6）还款方式：贷款期限在1年（含）以内的，可采用按月还息，按月、按季、按半年或一次还本的还款方式；期限超过1年的，采用按月还本付息方式。

个人综合消费贷款能够满足个人各方面的消费需求，提前享受舒适生活，贷款额度可根据资信和担保情况灵活确定，可用于大额耐用消费品、住房装修、出国留学，但不能用于购置房屋或者投资金融市场。

3.个人住房贷款

个人住房贷款是指银行向借款人发放的用于购买自用普通住房的贷款。借款人申请个人住房贷款时必须提供担保。目前，个人住房贷款主要有委托贷款、自营贷款和组合贷款三种。

（1）贷款对象：具有完全民事行为能力的中国公民，在中国内地有居留权的具有完全民事行为能力的港澳台自然人，在中国内地有居留权的具有完全民事行为能力的外国人。

（2）贷款条件：借款人有稳定的经济收入，信用良好，有偿还贷款本息的能力；有合法有效的购买、建造、大修住房的合同、协议以及贷款银行要求提供的其他证明文件；有所购住房全部价款30%以上的自筹资金，并保证用于支付所购住房的首付款；有贷款行认可的资产进行抵押或质押，或（和）有足够代偿能力的法人、其他经济组织或自然人作为保证人。

（3）贷款金额：最高为所购住房全部价款的70%。

（4）贷款期限：贷款期限一般最长不超过30年。

（5）贷款利率：贷款利率按照中国人民银行和中国银行保险监督管理委员会的相关利率政策执行。

（6）还款方式：贷款期限在1年以上的住房贷款还款方式一般有等额本金还款和等额本息还款等。

知识链接 4-1

武汉市个人住房公积金贷款

个人住房公积金贷款是指住房公积金管理中心以职工缴存的住房公积金为资金来源，委托商业银行向缴存住房公积金的在职职工定向用于购买自住房时发放的贷款。

凡在住房公积金管理中心按规定连续正常足额缴存住房公积金达6个月及以上的职工，在购买自住房时可申请公积金贷款。

购首套一手房申请公积金贷款的，基准贷款额度为70万元，所购住房建筑面积在144平方米（含）以下的，最高贷款比例不超过房屋总价的80%，最低首付款比例降低至20%；建筑面积在144平方米以上的，最高贷款比例不超过所购房屋总价的70%，最低首付款比例为房屋总价的30%。

购首套二手房申请公积金贷款的，基准贷款额度为70万元，贷款比例和首付款比例按房屋建成年限分为三个等级，房屋建成年限在10年（含10年）以内的，所购住房建筑面积在144平方米（含）以下的，最高贷款比例不超过房屋总价的80%，最低首付款比例降低至20%，建筑面积在144平方米以上的，最高贷款比例不超过所购房屋总价的70%，最低首付款比例为房屋总价的30%；房屋建成年限在11～20年（含20年）以内的，贷款最高比例不超过房屋总价的60%，最低首付款比例为房屋总价的30%；房屋建成年限在21～30年（含30年）以内的，贷款最高比例不超过房屋总价的50%，最低首付款比例为房屋总价的30%。其中房屋总价的认定以房屋评估价格、实际成交价格和交易计税价格中的最低价格为准。

现行住房公积金贷款利率的相关规定为：贷款期限为1～5年，年利率为2.75%；贷款期限为6～30年，年利率为3.25%。购买第二套住房申请公积金贷款的利率，按同期公积金贷款利率的1.1倍执行。

贷款期限内如遇国家调整利率，已发放的公积金贷款，其利率当年内不做调整，具体调整时间为下年度的元月1日。

资料来源：武汉市公积金管理中心．贷款指南［EB/OL］．［2018-05-06］．http：//www.whgjj.org.cn/html/ywzn/dkyw/63076.html.

4.个人汽车消费贷款

个人汽车消费贷款，是中国的商业银行向个人发放的用于购买汽车的人民币贷款。其针对18～60周岁的自然人，用于购置自用车或商用车。根据购置用途不同，其贷款额度有所差异。

（1）贷款对象：在借款银行所在地有当地城镇常住户口（或有效居住证明）、贷款到期日时申请人年龄满18周岁且一般不超过55周岁，具有完全民事行为能力的中国公民。

（2）贷款条件：有合法、稳定的经济收入，信用良好，有偿还贷款本息的能力；具备明确消费意向或已签署了相关消费合同；能提供贷款人认可的担保。

（3）贷款金额：所购车辆为自用车的，贷款金额不超过所购汽车价格的80%；所购车辆为商用车的，贷款金额不超过所购汽车价格的70%，其中，商用载货车贷款金额不超过所购汽车价格的60%；所购车辆为二手车的，贷款金额不超过所购汽车价格的50%。

（4）贷款期限：所购车辆为自用车的，最长贷款期限不超过5年；所购车辆为商用车的，贷款期限不超过3年；二手车的贷款期限最长不得超过3年。

（5）贷款利率：按照商业银行的贷款利率规定执行。

（6）还款方式：贷款期限在1年以内的，可以采取按月还息任意还本法、等额本息还款法、等额本金还款法、一次性还本付息还款法等方式还款；贷款期限在1年以上的，可采取等额本息、等额本金还款法。具体还款方式由经办行与借款人协商并在借款合同中约定。

三、消费信贷的操作流程

消费信贷的操作流程如图4-1所示。

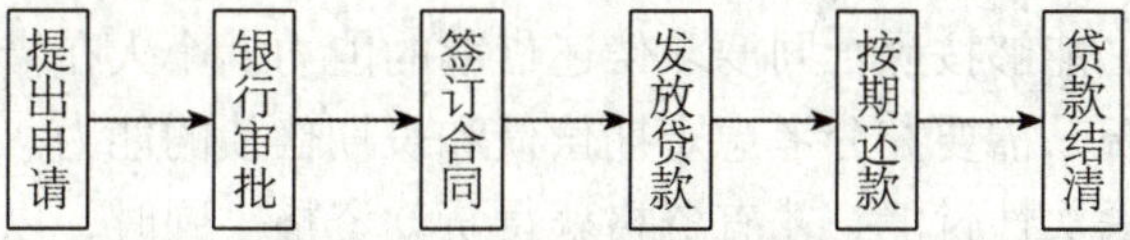

图4-1　消费信贷操作流程

（1）提出申请。客户向银行提出申请，书面填写申请表，同时提交相关资料。

（2）银行审批。银行对借款人的贷款申请、购房合同、协议及有关材料进行审查。

（3）签订合同。银行对借款人提交的申请资料调查、审批通过后，双方签订借款合同、担保合同，视情况办理相关公证、抵押登记手续等。

（4）发放贷款。经银行审批同意发放的贷款，办妥所有手续后，银行按各类消费信贷合同约定以转账方式直接划入个人、汽车经销商的账户。

（5）按期还款。借款人按借款合同约定的还款计划、还款方式偿还贷款本息。

（6）贷款结清。贷款结清包括正常结清和提前结清两种。①正常结清：在贷款到期日（一次性还本付息类）或贷款最后一期（分期偿还类）结清贷款。②提前结清：在贷款到期日前，借款人如提前部分或全部结清贷款，须按借款合同约定，提前向银行提出申请，由银行审批后到指定会计柜台进行还款。贷款结清后，借款人应持本人有效身份证件和银行出具的贷款结清凭证领回由银行收押的法律凭证和有关证明文件，并持贷款结清凭证到原抵押登记部门办理抵押登记注销手续。

在各种消费信贷的申请过程中，申请人需要书面填写申请表，并提交相关资料，主要材料有：

（1）有效身份证件。

（2）常住户口证明或有效居住证明，以及固定住所证明。

（3）婚姻状况证明。

（4）收入证明或个人资产状况证明。

（5）采用房屋抵押方式贷款的，需要提供抵押房屋的房屋所有权证，抵押房屋财产所有人（含法定共有人）的身份证件、婚姻状况证明、同意抵押的书面证明，并按规定对抵押物价值进行评估，提供评估报告；抵押住房免于评估的，应提供符合免于评估条件的相关证明材料，包括交易合同或上一次评估报告等。

（6）贷款用途使用计划或声明。

（7）银行要求提供的其他资料。

任务2 消费信贷理财策略

一、消费信贷的原则

1.审视个人消费的合理性

个人消费的合理性没有绝对的标准，只有相对的标准。消费的合理性与个人的收入、资产水平、家庭情况、实际需要等因素相关。在日常消费中要注意以下几个方面：①平衡即期消费和远期消费，即理财从储蓄开始；②消费支出的预期要合理；③合理规划孩子的消费；④抑制住房、汽车等大额消费的提前消费和过度消费。

2.贷款金额要在个人偿债能力之内

在进行消费信贷前，需要了解自己的偿债能力。偿债能力就是借款人在目前及可预见的未来的经济状况下，能够按照合同要求偿还借款的能力。个人在借款时需要考虑自己目前以及未来的经济状况，需要充分考虑短期偿债和长期偿债的能力。比如个人购买汽车和住房的首付款就必须一次性付清，才有资格获得贷款资格。同时，以后每期的还款额，以及日常支出中的经常项目，也必须有足够的收入来进行保障，保证自身财务状况的平衡。例如，小李月收入6 500元，每月生活开支至少1 500元，每月最多节约金额为5 000元，他准备购买一套住宅，按揭贷款30万元，若是选择5年期的贷款，每月还款额为5 700元，这样的月供与他的收入是不相适应的。考虑到以后收入有增长的预期，可以将贷款时间延长到10年及以上，使其每月还款额控制在节约金额的40%以内，这样贷款金额就控制在自身偿债能力范围以内。

3.节约利息支出

消费信贷在选择偿还方式、贷款期限时，要充分考虑节约利息支出。

节约利息的方式多种多样，在此原则下，可以灵活应用。例如，非大宗耐用消费品尽量不选择消费贷款，如果使用信用卡投资消费，应该在免息期结束前及时偿还。同等条件下，个人汽车贷款和住房贷款选择等额本金还款法就比等额本息还款法节约利息。一般情况下，选择贷款期限应该在对未来合理预期的基础上"就短不就长"，但"就短"要注意不要设定为在自身支付极限情况下的最短期限。如果个人善于投资且投资收益比银行同期贷款利率更高，那么在选择贷款期限上就可以适当偏长一些，这也是变相降低总体利息支出。

4.保持良好的个人信用

个人信用的好坏是获得金融机构发放消费贷款的重要条件之一，所以保持良好的信用记录是以后贷款成功的关键。衡量个人信用的主要标准就是以往的还款记录以及家庭资产状况。如果以前所有的个人借款都能够及时偿还，并且保持健康的财务状况，则个人信用评分就越高，获得贷款的机会就越大。

理财案例分析 4-2

案例介绍： 32岁的何先生在一家广告公司做部门主管，每个月收入6 000元左右，收益好的时候有效益提成，年底一般有1万元左右的年终奖。妻子在一家私企做财务工作，工作较稳定，每月工资2 000元左右。他们有一个刚满9个月的儿子，每个月儿子的开销较大，尿不湿加奶粉是最大的消费，共花费2 000元左右。何先生的父母已退休，与他们一起居住，老人有自己的退休金并帮助何先生照看孩子。买房子贷款20万元，月供1 750元，其他每月生活开支约3 000元，银行存款不多，目前只有4万元。何先生准备买一部小汽车。请问应如何进行现金和消费管理？

案例分析： 现金管理方面，何先生家庭每个月要有储蓄的习惯，比例可以占家庭收入的1/3，保证家庭资金流通正常，也能应付家庭紧急情况。

消费管理方面，谨慎买车。因为如果买车每月将增加平均1 000元的养车费以及400元的其他周边消费，而且何先生暂时没有可以投资增额的资金，买车主要看是不是生活必需品，养车是否轻松。

理财建议： 家庭消费中买车、买房的支出是最适宜采用消费信贷的支出类型，尤其是汽车消费信贷，厂商为加大出货量，会对买方增加补贴，体现在相应的信贷利率之中。所以，何先生在做出购买决策时，在同等条件下可以选择那些厂商通过消费信贷补贴力度较大的汽车品牌；同时，综合考虑自己可控的理财收益率与信贷利率，选择尽量长的还款周期，为自己增加现金和理财收益。

二、消费信贷的策略

1.做好偿债计划

贷款消费并不意味着无节制地超前消费，只是因人而异设计的理财方式而已，负债是平衡现在录入与未来享受的工具。在有效债务管理中，应以个人（贷款人）自身实力和资产价值为前提，先算好可负担的额度，再拟订偿债计划，按计划还清负债。偿债计划的内容主要包括：

（1）明确偿债资金来源。根据收入情况，合理计算月份（年度）正常生活消费支出，估算偿债资金的数额，明确资金来源。

（2）设定合理的还贷比例。偿债需要将贷款控制在合理的比例范围内，一般用贷款安全比率来衡量，计算公式为：

贷款安全比率=每月还债支出÷月净收入

消费信贷安全比率的上限是35%，如果没有住房贷款，此比例可以降低一些。超过此比例将有可能引起个人或家庭生活质量下降，得不偿失。

（3）控制好还贷年限和还贷方式。在收入预期上涨时，可以采取等额本息还款法，降低前期的还款压力；如个人收入较高，但随着年龄的增长收入有下降的趋势，则可以采取等额本金还款法。

2.做好信用管理

建立良好的个人信用，只有偿债计划还不够，还需要做好信用管理。信用管理的关键是做到准时还款。在办理各种消费信贷时，应该及时办理自动转账扣款业务，保证按时还款；必要时开通还款及欠费短信提醒，在发现存款关联账户出现余额不足时，及时补足金额，维持良好的个人信誉状况。

模块三　信用卡理财

任务1　认知信用卡

一、信用卡的概念和特点

信用卡是商业银行向个人和单位发行的，凭此向特约单位购物、消费和向银行存取现金，具有消费信用的特制载体卡片，其形式是一张正面印有发卡银行名称、有效期、号码、持卡人姓名等内容，背面有磁条、签名条的卡片。

信用卡分为贷记卡和准贷记卡，贷记卡是指银行发行的并给予持卡人一定信用额度、持卡人可在信用额度内先消费后还款的信用卡；准贷记卡是指银行发行的，持卡人按要求交存一定金额的备用金，当备用金账户余额不足支付时，可在规定的信用额度内透支的准贷记卡。以下所讨论的信用卡仅指贷记卡。

信用卡的雏形是“商店卡”，其发行于20世纪20年代。国际上，最早的通用信用卡产生于20世纪50年代。1951年，富兰克林国民银行在纽约长岛发行其首张信用卡。1958年，位于美国加州、当时最大的银行——美国银行发行了首张具有循环信用功能的信用卡。我国是由中国银行在1981年将信用卡这一新型的支付方式引进国内的。

信用卡相比普通银行储蓄卡来说，主要的特点是：

（1）信用卡可透支消费，并可享有25~60天的免息期，按时还款则不收利息（取现收取利息）。

（2）使用信用卡在发卡行的特约商户消费，可享受折扣优惠。信用卡的使用通行全国无障碍，在有信用卡组织标识的ATM和POS机上均可取款或刷卡消费。

（3）积累个人信用，在用户信用档案中增添诚信记录。

(4) 特有的附属卡功能，适合夫妻共同理财，或掌握子女的财务支出。

(5) 自由选择的一卡双币形式，通行全世界，境外消费可以境内人民币还款。

(6) 每月免费邮寄或者发送（电子）对账单，清晰掌握每笔消费支出。

二、信用卡主要的发卡机构

国际上有五大信用卡发卡机构，即威士国际组织（VISA International）、万事达卡国际组织（MasterCard International）及美国运通国际股份有限公司（America Express）、大莱信用卡有限公司（Diners Club）、JCB日本国际信用卡公司（JCB）。在各地区还有一些地区性的信用卡组织，如中国的银联等。主要信用卡发卡机构品牌标识如图4-2所示。

VISA 卡品牌标识	万事达卡品牌标识	美国运通卡品牌标识
大莱信用卡品牌标识	JCB 信用卡品牌标识	中国银联卡品牌标识

图4-2 主要信用卡发卡机构品牌标识

1.VISA卡

VISA是全球最负盛名的支付品牌之一，VISA与世界各地的VISA特约商户、ATM以及会员金融机构携手合作，VISA全球电子支付网络——VISANet，是世界上覆盖面最广、功能最强和最先进的消费支付处理系统。全世界有超过2 000万个特约商户接受VISA卡，还有超过84万个ATM遍布世界各地。因此，VISA的全球网络让客户不论身在何处，都能方便地使用VISA卡。

VISA国际组织本身并不直接发卡。在亚太区，VISA国际组织有超过700个会员金融机构发行各种VISA支付工具，包括信用卡、借记卡、公司卡、商务卡及采购卡。这些产品都能让客户在消费时倍感安全、便利和可靠。

2.万事达卡（Master Card）

万事达卡国际组织于20世纪50年代末至60年代初期创立了一种国际通行的信用卡体系。万事达卡国际组织是一个包罗世界各地财经机构的非营利协会组织，其会员包括商业银行、储蓄与贷款协会，以及信贷合作社。其基本目标为：加强国内及国外会员之间的银行卡资料交流。其发行机构不论规模大小，都可进军银行卡及旅行支票市场，谋求发展。

3.美国运通卡

自1958年发行第一张运通卡以来，运通已在68个国家和地区以49种货币发行了运通卡，构建了全球最大的自成体系的特约商户网络，并拥有超过6 000万名的优质持卡人群体。成立于1850年的运通公司，最初的业务是提供快递服务。随着业务的不断发展，运通于1891年率先推出旅行支票，主要面向经常旅行的高端客户。可以说，运通服务高端客户的历史长达百年，积累了丰富的服务经验和庞大的优质客户群体。

4. 中国银联

中国银联全称为中国银联股份有限公司（英文名称：China Union Pay Co.，Ltd.），2002年3月26日成立，总部设在上海，是经中国人民银行批准的、由80多家国内金融机构共同发起设立的股份制金融机构，注册资本16.5亿元人民币。

知识链接 4-2

认识中国银联标识

银联新标识、老标识设计图案如图4-3所示。

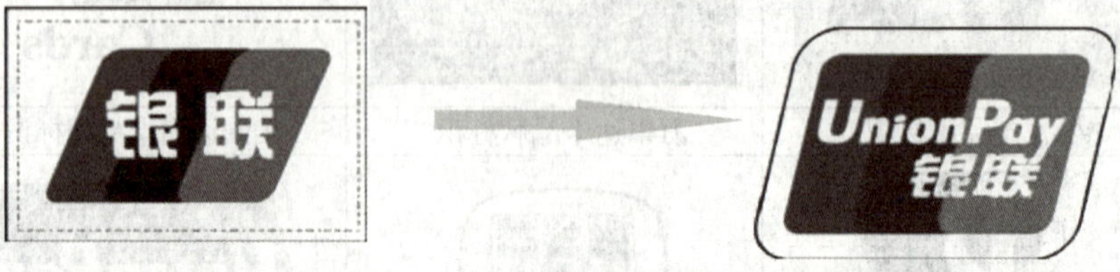

银联老标识（2001年3月启用）　　银联新标识（2005年10月18日启用）

图4-3　银联新标识、老标识设计图案

“银联”标识以红、蓝、绿三种不同颜色银行卡的平行排列为背景，衬托出白颜色的“银联”汉字造型，突出了银行卡联网联合的主题。三种颜色中，红色象征合作、诚信；蓝色象征畅通、高效；绿色象征安全。三种不同颜色银行卡的紧密排列象征着银行卡的联合。

资料来源：作者根据相关资料整理。

中国银联经营工作的重点是以联网通用为中心，不断提高跨行网络覆盖面，不断提高跨行交易成功率，不断提高银行卡的服务质量，改善用卡环境，不断提高全民用卡意识，促进我国银行卡产业的迅速崛起，推动银行卡在医疗、交通、电信、电力、社保等与人民生活密切相关行业的“一卡多用”，真正实现“一卡在手，走遍神州”。

教学互动 4-3

请同学们仔细识别图4-4中的卡片是否属于信用卡：

图4-4　银行卡片示意图

仔细思考信用卡和储蓄卡之间的区别。

三、信用卡卡面

一张标准的信用卡卡面信息如图4-5所示。

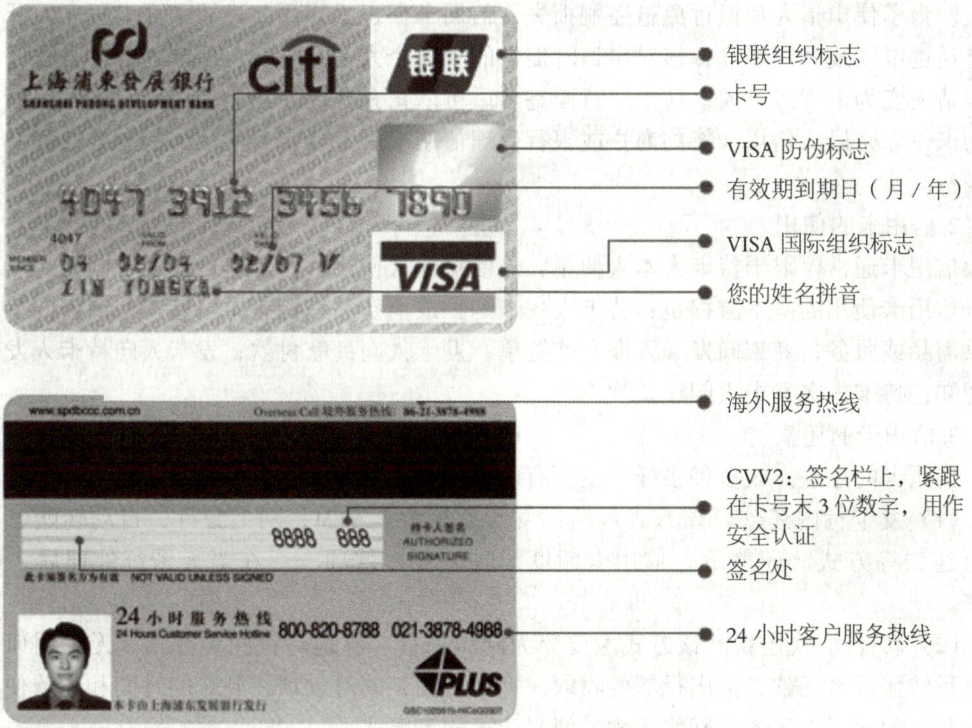

图4-5　信用卡卡片界面信息

卡片正面的信息包括：①发卡行名称及标识；②信用卡别（组织标识）及全息防伪标记；③卡号；④英文或拼音姓名；⑤启用日期；⑥有效日期。最新发行的卡片正面附有芯片，芯片账户与卡磁条账户为相对独立的两个账户。

卡片背面的信息：①卡片磁条；②持卡人签名栏（启用后必须签名）；③服务热线电话；④卡号末四位号码或全部卡号（防止被冒用）；⑤信用卡安全码（在信用卡背面的签名栏上，紧跟在卡号末四位号码后面的3位数字，用于信用卡激活、密码管理、电话及网络交易等）。

四、信用卡的使用

1.申请和开卡

多数情况下，具有完全民事行为能力（中国大陆为年满18周岁的公民）、有一定直接经济来源的公民，可以向发卡行申请信用卡。申领信用卡的对象可以分为单位和个人。

个人申领信用卡，必须具有固定的职业和稳定的收入来源，并向银行提供担保。担保的形式包括个人担保、单位担保和个人资金担保。

申请方式一般是填写信用卡申请表，申请表的内容一般包括申领人的名称、基本情况、经济状况或收入来源、担保人及其基本情况等，并提交一定的证件复印件与证明等给发卡行。客户按照申请表的内容如实填写后，在递交填写完毕的申请书的同时还要提交有关资信证明。申请表都附带有使用信用卡的合同，申请人授权发卡行或相关部门调查其相关信息，以及提交信息真实性的声明、发卡行的隐私保护政策等，并要有申请人的亲笔签名。发卡行审核通过后就可以发卡给申请人。

由于信用卡申请通过后是通过邮寄将卡片寄出等方式，所以并不能保证领取人就是申请人。为了使申请人和银行免遭盗刷损失，信用卡在正式启用前设置了开卡程序。开卡主要是通过电话或者网络等，核对申请时提供的相关个人信息，符合后即完成开卡程序。此时申请人变为卡片持有人，在卡片背面签名后可以正式开始使用。信用卡开卡后一般需同时为卡设立密码。信用卡特约商户或银行受理信用卡后，要审查信用卡的有效性和持卡人的身份。

2.信用卡的使用

信用卡通常仅限于持卡人本人使用，外借给他人使用一般是违反使用合同的。

信用卡使用的基本流程是：持卡人用卡购物或消费并在购签单上签字；商家向持卡人提供商品或服务；商家向发卡人提交购签单；发卡人向商家付款；发卡人向持卡人发出付款通知；持卡人向发卡人归还贷款。

3.信用卡的还款

信用卡的还款方式多种多样，主要有以下几种还款方式：

（1）发卡行内还款。该方式包括：发卡行柜台、ATM、网上银行、自动转账、电话银行还款等方式。还款后，信用卡额度即时恢复，款项一般在当天系统处理后，即可入账。

（2）转账/汇款还款。该方式主要分为同城跨行、异地跨行两种方式。无论用何种方式进行转账或者汇款，汇出行都要收取一定的费用，同时款项在到账的时间和还款便捷程度上都不如同行内还款、网络还款、便利店还款等方式。

（3）网络还款。国内比较常见的网络平台有：银联在线、快钱、盛付通、支付宝、微信、财付通等。选择不同的平台和银行，收费标准和款项具体到账时间均有所不同。

（4）便利店还款。该种方式主要是通过安装在便利店中的“拉卡拉”智能支付终端完成还款，一般到账时间需2～3个工作日，同时利用这种方式还款免收手续费。

（5）柜面通还款。柜面通是指各联网金融机构发行的银行卡，通过在银联交换中心主机系统注册的他行银行网点柜面，进行人民币活期存取款交易。

除了上面提到的几种方式外，发卡行为了便于持卡人还款，还开通了各具特色的还款方式。

教学互动 4-4

请大家认真核对自己使用的信用卡还款时采取了哪些方式？请大家尝试一下其他的还款方式，并比较它们之间的便利程度、到账速度和费用。

4.销卡

信用卡销卡前，账户余额必须清零，通常在申请提出后的45天内完成销卡的全部流程。

任务2 计算信用卡免息期与循环利息

一、信用卡免息期

使用信用卡一般都可以享受25～60天的免息期。免息期，又被称为免息还款期，是银行记账日至发卡银行规定的到期还款日之间的时间。持卡人在到期还款日之前偿还所使用的全部款项，可享受免息还款期待遇，无须支付非现金交易的利息。

银行卡管理办法规定的免息期上限为60天，各个银行的信用卡具体规定有所不同，目前国内银行最长的免息期为56天。另外，由于持卡人刷卡消费的时间有先后顺序，因此享受的免息期也是有长有短的。例如，张先生的一张信用卡的银行记账日是每月的20日，到期还款日是每月的15日。那么，他在本月20日的刷卡消费，到下月15日还款，就享有了25天的免息期，但如果他在本月21日刷卡消费，那么就是在再下一个月的15日还款，也就是享受了55天的免息期。而在这55天的时间里，张先生相当于在享受着无息贷款。

知识链接 4-3

什么是银行记账日和到期还款日？

银行记账日，也被称为“账单日”，也就是银行每月进行结账，并发出还款账单的日期。这一天会将上个账单日以后的消费和还款情况进行结算，并汇总成电子（纸质）账单寄发给用户。

到期还款日，就是归还银行账单金额的最后还款期限。还款超过此日期，银行将会收取利息。到期还款日一般为当期已出账单日之后的第18天（具体日期依照银行信用卡账单列示为准）。

资料来源：作者根据相关资料整理。

信用卡提供给持有人一份备用金，免除了消费者财务安排的烦恼，可以随时随地、随心随意地使用，这样看来，即使持卡人并不缺钱，也可利用信用卡享受理财机会，在免息还款期内先花银行的钱，自己的存款享受更多利息或做其他投资，比如购买一些银行以周或月为投资周期的短期理财产品。需要记住的是，在账单日的第二天消费能享受最长的免息期。

二、计算信用卡循环利息

1. 循环利息的计算

国际通行的信用卡计息方式有两种：全额计息和按未清偿部分计息。目前我国大部分银行采取的是全额计息方式，持卡人如果在免息还款期内不能全额还款，即便只有1分钱未还，银行也会按当期账单的全额计息，每天万分之五，按月计算复利。

根据《银行卡业务管理办法》的有关规定：持卡人在到期还款日前偿还所使用全部银行款项有困难的，可以按照发卡银行规定的最低还款额还款。如果只以最低还款额还款，将会产生循环利息。

教学互动 4-5

最低还款额是否等于当月透支余额的10%？

最低还款额是指使用循环信用时最低需要偿还的金额，应该包括信用额度内消费款的10%、预借现金交易款的10%、前期最低还款额未还部分、超过信用额度消费款以及费用和利息。用公式表示为：

$$\text{最低还款额}=\text{信用额度内消费款的}10\%+\text{预借现金交易款的}10\%+\text{前期最低还款额未还部分的}100\%+\text{超过信用额度消费款的}100\%+100\%\text{费用}+100\%\text{利息}$$

所以，最低还款额并不等于当月透支余额的10%，也不可以享受免息待遇。

循环利息是在使用循环信用方式还款或是使用预借现金时收取的。若在当期账单周期的到期还款日前，全额还清全部的消费款项，即可享受免息期，不会产生循环利息。若当期账单未全部按时还清，则视为使用循环信用，当期的所有消费将从记账日（一般是消费后的第二天）开始计收利息，日息万分之五，直至全部还清为止。若使用预借现金功能的话，则预借现金部分无法享受免息期，将从取现金当天开始计收利息，日息万分之五，按月计算复利，直至还清为止。具体计算公式如下所示：

$$\text{循环信用利息}=\text{本期应还金额}\times 0.05\%\times \text{天数A}\left(\text{消费日期到本期还款日的天数}\right)+\left(\text{本期应还金额}-\text{已还金额}\right)\times 0.05\%\times \text{天数B}\left(\text{本期还款日到下期记账日的天数}\right)+\text{预借现金金额}\times 0.05\%\times \text{天数C}\left(\text{借出现金日与还款冲抵预借现金之间的天数}\right)$$

【例4-5】（1）在不计预借现金的情况下，刘女士的信用卡每月账单结账日为7日，还款截止日为25日。在3月7日账单的本期应还款金额为1 000元（3月1日入账），在到期还款日25日按最低还款额还款100元，下期记账日为4月7日，如果银行是按照入账日计收利息，则在4月7日账单上计算出的利息是多少？

解：循环信用利息=1 000×0.0005×25+（1 000−100）×0.0005×13=18.35（元）

（2）如果3月7日到4月6日之间又消费了300元，则在4月7日的账单上应还款金额是多少？

解：本期应还金额=上期账单金额−上期已还金额+本期账单金额−本期调整金额+循环利息

=1 000.00 −100.00+300.00−0.00+18.35

=1 218.35（元）

2.滞纳金的计算

如果在到期还款日未能还款，或还款额不够最低还款额，则最低还款额未还部分会开始计滞纳金。滞纳金的计算方法是，未能在到期还款日（含）前偿还最低还款额，除应支付所用款项从记账日起至还款日止的透支利息外，还要按照最低还款额未还部分的一定比例支付滞纳金，滞纳金为最低还款额未还部分的5%。一般情况下，各银行信用卡中心对人民币账户最低收取人民币10元，美元账户最低收取1美元。

【例4-6】（1）在“例4-5”中，假如刘女士没有在到期还款日3月25日还款，而是在28日还了200元，则：

循环信用利息=1 000×0.0005×28+（1 000−200）×0.0005×10=18（元）

滞纳金=100×0.05×3=15（元）

（2）如果3月25日还了50元，3月28日又还了50元，则滞纳金为：

滞纳金=50×0.05×3=7.5元<10元

所以，实际需支付滞纳金是10元。

知识链接 4-4

信用卡还款入账顺序大有讲究

信用卡的还款入账顺序大有讲究。信用卡发卡银行一般规定，各种费用（包括取现费、年费、挂失费、工本费等）以及利息（滞纳金、超限费、取现利息、消费利息等）的优先级最高，然后依次是上期取现交易本金、上期消费本金、本期取现交易本金、本期消费本金。

任务3　认知信用卡使用误区

在我们使用信用卡的时候，有很多问题是容易被忽视的，而忽视这些问题轻则会给个人带来一些经济上的损失，严重的可能影响个人的信用记录。个人在使用信用卡的过程中主要有以下误区：

一、信用卡就是储蓄卡，存钱也有利息

信用卡虽然是银行发行的卡片，但是它的本质并不是普通的储蓄卡。信用卡有别于借记卡的地方一是可以透支，二是存款无利息，取款还要收费。现在大部分银行对于利用信用卡透支取现，不分本地异地，都一律收取手续费，通常要支付1%～3%的手续费。除了要收手续费外，信用卡客户取现还从取现当日开始，银行每天按取现金额的万分之五收取利息，折合年利率高达18%。虽然银行不断推出鼓励取现的优惠措施，但总的看来，取现还是不划算的。

不仅仅是透支取款要收费，就连取出溢缴款（多还款的钱，实际上是你自己的钱，不是银行的钱）也要收费。所以，把钱存在信用卡里不但不能获得利息收入，而且当个人需要用钱的时候，取款也是要收利息的。

理财案例分析4-3

案例介绍： 王先生的工资卡上经常有1万元左右的现金，由于经常乘坐公交车，他担心工资卡遭小偷光顾，于是向银行申请办了一张信用卡。王先生想得很简单，以后要用现金，就直接使用信用卡到ATM上去取现，再利用免息期将款还上，这样很安全，也没有额外花费。但王先生没有想到一个月过去之后，银行给他寄过来的账单上居然产生了费用。王先生咨询银行了解到，用信用卡在ATM上取款是需要向银行交纳手续费的。

案例分析： 现在各银行都在大力推销信用卡，客户只要通过银行审核，不需要担保和保证金，就能享受循环透支和免息还款期。现在大部分银行对于利用信用卡透支取现，不分本地异地，都一律要收手续费。一般情况下，信用卡取现优惠为1%的手续费，最低10元。

王先生的工资卡为储蓄卡，在深圳市发卡银行的ATM取现不收手续费，在其他银行的ATM取现一般要收2元跨行费，到异地柜台取现要支付一定的手续费。

理财建议： 由于信用卡取现需要手续费，而储蓄卡在本地取现（不跨行）多数是免费的，建议王先生平时使用储蓄卡取钱，在紧急情况下，才通过信用卡取现。

二、每期以最低还款额还款

虽然信用卡给持卡人提供了循环授信，持卡人可以选择只归还最低还款额，但是这样一来持卡人将不能享受免息期，所有的消费都要从消费之日起计算利息，日利率为万分之五，等于向银行每月按照年利率18%贷款消费，而且，银行使用的计息方式是按月复利，也就是说，本月的循环利息将会在下个月变为本金继续生成利息，持卡人的负担是相当重的。因此，在资金允许的情况下，每个月要尽量全额还款，避免多付利息。

三、信用额度越高越好

虽然信用额度在一定程度上能够反映一个人的信用状况，但是信用卡额度并非越高越好，过高的额度可能会使持卡人难以控制自己的消费，在不知不觉中已经花了超过自己能

够承受的钱，从而使自己沦为“卡奴”。就实际的业务情况来说，一般信用额度上限在1万元左右就够了，毕竟信用额度越高，客户所承担的潜在风险也就越大。此外，申请临时提高信用额度要注意其时效性，到期后将自动恢复为原来的额度，必要时需再向银行提出申请。此外，拥有过高却使用不到的信用额度，可能反而会造成麻烦，一旦卡片或卡号遭窃，则会留给不法分子相当大的冒用空间。因此，信用卡额度够用就好。

四、把信用卡借给朋友使用

把信用卡借给朋友是非常危险的。持卡人持有信用卡，是持卡人和发卡银行建立了合同关系，发卡银行认同信用卡的所有使用行为是持卡人本人所为，因此有关款项均由持卡人进行偿还。信用卡是可以透支的，消费金额都由银行来垫付，一旦把卡借给别人，将无法控制消费情况，而且信用卡密码透露给别人后，极大增加了过度消费的风险。另外，一旦卡片遗失，损失都由持卡人自行承担。有过这种经历的人们请一定查一下自己的信用卡消费记录，并定期更换密码。

知识链接 4-5

信用卡网上安全交易须知

1.了解交易的网站背景：对于网站的运营背景、组成结构、信誉口碑、相关企业及其他相关资料应该打听清楚，最后是选择较知名、已运营较长的时间且与知名金融机构合作的网站。

2.了解交易过程的资料安全性：是否有SSL或其他公认且为大众接受的资料加密机制等。还需要了解交易网站对销售货物的运输途径及相关费用如何计算。

3.保留网上消费记录，以备交易出现问题时进行查询。请随时注意自己的支付工具的账务状况，如果发现信用卡有不明的支出状况，应立即联络发卡银行。请不要随便在网络上输入个人资料，如身份证号码，信用卡卡号、密码及居住地址等。

项目小结

1.现金、储蓄、消费和债务管理是理财的起点，其目的在于使可用的资金保障其他理财的各项支出，并达到个人财富积累的目标。

2.根据存款期限不同，个人储蓄存款业务可以分为活期储蓄存款、定期储蓄存款和其他储蓄存款业务。由于存款种类不同，具体计息方法也各有不同，但计息的基本公式不变，即利息是本金、存期、利率三要素的乘积。

3.储蓄理财的基本策略是：阶梯储蓄法、月月储蓄法、利滚利储蓄法、四分储蓄法，应合理做好转存，尽量避免提前支取。

4.消费信贷是个人和家庭用于满足个人需求的信贷形式，也是商业企业、银行或其他金融机构对消费者个人提供的信贷。根据担保的不同，又可分为抵押贷款、质押贷款、保证贷款和信用贷款。根据消费信贷期限的不同可以分为短期、中期、长期消费信贷。根据是否需要事先向金融机构申请，分为封闭式信贷和开放式信贷。

5.封闭式信贷有个人短期信用贷款、个人综合消费贷款、个人住房贷款、个人汽车贷款等。消费信贷的操作流程主要为：客户提出申请，银行审批，签订合同，发放贷款，按期还款，贷款结清。

6.信用卡是商业银行向个人和单位发行的，凭此向特约单位购物、消费和向银行存取现金，具有消费信用的特制载体卡片。

7.信用卡使用的基本流程是：持卡人用卡购物或消费并在购签单上签字；商家向持卡人提供商品或服务；商家向发卡人提交购签单；发卡人向商家付款；发卡人向持卡人发出付款通知；持卡人向发卡人归还贷款。

8.信用卡的还款方式多种多样，主要有以下一些还款方式：（1）发卡行内还款；（2）转账/汇款还款；（3）网络还款；（4）便利店还款；（5）柜面通还款。

9.使用信用卡一般都可以享受25~60天的免息期。循环利息是在使用循环信用方式还款或是使用预借现金时收取的。

【学习分享】请将学习的过程和成果做成文字、图片或视频内容，分享在相应的自媒体或社群中。请将线上分享的文件转成二维码后张贴在空白处，文字分享可以打印后张贴在空白处。

粘贴二维码	粘贴二维码	粘贴二维码	粘贴二维码
粘贴文字	粘贴文字	粘贴文字	粘贴文字

思考与练习

一、单选题

1.以下不属于信用卡的发卡行内还款方式的有（　　）。

A.发卡行柜台还款　B.网银还款　C.ATM还款　D.便利店还款

2.李敏女士于2017年1月7日存入定活两便储蓄存款10 000元，2017年3月6日支取，在年利率为3%时，得到的利息是（　　）元。（假设整存整取3个月定期存款年利率为3%，活期利率为0.5%）

A.55　B.65　C.8　D.15

3.张先生的一张信用卡的银行记账日是每月的20日，到期还款日是每月的15日。那么，如果他在本月20日的刷卡消费，到下月15日还款，其享有的免息期是（　　）。

A.20天　B.25天　C.55天　D.15天

4.以下不属于消费信贷特点的是（　　）。

A.贷款对象为个人或家庭　B.贷款用途以营利为目的

C.贷款额度的小额性　D.贷款期限的灵活性

二、多选题

1.进行现金管理的目的在于（　　）。

A.满足未来消费的需求　　B.满足日常的周期性的支出需求

C.满足财富积累与投资获利的需求　　D.满足应急资金的需求

2.储蓄理财的基本策略有（　　）。

A.阶梯储蓄法　　B.月月储蓄法　　C.利滚利储蓄法　　D.四分储蓄法

3.个人在准备使用消费信贷时，应该遵循的原则有（　　）。

A.审视个人消费的合理性　　B.贷款金额要在个人偿债能力之内

C.获得利息收入　　D.保持良好的个人信用

4.信用卡的还款方式主要有（　　）。

A.发卡行内还款　　B.转账/汇款还款　　C.网络还款　　D.便利店还款

5.消费信贷的种类主要有（　　）。

A.个人综合消费贷款　　B.个人住房贷款

C.个人汽车贷款　　D.信用卡

三、判断题

1.应急资金可以应对失业或失能导致的工作收入中断，应对紧急医疗或意外所导致的超支费用。（　　）

2.信用卡就是储蓄卡，所以存钱也有利息。（　　）

3.个人到银行存款要注意不同的储种有不同的特点，在选择储蓄理财时不注意合理选择储种，也会蒙受利息损失。（　　）

4.消费信贷是当期得到现金、商品和服务，在将来支付有关费用的一种安排，旨在通过信贷方式预支远期消费能力，来满足个人当期消费需求。（　　）

5.循环利息是在使用循环信用方式还款或是使用预借现金时收取的。（　　）

四、简答题

1.如何测定应急资金的需要量?

2.消费信贷的操作流程是怎样的?

3.如何计算信用卡的免息期?

4.储蓄理财的基本策略有哪些?

5.如何做好消费信贷的偿债计划?

项目实训

训练目的：通过使用个人信用卡，掌握信用卡免息期与循环利息计算。

训练内容：信用卡消费管理。

学生选择自己使用的信用卡，查询信用卡申请表和上一年度信用卡使用明细，确认信用卡最长免息期的时间，并计算循环利息。

训练素材：银行信用卡。

训练场所：校内实训室、网上银行等。

训练步骤：

1.选择一家商业银行发行的信用卡，查询信用卡申请表，明确该信用卡的账单日和还款日、最长免息期等基本信息。

2.收集上一年度信用卡使用明细，分析消费的合理性，并测算出消费高峰，推算出还款时间。

3.假设11月份账单显示为5 000元，最低还款额为10%，请计算需要支付的循环利息是多少？

项目五　银行理财产品理财

选择投资领域和投资方式，努力使投资保持平衡状态。

——詹姆斯·罗杰斯

学习目标

【知识目标】

1. 了解各类个人银行理财产品的定义、特点、种类；
2. 掌握各类个人银行理财产品的风险、收益，能进行分析选择。

【技能目标】

1. 能分析银行理财产品风险、收益；
2. 能根据财务状况和财务环境进行个人银行理财产品规划。

【思政目标】

1. 理解银行业发展与改革开放的关系；
2. 从银行理财产品看市场经济建设的伟大成就。

重点及难点

重点：银行理财产品风险、收益、分析、选择。

难点：银行理财产品具体分析和选择。

案例导入

小张大学毕业刚工作时为防止自己成为“月光族”，就以零存整取的方式存钱，两年下来竟然积累了5万元的存款。如何管理这笔暂时闲置的钱呢？投资房产、实业——区区小钱，杯水车薪；投入股市——进进出出忙碌一年，可能是白忙一场，说不定还会把本钱也赔进去；投资开放式基金——费用不低且有风险；买国债——时间不短，利息却不高；定期储蓄存款——利息太少。在小张犹豫不定之时，恰逢某商业银行发售新型储蓄产品——收益递增型结构性存款产品。其本金安全、存款期限合适、利率水平相对较高的产品特点以及年轻人对新事物的好奇，让小张决定涉足这类新型储蓄产品的投资。他该如何下手呢？

模块一 银行理财产品认知

任务1 银行理财与银行理财产品

【我的认知】我对银行理财产品的认知

在开始课程的学习之前，请将您对银行理财产品的认识填入下表（在类别处填入个人理财应该关注哪些方面，在内容处填入具体内容，可以用关键词表达）。然后，请大家调研不低于三家银行，并将各银行最典型的理财产品填入表格相应的空白处。

我对银行理财产品的认知			
我对银行理财产品的认识是这样的（可以用定义，也可以用关键词表达）			
银行	产品名称	产品的核心条款	您的建议

一、银行理财业务的概念

微课2

银行理财产品

在任何一家银行大厅的宣传架上，我们都可以看到银行理财产品的介绍和宣传单。很多人会认为，这些产品既然是银行自己开发的又在银行销售，那么这些产品跟储蓄就没有多大差别，或者干脆就把它当成了储蓄存款的一种，其实这种认识是有偏差的。

在认识银行理财产品之前，我们先得明白商业银行的理财业务。银监会出台的《商业银行个人理财业务管理暂行办法》对于“个人理财业务”的界定是“商业银行为个人客户提供的财务分析、财务规划、投资顾问、资产管理等专业化服务活动”。商业银行个人理财业务按照管理运作方式的不同，分为理财顾问服务和综合理财服务。我们一般所说的“银行理财产品”，其实是指其中的综合理财服务。

二、银行理财产品的特点

银行理财产品是指商业银行在对金融消费者分析研究的基础上，针对特定目标客户群开发设计并销售的资金投资和管理计划。在理财产品这种投资方式中，银行只是接受客户的授权管理资金，投资收益与风险由客户或客户与银行按照约定方式承担。

与储蓄存款相比，银行理财产品在流动性、收益、交易方式、产品类型等方面都有很大区别，更加侧重于“投资”的功能。

1.流动性较低

银行理财产品的流动性相对较差。在银行理财产品销售合同中，通常银行会事先约定能否提前终止、终止的日期和条件以及如果投资者提前终止可能需要支付的费用或承担的损失。相对而言，储蓄存款的流动性很强，个人可以随时支取，而且本金有保障，利息也是按照约定利率计算。

2.收益具有不确定性

在收益方面，银行理财产品的收益率是不确定的，个人在购买这些产品时看到的收益率只是“预期收益率”，最终实现的收益率要根据理财期间实际得到的结果而定。而储蓄存款的利息收益是确定的。

3.投资风险与该产品的投资方式直接相关

在投资风险上，理财产品的风险要视其投资方式和投资实际达到的结果而定，比如利率挂钩型产品包含利率风险，汇率挂钩型产品包含汇率风险，信用挂钩型产品包含信用风险等，这些风险是需要由投资者自己承担的。而储蓄存款相对来说比较安全。

通过这些特点的比较，我们发现，不同银行的理财产品无论从流动性、收益、交易方式还是产品类型等方面来看都有很大的差异。个人选择银行理财产品时，不是找一个离家近的银行把钱存起来就可以了，而是要因时因势，选择适合自己的理财产品。

三、银行理财产品的关键要素

银行理财产品的推出虽然丰富了投资者的投资渠道，但是这些理财产品本身结构较为复杂，使得大部分投资者摸不着头脑，甚至有些银行工作人员也无法描述清楚这些理财产品的收益来源。个人在选择银行理财产品时需要认真阅读产品说明书，重点抓住产品关键要素。

1.产品开发主体信息

产品发行人是指理财产品的发行主体。一般而言，银行理财产品是由银行自己开发的，也有银行委托其他银行代理开发理财产品。为了保证理财产品品牌的独立性，产品发行人可能会是理财产品的销售商。

（1）托管机构。为保证理财产品所募集资金的规范运作和安全完整，理财产品往往委托一个独立机构作为资产托管机构来管理理财产品所募集的资金。资产托管人主要由符合特定条件的商业银行担任。其职责包括：安全保管委托资产，根据投资管理人的合规指令及时办理清算、交割事宜；负责委托资产的会计核算和评估、复核、审查投资管理人计算的资产净值；及时与投资管理人核对报表、数据，按照规定监督投资管理人的投资运作；定期向委托人和有关监管部门提交托管报告和财务会计报告；法律、法规规定的其他职责。

（2）投资顾问。投资顾问是指为商业银行理财产品所募集资金投资运作提供咨询服务、承担日常的投资运作管理的第三方机构，如公募基金、阳光私募基金、资产管理公司、证券公司、信托公司等。投资顾问服务的内容包括：提供投资原则和投资理念建议；提供投资策略建议；提供投资组合建议；提供投资计划建议；提供具体投资建议以及约定的其他投资顾问服务。

2.产品目标客户信息

一般银行在发行理财产品过程中都会介绍产品所适合的客户范围。这方面的信息包括：

（1）客户风险承受能力。客户风险承受能力主要是通过银行的客户风险承受能力评估得到的。不同的理财产品风险不同，银行理财人员不得将高风险产品介绍给风险承受能力低的客户。

（2）客户资产规模和客户等级。商业银行根据客户的资产管理规模对客户进行分类，并根据不同等级的客户推出不同的理财产品。

（3）产品发行地区。一些商业银行的理财产品是面向一定地域的客户销售的，因此一些理财产品说明书中会限定理财产品的发行区域。

（4）资金门槛和最小递增金额。根据监管要求，理财产品的销售起点金额不得低于5万元人民币或等值外币。在实际销售过程中，商业银行往往根据产品目标客户限定资金门槛和最小递增金额。

3.产品特征信息

（1）银行理财产品收益类型。银行理财产品按收益或本金是否保全可分为两类：保本产品和非保本产品。①保本类理财产品的特点是投资者在到期日可以获得100%的本金，并有机会获得更高的投资回报。适合投资风险承受程度为“保守型”或以上客户。保本类理财产品虽然可以保证在到期日本金没有损失，但并不意味着完全没有风险。保本类理财产品一般不得提前支取（如允许提前支取，可能低于本金）；购买外汇理财产品有货币兑换风险；利率调整和通货膨胀可能带来本金相对价值减少。②非保本类理财产品的特点是银行不保证在到期日投资者可以获得100%的本金。投资者有可能损失部分或者全部的本金。非保本类理财产品适合能承担一定风险的投资者。

（2）银行理财产品交易类型。银行理财产品按照产品交易类型可分为两类：开放式产品和封闭式产品。与基金类似，开放式产品总体份额与总体金额都是可变的，可以随时根据市场供求情况发行新份额或被投资者赎回理财产品。而封闭式产品是总体份额在产品存续期内不变，而总体金额可能变化的产品。对于封闭式产品，投资者在产品存续期内既不能申购也不能赎回，或只能赎回而不能申购。封闭式产品的赎回一般都会有特定的条款，该条款规定客户或银行在触发条件发生时具有赎回的权利。

（3）银行理财产品的期次性。银行理财产品按期次性可分为两种：期次类产品和滚动发行产品。期次类产品只在一段销售时间内销售，比如委托期为7天或1年的产品，到期后利随本清，产品结束；而滚动发行产品采取循环销售的方式，投资者可以进行连续投资，拥有更多的选择机会。

(4) 银行理财产品投资类型。从投资类型来看，银行理财产品根据投资或者挂钩的对象可以分为利率挂钩、股票挂钩、基金挂钩、外汇挂钩、商品挂钩、信用挂钩、保险挂钩、混合挂钩八大类。

(5) 银行理财产品期限分类。银行理财产品按照期限类型可分为：6个月以内、1年以内、1年至2年期、2年期以上产品。其中，6个月以内的又可以分为1个月以内、1个月至3个月、3个月至6个月三类。根据市场一般性划分，1个月以内的产品称为超短期理财产品；1个月至1年期的理财产品称为短期理财产品；1年至2年期的理财产品称为中期理财产品；2年期以上的理财产品称为长期理财产品。

知识链接 5-1

到期日（赎回日）≠到账日

银行理财产品对于赎回期限有着相应的规定，即在到期日时赎回，方可获得合同约定的收益；而提前赎回，则有可能不被允许，或需要支付一定的提前赎回手续费，倘若此时市场情况并不好，提前赎回则有可能导致投资亏损。

当银行理财产品的投资期满，也不是当日就可以兑付现金，这是因为银行理财产品到期后，银行方面需要对产品进行清算，这会有一个结算的过程。一般来说，银行理财产品的到期日和到账日都有一定时间差，少则2日，多则7日，这些都将在购买时在合同中标明，投资者需密切留意这一点，切勿在急需用钱时，因这个时间差造成不便。

资料来源：作者根据相关资料整理。

(6) 银行理财产品风险等级。理财产品不同于普通存款，投资人需要承担一定风险来博取更高的收益。理财产品可能遇到包括认购、政策、市场、流动性、信息传递、募集失败、再投资/提前终止等在内的各种风险。最常见的银行理财产品风险有：政策风险、违约风险或信用风险、市场风险、利率风险、汇率风险、流动性风险、提前终止风险等。另外，还有操作风险、交易对手管理风险、延期风险、不可抗力及意外事件风险等其他风险。

任务2　银行理财产品的种类及特点

在银行理财产品的市场上，各类银行理财产品众多，各家银行都十分注重对自己产品品牌的宣传，如工商银行的“稳得利”、光大银行的“阳光理财”、民生银行的“非凡理财”等，在市场上都有一定的品牌知名度。我们重点从本金和收益的保证程度、资金投资方式和方向等方面介绍几类银行理财产品的基本情况和特点。

一、根据本金与收益是否保证

1. 保证收益类理财产品

保证收益类理财产品是指商业银行按照约定条件向客户承诺支付固定收益，银行承担由此产生的投资风险，或银行按照约定条件向客户承诺支付最低收益并承担相关风险，其他投资收益由银行和客户按照合同约定分配，并共同承担相关投资风险的理财产品。保证收益类理财产品包含两类：保本固定收益产品和保证最低收益产品。

保本固定收益产品是指银行按照合同约定的事项向投资者支付全额本金和固定收益的

产品。投资者购买这类产品，到期获得固定收益，投资风险全由银行承担。由于固定收益理财产品投资风险均由银行承担，投资者主要关注的是产品提前终止风险，而这类风险发生的概率较低，因此，投资者在选择固定收益产品时主要进行两个比较：第一，同类产品比较。同期限产品选年收益率高者，不同期限产品，在考虑流动性需要和利率政策的基础上进行选择。第二，与定期存款比较。投资者之所以选银行理财产品，特别是固定收益产品，重要因素是其收益水平高于存款利息。

保证最低收益产品是指银行按照合同约定事项支付投资者全额本金、最低固定收益以及其他或有投资收益的产品。这类产品的主要特点是银行承诺支付最低收益，这部分收益所产生的风险由银行承担，其他或有投资收益则按合同约定进行分配，投资者需承担这部分收益为零的风险。

教学互动 5-1

保证收益类理财产品是否跟存款一样？

保证收益类理财产品不同于存款，主要与其流动性有着一定的关系。对于存款，储户可随时支取，定期转活期，储户也只是损失部分利息收益，而银行理财产品并不是每日开放赎回业务。对于急需用钱的投资者来说，即使投资者本人愿意承受收益的损失，也不一定能提前终止合同，投资前一定要对此有所计划。

2.保本浮动收益类理财产品

保本浮动收益类理财产品是指商业银行按照约定条件向客户保证本金支付，本金以外的投资风险由客户承担，并依据实际投资收益情况确定客户实际收益的理财产品。具体的保本浮动收益又分很多种，比如保本信托产品、保本挂钩股票、商品指数等。保本浮动收益类理财产品又被称为“结构性存款”，它是由普通存款和衍生产品组合而成的，它的风险主要来自衍生产品，收益是与汇率、利率、债券、一篮子股票、基金、指数等金融市场参数挂钩的。投资该类理财产品需要投资者对衍生产品部分所挂钩的标的物有足够的了解，如果在不清楚的情况下就盲目买入，最后投资者的收益率很可能大打折扣或者颗粒无收。

3.非保本浮动收益类理财产品

随着理财市场的发展，非保本浮动产品渐渐引人注目。所谓非保本浮动产品，就是那些不保证本金收益率浮动（比保本产品收益率高）的产品，目前市场上主要有QDII、打新股和基金宝。其中，QDII是一项投资制度，表现为让国内投资者直接参与国外的市场，并获取全球市场收益。大部分银行QDII产品认购门槛为几万元甚至几十万元人民币。打新股与基金宝则投资于国内证券市场。

不管是保本固定收益产品、保本浮动收益产品还是非保本浮动收益产品，在期限上也是从7天到3个月、6个月、1年期、2年期不等，能够从各个方面满足个人投资者的投资需求。

二、按照投资方式与方向不同

1.货币型理财产品

货币型理财产品是投资于货币市场的银行理财产品。它主要投资于信用级别较高、流动性较好的金融工具，包括国债、金融债、中央银行票据、债券回购以及高信用级别的企业债、公司债、短期融资券，以及法律法规允许投资的其他金融工具。其特点是投资期短，资金赎回灵活，本金、收益安全性高等。该类产品通常被作为活期存款的替代品。由于货币型理财产品的投资方向是具有高信用级别的中短期金融工具，所以其信用风险低、流动性风险小。

2.债券型理财产品

债券型理财产品是以国债、金融债和中央银行票据为主要投资对象的银行理财产品。其特点是产品结构简单、投资风险小、客户预期收益稳定，适合风险承受能力较低的投资者。债券型理财产品资金主要投向银行间债券市场、国债市场和企业债市场，投资对象主要是国债、金融债和中央银行票据等信用等级高、流动性强、风险小的产品，因此，其投资风险较低，收益也不高。对于投资者而言，购买债券型理财产品面临的最大风险来自利率风险、汇率风险和流动性风险。

3.贷款类银行信托理财产品

信托公司通过与银行合作，由银行发行人民币理财产品，募集资金后由信托公司负责投资，主要是投资于商业银行或其他信用等级较高的金融机构担保或回购的信托产品，也有投资于商业银行优良信贷资产受益权信托的产品。如新股申购，甚至房地产投资都可以纳入理财产品的投资标的，这意味着普通投资者投资信托的机会很多。

4.新股申购类理财产品

为了给普通投资者提供投资新股的平台和分享低风险收益的机会，各个银行普遍设计了通过信托计划将普通投资者资金集合起来集中申购新股的理财产品。随着资本市场的变化，新股的中签率及收益率一降再降，应运而生的是以新股和可转债、可分离债为主要申购对象的增强型新股申购理财产品。影响新股申购理财产品的因素有：

（1）新股中签率。新股中签率与股本大小成正比，与整个市场的申购资金规模成反比。

（2）上市首日平均涨幅。上市首日涨幅与发行市盈率高低、股本大小成反比，与大盘走势成正比。

（3）其他因素，主要包括闲置资金的使用等。

5.结构性理财产品

结构性理财产品是运用金融工程技术，将存款、零息债券等固定收益产品与金融衍生品（如远期、期权、掉期等）组合在一起而形成的一种新型金融产品。根据挂钩资产的属性，结构性理财产品大致可以细分为外汇挂钩类、利率／债券挂钩类、股票类挂钩和QDII基金挂钩类。

（1）外汇挂钩类理财产品。外汇挂钩类理财产品的回报率取决于一组或多组外汇的汇率走势，即挂钩标的是一组或多组外汇的汇率，如美元／日元、欧元／美元等。对于这样的产品我们称之为外汇挂钩类理财产品。

（2）利率／债券挂钩类理财产品。利率／债券挂钩类理财产品主要是指在货币市场和债券市场上进行交换和交易，并由银行发行的理财产品。其特点是收益不高，但非常稳定，一般投资期限固定，不得提前支取。利率／债券挂钩类理财产品包括与利率正向挂钩产品、与利率反向挂钩产品、区间累计产品和达标赎回型产品。

（3）股票挂钩类理财产品。股票挂钩类理财产品又称联动式投资产品，是指通过金融工程技术，针对投资者对资本市场的不同预期，以拆解或组合衍生性金融产品，如股票、一篮子股票、指数、一篮子指数等，并搭配零息债券的方式组合而成的各种不同报酬形态的金融产品。按结构来划分，股票挂钩类理财产品包括可自动赎回、价幅累积产品，以及其他在上述二者基础上改进结构的产品。这些理财产品可以被分解为一系列期权，比如认沽期权、认购期权。

（4）QDII基金挂钩类理财产品。QDII即合格境内机构投资者，它是在一国境内设立，经中国有关部门批准从事境外证券市场的股票、债券等有价证券业务的证券投资基金。QDII意味着将允许内地居民使用外汇投资境外资本市场，QDII将通过中国政府认可的机构来实施。

目前，结构性产品已经成为当今国际金融市场上发展最迅速、最具潜力的业务之一，各家银行推出的结构性理财产品实际上都是一种结构性存款。这类产品将固定收益产品与金融衍生工具相结合，赋予交易双方一定的选择权，将产品本金及报酬与利率、汇率、股票、基金、指数、商品和信用等标的价格波动相联动，以达到保值和获得高收益的目的。

模块二　银行理财产品分析与选择

任务1　银行理财产品投资分析

一、银行理财产品的收益分析

从财务会计核算的角度看，有不同的衡量收益的指标，一般可以用收益率指标来测算个人银行理财产品的收益状况。

1.预期收益率

预期收益率也称为期望收益率，是指如果事件不发生的话可以预计到的收益率。预期收益率可以是指数收益率也可以是对数收益率，即以市场指数的变化率或指数变化率的对数来表示预期收益率。预期收益率是在理想情况下理财产品的收益情况，因此，存在一定预期收益率最终不能实现的市场风险。

2.年化收益率

年化收益率是把当前收益率（日收益率、周收益率、月收益率）换算成年收益率来计算的，是一种理论收益率，并不是真正的已取得的收益率。比如某银行卖的一款理财产品，号称91天的年化收益率为3.1%，那么你购买了10万元，实际上你能收到的利息是772.88元（100 000×3.1%×91÷365），绝对不是3 100元。

另外还要注意，一般银行的理财产品不像银行定期那样当天存款就当天计息，到期就返还本金及利息。理财产品都有认购期、清算期等。这期间的本金是不计算利息或只计算活期利息的，比如上例中理财产品的认购期有5天，到期日与还本清算期之间又是5天，那么你实际的资金占用就是101天。实际的资金年化收益率只有2.79%（772.88×365÷101÷100 000×100%），绝对收益率是0.7729%（772.88÷100 000×100%）。

对于较长期限的理财产品来说，认购期、清算期这样的时间也许可以忽略不计，而对于7天或1个月以内的短期理财产品来说，这个时间就有非常大的影响了。比如银行的7天理财产品，号称年化收益率是1.7%，但至少要占用8天资金，所以实际年化收益率为

1.49%（1.7%×7÷8），已经跟银行的7天通知存款差不多了，而银行通知存款，无论是方便程度还是稳定可靠程度，都要远高于一般有风险的理财产品。所以看年化收益率绝对不是看银行声称的数字，而要看实际的收入数字。

教学互动 5-2

预期年化收益是否就是实际收益？

“收益性”是很多投资者在选择理财产品时最为关注的指标之一，但预期年化收益率并不等同于实际的投资收益率，这还要根据该款产品的投资类型来决定，除了固定收益类理财产品，部分保本型产品也存在浮动收益，预期的年化收益仅仅依据一定的市场状况计算出来，并不可能完全跟预期收益一模一样。

另外，对于1年期或1年期以上的银行理财产品来说，预期年化收益率的概念比较好理解，即1年到期后的收益率；而对于少于1年期的理财产品来说，例如1个月、3个月或6个月的理财产品，其合约中标明的预期年化收益率仍是以1年的期限来标明，实际收益率则需要平均到相应期限来计算。例如，3个月期理财产品的收益率大致是合同中预期年化收益率的1/4，而半年期理财产品的收益率大致是合同中预期年化收益率的1/2，以此类推。

随着银行业竞争加剧，即使是同一种银行理财产品，可能也会给投资者带来不同的收益效应，所以，在选择银行理财产品时，除了要对理财产品进行比较外，还应慎重选择提供产品的银行。

二、银行理财产品的主要风险

银行理财产品面临以下一些风险：

1.信用风险

信用风险也称违约风险，是指债务人不能按期偿还本息的可能性。对个人投资者来说，购买银行理财产品的一个重要原因，就是出于对商业银行的信任。如果银行理财产品仅涉及个人和商业银行之间的债权债务关系，一般来说，商业银行从维护自身形象及监管部门的要求出发，违约风险极低。然而，个人银行理财产品常常是商业银行提供给个人的一项综合性的金融服务，在组合性理财产品中，往往体现为个人和几个经济主体的债权债务关系，如个人购买银行代销的债券、信托产品等。在这种情况下，个人银行理财产品面临较大的信用风险。此外，在银行面临破产等突发事件时，也不排除产生个人投资者收益受损的可能性。

2.汇率风险

汇率风险是指由于汇率变动而给个人投资者带来损失的可能性。对于购买银行外汇理财产品的投资者来说，汇率风险需特别关注。

3.通货膨胀风险

通货膨胀风险是指由于物价上涨使个人投资者实际投资收益下降的可能性。个人银行理财产品多数执行的是固定利率，当物价上涨率超过银行理财产品的税后收益率时，个人投资者产生实际损失。需要强调的是，由于我国目前的银行理财产品基本是以储蓄为基础的理财产品，不可预测的物价上涨对投资者的投资收益影响很大。

4.政策风险

政策风险是指由于国家货币政策、外汇管理政策、银行监管政策等一系列政策发生变化，影响到相关个人银行理财产品的价格和收益而产生的风险。例如，自2005年7月21日起，我国开始实行以市场供求为基础、参考一篮子货币进行调节、有管理的浮动汇率制度。受此汇率政策变化影响，持有美元理财产品的个人投资者面临人民币兑美元汇率升值的汇率风险，进而影响其投资收益。

5.道德风险

道德风险是指在委托-代理关系中，掌握信息多的代理人与掌握信息少的委托人之间存在着信息不对称，代理人有可能利用自身所拥有的信息优势，采取隐蔽行为，改变签订合同时约定的行为模式（如不努力工作、挪用委托人资金、误导委托人等），从中获取更大的利益，从而损害委托人或其他人的利益。

任务2　银行理财产品收益和风险具体评价

我们以近期各大银行发行的典型理财产品为例，具体分析它们的投资收益和风险。

一、保证收益类理财产品具体分析

中国农业银行的一款理财产品“金钥匙本利丰人民币理财产品”，如图5-1所示，产品基本信息为：

基本信息

发行银行	农业银行	币种	人民币
产品类型	人民币理财	委托管理期	92日
预期最高年化收益	4.45%	是否保本	保本
收益类型	收益固定	投资金额	50000
销售起始日期	2013-09-19	销售结束日期	2013-09-22
收益起始日期	2013-09-23	收益结束日期	2013-12-24
销售地区	全国		

购买信息

委托起始金额	50000
委托金额递增单位	1000
提前终止条件	本理财产品不对投资者提供提前终止权，农业银行有权在提前终止日行使提前终止权，终止此产品。(提前终止日为产品到期前每个自然月最后一个工作
银行是否有权提前终止	是
客户是否有权赎回	否

图5-1　金钥匙本利丰人民币理财产品基本信息

产品投向：本理财产品投资于票据、信托、货币市场、基金、固定收益类其他债券等。

产品收益：预期最高年化收益率4.45%。

收益计算方法：

理财收益=理财资金×到期年化收益率×实际理财天数÷365

1.产品的特点

本金保障：保证收益类理财产品具有稳健、安全的特点，致力于在保障投资者本金100%安全的基础上获得较高的收益。

安全性高：保证收益类理财产品主要投资于低风险、高信用等级的央票、债券、票据、优质企业信托融资项目等金融资产，安全性高，投资稳健。

适合广泛：保证收益类理财产品适合包括保守型、谨慎型、稳健型、进取型和激进型在内的5种类型的个人投资者和企业投资者。

2.产品的风险

资产的流动性会受到限制是保证收益类理财产品的一个弱点，这种类型的理财产品在固定期限到期内一般都不能提前赎回，万一出现需要现金的状况，也不能及时回流周转。

3. 产品的收益

投资者买这类产品到期获得固定收益，投资风险全由银行承担。因此，投资者在选择固定收益产品主要把握两个比较：第一，同类产品比较，同期限产品选年收益率高者，不同期限产品，在考虑流动性需要和利率政策的基础上进行选择；第二，与定期存款比较，投资者之所以选银行理财产品，特别是固定收益产品，重要因素是其收益水平高于存款利息。

二、保本浮动收益类理财产品

中国工商银行的一款理财产品“保本型个人人民币理财产品”，如图5-2所示，产品基本信息为：

基本信息

发行银行	工商银行	币种	人民币
产品类型	人民币理财	委托管理期	58日
预期最高年化收益	4.70%	是否保本	保本
收益类型	收益浮动	投资金额	200000
销售起始日期	2013-09-17	销售结束日期	2013-09-21
收益起始日期	2013-09-22	收益结束日期	2013-11-18
销售地区	江苏、浙江等		

购买信息

委托起始金额	200000
委托金额递增单位	1000
提前终止条件	为保护客户利益，工商银行可根据市场变化情况提前终止本产品。除本说明书第七条约定的可提前赎回的情形外，客户不得提前终止本产品。
银行是否有权提前终止	是
客户是否有权赎回	否

图5-2 保本型人民币理财产品基本信息

产品投向：本理财产品主要投资于票据、受益权、货币市场、债券。

产品收益：预期最高年化收益率为4.7%。

收益计算方法：

预期收益=投资本金×预期最高年化收益率÷365×实际存续天数

1. 产品的特点

该理财产品具有稳健、安全的特点，致力于在保障投资者本金100%安全的基础上获得较高的收益，适合包括谨慎型、稳健型、进取型和激进型在内的4种类型的个人投资者。

2. 产品的风险

该理财产品属于保本浮动收益类理财产品，投资者可能主要面临以下风险：

（1）政策风险：该产品在实际运作过程中，如遇到国家宏观政策和相关法律法规发生变化，影响本产品的发行、投资和兑付等，可能影响本产品的投资运作和到期收益，甚至造成本金损失。

（2）信用风险：客户会面临所投资的资产或资产组合涉及的融资人和债券发行人的信用违约风险。若出现上述情况，客户将面临本金和收益遭受损失的风险。

（3）市场风险：该产品在实际运作过程中，由于市场的变化会造成本产品投资的资产价格发生波动，从而影响本产品的收益，客户面临本金和收益遭受损失的风险。

（4）流动性风险：除约定的客户可提前赎回的情形外，客户不得在产品存续期内提前终止本产品，面临需要资金而不能变现的风险或丧失其他投资机会的风险。

（5）提前终止风险：为保护客户利益，在存续期间工商银行可根据市场变化情况提前终止本产品。客户可能面临不能按预期期限取得预期收益的风险以及再投资风险。

（6）交易对手管理风险：由于交易对手受经验、技能、执行力等综合因素的限制，可能会影响该产品的投资管理，从而影响产品的到期收益，甚至本金损失。

（7）兑付延期风险：如因产品投资的资产无法及时变现等原因造成不能按时支付本金和收益，则客户面临产品期限延期、调整等风险。

对于投资者而言，购买保本浮动收益类理财产品面临的最大风险来自利率风险、汇率风险和流动性风险。利率风险主要来自人民币存款利率的变化；汇率风险在外币债券型理财产品中较为普遍，表现为本币和外币汇率的不可预测性；而流动性风险主要是由于保本浮动收益型理财产品通常不能提前赎回，因此，投资者的本金在一定时间内会固化在银行里。

3.产品的收益

在规定的投资期间内，最差表现是没有任何收益，但可以保住本金，而获得的潜在收益是不确定的。具体来说，就是银行按照约定条件向客户保证本金支付，本金以外的投资风险由客户承担，并依据实际投资收益情况确定客户实际收益的理财产品。保本浮动收益类产品一般属于中低风险类理财产品。

三、非保本浮动收益类理财产品

华夏银行的一款理财产品“华夏理财增盈增强型1368号理财产品（37天）”如图5-3所示，其产品基本信息为：

基本信息

发行银行	华夏银行	币种	人民币
产品类型	人民币理财	委托管理期	37日
预期最高年化收益	5.30%	是否保本	非保本
收益类型	收益浮动	投资金额	50000
销售起始日期	2013-09-18	销售结束日期	2013-09-23
收益起始日期	2013-09-24	收益结束日期	2013-10-31
销售地区	北京，南京，杭州，上海，济南，昆明，深圳，沈阳，广州，武汉，重庆，成都，西安，乌鲁木齐，大连，青岛，太原，温州，福州，呼和浩特，天津，石家庄，宁波，绍兴，南宁，常州，苏州，无锡，长沙，合肥，厦门，长春，郑州，玉溪支行聊城支		

购买信息

委托起始金额	50000
委托金额递增单位	1000
提前终止条件	1.除非出现如下任一情形，否则客户无权提前终止（赎回）该产品：①华夏银行根据市场重大变动调整投资范围、投资品种或投资比例，客户不接受上述
银行是否有权提前终止	是
客户是否有权赎回	否

图5-3　华夏理财增盈增强型理财产品基本信息

产品投向：本理财产品投资于票据、信托、债券。

产品收益：预期最高年化收益率5.3%。

收益计算方法：

预期收益=投资本金×预期最高年化收益率÷365×实际存续天数

1.产品的特点

这类产品往往在配置债券和货币市场工具的基础上增加信托贷款、票据资产等融资类投资工具，以及股票、股权和基金等权益类投资工具，为了达到监管的要求，需要将组合投资类产品设计为非保本浮动收益型。

2.产品的风险

该理财产品为非保本浮动收益类产品，投资者可能主要面临以下风险：

（1）本金及理财收益风险：该理财产品不保证本金及理财收益，在最不利的情况下，本理财产品理财收益率可能为零，并有可能损失本金，由此产生的理财收益波动风险由投资者自行承担。

（2）信用风险：如信托受托人、债务人、担保人（如有）等相关主体发生违约，可能导致无法按时支付本金及理财收益，进而导致本理财产品收益为零以致本金遭受损失。

（3）利率风险：如果在理财期内，市场利率上升，理财产品的收益率不随市场利率上升而提高。

（4）流动性风险：除非出现规定的情况，投资者没有提前终止权或赎回权，可能导致投资者需要资金时不能随时变现，并可能丧失其他投资机会。

（5）其他风险：是指由于自然灾害、战争等不可抗力因素的出现，将严重影响金融市场的正常运行，从而导致理财资产收益降低或损失，甚至影响理财产品的受理、投资、偿还等的正常进行，进而影响理财产品的资金收益和本金安全。

该理财产品面临更多方面的风险，主要有信用风险、收益风险和流动性风险。信托贷款对银行和信托公司而言，都属于表外业务，贷款的信用风险完全由购买理财产品的投资者承担；产品收益来源于贷款利息，委托人的收益上限是贷款利率，而且面临着信托公司可能对该收益以管理费用为名进行抵扣。

3.产品的收益

本理财产品的预期最高年化收益率为5.3%，但这并不意味着投资者到期一定能获得这一收益。非保本浮动收益就是不保证收益也不保证本金，根据市场行情，行情好，你就赚；行情不好，不但拿不到收益，本金也不一定能还给你。

任务3　购买银行理财产品策略

一、制定理财规划

面对银行提供的五花八门的理财产品和服务，人们总觉得千头万绪，不知从何处下手。而且一些银行理财产品专业性很强，个人投资者很难在短期内全面了解和熟悉其特性。事实上，个人银行理财是一个理财规划实现的过程。个人投资者需针对自身的短期、中期和长期投资需求及收益目标，梳理出一个清晰的理财框架和思路。在缺少专业知识的情况下，通常可借助银行提供的专业理财顾问服务的帮助，使自己和家人的财富效能增加，最终实现人生各阶段的目标和理想。

二、选择适合的银行理财产品

了解了上面的银行理财产品知识后，如何购买到自己所需要的那一款产品就成为投资者必须知道的下一个环节。现在我们购买理财产品的途径非常广泛，包括银行网点、网上银行、电话银行等。通过网点柜面购买时，需要在产品发行期持本人有效身份证件到相关银行营业网点签署产品协议书（或开通理财交易账户）、填写理财产品认购凭证、接受银行进行的风险评估，同时在指定的该银行账户中存入足额资金后即可购买。此外，目前很多理财产品也能够通过发行银行的网上银行进行购买，投资者在开立该行的网上银行、履行完相应流程（如风险承受能力测评等）后即可登录网上银行进行购买。在购买理财产品前，个人投资者要先了解自己、银行和产品以选择适合的产品。

1.评估自己

个人投资者在购买理财产品前要首先了解自己的财务状况、风险偏好、风险承受能力和收益、流动性的需求等，对自身所能承受的风险和期望的收益率做一个评估，在风险承受范围之内选择银行理财产品；同时，要结合自身的流动性需求，平衡好投资期限结构和流动性，合理规划产品投资期限。一般来讲，财务实力雄厚、有较高的风险偏好并且风险承受能力较强的个人投资者可以购买较高收益的理财产品，同时承受较高的风险；而财务实力较弱、风险偏好弱（甚至厌恶风险）并且风险承受能力较差的投资者比较适合于购买低风险产品，对产品的收益预期也要适当降低。同时，对流动性要求较高的投资者可购买期限短、变现能力强的理财产品，在急需资金的时候可以快速将产品赎回；对流动性要求中等的投资者可购买中短期产品；对流动性要求较低的投资者可以考虑购买较长期限产品。

2.选择合适的银行

选择银行非常重要，看发行银行在市场上的信誉，历史业绩是关键。比如看发行银行是否以理财产品为主要经营重点，创新理财产品的推出和升级是否每次都在第一时间，是否被市场一致好评，推出的每期理财产品是否按照其预期的收益率实现回报。有些银行在竞争中产品推出较迟，升级产品也只是跟风，运作经验较少，往往达不到当初广告宣传的预期收益的底线，更不要说宣传的最高线，但它们会利用投资者“好了伤疤忘了疼”的习惯，以及一些还没有涉足理财产品又想追求高收益的投资者的心理，推出比市场同业更高预期收益的产品。而有的银行每次推出的理财产品领先同业3～5个月，运作经验和资源也很好（当然管理费可能也最高），连续几年被市场评为“最佳理财银行”，发售理财产品量市场排名第一，广告宣传的预期收益往往不是市场最高的，但到期兑付时却是市场同期收益最高的，甚至多次超出其当初预期收益的上限。因此，选择银行时应该多关注发行银行理财产品历史业绩，而不是当前广告的年预期收益是15%还是20%。

3.评估产品

实际上，就理财产品而言，没有最好的，只有最合适的。市场规律表明，投资品的预期收益一般与风险成正比，也与期限成正比，即在其他条件相同的情况下，高风险的产品一般会提供较高预期收益，低风险产品提供的预期收益往往较低；同时，在其他条件相同的情况下，期限长的产品提供的预期收益要高于期限短的产品，以弥补投资者的流动性损失。

为了选择适合自己的产品，投资者需仔细阅读相关的产品说明书：

（1）关注产品是否具有保本条款，口头承诺“保本”不可信。

（2）关注产品的投资品类型。投资品类型是购买一款理财产品最应该关注的问题，因为投资品类型就决定了一款产品风险的大小和预期收益率实现概率的大小。

（3）关注产品的流动性安排。

（4）关注产品的预期收益率。

（5）关注产品面临的各种风险。大多数产品的说明书都会列出产品所面临的各种投资风险，如信用风险、流动性风险、不可抗力风险等，投资者应仔细阅读并运用自身的判断力评估产品面临的各项风险，并基于自身的评估做出独立、理性的判断。

（6）关注产品的投资起点金额。国内理财产品购买起点金额一般为5万元人民币（或等值外币），仅适合有投资经验客户的理财产品的起点金额不低于10万元人民币（或等值外币），有些专门针对高端客户发行的理财产品购买起点还会更高。

4.精准匹配自身的理财需求和合适的理财产品

在做好“评估自己”和“评估产品”后，投资者最后需要做的就是精确匹配自身的理财需求和合适的理财产品。

理财案例分析5-1

案例介绍：李先生有一位亲戚在国内某银行工作，动员他买100万元开放式基金。据该亲戚介绍说，这只基金目前运作得非常好，有望获得较高的投资回报，另外也算帮助他完成行内分配的销售任务。李先生当时的100万元是以存款形式存放在该行，考虑到存款利率低、通货膨胀因素，也想找一条更好的投资渠道。该亲戚拍胸脯保证：这个产品绝对没风险，因为你可以到银行随时申购和赎回，肯定比存款划算。李先生将信将疑，他想：“如果真如亲戚所言能获得高收益，又没风险，也帮了亲戚忙，何乐而不为呢?”事后李先生出于谨慎，打电话咨询另外一位商业银行的朋友。这位朋友笑着回答他：“你问你的亲戚，如果我今天买了，明天不想要了，银行能保证我得到等于或大于相当于100万元储蓄存款的本利和吗?”结果此事不了了之。

案例分析：李先生的亲戚基于个人利益考虑，未将开放式基金产品性能本身隐含的风险点给予李先生应有的明示。

理财建议：购买理财产品前，一定要认真阅读理财产品说明书。针对目前国内银行理财产品的宣传材料中多数没有风险提示的做法，银保监会要求商业银行对代销理财产品，应根据产品提供者提供的有关材料和对产品的分析情况，按照审慎原则重新编写有关产品介绍材料和宣传材料。在编写有关产品介绍材料和宣传材料时，应提供必要的举例说明。

【检验】推荐几款您认可的银行理财产品

请多走访几家商业银行，综合运用查询银行产品宣传手册、访谈客户经理、检索宣传资料等手段，尽量多地了解银行理财裁判。根据银行走访和资料检索，结合所学知识，推荐几款你认为比较好的银行理财产品，说出推荐理由，并请注明“不构成投资建议”。

银行及产品名称	推荐理由	推荐说明

续表

银行及产品名称	推荐理由	推荐说明

项目小结

1.银行理财产品是指商业银行在对金融消费者分析研究的基础上，针对特定目标客户群开发设计并销售的资金投资和管理计划。与储蓄存款相比，银行理财产品在流动性、收益、交易方式、产品类型等方面都有很大区别，更加侧重于“投资”的功能。

2.个人在选择银行理财产品时需要认真阅读产品说明书，重点抓住产品关键要素，主要有产品开发主体信息、产品目标客户信息、产品特征信息。

3.银行理财产品按照本金和收益的保证程度，可以分为保证收益类理财产品、保本浮动收益类理财产品、非保本浮动收益类理财产品。按照投资方式与方向不同，可以分为货币型理财产品、债券型理财产品、贷款类银行信托理财产品、新股申购类理财产品和结构性理财产品。

4.银行理财产品一般可以用预期收益率和年化收益率指标来测算其产品的收益状况。

5.银行理财产品主要面临的风险有：信用风险、通货膨胀风险、政策风险、道德风险。

6.投资者个人应该对各类个人银行理财产品的特征、种类、风险与收益进行分析，根据财务状况和财务环境进行个人银行理财产品规划，选择适合自己的银行理财产品。

【学习分享】请将学习的过程和成果做成文字、图片或视频内容，分享在相应的自媒体或社群中。请将线上分享的文件转成二维码后张贴在空白处，文字分享可以打印后张贴在空白处。

粘贴二维码	粘贴二维码	粘贴二维码	粘贴二维码
粘贴文字	粘贴文字	粘贴文字	粘贴文字

思考与练习

一、单选题

1.下列四种理财产品中，对投资者而言投资风险最低的是（　　）。

A.保本浮动收益产品　　B.保证最低收益产品

C.非保本浮动收益产品　　D.保证固定收益产品

2.以下不属于银行理财产品的是（　　）。

A.定期存款　　B.货币型理财产品

C.债券型理财产品　　D.贷款类银行信托理财产品

3.某投资者购买10万元甲银行期限为3个月（90天）的人民币债券理财计划，到期一次还本付息，预期本产品年化收益率为2.75%，则投资者到期可获得的理财收益为（　　）。（1年按360天计算）

A.687.5元　　B.275元　　C.2 750元　　D.68.75元

4.某利率区间挂钩型外汇理财产品的名义收益率为3%，协议规定的利率区间为0～3%；1年中有300天挂钩利率在0～3%，其他时间则高于3%，则该外汇理财产品的实际收益率为（　　）。

A.3%　　B.2.45%　　C.3.2%　　D.2.5%

5.（　　）是目前国际上最重要和最常用的市场基准利率。

A.纽约银行同业拆放利率　　B.伦敦银行同业拆放利率

C.东京银行同业拆放利率　　D.香港银行同业拆放利率

二、多选题

1.银行理财产品可能面临的风险类型有（　　）。

A.政策风险　　B.信用风险　　C.汇率风险
D.提前终止风险　　E.通货膨胀风险

2.保本浮动收益产品有（　　）。
A.保本信托产品　　B.保本挂钩股票
C.结构性存款　　D.商品指数

3.银行理财产品说明书中产品目标客户信息项目应该包括的基本信息有（　　）。
A.客户风险承受能力　　B.客户资产规模和客户等级
C.产品发行地区　　D.资金门槛和最小递增金额

4.银行理财产品的主要特点有（　　）。
A.流动性较低　　B.收益具有不确定性
C.收益有保障　　D.投资风险与该产品的投资方式直接相关

5.理财客户购买信托产品时需要考虑的风险因素包括（　　）。
A.通货膨胀风险　　B.投资项目风险　　C.项目主体风险
D.信托公司风险　　E.流动性风险

三、判断题

1.保证收益类理财产品就是存款。（　　）

2.国内理财产品一般没有购买起点金额的限制，大多数投资者可以放心购买。（　　）

3.银行理财产品都是由银行自己开发的。（　　）

4.在通货膨胀期间，储蓄类理财产品的实际收益率可能是负的。（　　）

5.保本浮动收益理财产品是指商业银行按照约定条件向客户保证本金支付，本金以外的投资风险由客户与银行共同承担，并依据实际投资收益情况确定客户实际收益水平的理财计划。（　　）

四、简答题

1.银行理财产品与储蓄存款的区别在哪里？

2.如何正确评价银行理财产品的潜在风险？

3.如何有效地选择适合自己的银行理财产品？

项目实训

训练目的：熟悉银行理财产品的投资特点，能够为理财对象选择合适的投资品种。

训练内容：调查各家银行提供的各类银行产品，并对各家银行的理财产品进行比较，选择适合个人的特色产品。

训练场所：商业银行、理财实训室。

训练步骤：

1.明确进行银行理财产品的分析任务；

2.收集各家典型银行一种银行理财产品；

3.分析每种理财产品的收益率和潜在风险点；

4.在个人有1万元备用金、10万元存款的情况下，选择一种适合自己的理财产品。

项目六　证券投资理财

不进行研究的投资，就像打扑克从不看牌一样，必然失败！

——彼得·林奇

学习目标	
重点及难点	
模块一 模块二 模块三 模块四	股票投资理财 债券投资理财 基金投资理财 证券投资资产配置
项目小结 思考与练习 项目实训	

学习目标

【知识目标】

1.掌握各种证券理财产品的种类和特点；

2.掌握影响不同证券理财产品价格变动的主要因素；

3.掌握证券理财产品的分析方法；

4.掌握规避不同证券理财产品风险的方法；

5.掌握证券理财产品的投资技巧。

【技能目标】

1.能结合自身的财务状况、预期收益、风险承担能力制订证券理财计划；

2.能利用证券公司网上交易系统进行投资分析；

3.能运用投资分析理论对证券理财产品进行投资分析。

【思政目标】

1.从证券理财的成功理解党的政策的重要性；

2.从证券市场的变化看党的执政能力的不断提升。

重点及难点

重点：各种证券理财产品的种类和特点、影响不同证券理财产品价格变动的主要因素、证券理财产品的分析方法。

难点：规避不同证券理财产品风险的方法、证券理财产品的投资技巧。

案例导入

微课3

善用证券理财，通向财务自由

每年公布的世界财富排行榜，大家都会看到一个熟悉的名字——沃伦·巴菲特。沃伦·巴菲特是全球著名的证券投资商，是目前世界上公认的最成功的股票投资人，在世界各地，他更多被喻为“股神”：自11岁第一次购买股票以来，白手起家缔造了一个千亿美元规模的投资帝国。他运作的伯克希尔·哈撒韦公司，自1965年至2007年，保持平均24%的年收益增长率。2007年，巴菲特获选为《时代》杂志世界百位最具影响力的人士之一。大家一定想知道证券投资为什么能够带来那么多的财富？如何投资股票？如何规避股票的投资风险？

【我的认知】我对证券投资理财的认知是这样的

证券投资是最具热度的理财工具之一，也是投资人最关注的话题之一。无论是从事金融理财工作，还是在未来的人生中打理自己的财产，证券投资都是我们难以回避的话题。在正式学习该部分内容之前，提前搜寻证券投资的相关知识对学习十分重要。下面，请就您的理解罗列几类证券投资产品，并用关键词或短语表达出该类证券投资产品的核心要点(特点)，并提示您认识到的、投资该证券投资产品的注意事项。

证券类型	关键要点	注意事项

模块一　股票投资理财

证券是各种经济权益凭证的统称，主要包括资本证券、货币证券和商品证券等。其中资本证券是一种具有一定票面金额、证明持券人或证券指定的特定主体拥有所有权或债权的凭证，持券人对发行人有一定收入的请求权，是一种重要的金融投资工具。证券投资理财就是指投资者通过买卖股票、债券、基金等证券类理财产品，以实现资产保值、增值的行为。

任务1　认识股票

股票就是股份公司发给股东作为已投资入股的证书与索取股息的凭证，其实质是公司的产权证明书。股票像一般的商品一样，有价格、能买卖、可以作为抵押品。股份公司借助发行股票来筹集资金，也能给股票持有者带来收益。股票是股份公司资本的构成部分，是资金市场的主要长期信用工具。

投资者通过投资股票能够获得的好处有：能够获得上市公司的回报，如分红利、送红股；能够在股票市场上交易，获取买卖价差收益；能够在股票市场上随时出售，取得现金，以备一时之急需；特别是在通货膨胀时期，投资好的股票还能避免货币的贬值，有保值的作用。

一、股票的特点

（1）不可偿还性。股票是一种无偿还期限的有价证券，投资者认购了股票后，就不能要求退股，只能到二级市场卖给第三者。

（2）参与性。股东有权出席股东大会、选举公司董事会、参与公司重大决策。股东参与公司决策的权力大小，取决于其所持有的股份的多少。

（3）收益性。股东凭其持有的股票，有权从公司领取股息和红利，获取投资的收益。股息和红利的大小，主要取决于公司的盈利水平和公司的盈利分配政策。股票的收益性，还表现在股票投资者可以通过低价买入和高价卖出股票，赚取价差收入。在通货膨胀时，股票价格会随着公司原有资产重置价格的上涨而上涨，从而避免了资产贬值。股票通常被视为在高通货膨胀期间可优先选择的投资对象。

（4）流通性。股票的流通性是指股票在不同投资者之间的可交易性。流通性通常以可流通的股票数量、股票成交量以及股价对交易量的敏感程度来衡量。

（5）风险性。由于股票价格要受到诸如公司经营状况、供求关系、银行利率、大众心理等多种因素的影响，其价格波动有很大的不确定性，可能使股票投资者遭受损失，或者预期的收益无法实现，因此股票是一种较高风险的金融产品。

知识链接 6-1

股票的价格和价值

股票是虚拟资本的一种形式，本身没有价值，但从本质上讲，股票是一个拥有某一种所有权的凭证。股票之所以有价，是因为股票的持有人不但可以参加股东大会、对股份公司的经营决策施加影响，还享有参与分红和派息的权利，获得相应的经济利益。因此，股票持有人所能获得的经济利益越大，股票的价格相应也就越高。一句话，股票的价值主要体现在每股权益比率和对公司成长的预期上。

股票的价格可分为面值、净值、清算价格、发行价格及市场价格等五种。

二、我国股票的主要类型

（1）根据股东享有权利和承担风险大小不同，股票分为普通股股票和优先股股票。

普通股是指在公司的经营、管理和盈利及财产的分配上享有普通权利的股票，代表满足所有债权偿付要求及在优先股股东的收益权与求偿权要求满足后对企业盈利和剩余财产的索取权，它构成公司资本的基础，是股票的一种基本形式，是发行量最大、最为重要的股票，也是最基本、最常见的一种股票，目前在上海和深圳证券交易所上市交易的股票，都是普通股。

普通股的基本特点是投资利益（股息和分红）不是在购买时约定，而是事后根据股票发行公司的经营业绩来确定，公司的经营业绩好，普通股的收益就高；而经营业绩差，普通股的收益就低。

优先股是股份公司发行的在分配红利和剩余财产时比普通股具有优先权的股票。优先股也是一种没有期限的有权凭证，优先股股东一般不能在中途向公司要求退股（少数可赎回的优先股例外）。我国从2014年开始优先股试点发行。

优先股的主要特征有：一是优先股通常预先定明股息收益率。二是优先股的权利范围小。优先股股东一般没有选举权和被选举权，对股份公司的重大经营无投票权，但在某些情况下可以享有投票权。

（2）按风险程度的不同，股票分为蓝筹股、成长股、投机股、防守股、周期股。

蓝筹股是指具有稳定的盈利记录，能定期分派较优厚的股利，被公认为业绩优良的公司的股票，其最大特征是优良的业绩、收益稳定、股本规模大、股利优厚、股价走势稳健、市场形象良好。

成长股是指公司规模并不大，公司管理良好，产品在市场上有较强竞争力，销售额和利润额持续增长，其增长速度快于整个国家和本行业的上市公司的股票。这些公司通常有宏图伟略，注重科研，留有大量利润用来再投资以促进其扩张。

投机股是指那些价格很不稳定或公司前景很不确定的股票。这主要是指那些雄心很大、有开发性或冒险性强的公司的股票。

防守股是指不论在怎样的市场环境下，都能提供稳定回报的股票，是一种低风险，通常也低回报的股票。理论上的防守股是公用事业，如水、电、煤气供应，交通运输，食品，医药，零售等板块的股票。

周期股是指支付股息比较高，并随着经济周期的盛衰而涨跌的股票。当经济从衰退中开始复苏时，股份有限公司利润增加，周期股的价格涨得比一般成长股快；反之，当经济走向衰退时，公司利润减少，周期股的价格跌幅可能会较大。

（3）按股票上市地点的不同，我国上市公司的股票分为A股、B股、H股、N股、S股等。

A股的正式名称是人民币普通股票。它是由我国境内的公司发行，供境内机构、组织或个人以人民币认购和交易的普通股股票。

B股的正式名称是人民币特种股票。B股公司的注册地和上市地都在境内，以人民币标明面值，以外币认购和买卖，在境内（上海、深圳）证券交易所上市交易。

H股是注册地在内地、上市地在香港的股票。香港的英文是Hong Kong，取其字首，在香港上市的就叫作H股。以此类推，在纽约和新加坡上市的就分别叫作N股和S股。

教学互动6-1

2018年上半年股票涨票前3名和跌幅前3名见表6-1。

表6-1　2018年上半年股票涨幅前3名和跌幅前3名

2018年上半年股票涨幅前3名			2018年上半年股票跌幅前3名		
股票代码	股票名称	上半年涨幅	股票代码	股票名称	上半年跌幅
300746	汉嘉设计	477.5%	600634	*ST富控	-85.4%
601330	绿色动力	434.3%	000511	烯碳退	-83.1%
603045	福达合金	423.8%	002018	*ST华信	-79.9%

资料来源：作者根据沪深交易所数据统计。

任务2　股票行情分析软件的使用

一、股票行情分析软件的安装

打开证券公司官方网站，单击“软件下载”，下载“交易软件”并进行安装。安装好后双击“证券公司软件图标”进入，单击“行情登录”就可以免费看行情了。

如果要安装手机炒股软件，操作方式相同。

二、通过股票行情分析软件办理资金的转账

选择“行情登录”登录后，点击界面右上角的“交易”或者“委托”，输入“账号”“交易密码”“验证码”后按“登录”。登录后界面如图6-1所示。

图6-1　证券交易界面

点击图6-1“银证转账”，出现图6-2。

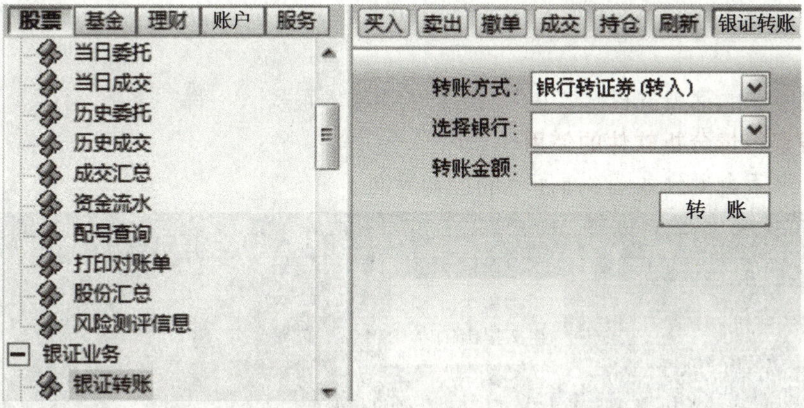

图6-2 资金转账界面

在图6-2“转账方式”里选“银行转证券（转入）”，“选择银行”那里会自动跳出你选择的银行，然后输入“转账金额”，之后按“转账”。要先把钱从银行卡转入到股票账户中才可以开始买股票。在“证券转银行（转出）”那里把钱从股票账户转出到银行卡，也要输入“资金密码”。转账是免费的。

三、股票的买卖

点击图6-1中的“买入”，会弹出如图6-3所示的界面。

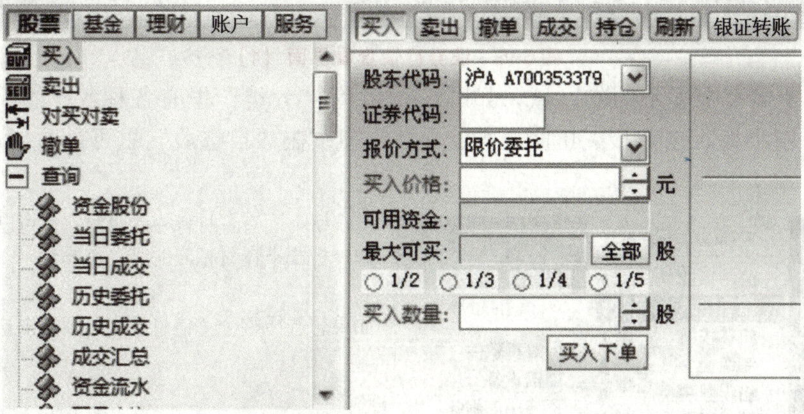

图6-3 证券买入界面（1）

在图6-3中输入“证券代码”（比如000001），会自动弹出这只股票当时的交易情况，如图6-4所示。

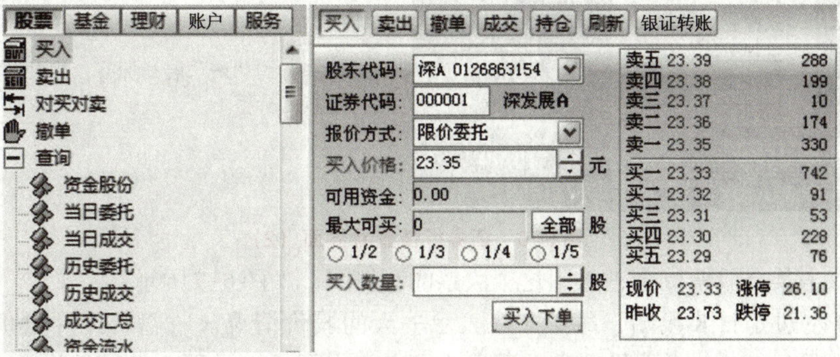

图6-4 证券买入界面（2）

输入“买入价格”和“买入数量”（100的倍数）就可以按“买入下单”来买入股票了。

要卖出股票的话就选择“卖出”，其他步骤基本跟买入一样。

四、股票行情分析软件的使用

（1）登录后会见到如图6-5所示的最初界面。

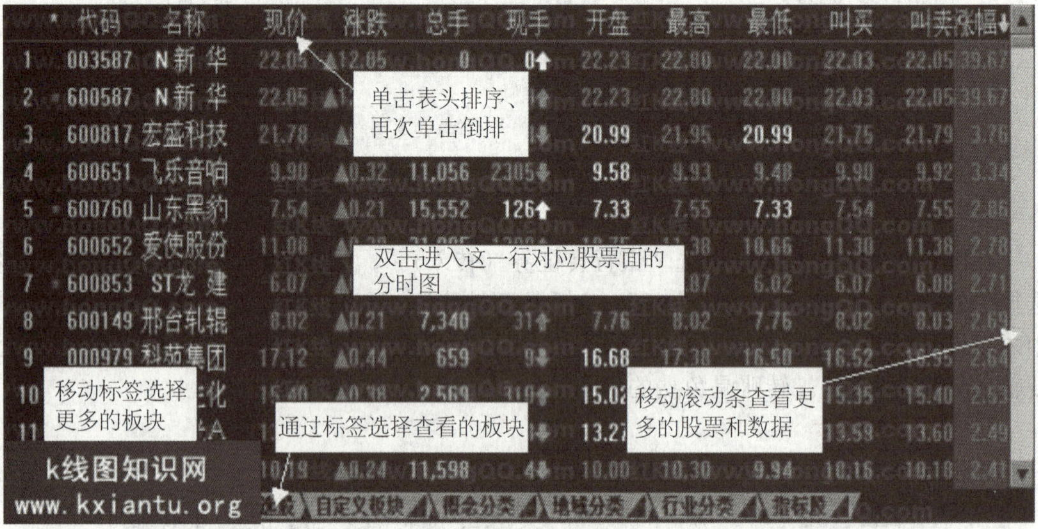

图6-5 证券行情查看界面（1）

图6-5下面有很多不同的区域，如图6-6所示。“分类”里有各种各样的板块和指数：深沪A股、中小板、创业板、B股、基金及指数等；在“自选股”里可以看到自己收藏的股票。

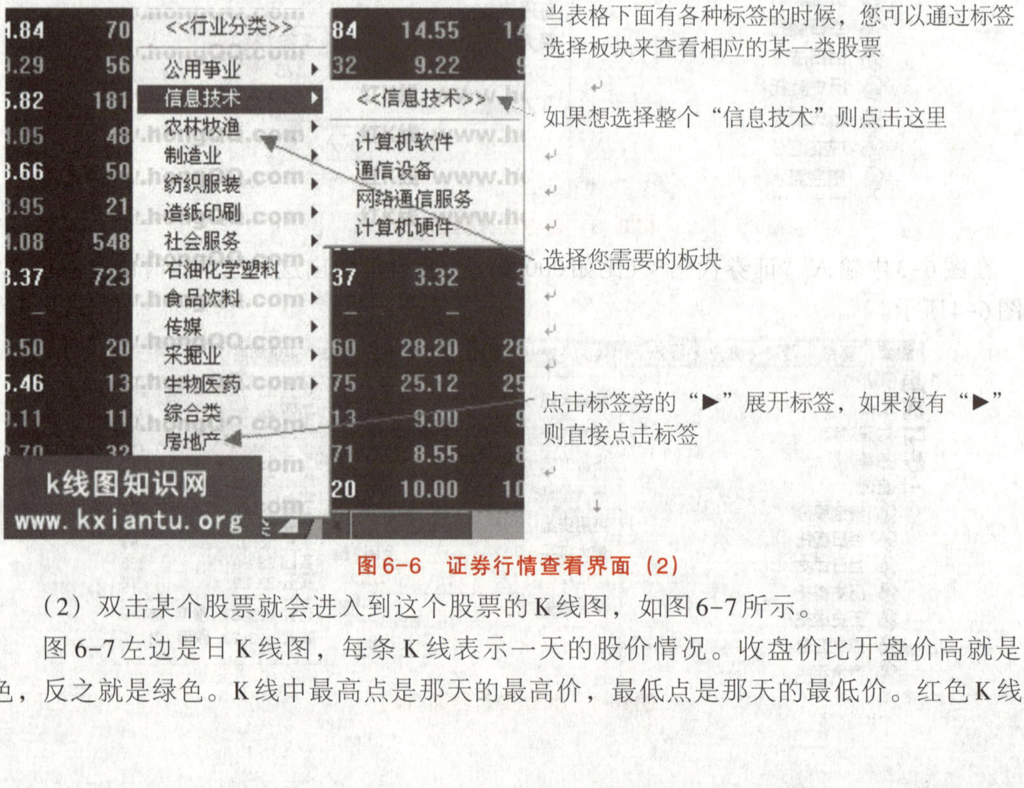

图6-6 证券行情查看界面（2）

（2）双击某个股票就会进入到这个股票的K线图，如图6-7所示。

图6-7左边是日K线图，每条K线表示一天的股价情况。收盘价比开盘价高就是红色，反之就是绿色。K线中最高点是那天的最高价，最低点是那天的最低价。红色K线上

面那一横的位置是收盘价，下面那一横的位置是开盘价；绿色K线刚好相反。

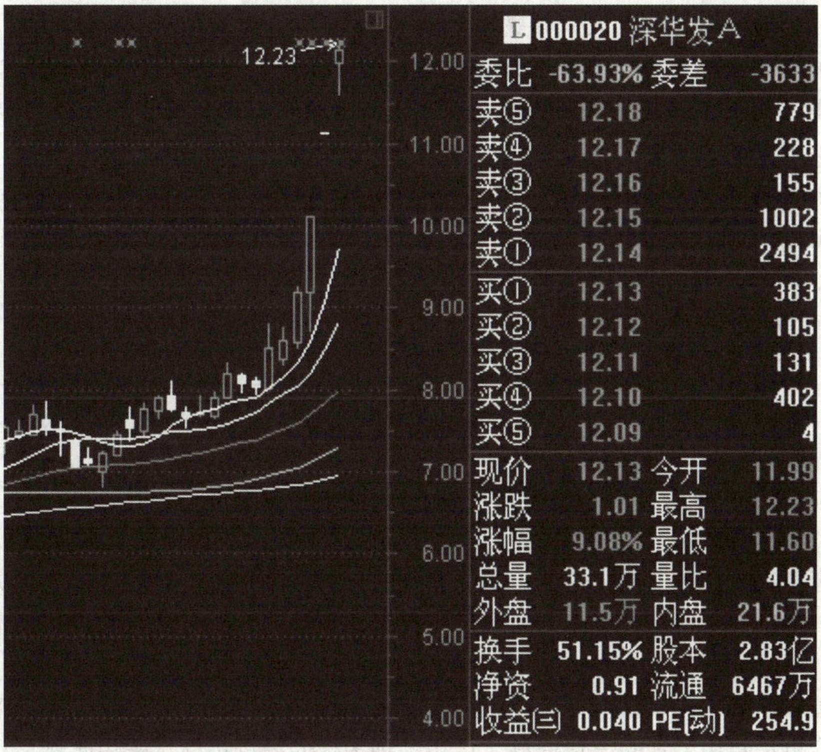

图6-7 个股的日K线图以及当时个股交易情况界面

五、个股行情查看

比如要查看“中国石油”。

在随便一个界面，按键盘“ZGSY”（中国石油的拼音的第一个字母）或者“601857”（中国石油的代码是601857），在右下角会弹出中国石油，选择后按Enter键就可以了。

六、键盘中重要快捷键的使用

Esc：后退键，按一次后退一步；不断按，退回到最初界面。

F3：上证指数分时图。

F4：深证成指分时图。

F5：切换分时图和日线图。

F6：自选股。

F10：公司基本资料（着重推荐多使用F10）。

Page Up：向上翻页。

Page Down：向下翻页。

↑：K线图中，扩大K线图范围。

↓：K线图中，缩小K线图范围。

←：K线图中，看之前日期的K线图。

→：K线图中，看之后日期的K线图。

教学互动 6-2

为什么说投资有风险，入市须谨慎?

投资风险与收益并存，期望获取高收益，需要承担高风险。由于影响证券价格变动的因素非常多，并且事先是无法预料的，造成证券价格大幅波动，往往使实际收益和与预期收益发生背离，操作不当会使投资者蒙受损失，甚至血本无归。

规避证券投资风险，并不是一件容易的事，需要掌握必要的证券投资知识、制订周详的资金运作计划、正确选择投资对象、确定合适的投资方式、认清投资环境、把握住投资时机、理性投资、把握并端正心态。

证券市场是一个理财的途径而非“一夜暴富”的途径，不能有盲从之举，学会规避投资风险对于投资者来说是最重要的。

任务3 掌握股票投资的分析方法

孔子说过:“工欲善其事，必先利其器。”股票属于风险资产，股票投资的高风险由投资者承担，所以对于投资者来说，需要思考什么时候买卖股票?买卖股票的依据又是什么?把风险控制放在第一位，这就需要一套好的分析决策系统，然后根据分析决策系统得出的结论，进行投资操作。目前，股票价格判断和预测的方法主要有两种:基本分析和技术分析。

一、基本分析

基本分析是利用丰富的统计资料，运用多种多样的经济指标，采用比例、动态的分析方法，从研究宏观经济大气候开始，逐步开始中观的行业兴衰分析，进而根据微观的企业经营、盈利的现状和前景，对企业所发行的股票做出接近显示现实的客观的评价，并据此预测其未来的变化，以此作为投资者买卖的依据。

基本分析是准备做长线交易的投资者应采取的最主要也是最重要的分析方法。因为这种分析方法是从分析股票的内在价值来入手的，分析公司的内在潜力与长期发展的良好前景，同时由于它具有比较系统的理论，受到投资者的重视，成为股票分析方法的主流。基本分析的内容主要包括宏观分析、行业分析和公司分析三个方面。

1.宏观分析

(1)国内生产总值(GDP)。

GDP指标在宏观经济分析中占有重要地位。当GDP持续、稳定地增长，社会总需求与总供给协调增长，企业盈利水平持续上升，促使股票的价格上涨。而经济结构不合理，高通胀下的GDP增长是泡沫经济的表现，企业成本上升，居民实际收入下降，引发股票价格下跌。

(2)利率。

利率变动是对股票市场及股票价格产生影响的最敏感的金融因素。在金融因素中，利率水平的变动对股市行情的影响又最为直接和迅速。一般来说，利率的升降与股价的变化呈反向运动，即利率下降时，股票的价格就上涨;利率上升时，股票的价格就会下跌。投资者应密切关注利率的升降，并对利率的走向进行必要的预测，以便在利率变动之前，抢先一步对股票买卖进行决策。

（3）汇率。

外汇行情与股票价格有密切的联系。一般来说，如果一国的货币是实行升值的基本方针，股价便会上涨，一旦其货币贬值，股价便随之下跌。

（4）通货膨胀。

通货膨胀对股票市场趋势的影响比较复杂，它既有刺激股票市场的作用，又有压抑股票市场的作用。微观上需要客观分析商品价格和成本上升情况，以及企业利润的变化。但是，通货膨胀达到一定程度，甚至超过了两位数，将会推动利率上涨，从而使股价下跌。总之，当刺激作用大时，股票市场的趋势与通货膨胀的趋势一致；当压抑作用大时，股票市场的趋势与通货膨胀趋势相反。

（5）社会、政治环境。

①国际形势的变化。随着全球经济一体化的形成，国与国之间的联系越来越密切，因此一个国家政治、经济等将受国际形势影响而变化，股票市场也随之变动。

②战争的影响。战争使各国政治经济不稳定、人心动荡、股价下跌，但战争使军需工业兴盛，那么凡是与军需工业有关的公司的股票价格必然上涨。

③国内重大政治事件也会对股票市场产生影响。先对股票投资者的心理产生影响，从而间接地影响股价。

④法律制度。如果国家法律制度（金融方面）健全，投资者的正当权益能够得到有效保护，会提高投资者投资的信心从而促进股票市场的健康发展。如果法律制度不完善，投资者权益受保护的程度低，则不利于股票市场的健康发展与繁荣。

（6）财政政策。

紧缩的财政政策将使得过热的经济受到控制，股票市场也将走弱，因为这预示着未来经济将减速增长或走向衰退；而扩张性财政政策刺激经济发展，股票市场则将走强，因为这预示着未来经济将加速增长或进入繁荣阶段。

（7）货币政策。

货币政策会影响到市场上的货币供应量，进而影响到就业、国际收支、经济发展等。货币政策对股票市场的影响非常大，宽松的货币政策对股票市场产生积极影响；紧缩的货币政策则相反，它不利于股票市场的活跃和发展。另外货币政策对人们的心理也会产生一定的影响。

知识链接 6-2

风险是涨出来的，机会是跌出来的

世界上没有只涨不跌的股票，也没有只跌不涨的股票。面对已经大涨的市场行情，进场可能会给你带来利润，但随着市盈率的攀升，也透支了未来价格继续上涨的空间，随时都会有大跌的可能。对于一家业绩优良的企业，股价跌得越深，市盈率越低，收回本金的时间就越短，其投资风险越小。当大盘疯狂地上涨，人人都兴奋不已时，风险正在向你逼近；当大盘大跌背后，人人都在叹气时，你就当个傻瓜进来吧，遍地的黄金都在等着你拿！

投资市场里物极必反的道理告诉我们：我们可以大胆地在大涨后退出，在大跌后抢进。我们要知道，投资市场是反人性的，逆向思维是投资市场中一个非常有用的思维。

2.行业分析

行业的发展状况对于该行业的上市公司的影响巨大，从某种意义上说，投资某上市公司，实际上就是以某行业为投资对象。行业分析内容主要包括行业的景气周期和行业的生命周期两个方面。

(1) 行业的景气周期。

①增长性行业。增长性行业的运动形态与经济活动总水平的周期及其振幅关系不大。近几年，通信、电子元件和生物工程等行业表现出这种形态。

②周期性行业。周期性行业的运动形态直接与经济周期相关。当经济处于上升时期，这些行业会紧随其扩张；当经济处于衰退时期时，这些行业的业绩也相应滑落。例如消费品、建材、房地产、金融、工程机械、酒店等行业。

③防御性行业。这些行业的产品需求相对稳定，受经济周期的影响不大。公共事业属于防御性行业。

(2) 行业的生命周期。

行业的生命周期可以分为四个阶段，即初创期、成长期、成熟期和衰退期。

①初创期。这一阶段，由于行业创立投资和产品的研究、开发费用较高，而产品需求量小，销售收入较低，因此公司可能不但没有盈利，反而普遍亏损。所以，较高的产品成本和价格与较小的市场需求量会使这些公司面临很大的投资风险，如生物制药行业。

②成长期。在成长期，新产品逐渐赢得了市场，投资于新行业的厂商开始增加，市场竞争风险开始加大，破产率和合并率很高，在成长期的后期，具有管理水平、市场营销和财务力量等的企业逐渐主导市场。

③成熟期。行业的成熟期是一个相对较长的时期。在这一时期里，在竞争中生存下来的少数大厂商垄断了整个行业的市场，行业利润受到一定程度的垄断，风险却较低。

④衰退期。这一时期出现在较长的稳定期后。由于新产品和大量替代品的出现，原行业的需求量减少，销售量下降，一些厂商开始向其他行业转移。厂商数目减少，行业开始萎缩。

3.公司分析

公司分析的内容主要包括公司的基本面分析、公司的财务分析两个方面。

(1) 公司的基本面分析。

①公司行业地位分析。在行业中的综合排序以及产品的市场占有率决定了公司在行业中的竞争地位，是公司基本面分析的首要内容。这主要考察技术水平、市场开拓能力和市场占有率、资本与规模效益、项目储备及新产品开发能力几个方面。

②公司经济区位分析。如果上市公司所从事的行业符合当地政府经济发展战略规划，相关产业内的上市公司得到政策支持的力度较其他产业大，则有利于公司进一步的发展。

③公司产品分析。提供的产品或服务是公司盈利的来源。产品竞争能力、市场份额、品牌战略等的不同，能够帮助投资者更好地预测公司未来的成长性和盈利能力。

④公司经营战略与管理层分析。公司的经营战略是对公司经营范围、成长方向、发展速度以及竞争对策等的长期规划，直接关系着公司未来的发展和成长。管理层的素质与能力对公司的发展也起着关键性作用，卓越的管理者能够带领公司不断发展进取。

(2) 公司的财务分析。

公司的财务分析是公司分析中最为重要的一环，一家公司的财务报表是其一段时间生产、经营活动的一个缩影，是投资者了解公司经营状况和对未来发展趋势进行预测的重要依据。财务分析的对象是财务报表，财务报表主要包括资产负债表、利润表及现金流量表，从这三种表中应着重分析以下四项主要内容：公司的获利能力、公司的偿债能力、公司扩展经营的能力、公司的经营效率。总之，分析财务报表的主要目的是分析公司的收益性、安全性、成长性和周转性四个方面的内容。

财务分析方法很多，最常用的财务分析方法有差额分析法、比率分析法两种。

教学互动 6-3

每股收益、每股公积金在投资上都有什么价值？

每股收益=净利润÷总股本

每股收益是评价上市公司财务和盈利能力最重要的指标，体现了公司的经营能力、管理能力和对股东的回报能力。该指标可以用逐年进行对比的方法来评价一个公司的成长性，也可以和其他公司进行对比，找出公司之间的经营差距。

每股公积金：公积金是公司的“最后储备”，它既是公司未来扩张的物质基础，也是股东未来获得红股的希望之所在。

截止到2017年年底，我国上市公司每股净资产、每股收益排行前3名见表6-2。

表6-2 **截止到2017年年底我国上市公司每股净资产、每股收益排行前3名**

每股净资产排行前3名			每股收益排行前3名		
股票代码	股票名称	每股净资产（元）	股票代码	股票名称	每股收益（元）
600519	贵州茅台	72.8	600519	贵州茅台	21.56
601360	三六零	40.4	603444	吉比特	8.53
603444	吉比特	32	000513	丽珠集团	8.09

资料来源：作者根据沪深交易所数据统计。

二、技术分析

1.技术分析的含义和目的

技术分析是指利用市场交易资料及相关信息，应用数学或逻辑的方法，通过绘制和分析股票价格变化的动态趋势图表，或计算、分析有关交易指标，来从技术上对整个股票市场或个别股票价格的未来波动方向与程度做出预测和判断的分析方法。技术分析只关心股票市场本身的变化，而不考虑会对其产生某种影响的经济方面、政治方面等各种外部的因素。

股票技术分析和基本分析都认为股价是由供求关系所决定的。基本分析主要是根据对影响供需关系种种因素的分析来预测股价走势，而技术分析则是根据股价本身的变化来预测股价走势，即所有股票的实际供需量及其背后起引导作用的种种因素，包括股票市场上每个人对未来的希望、担心、恐惧等，都集中反映在股票的价格和交易量上。技术分析法注重短期分析，它的目的是让投资者把握具体的购买时机。

大多数成功的股票投资者都是把两种分析方法结合起来加以运用的，他们用基本分析法估计较长期的趋势，而用技术分析法判断短期走势和确定买卖的时机。

2.技术分析的理论基础

技术分析的理论基础是基于以下三项合理的市场假设：

（1）市场行为涵盖一切信息。这一假设是我们进行技术分析的基础。它假设所有影响股票价格变动的因素有很多，包括宏观面、政策面、市场面、资金面、心理面等，都必然体现在股票价格的波动上，通过图表上价格的涨跌被直观地反映出来，没必要对影响股票价格的具体因素做过多的关注。

（2）价格沿趋势波动。这一假设是我们进行技术分析最根本、最核心的因素。该假设认为股票价格的波动是按一定规律进行的，股票价格有保持原来方向的惯性。一般来说，一段时间内股票价格一直是持续上涨或下跌，那么今后一段时间，如果不出意外，股票价格也会按这一方向继续上涨或下跌，没有理由改变这一既定的运动方向。

（3）历史会重演。这一假设是我们进行技术分析的重要前提，证券价格变化在图表上留下的运行轨迹，常常有惊人的相似之处。可以说，技术分析的理论就是人们对过去证券价格的波动规律进行归纳总结的结果。

3.技术分析的基本要素

在股票市场中，价格、成交量、时间和空间是进行分析的四大要素。这四大要素之间的相互关系是进行正确分析的基础。

（1）价格和成交量是市场行为最基本的表现。

价格：是指股票过去和现在的成交价。技术分析中主要依据的价格有开盘价、最高价、最低价和收盘价。

成交量：是指股票过去和现在的成交量（或成交额）。技术分析要做的工作就是利用过去和现在的成交价与成交量资料来推测股价未来的走势。基本的价量关系有价涨量增、价跌量减、价涨量减、价跌量增四种。

（2）时间和空间体现趋势的深度与广度。

时间：是指股票价格波动的时间因素和分析周期。一个已经形成的趋势在短时间内不会发生根本改变，中途出现的反方向波动，对原来趋势不会产生大的影响。一个形成了的趋势不可能永远不变，经过一定时间又会有新的趋势出现。

空间：是指股票价格波动的空间范围。股票价格在保持趋势运行时，在某个特定的阶段中，股票价格的上涨或下跌在一定的幅度内震荡运行。对于投资者来说，一个涨势或一个跌势能延续多大的幅度，对在实际操作中有着极其重要的指导意义。

4.技术分析的优缺点及注意事项

（1）技术分析的优点。

技术分析的优点是同市场接近，考虑问题比较直接。与基本分析相比，通过技术分析指导股票买卖见效快，获得利益的周期短。此外，技术分析对市场的反应比较直接，分析的结果也更接近实际市场的局部现象。

（2）技术分析的缺点。

技术分析的缺点是眼光太短，考虑问题的范围相对较窄，对市场长远的趋势不能进行有益的判断。正是由于这个原因，技术分析在给出结论的时候，只能给出相对较短期的结论，因此要得到长时间的预测结论，仅仅依靠技术分析是不够的。

（3）技术分析的注意事项。

①技术分析必须与基本分析结合起来使用，才能提高其准确程度，否则单纯的技术分析是不全面的；

②注意多种技术分析方法的综合研判，切忌片面地使用某一种技术分析结果；

③前人的和别人的结论要经过自己实践验证后才能放心地使用；

④技术分析只是对股价走势形成后的分析，所以它并非万能的。

5.技术分析的类型

一般来说，技术分析方法分为五类：K线分析、形态分析、切线分析、技术指标分析、技术分析理论。

（1）K线图是进行各种技术分析的最重要的图，许多投资者进行技术分析时往往首先接触的是K线图。K线分析的研究方法是侧重若干天的K线组合情况，推测市场多空双方力量的对比，进而判断多空双方谁占优势，是暂时的还是决定性的。

（2）形态分析是根据价格图表中过去一段时间运行的轨迹形态来预测价格未来趋势的方法。其主要的形态有头部形态、底部形态、箱形、旗形等十几种。从价格运行轨迹的形态中，我们可以推测出市场情况处于一个什么样的大环境之中。

（3）切线分析是按一定的方法和原则在由价格数据所绘制的图表中画出一些直线，然后根据这些直线的情况推测价格的未来趋势，这些直线就叫切线。切线主要是起支撑和压力的作用。支撑线和压力线的往后延伸位置对价格趋势起一定的制约作用。画切线的方法有很多种，主要有趋势线、通道线、黄金分割线等。

（4）技术指标分析是运用一些数学程式，利用过去的价格资料，对计算出的相关指标值、投资者利益等指标值进行分析。常用的指标有相对强弱指标（RSI）、随机指标（KDJ）、指数平滑移动平均线（MACD）、威廉指标（WR）。技术指标主要作为短线操作的参考依据，但是它的缺陷较大，预测性较差，这里不重点介绍。

（5）技术分析理论是人们在投资实践中不断摸索、总结出的一套较为有效的投资理论。技术分析理论很多，主要有量价关系理论、信心理论、江恩理论、艾略特波浪理论、道琼斯理论、循环周期理论、相反理论、随机漫步理论等。

教学互动 6-4

市盈率、市净率、净资产收益率在投资上都有什么价值？

市盈率＝每股市价÷每股收益

市盈率是股市投资者关注的一个重要指标，代表市场上投资者对公司每股盈利付出的价格。公司的市盈率也是一个评价股票投机和泡沫成分的指标。如果市盈率高并超出股票的成长性，这时投资者要离开该股票，防止掉入多头陷阱。

市净率＝每股市价÷每股净资产

市净率把股价和每股净资产联系起来，市净率越低，资产越优良。高科技股、IT行业和新兴行业都有较高的市净率。

净资产收益率＝净利润÷平均股东权益

净资产收益率是评价上市公司盈利能力的一个重要指标。净资产收益率越高，说明资产的盈利能力越强，给投资者带来的收益就越高。

6. 主要技术分析理论简介

下面就股票买卖实战中经常会遇到的，而且指导意义比较大的几种分析方法的基本要点进行详细分析。

（1）道氏理论的基本要点。

根据道氏理论，股票价格运动有3种趋势，其中最主要的是股价的基本趋势，即股价广泛或全面性上涨或下跌的波动情形。这种变动持续的时间通常为1年或1年以上，股价总涨（跌）的幅度超过20%。对投资者来说，基本趋势持续上涨就形成了多头市场，持续下跌就形成了空头市场，如图6-8所示。

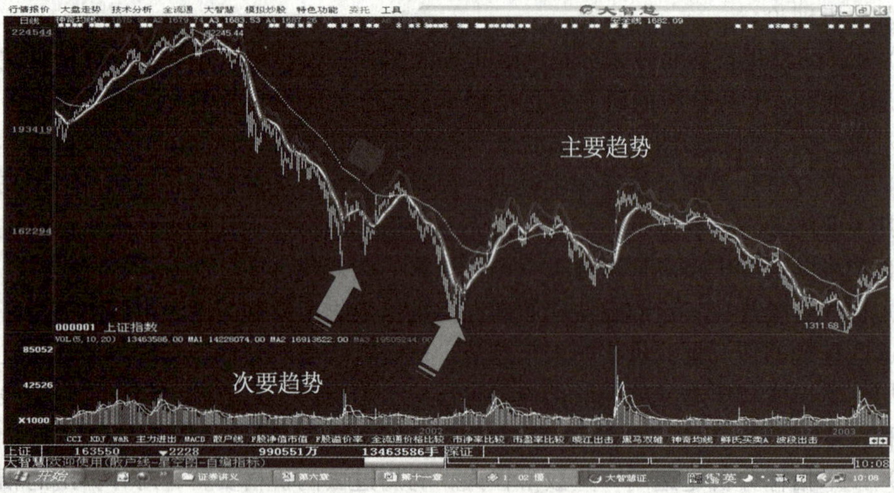

图6-8 股价趋势示意图

股价运动的第二种趋势称为股价的次级趋势。因为次级趋势经常与基本趋势的运动方向相反，并对其产生一定的牵制作用，因而也称为股价的修正趋势。这种趋势持续的时间从3周至数月不等，其股价上涨或下跌的幅度一般为股价基本趋势的1/3或2/3。

股价运动的第三种趋势称为短期趋势，反映了股价在几天之内的变动情况。修正趋势通常由3个或3个以上的短期趋势所组成。

道氏理论的重大价值之一，就在于它为我们理清了纷繁复杂的股票价格的运动脉络，提供了把握其运动趋势的重要思路。

在这3种趋势中，长期投资者最关心的是股价的基本趋势，其目的是想尽可能地在多头市场上买入股票，而在空头市场形成前及时地卖出股票。投机者则对股价的修正趋势比较感兴趣。他们的目的是想从中获取短期的利润。短期趋势的重要性较小，且易受人为操纵，因而不便作为趋势分析的对象。人们一般无法操纵股价的基本趋势和修正趋势，只有国家的财政部门才有可能进行有限的调节。

（2）循环周期理论的基本要点。

循环周期理论认为事物的发展有一个从小到大和从大到小的过程，这种循环发展的规律在股票市场也存在。股票价格无论以什么样的趋势运动，都不会向一个方向永远运动下去。价格的波动过程必然产生局部的高点和低点，这些高低点的出现，在时间上有一定的规律。我们可以选择低点出现的时间入市，高点出现的时间离市。股价运动过程永远是涨跌交替的过程，同样的变化不断重复，上涨趋势完结会转为下跌趋势，下跌趋势完结又会转变为上涨趋势。

(3) 相反理论的基本要点。

相反理论的基本要点是投资买卖决定全部基于大众的行为。它指出，不论股市还是期货市场，当所有人都看好时，就是牛市开始见顶；当人人看淡时，熊市已经见底。只要你和大众意见相反的话，致富机会永远存在。

相反理论带给投资者的启发在于这个理论并非局限于股票或期货，其实也可以应用于地产、黄金、外汇等。它指示投资者何时离市、哪个时候是机会。相反理论更加像一个处世哲学。古今多少成功的投资人士，都是超越了他们同辈的狭窄思维，即使面对挖苦、讽刺、奚落，遇到世俗的白眼，仍然一往无前地向自己的目标迈进，才成为了杰出的投资人物。

(4) 移动平均线与葛兰威尔买卖法则。

移动平均线（MA）是以“平均成本概念”为基础，采用统计学中“移动平均”的原理，将一段时期内的股价平均值连成曲线，用来显示股价的历史波动情况，进而反映股价指数未来发展趋势的技术分析方法。MA上升表示股价（指数）呈上涨的趋势；MA下降表示股价（指数）呈下跌的趋势。它本质上是以一种算术平均数的概念来表示趋势值的方法，它的最大优点在于通过某一期间平均股价（指数）的走势，可以大致反映真实的趋势。

在MA运用中，美国人葛兰威尔创造的八大买卖法则可谓精华，它是道氏理论的形象化表述，历来的MA使用者无不视其为技术分析中的至宝，而MA也因为它，淋漓尽致地发挥了道氏理论的优势。

黄金交叉（金叉）：指短期移动平均线由下向上穿过长期移动平均线的走势图形，表示股价将继续上涨，行情看涨。

死亡交叉（死叉）：指下跌中的短期移动平均线由上而下穿过下跌的长期移动平均线，这个时候支撑线被向下跌破，表示股价将继续下跌，行情看跌。K线形态如图6-9所示。

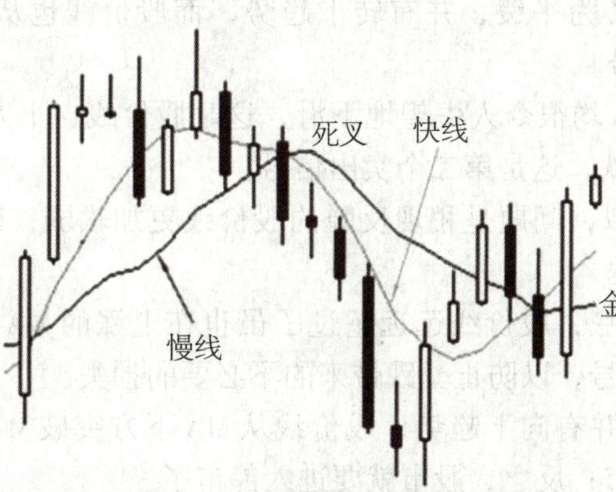

图6-9 K线形态金叉、死叉示意图

八大法则中的4条是用来研判买进时机，另外4条是用来研判卖出时机。总的来说，移动平均线在股价线之下，而且又呈上涨趋势时是买进时机；反之，移动平均线在股价线之上，又呈下跌趋势时则是卖出时机，如图6-10所示。

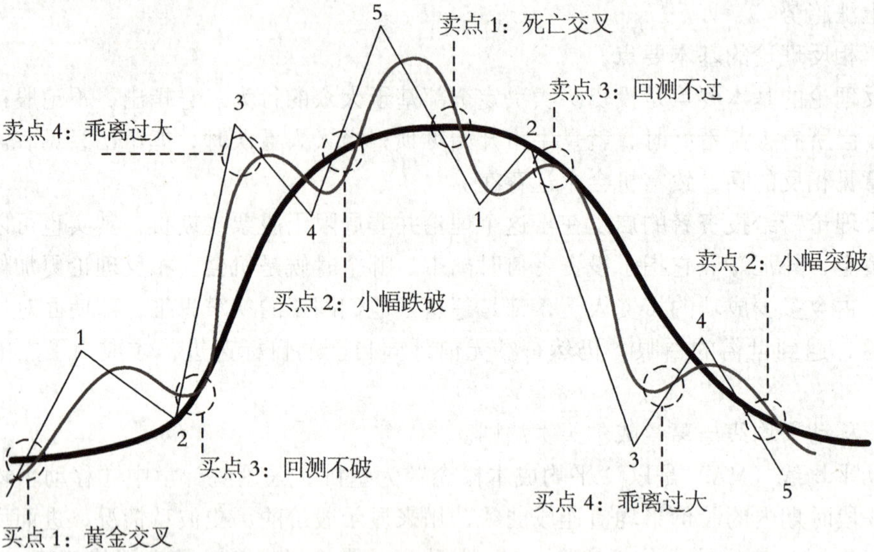

图6-10 葛兰威尔买卖法则示意图

买进法则：

法则1：MA在下降后逐渐走平或上扬，而股价线由下往上突破MA的时候是买进信号。此为空头转换成多头的现象，为买点。

法则2：股价线开始仍在MA之上，但呈急剧下跌趋势，在跌破MA后，忽而转头向上，并自下方突破了MA，这是第二个买进信号。

法则3：与买点2类似，但股价线尚未跌破MA，只要MA依然呈上涨趋势，前者也转跌为涨，这是第三个买进信号。

法则4：股价线与MA都在下跌，股价线狠狠下挫，远离了MA，表明反弹指日可待，这是第4个买进信号，但切记不可恋战，因为大势依然不妙，久战势必套牢。

卖出法则（与买进法则相互对应）：

法则1：MA从上涨转为平缓，并有转下趋势，而股价线也从其上方下跌，跌破了MA，这是第一个卖出信号。

法则2：股价线和MA均很令人失望地下滑，这时股价线自下方上涨，并突破了仍在下落的MA后，又掉头下跌，这是第二个卖出信号。

法则3：与卖点2类似，问题是稍现反弹的股价线更加软弱，刚想突破MA却无力突破，这是第三个卖出信号。

法则4：股价一路暴涨，股价线远远超过了虽也在上涨的MA，暴涨之后必有暴跌，所以此处是第四个卖出信号，以防止暴跌带来的不必要的损失。

如果MA由跌转平，并有向上趋势，股价线从MA下方突破MA，并始终大致保持在MA之上方，这一段是牛市；反之，股市就要进入熊市了。

知识链接 6-3

坚决执行“止损、止盈”的投资纪律

止损是股票价格跌到你能够承受的最低价位时，就断然卖出，即停止损失；止盈就是

你计划盈利多少，如10%、20%或30%，当股票价格涨到这个价位时就卖出。

坚决执行“止损、止盈”的纪律，实际上就是牺牲小部队保护大部队的原则。如果能通过及时割腕、止损出局，保住绝大部分资金，那么“春风吹又生”的大好局面一定会再次到来。相反，最可怕的是，当大熊市时，由于没有及时止损，会越套越深、越亏越大，甚至最后失去扳本的机会。

如果投资人都能执行“止损、止盈”纪律，赚钱的概率非常大。可悲的是由于贪心，很多人很难做到，所以赔钱的根本原因就在于此。

任务4 股票投资的选择

一、股票投资的选择原则

股票投资的选择是指投资者对市场上可以选择的各种股票进行分析，综合运用各种投资组合技术，从而确定各种股票的投资比例，确定出合适的投资组合，以期实现投资收益最大化和风险最小化的经济行为。

在股票投资的选择时，投资人一般依据两个原则：在风险一定的条件下，保证组合收益的最大化；在收益一定的条件下，保证组合风险的最小化。

具体来说，需要考虑以下几个方面的问题：

（1）进行股票品种的选择，即进行微观预测，也就是进行股票投资分析，主要是预测股票的价格走势以及波动情况。

（2）进行投资时机的选择，即宏观预测，预测和比较各种不同类型股票的价格走势与波动情况。

（3）多元化，即依据一定的现实条件，组建一个风险最小的股票组合。

二、股票投资选择的基本操作思路

股票投资选择要根据投资人的风险承受能力来进行操作：

对于保守型、谨慎型投资人，他们风险承受能力极低，对收益要求不高，但追求资本金绝对安全，可以少量参与股票投资，股票配置以低风险的低价蓝筹股、防守股为主。

对于稳健型投资人，他们能够承受一定的投资风险，对收益要求高于保守型、谨慎型投资人，可适当增加蓝筹股、成长股的投资比例。

对于积极型、进取型投资人，他们对风险有较高的承受能力，投机性强，投资收益预期相对较高，偏向于激进的资产配置，资产配置以高风险股票如成长股、投机股为主，还可以利用市场波动赢取差价，追求在较短周期内的收益最大化。

理财案例分析6-1

案例介绍：李汉先生今年24岁，大学毕业两年多，在武汉市一家外资企业从事销售工作，税后收入7 000元，年终奖金2万元左右。

李汉先生现在面临的烦恼是工作两年多，存款只有1万元，每个月工资莫名其妙就花完了。李汉先生觉得自己并不是一个乱花钱的人，只是他不明白自己为什么就无法存下钱来。

李汉先生打算用存款1万元做一些金融投资，为5年后的婚房装修、婚礼费用积攒资金。但具体怎么投资，投资什么他全无头绪。他急需要专业的理财建议来摆脱目前的财务困境。

案例分析：大学毕业工作两年多，从事销售工作，工资涨到了现在的7 000元，这样的工资增长速度还是令人满意的。相信李汉先生凭借扎实的专业知识，勤恳、努力工作，只要过了职场新人的原始累积期，未来的发展前景应该非常乐观，收入也会大幅增加。尽管前景很明朗，但近况却令他焦虑，如何改变目前拮据的现况？

理财建议：“先聚财、后投资”，是我们的第一个建议。摆脱“月光族”需要开源节流，须做到：一是制定收支预算，尽可能在预算范围内支出，杜绝透支消费。二是强制储蓄，将月收入中$\frac{1}{3}$～$\frac{2}{3}$的资金用于储蓄，尽快积累投资理财的第一桶金。

建议李汉先生拿出存款8 000元购买蓝筹股、成长股，或者股票型基金；每月结余资金2 300～3 500元定向投入到上述投资品种，期望获取10%的年收益率。

同时，希望李汉先生做到理财、理才相结合，加大教育费用支出，注重自身潜力的挖掘，通过深造、考证等方式提升自身竞争力，谋求职场成功并积累原始资本。

理财、理生活，相信和李汉先生一样的“月光族”通过严格实行合理可行的理财规划，终能成为工作自强、生活自主、财富自由的新一代“理财族”。

【检验】尝试推荐几只你看好的股票

综合运用基本面分析、技术分析等手段，认真研读30只以上的股票。从中选择5只你认为值得推荐的股票，并说出选择的理由。

我研读过的股票清单（代码、名称）			
我推荐的股票	股票代码	股票名称	推荐说明

模块二 债券投资理财

任务1 认识债券

一、债券的概念及基本要素

债券是政府、金融机构、工商企业等直接向社会筹措资金时，向投资者发行，并且承诺按规定利率支付利息并按约定条件偿还本金的债权债务凭证。债券的本质是债权债务的证明书，具有法律效力。债券购买者与发行者之间是一种债权债务关系，债券发行者即债务人，购买者（或债券持有人）即债权人。

债券的基本要素主要由以下5个方面构成：

（1）债券的票面价值。债券面值包括两个基本内容：一是币种；二是票面金额。面值的币种可用本国货币，也可用外币，这取决于发行者的需要和债券的种类。债券的发行者可根据资金市场情况和自己的需要情况选择适合的币种。债券的面值是固定的，发行者计息还本，一般是以债券的面值为依据。

（2）债务人与债权人。债务人筹措所需资金，按法定程序发行债券，取得一定时期资金的使用权及由此而带来的利益，同时又承担着举债的风险和义务，按期还本付息。债权人有依法或按合同规定取得利息和到期收回本金的权利，到期前可以依法转让债券。

（3）债券的价格。债券是一种可以买卖的有价证券，它有价格。债券的价格，从理论上讲是由面值、收益和供求关系决定的，债券的市场价格经常变化，常常脱离它的面值，有时高于面值，有时低于面值。

（4）还本期限。债券还本期限是指从债券发行到归还本金之间的时间。债券还本期限长短不一，有的只有几个月，有的长达十几年。还本期限应在债券票面上注明。债券发行者必须在债券到期日偿还本金。债券还本期限的长短，主要取决于发行者对资金需求的时限、未来市场利率的变化趋势和证券交易市场的发达程度等因素。

（5）债券利率。债券利率是债券利息与债券面值的比率，一般为年利率。债券利率决定着发行人的融资成本，直接关系到债券投资人的收益。影响债券利率的因素主要有银行利率水平、发行人的资信状况、债券的偿还期限和资金市场的供求情况等。

此外，债券还有提前赎回规定、税收待遇、流通性等方面的规定。

二、债券的特点

债券作为一种重要的融资手段和金融工具，具有如下特点：

1.偿还性

债券是一种有约定期限的有价证券，债券代表了债权债务关系，当债券到期时，发行人必须按约定条件偿还本金并支付利息。

2.流动性

流动性是指债券可以在证券市场上流通转让，当债券持有人需要现金时可以在证券市场上随时卖出，或者到银行，以债券作为抵押品取得抵押借款，债券的流动性一般仅次于储蓄存款。

3.安全性

债券的安全性表现在债券持有人到期能无条件地收回本金。各种债券在发行时都要规定一定的归还条件，只有满足一定的归还条件才会有人购买，债券的发行人都要经过严格审查，只有信誉较高的筹资人才被批准发行债券，而且公司发行债券大多需要担保，当发行公司破产或清算时要优先偿还债券持有人的债券，因此债券的安全性还是有保障的，比其他的证券投资风险要小得多。

4.收益性

收益性是指债券持有人可以定期从债券发行人那里获得固定的债券利息，债券的利率通常高于银行存款利率。债券的收益性主要表现在两个方面：一是投资债券可以给投资者定期或不定期地带来利息收入；二是投资者可以利用债券价格的波动，买卖债券赚取价差。

三、债券的类型

1.按发行主体划分，债券可以分为政府债券、金融债券、公司（企业）债券

政府债券是政府为筹集资金而发行的债券，主要包括国债、地方政府债券等，其中最主要的是国债。国债因其信誉好、利率优、风险小而又被称为“金边债券”。

金融债券是由银行和非银行金融机构发行的债券。在我国，目前金融债券主要由国家开发银行、中国进出口银行等政策性银行发行。

公司（企业）债券是公司（企业）依照法定程序发行，约定在一定期限内还本付息的债券。它的发行主体是股份公司及非股份公司的企业。

2.按是否有财产担保划分，债券可以分为抵押债券和信用债券

抵押债券是指债券发行人在发行债券时，通过法律上的适当手续将债券发行人的部分财产作为抵押，一旦债券发行人出现偿债困难，则出卖这部分财产以清偿债务。

信用债券是指没有抵押品，完全靠公司良好的信誉而发行的债券。通常只有经济实力雄厚、信誉较高的企业才有能力发行这种债券。

3.按存在形态划分，债券可以分为实物债券、凭证式债券、记账式债券

实物债券是一种具有标准格式实物票面的债券。它与无实物债券相对应，简单地说，就是出售的债券是纸质的而非电脑里的数字。在其券面上，一般印制了债券面额、利率、期限、发行人全称、还本付息方式等各种债券票面要素。其不记名，不挂失，可上市流通。实物债券由于发行成本较高，正逐步减少。

凭证式债券是指发行人采取不印刷实物债券，而用填制“债券收款凭证”的方式发行的债券。凭证式债券一般从购买之日起计息，可记名、可挂失。

记账式债券是指以电脑记账方式记录债券交易情况，没有实物形态的票券，一般是通过证券交易所的交易系统发行和交易。记账式债券发行后可申请在证券市场上转让，流动性较强，就像买卖股票一样。由于记账式债券的发行和交易均无纸化，所以交易效率高，成本低，是未来债券发展的趋势。

4.按是否可以转换为其他证券划分，债券可以分为可转换债券和不可转换债券

可转换债券是指在特定时期内可以按某一固定的比例转换成其他证券的债券，具有债务与权益双重属性，属于一种混合性筹资方式。由于可转换债券赋予债券持有人将来成为公司股东的权利，因此其利率通常低于不可转换债券。若将来转换成功，在转换前发行企业达到了低成本筹资的目的，转换后又可节省股票的发行成本。

不可转换债券是指不能转换为普通股的债券，又称为普通债券。由于其没有赋予债券持有人将来成为公司股东的权利，所以其利率一般高于可转换债券。

5.按付息的方式划分，债券可以分为贴现债券、固定利率债券和浮动利率债券

贴现债券是指以低于债券面值的价格发行，到期按面值支付本息的债券。贴现债券在票面上不规定利率，发行价格与面额的差额，就是投资者的利息。

固定利率债券是指在发行时规定利率在整个偿还期内不变的债券。固定利率债券不考虑市场利率变化因素，因而其筹资成本和投资收益可以事先预计，不确定性较小。

浮动利率债券是指发行时规定债券利率随市场利率定期浮动的债券，也就是说，债券利率在偿还期内可以进行变动和调整。浮动利率债券往往是中、长期债券，其利率一般根据市场基准利率加上一定的利差来确定。

知识链接 6-4

我国的记账式国债与凭证式国债的比较

(1) 在发行方式上，记账式国债通过电脑记账、无纸化发行；凭证式国债通过纸质记账凭证发行。

(2) 在流通转让方面，记账式国债可自由买卖，流通转让较方便、快捷；凭证式国债只能提前兑取，不可流通转让，提前兑取还要支付手续费。

(3) 在还本付息方面，记账式国债每年付息，可当日通过电脑系统自动到账；凭证式国债是到期后一次性支付利息，客户需到银行办理。

(4) 在收益性上，记账式国债要略好于凭证式国债，通常记账式国债的票面利率要略高于相同期限的凭证式国债。

任务2 分析债券的投资价值

投资者在选择债券投资品种时应考虑以下因素：债券的信用等级、收益率（包括票面利率、到期收益率等）、持有期限、信用质量、担保、对利率变动的敏感程度（用久期值来衡量）以及交易的活跃程度等。

一、债券的信用等级

债券投资最主要的风险是信用风险，由于受到时间、知识和信息等的限制，广大投资者，尤其是中小投资者无法对众多债券进行分析和选择，于是由专业机构对发行的债券还本付息的可靠程度进行客观、公正和权威的评定，以方便投资者决策。所以投资者在购买债券前必须掌握其信用等级。一般来说，信用等级越高，信用越好，投资的风险也越小。目前，通用的信用等级由高到低依次是AAA、AA、A、BBB、BB、B、CCC、CC、C。

二、收益率

收益率是指投资的回报率，是指投资收益（税后）占投资成本的比率，反映投资的收益能力。收益率一般以年度百分比表示，根据当时市场价格、面值、票面利率以及距离到期日的时间计算。对于债券投资来说，收益率指标主要包括以下3个：

(1) 名义收益率，即票面利率。

(2) 直接收益率，又称即期收益率，是投资者购买债券后的当期收益水平。其计算公式为：直接收益率=年息÷购买价格×100%。如，投资者在年初以110元购买某面值100元

的债券，票面利率为5%，则当年可获得利息5元（100×5%），那么投资者当年的即期收益率为4.55%（5÷110×100%）。

（3）到期收益率：是指到期时债券的票面收益及其资本损益与买入价格的比率。其计算公式为：

$$r=\frac{\frac{M_n-P_0}{T}+C}{P_0}$$

其中，r为到期收益率，C为票面收益（年利息），M_n为债券的偿还价格，P_0为债券的买入价格，T为买入债券到期的时间。

三、持有期限

持有期限对投资者选择债券很重要。一般投资者会选择债券的期限与其用钱的时间表相吻合，老练的投资者则会利用期限来增加收益和规避风险。一般来说，期限长的债券市场风险高于期限短的债券。

四、信用质量和担保

信用质量关系到本金和利息的安全程度。从理论上讲，债券的信用风险与发行人本身的状况直接相关。从我国目前的实际情况看，在证交所上市的都是“AAA”级的中央企业债，其信誉与国债及银行存款相差无几。债券如具有可靠的担保，可以提高其信用等级。

五、对利率变动的敏感程度

对利率变动的敏感程度可以衡量债券利率风险的大小，通常用久期值来衡量。久期值越大，其受利率变动的影响就越大。久期值的计算公式为：

$$D=\left[1\frac{C_1}{(1+k)}+2\frac{C_2}{(1+k)^2}+3\frac{C_3}{(1+k)^3}+\ldots+t\frac{(C_n+F)}{(1+k)^t}\right]\div P$$

式中，D为债券的久期值，C为利息，F为赎回本金，t为时间，P为债券价格，k为市场利率。从公式中我们可以看到，债券的期限越长、票面利率越低、到期收益率越低，其久期值越大，对利率变动的敏感性就越高。

六、交易的活跃程度

交易的活跃度高的债券便于很快地买进、卖出，价差损失小。交易不活跃的债券则面临较高的流动性风险，要在收益率上有所补偿。我国目前发行上市的企业债券普遍具有流动性不足的问题，但随着企业债市场规模的扩大、交易费用的降低以及回购交易的放开，相信未来企业债市场的流动性会有很大提高。

教学互动 6-5

股票与债券的联系和区别是怎样的？

1. 两者的联系：股票与债券两者实质上都是资本证券，是证券市场上的两大主要金融工具。两者都可以作为筹资的手段和投资工具，并在交易所上市和流通。从动态上看，股票的收益率和价格与债券的利率和价格互相影响，往往在证券市场上发生同向运动，即一个上涨另一个也上涨，反之亦然。

2. 两者的区别：发行主体、经济利益关系、收益稳定性、权利和风险性不同。

任务3　掌握债券投资的风险防范

任何投资都是有风险的，风险不仅存在于价格变化之中，也可能存在于信用之中。正确评估债券投资风险，明确未来可能遭受的损失，是投资者在做出投资决策之前必须要做的工作。

一、信用风险

债券的信用风险又称违约风险，是指发行债券的借款人不能按时支付债券利息或偿还本金，而给债券投资者带来损失的风险。在所有债券之中，财政部发行的国债由于有中央政府做担保，往往被市场认为是“金边债券”，所以没有违约风险。但中央政府以外的地方政府和公司发行的债券则或多或少地有违约风险。因此，信用评级机构要对债券进行评价，以反映其违约风险。一般来说，如果市场认为一种债券的违约风险相对较高，那么就会要求债券的收益率要较高，以弥补可能承受的损失。

规避方法：违约风险一般是由于发行债券的主体经营状况不佳或信誉不高带来的风险，所以避免违约风险最直接的办法就是不买质量差的债券。在选择债券时，一定要仔细了解发行债券主体的情况，包括发行债券主体的经营状况和发行债券主体的以往债券支付情况，尽量避免投资经营状况不佳或信誉不高的发行债券主体的债券；在持有债券期间，应尽可能对发行债券主体的经营状况进行了解，以便及时做出卖出债券的抉择。同时，由于国债的投资风险较低，保守的投资者应尽量选择投资风险低的国债。

二、利率风险

债券的利率风险是指由于利率变动而使投资者遭受损失的风险。毫无疑问，利率是影响债券价格的重要因素之一：当利率提高时，债券的价格就下跌；当利率降低时，债券的价格就会上涨。由于债券价格会随利率变动，所以即便是没有违约风险的国债也会存在利率风险。

规避方法：应采取的防范措施是分散债券的期限，长短期结合，如果利率上涨，短期债券可以迅速地找到高收益投资机会，若利率下跌，长期债券却能保持高收益。总之，一句老话：不要把所有的鸡蛋放在同一个篮子里。

三、通货膨胀风险

债券的通货膨胀风险又称购买力风险，是指由于通货膨胀而使货币购买力下降的风险。通货膨胀期间，投资的实际利率应该是票面利率扣除通货膨胀率。若债券利率为10%，通货膨胀率为8%，则实际的利率只有2%，购买力风险是债券投资中最常出现的一种风险。实际上，在20世纪80年代末到90年代初，由于国民经济一直处于高通货膨胀的状态，我国发行的国债销路并不好。

规避方法：对于购买力风险，最好的规避方法就是分散投资，以分散风险，使购买力下降带来的风险能为某些收益较高的投资收益所弥补。通常采用的方法是将一部分资金投资于收益较高的投资品种上，如股票、期货等，但带来的风险也随之增加。

四、流动性风险

债券的流动性风险又称变现能力风险，是指投资者在短期内无法以合理的价格卖掉债券的风险。如果投资者遇到一个更好的投资机会，他想出售现有的债券，但短期内找不到愿意给出合理价格的买主，要把价格降到很低或者需要很长时间才能找到买主，那么他不是遭受损失，就是丧失新的投资机会。

规避方法：针对流动性风险，投资者应尽量选择交易活跃的债券，如国债等，便于得到认同，冷门债券最好不要购买。在投资债券之前也应考虑清楚，应准备一定的现金以备不时之需，毕竟债券的中途转让不会给债券持有人带来很好的回报。

五、经营风险

债券的经营风险是指作为发行债券主体的管理与决策人员在其经营管理过程中发生失误，导致资产减少而使债券投资者遭受损失的风险。

规避方法：为了防范经营风险，选择债券时一定要对发行债券的主体进行调查，通过对其财务报表进行分析，了解其盈利能力和偿债能力、信誉等。由于国债的投资风险极小，地方债的投资风险居中，而公司债券的利率较高但投资风险较大，所以需要在收益和风险之间做出权衡。

任务4 掌握债券的投资策略

从总体上看，债券的投资策略可以分为消极型投资策略和积极型投资策略两种，每位投资者可以根据自己的资金来源和用途来选择适合自己的投资策略。对大多数投资者来说，一般都是消极型投资者，因为他们都缺少时间和必要的投资知识。在这里，我们推荐几种比较实用的债券投资操作方法。

一、消极型投资策略及方法

消极型投资策略是一种不依赖市场变化而保持固定收益的投资方法，其目的在于获得稳定的债券利息收入和到期安全收回本金。因此，消极型投资策略也被称作保守型投资策略。

1.购买持有法——最简单的债券投资方法

购买持有法是债券投资人在对债券市场上所有的债券进行分析之后，根据自己的爱好和需要，买进能够满足自己要求的债券，并一直持有至到期兑付之日。在持有期间，并不进行任何买卖活动。

这种投资方法虽然十分简单粗略，但却有其自身的好处：

(1) 这种投资方法所带来的收益是固定的，投资者在做投资决策的时候就完全知道，不受市场行情变化的影响。它可以完全规避价格风险，保证获得一定的收益。

(2) 如果持有的债券收益率较高，同时，市场利率没有很大的变动或者逐渐降低，则这种投资方法也可以取得相当满意的投资效果。

(3) 交易成本较低。由于这种投资方法在持有期间没有任何买进卖出行为，因而手续费很低，从而也有利于提高收益率，适用于不熟悉市场或者不善于使用各种投资技巧的投资者。

但是，购买持有法也有其不足之处。虽然投资者可以获得固定的收益率，但是这种收益率只是名义上的，如果发生通货膨胀和市场利率上涨时，这种方法都会给持有人带来损失。

2.梯形投资法

所谓梯形投资法，又称等期投资法，就是每隔一段时间，在债券发行市场认购一批相同期限的债券，每一段时间都如此，接连不断，投资者在以后的每段时间都可以稳定地获得一笔本息收入。

梯形投资法的优点在于，采用此种投资方法的投资者每年都能够得到本金和利息，因而不至于产生很大的流动性问题，不至于急着卖出尚未到期的债券。同时，在市场利率发生变化时，梯形投资法下的投资组合的市场价值不会发生很大的变化，因此债券组合的投资收益率也不会发生很大的变化。此外，这种投资方法采取到期卖出，因而交易成本比较低。

3.三角投资法

所谓三角投资法，就是利用债券投资期限不同所获本息和也就不同的原理，使得在连续时段内进行的投资具有相同的到期时间，从而保证在到期时收到预定的本息。这些本息可能已被投资者计划用于某种特定的消费。三角投资法和梯形投资法的区别在于，虽然投资者都是在连续时期（年份）内进行投资，但是采用三角投资法在不同时期投资的债券的到期期限是相同的，而不是期限相同。

这种投资方法的优点是既能获得较固定的收益，又能保证到期得到预期的资金以用于特定的目的。

二、积极型投资策略及方法

积极型投资策略是投资者能够结合自身整体资产与负债的情况以及未来现金流的状况，对影响债券价格的因素进行有效分析，以期达到收益性、安全性与流动性最佳结合的债券交易的主动投资策略。

1.利率预测投资法

利率预测投资法是指投资者通过主动预测市场利率的变化，采用抛售一种债券并购买另一种债券的方式来获得价差收益的投资方法。这种投资方法着眼于债券市场价格变化所带来的资本损益，其关键在于能够准确预测市场利率的变化方向及幅度，从而能准确预测出债券价格的变化方向和幅度，并充分利用市场价格变化来取得价差收益。因此，正确预测利率变化的方向及幅度是利率预测投资法的前提，而有效地调整所持有的债券品种就成为利率预测投资法的主要手段。

2.等级投资计划法

等级投资计划法是公式投资计划法中最简单的一种，它由股票投资技巧而得来，方法是投资者事先确定债券的买入和卖出价位，然后根据结果进行操作。其操作要领是“低进高出”，即在低价时买进、高价时卖出。只要债券价格处于不断波动中，投资者就必须严格按照事先拟订好的计划来进行债券买卖，而是否买卖债券则取决于债券市场的价格水平。具体地，当投资者选定一种债券作为投资对象后，就要确定债券变动的一定幅度作为等级，这个幅度可以是一个确定的百分比，也可以是一个确定的常数。每当债券价格下跌一个等级时，就买入一定数量的债券；每当债券价格上涨一个等级时，就卖出一定数量的债券。

3.逐次等额买进摊平法

如果投资者决定对某种债券投资时，该债券价格具有较大的波动性，并且无法准确地预期其波动的各个转折点，投资者可以运用逐次等额买进摊平法进行投资。

逐次等额买进摊平法就是在确定投资某种债券后，选择一个合适的投资时期，在这一段时期中定量、定期地购买债券，不论这一时期该债券价格如何波动都持续地进行购买，这样一般可以使投资者的每百元的平均成本低于平均价格。运用这种操作法，每次投资时，要严格控制所投入资金的数量，保证投资计划逐次等额进行。

4.金字塔式操作法

与逐次等额买进摊平法不同，金字塔式操作法实际上是一种倍数买进摊平法。当投资者第一次买进债券后，发现价格下跌时可加倍买进，以后在债券价格下跌过程中，每一次购买数量比前一次增加一定比例，这样就成倍地加大了低价购入的债券占购入债券总数的比重，降低了平均总成本。由于这种买入方法呈正三角形趋势，形如金字塔，所以被称为金字塔式操作法。

在债券价格上涨时运用金字塔式操作法买进债券，则需每次逐渐减少买进的数量，以保证最初按较低价买入的债券在购入债券总数中占有较大比重。债券的卖出也同样可采用金字塔式操作法，在债券价格上涨后，每次加倍抛出手中的债券，随着债券价格的上涨，卖出的债券数额加大，以保证高价卖出的债券在卖出债券总额中占较大比重而获得较多盈利。

运用金字塔式操作法买入债券，必须对资金做好安排，以避免最初投入资金过多，以后的投资无法加倍摊平。

理财案例分析6-2

案例介绍：2007年11月5日是我国最大的油气生产和销售商——中石油在上海证券交易所上市的日子。45岁的黄先生听信当时媒体的渲染和受火爆行情赚钱效应的影响，拿出毕生的积蓄以42元/股的价格购买了1万股中石油股票，期望在50元的价位卖出，获取约19%的收益。但不幸的是，股价并没有按照黄先生的意愿上涨，而是一路下滑，虽然其间有所反复，截止到2013年9月，跌至8元左右，亏损约81%，黄先生损失惨重、痛苦不堪，经常感叹：问君能有几多愁，恰似万股满仓中石油。

案例分析：中石油称得上是“能源航母”，是中国乃至整个亚洲最赚钱的上市公司，在我国石油市场处于垄断地位，是货真价实的大盘蓝筹股。上市后，在上证指数中的权重将达到23.57%，是中国A股市场第一大权重股，会成为我国股指期货推出后机构投资者争夺的首选。这是当时专家、媒体对中石油上市时价值的分析。

但黄先生没有考虑到的是：过去4年间上证指数从1 100点涨到了5 750点；按中石油当时的经营情况分析，由于股本巨大，传统行业成长性较差，42元对应的市盈率是60倍，市净率是12.7倍，泡沫巨大，几乎没有任何投资价值。

理财建议：股票投资属于风险性投资，需要投资者掌握全面的投资知识、技能、理念，比如选股很重要，选时更重要；止盈很重要，止损更重要；赚钱很重要，保本更重要；恐惧问题很严重，贪婪问题更严重等。建议根据家庭风险承受能力和偏好，分散投资风险，制定合理的投资组合，以20%的蓝筹股、40%的基金、40%的债券投资组合比较合适。

模块三　基金投资理财

任务1　认识基金

一、基金的概念和特点

基金（这里指投资基金）是指将众多投资者的资金集中起来，形成独立财产，由基金托管人（一般是商业银行）托管，由基金管理人以投资组合的方法进行证券投资的一种投资工具，是一种利益共享、风险共担的集合投资方式。简单来说，就是投资者把钱交给基金管理人，由基金管理人集合资金去做投资，投资者只要定期观察基金的净值表现即可。

基金相比股票和债券来说，主要的特点是：

1.集合理财，专业管理

基金将众多投资者的资金集中起来进行投资，由基金管理人进行投资管理和运作，表现出集合理财的特点，这样有利于发挥资金的规模优势，降低投资成本。基金管理人一般拥有大量的专业投资研究人员和强大的信息网络，能够更好地对证券市场进行全方位的动态跟踪与分析。将资金交给基金管理人管理，使中小投资者也能享受到专业化的投资管理服务。

2.组合投资，分散风险

为降低投资风险，《中华人民共和国证券投资基金法》（以下简称《基金法》）规定，必须以组合投资的方式进行基金的投资运作，从而使组合投资、分散风险成为基金的一大特色。基金通常购买几十种甚至上百种证券，投资者购买基金就相当于用很少的资金购买了一篮子股票，某些股票下跌造成的损失可由其他股票上涨的盈利来弥补，因此可以充分享受到组合投资、分散风险的好处。

3.利益共享，风险共担

基金投资收益在扣除由基金承担的费用后，盈余全部归基金投资者所有，基金投资者共担风险、共享收益，并依据各投资者所持有的基金份额按比例进行分配。

4.信息透明，严格监管

为切实保护投资者的利益，增强投资者对基金投资的信心，由证监会负责对基金业进行监管，对各种有损投资者利益的行为进行严厉的打击，并强制基金进行较为充分的信息披露。在这种情况下，信息透明与严格监管也就成为基金的一个显著特点。

5.资金托管，保障安全

基金管理人负责基金的投资操作，本身并不经手基金财产的保管。基金财产的保管由独立于基金管理人的基金托管人负责。这种相互制约、相互监督的制衡机制为投资者的利益提供了重要的保护。

二、基金的主要类型

1.按基金是否可增加或赎回，可分为开放式基金和封闭式基金

开放式基金是指基金份额不固定，基金份额持有人可以在基金合同中约定的时间和场所进行申购或者赎回的一种基金运作方式。

封闭式基金是指基金份额在基金合同期限内固定不变，可以在依法设立的证券交易所

交易，但基金份额持有人不得申请赎回的一种基金运作方式。封闭式基金有固定的存续期，存续期间基金规模固定，一般在证券交易场所上市交易，投资者通过二级市场买卖基金单位。

教学互动 6-6

你适合哪种开放式基金的投资方式？

开放式基金的投资方式有两种：单笔投资和定期定额。

基金定期定额投资指的是投资者在每月固定的时间（如每月10日）以固定的金额（如1 000元）投资指定的开放式基金。由于基金定期定额投资起点低、方式简单，所以它也被称为"小额投资计划"或"懒人理财"。

基金定期定额投资具有类似零存整取储蓄的特点，能积少成多，平摊投资成本，无论市场价格如何变化总能获得一个比较低的平均成本，降低整体风险。因此，基金定期定额投资可抹平基金净值的高峰和低谷，消除市场的波动性。只要选择的基金有整体增长，投资者就会获得一个相对平均的收益，不必再为择时入市而苦恼。

当你以后钱多了，就可以单笔购入，也可以再买一份定投。

2.按基金投资对象的不同，可分为股票型基金、债券型基金、货币市场基金、混合型基金、保本型基金等

股票型基金是指以股票投资为主，60%以上的基金资产投资于股票的基金。

债券型基金是指以债券投资为主，80%以上的基金资产投资于债券的基金。

货币市场基金是指仅投资于货币市场工具的基金。

混合型基金是指投资于股票、债券和货币市场工具，股票资产与债券资产的配置比例可视市场情况灵活调整，并且股票投资和债券投资的比例不符合债券、股票基金规定的，为混合型基金。

保本型基金是指保证投资者在投资到期时至少能够获得全部或部分投资本金，或承诺一定比例回报的基金。

从投资风险角度看，几种基金给投资者带来的风险是不同的。其中股票型基金的风险最高，货币市场基金的风险最低，债券型基金的风险居中。

3.按基金风险程度的不同，可分为成长型基金、平衡型基金、价值型基金和指数型基金

成长型基金是指以追求资本增值为基本目标，较少考虑当期收益的基金，主要以具有良好成长性的上市公司、创新类上市公司、中小市值上市公司股票为投资对象，属于股票基金中的中等偏高风险品种。

平衡型基金是既注重资本增值又注重当期收益的基金。在股票资产中，主要投资于成长类股票和价值类股票。平衡型基金的风险、收益介于成长型基金与价值型基金之间，属于股票基金中的中等风险品种。

价值型基金是指以追求稳定的经常性收入为基本目标的基金，如价值被低估的上市公司、大盘价值股票等，谋求资本长期稳健增值，属于股票基金中的低风险品种。

指数型基金是以指数成分股为投资对象的基金，即通过购买一部分或全部的某指数所包含的股票，来构建指数基金的投资组合，目的是使投资组合的变动趋势与该指数相一

致，以取得与该指数大致相同的收益率。

4.按组织形态的不同，可分为公司型基金和契约型基金

通过发行基金股份、成立投资基金公司的形式设立的基金，通常被称为公司型基金。

由基金管理人、基金托管人和投资者三方通过基金契约设立的基金，通常被称为契约型基金。

我国目前的证券投资基金均为契约型基金。

知识链接 6-5

网上购买基金的程序

1.首先要在一家银行开立账户，申请银行卡，开通网上银行。至于选哪家银行，由自己决定。

2.到你中意的基金公司网站办理网上交易手续，按网站的提示一步步填写表格，获得网上交易资格。

3.在基金公司网站登录“网上交易”栏，该栏一般在基金公司网站首页的左上角，点击登录，进入相关页面，选择你要购买的基金。同样，转换或赎回时，一样得登录，选择你需要的操作即可，每天24小时均可操作。

任务2　熟悉基金的收益和费用

一、基金的收益

基金收益是基金资产在运作过程中所产生的超过自身价值的部分。基金类型不同，采用的投资策略不同，取得收益的来源和方式也不同，但总体来说，基金收益主要有利息收入、股利收入、资本利得三类。

1.利息收入

利息收入是指基金资产的银行存款利息收入以及投资于不同种类的债券而定期取得的利息。基金由于必须随时准备支付基金持有人的赎回申请，必须保留一部分现金存在银行，以备投资者赎回基金股份时付现。这部分收益仅是基金收益中很小的一部分。

2.股利收入

股利收入是指用基金通过在一级或二级市场购入并持有各公司发行的股票，而从公司取得的一种收益。所投资股票股利收入的多少，是基金管理人选择投资组合的一个重要标准。

3.资本利得

用基金投资股票可以根据“买低卖高”的原则操作，在最有利的时机将手中的可卖资产（包括股票、债券和其他有价证券）脱手，赚取利润，这就是资本利得。资本利得在基金收益中往往占有很大比重，要取得较高的资本利得收入，就需要基金管理人具有丰富、全面的证券知识，能对证券价格的走向做出准确的判断。

知识链接 6-6

公募基金收益排名见表6-3。

表6-3 公募基金收益排名

（2017年1月1日—2017年12月31日）

排名前3名		
基金代码	基金简称	收益率（%）
001542	国泰互联网+股票	61.95
001878	嘉实沪港深精选股票	51.43
001703	银华沪港深增长股票	49.61

资料来源：作者根据沪深交易所数据统计。

二、基金的费用

基金费用是指基金在销售和运作的过程中会发生一些费用，这些费用最终由基金投资人承担，用来支付基金管理人、基金托管人、销售机构和注册登记机构等提供的服务的费用。开放式基金的费用主要分两大类：一是基金投资人直接负担的费用；二是基金运营费用。

1.基金投资人直接负担的费用

该费用指投资人进行基金交易时一次性支付的费用，包括申购费、赎回费、转换费等。开放式基金通常向投资人收取上述费用中的一部分。

（1）基金申购费是指投资人在基金存续期间向基金管理人购买基金单位时所支付的手续费。《基金法》规定，基金可收取申购费，申购费率不得高于申购金额的5%，申购费可在基金申购时收取，也可从赎回金额中扣除。申购费率通常在1%左右，并随申购金额的增加有相应的减让。

申购费=申购金额×申购费率

申购份额=（申购金额-申购费）÷基金单位资产净值

基金单位资产净值=（总资产-总负债）÷基金单位总数

（2）基金赎回费是指在基金的存续期间，已持有基金的投资人向基金管理人卖出基金时所支付的手续费。《基金法》规定，基金可以收取赎回费，但赎回费率不得超过赎回金额的3%。目前，赎回费率通常在1%以下，并随持有期限的增加有相应的减让。

赎回费=赎回份额×基金单位资产净值×赎回费率

赎回金额=赎回份额×基金单位资产净值-赎回费

（3）基金转换费是指投资人在同一基金管理人所管理的不同基金之间，由投资的一只基金转换成另一只基金所要支付的费用。

【例6-1】假如投资人赎回某基金50 000份基金单位，赎回费率为0.5%，当日的基金单位资产净值为1.1688元。请计算：该笔交易的赎回费是多少？该投资者赎回的金额是多少？

赎回费=50 000×1.1688×0.5%=292.2（元）

赎回金额=50 000×1.1688-292.2=58 147.8（元）

2.基金运营费用

基金运营费用是指基金在运作过程中发生的费用，主要包括管理费、托管费、其他费用，这些费用直接从基金资产中扣除。

（1）基金管理费是指基金管理人管理基金资产所收取的费用。基金管理人可按固定费率或固定费率加提业绩表现费的方式收取管理费。业绩表现费是指除固定管理费之外支付给基金管理人与基金业绩挂钩的费用。按固定费率收取的管理费按基金资产净值的一定比例逐日计算，定期提取。

每日管理费=计算日基金资产净值×管理费率÷当年天数

（2）基金托管费是指基金托管人托管基金资产所收取的费用，通常按基金资产净值的一定比例逐日计算，定期提取。

每日托管费=计算日基金资产净值×托管费率÷当年天数

（3）其他费用，包括注册登记费、席位租用费、证券交易佣金、律师费、会计师费、信息披露和持有人大会会费等。目前，我国基金的管理费年费率为基金资产净值的1.5%，基金托管费年费率为基金资产净值的0.25%。

任务3 评估基金公司和基金产品

一、投资者对基金公司的评估

（1）基金管理公司所管理基金的过往业绩，是基金公司投资能力的最佳证明。对于一般投资者来讲，主要是通过基金的净值增长能力来判断基金公司的业绩。但我们要强调的是，由于基金的属性及股票运作的周期性，这一阶段表现好的基金在以后阶段的表现是相当不确定的，投资者千万不要被基金公司所辖的某只基金辉煌的历史业绩所“一叶障目”。

在考察基金公司的整体投资运作能力时，考察时间段一定要具有一定长度，考察对象一定要包括所辖的所有基金的历史表现。在建立了比较成熟的投资管理机制的背景下，某些变动对基金未来业绩的影响将被最小化。而在这种机制下新发的基金，也可以给市场稳定而良好的业绩预期。与此相反，主要依靠基金经理或某个人的能力而表现突出的基金，在出现重要人事变动时，不确定性风险会较大。

（2）诚信。基金管理人是否完全按基金合同操作、是否有内部关联交易、人为操控业绩等事件，都反映出基金公司内部控制的水平和质量。不遵照基金合同进行操作的基金没有投资的价值。

（3）基金的规模及基金公司的规模。大型基金公司的研发能力一般要比小型基金公司强，价格波动相对会小一点。而小型基金公司可能会较为激进，或者在某些方面有一些特长，要分析备选基金的同公司的其他基金的情况，避免选择与自己投资意愿不符的公司。

（4）基金经理的资历以及投资策略的稳定性。美国基金经理的平均任期为5年，而国内基金经理的平均任期不到1.3年。频繁更换基金经理或是资深人员的集体换岗会改变基金的投资风格和策略，对业绩产生较大影响。

（5）关注基金公司的团队能力。随着基金公司管理资产规模的日益扩大，团队能力显得愈发重要，特别是对一些基金产品线较为全面的公司。团队能力中重要的环节就是内控管理，以及对突发因素的应变能力和预期能力。

由于信息披露制度的原因，普通投资者并不容易通过公开渠道及时获取以上资料，但是对于那些规模适中的基金，只要管理人严格按照有关规定规范运作，在安全性和流动性方面相对更有保障。

二、投资者对基金产品的评估

为了更好地从基金产品中优中选优，投资者不仅要对基金公司进行评估，还需要对购买的基金产品进行评估，以下是六种评估基金产品的法则，投资者不妨加以运用。

（1）评估基金的管理人。基金收益的好坏取决于基金管理人管理运用基金资产的水平，投资者可以通过"理念""团队""服务""治理"这四把标尺来评判，即是否能恪守长期投资价值理念，是否具备一支结构稳定的高素质团队，是否具备高水准的服务，是否具有较高的公司治理水平和国际化视野。

（2）评估基金经理。基金经理的投资行为直接决定着基金的运作风格，影响着基金的运作业绩，并呈现不同的收益特点。因此，研究基金产品的运作规律，研究基金经理的投资风格和特点是非常重要的。

（3）评估基金管理人的创新能力。投资者选对了基金管理人，还需要对基金管理人进行科学、有效的评估。面对不断细分的基金市场，为取得稳定的客户群，基金管理人就必须有符合投资者需求的基金产品，而是否有满足投资者个性化需求的基金产品正是基金管理人创新能力高低的体现。

（4）评估基金的分红能力。作为一种专业理财产品，基金产品净值的增长是持续性的缓慢增长，相对稳定的、持久的分红政策，将使投资者的投资权益得到充分体现。

（5）评估基金的交易成本。作为基金交易成本的重要组成部分，包括申购、赎回、转换、托管、管理等费用在内的综合费率较低的基金产品，对投资者有更强的吸引力。因此，投资者在选购基金产品时，对基金产品的费率结构的计算和评估将是十分重要的。

（6）评估基金的持续服务能力。购买了一个好的基金产品，还应当有一个好的渠道商的优质服务。基金营销经理的良好服务可以为投资者提供及时、准确的基金产品信息。另外，在基金产品的具体服务指导中，投资者将得到有效的咨询服务和指导建议，消除基金投资中因信息缺失而带来的较多盲点。

任务4 基金投资的选择及误区防范

一、基金投资申购、赎回时机和投资组合的选择

基金投资并不是一件简单的事。对初入基金市场的投资者来说，首先要分析自身的收入水平、资金实力、风险承受能力、个人投资偏好等；其次面临的就是基金产品的选择问题，还得看基金管理公司和基金经理的情况、基金过往业绩和风险、费用的高低等。除此之外，还需要对基金申购和赎回的时机以及基金投资组合进行选择。

1.基金申购和赎回的时机选择

（1）根据经济发展周期判断买入时点。

俗话说，选股不如选时，选时不如选势。这里的选势讲的就是整个股市的景气状况。股市是经济的晴雨表，股市表现的好坏大致反映了经济发展的景气状况。因此，应

该在经济发展走向繁荣的时候购买基金。当明确认为经济处于谷底阶段时，应该提高债券基金、货币基金等低风险基金的比重；如果经济处于发展的复苏阶段，应加大股票型基金的投资比重；当经济发展速度逐渐下降的时候，要逐步获利了结，转换成稳健收益类的基金产品。

（2）基金募集的热度。

基金要卖在行情高涨之时，买在行情低迷之时。股市中的一个屡试不爽的真理是行情在情绪高涨中结束，在悲观中展开。当平时不买股票的人开始谈论股票获利的可能性，当买卖股票成为全民行动时，距离股市的高点就为时不远了。

相反，当经济景气循环落入低谷，投资者信心低落，股票市场行情也随之下跌。当散户们纷纷退出市场时，行情可能就要开始反弹了。这个时候正是买入基金的最佳时点。判断市场的冷与热，从基金募集情形中就可窥见一斑。经验显示，募集良好的基金通常业绩不佳，募集交易冷清的基金收益率反而比较高。这是因为投资者总是勇于追涨杀跌，怯于逢低介入。

（3）要注意基金营销的优惠活动，节省交易费用。

目前，基金公司在首发募集或者持续营销活动期间，为了吸引投资者，通常会举办一些购买优惠活动。另外，某些基金公司或者代销机构为了发展业务，可能会将优惠方式多样化，如通过网上申购基金，交易费率可以打折等。

（4）考虑基金的费率规定，选择合适的赎回时机。

基金管理人在募集基金时，为了吸引更多的投资者，鼓励投资者更长期持有所投资的基金，针对不同的基金持有时间设定不同的赎回费率。比如，有些基金在持有满半年或1年后，赎回费率减半或者全免等。所以在选择赎回时，要问清楚赎回费率的相关规定。

（5）基金业绩明显不佳时，要勇于舍弃，转换为其他基金。

基金投资倾向于长期性的投资，投资者可以容忍短期的业绩不佳，但是如果较长时间后基金的业绩仍然没有起色，就要毫不犹豫地转换为业绩优秀、表现比较稳定的其他基金。

（6）发现基金管理人的操作有问题时，应该毫不犹豫地赎回。

众所周知，基金管理人和基金持有人由于利益追求的不同，将不可避免地导致基金管理人的“道德风险”问题。投资者如果发现基金管理人为了给特定的人谋利，牺牲投资者的利益，应该立即卖掉该基金，不必再寄予任何的希望，不要做“基金黑幕”的牺牲品。

2.基金投资组合的选择

“把所有的鸡蛋都放在一个篮子里”与分散投资、降低风险的基本常识是相违背的。虽然基金投资本身就是一个分散风险的过程，但是由于不同的基金有着不同的风险，资金充裕的投资者仍有必要同时选择多只基金进行投资，分散基金投资的风险。

（1）选择不同投资风格的基金进行组合。在相同市场情况下，不同投资风格的基金的表现可能会有很大差异，因此可以选择不同投资风格的基金进行投资组合，但不建议选择同一家基金管理公司的基金进行投资组合。

（2）选择不同投资方向的基金进行组合。可以用股票型基金和债券型基金构建基金投资组合，也可以根据基金在某个市场上重点投资方向的不同构建基金投资组合。

微课4

基金定投的三大步骤

二、基金投资的误区及防范

1.基金选择中存在误区的防范

误区1：基金不用选，买哪只都差不多。

分析：不管是牛市还是熊市，基金业绩差别相当大，不同的基金带来的收益也是千差万别，即使是同一公司旗下的同种类基金差别也相当大。对基金一定要精挑细选：首先，要挑选值得信赖的基金公司；其次，要选择过去业绩表现一直较为优异且稳定的基金；最后，要考查基金经理过去的业绩。

误区2：只关注基金排名。

分析：基金排名是基金过往业绩的体现，只代表历史，在挑选基金时绝不能只看排名，尤其不能把短期排名作为依据来选择基金。投资者在选择基金时，一方面应综合考查其短期、中期和长期业绩，另一方面还应看较长时期内业绩排名是否稳定，只有长期业绩稳定且回报可观的基金才是好的投资标的。

误区3：买老基金不如买新基金。

分析："买新"还是"买老"的问题不能一概而论。一般情况下，老基金有过往业绩做参考，投资者可以通过基金的历史表现，选择适合自己的基金，更容易挑选。从时机方面来说，在股市持续上涨阶段，新基金的表现往往不如老基金。而在市场下跌过程中，由于新基金的仓位一般较老基金低，跌幅也会较老基金小，但最好要选择那些由老基金经理管理，或投研平台较好的新基金。

误区4：基金净值低，价格便宜，风险就小，上涨空间也就大，买低净值基金划算。

分析：买青菜还要货比三家，何况投资一掷千金。知己知彼，才能百战不殆。因此，在买基金之前，需要做好功课，了解自己的风险偏好，了解所欲购买基金的投资风险和收益。基金净值反映的是基金资产的市场价值，投资基金收益的高低与买入时基金净值的高低并无直接关系，真正影响投资者收益的是该基金管理人的投资管理能力。

误区5：崇拜明星基金经理，只购买明星基金经理管理的基金。

分析：基金业绩的好坏与基金经理的投资风格和能力固然是密不可分的，但是基金的投资不仅仅是由基金经理一个人决定的，与其背后的研发团队也是密不可分的。时下，很多基金管理公司都推行明星研发团队而不是明星基金经理。所以，基金业绩的好坏不仅与基金经理有关，与基金公司和基金经理背后的团队关系也很大。

误区6：无视基金类型，以基金涨幅为标准选购基金。

分析：股市处于牛市，有很多投资者选择基金时往往只关注基金净值增长的快慢，片面选择净值增长快的基金，而忽略了基金的类型。不同类型的基金股票持仓比例不同，风险不同，收益也不同。比如，在牛市中，股票型基金和混合型基金都会保持高股票仓位以获得高收益；但是在熊市中，混合型基金的股票仓位一般比股票型基金的低，规避风险能力较强。

误区7：保本基金能完全保本。

分析：许多投资者购买保本基金是冲着"保本"两个字，认为购买这种基金能保证投资本金的绝对安全。但多数保本基金的定义是"投资者在发行期内购买，持有3年期满后，可以获得100%的本金安全保证"。也就是说，3年之内投资者如果需要用钱，照样要承担基金涨跌的风险和较高的赎回手续费。所以保本基金不是无条件完全保本的，并且保本基金投资者还要承担时间风险。

2.基金持有中存在的误区防范

误区1：犹豫不决，买跌不买涨。

分析：投资者在购买基金的时候都想在低点买入，但是基金价格如何变化，是任何人无法预测的，不少人在基金净值上涨时往往犹豫不决，眼睁睁地看着基金上涨而失去投资机会。

误区2：基金是长期投资产品，买了之后便不去管。

分析：基金是长期投资产品，但并不意味着买了之后就不用管。现在市面上的基金很多，业绩良莠不齐是在所难免的。即使是近期业绩不错的基金也难免会因为种种原因，以后的业绩出现下滑，所以投资者应该定期检查自己所持有的基金的业绩表现。

误区3：反复买卖基金，忽略成本，只计收益。

分析：投资基金确实可以进行一些适当的波段操作，但不适合频繁做波段。首先，个人投资者很难预测阶段性高点和低点，不能保证准确预判，一旦看到市场下跌再赎回，很可能卖到低位上；其次，基金申购赎回费用相对较高，频繁地申购赎回产生的交易费用足以使投资者的收益折损不少，不利于短线操作；最后，再次买入时机难以有效把握，很可能低卖高买。

误区4：集中投资，淡化组合。

分析：如果置基金产品本身的投资特点而不顾，或者集中投资高风险的股票型基金，或者集中进行货币市场基金的配置，这些做法最终都会因为不能规避的系统性风险，而使投资收益受到影响。因此，在证券市场好转时，可适度增加股票型基金产品的投资比例，否则，就要减少投资股票型基金产品，增加其他类型基金产品。

误区5：复制基金=业绩复制。

分析：2007年的火爆行情让复制基金流行了一把，宣传者往往把以前的基金作为榜样，给投资者以极大的幻想。其实，即便是同一家基金公司、同样的基金投向、同一个基金经理，这两只“孪生”基金还是两只不同的基金。而且，和母本基金相比，复制基金的当前市场环境也是千差万别的。双胞胎都会有不同的命运，何况复制的基金？

误区6：基金经理去哪我去哪。

分析：有些投资者非常崇拜基金经理，某个基金经理以前管理的基金业绩不俗，现在跳槽去了另一家基金公司去管理另一只基金，这些投资者就紧跟基金经理的脚步，也更换门庭。基金业绩的好坏固然与基金经理的观念和智慧是分不开的，但与基金公司和基金团队的关系也很大，没有了优秀的基金公司和基金团队的依托，基金经理也可能举步维艰，再好的基金管理技能也很难发挥。

误区7：资产组合配置就是持有基金数量越多越好。

分析：资产组合配置并不是简单地买入若干只基金。由于不同类别的基金投资方向不同，收益与风险也不同，如果脱离基金类别做基金投资组合配置，并不能很好地达到分散风险或获取超额收益的效果。正确的做法是要在不同资产类别之间进行分配，通常是将资产在低风险、低收益证券与高风险、高收益证券之间进行分配。投资者需要根据自身的状况和投资目标，对资产配置进行规划、实施，并定期或在市场发生变动时，检查并优化自己的资产配置。

理财案例分析6-3

案例介绍：张先生今年29岁，就职于武汉一家国有企业，税后月薪5 000元。妻子是武汉市某高中的语文老师，税后月薪4 000元左右。两人年终奖约1万元。无外债、无住房，活期存款20万元。

2016年年初，在朋友的推荐下，开始尝试投资基金，先后购买了8 000元的华夏成长、6 000元的交银成长混合A、5 000元的博时第三产业成长、5 000元的信诚新兴产业混合、4 000元的招商安泰混合、2 000元的嘉实成长，此外在近期刚刚开通了基金定投，每月定投500元的博时平衡配置基金。

家庭每月生活开支约6 000元，双方父母身体健康，均有社保，以后养老不存在问题，能自给自足并每年结余3.5万元左右。张先生计划未来5年左右在武汉郊区购置一套房产，约60万元。张先生现在发愁的是，如何进行长远的投资，同时又不影响家庭的生活品质。

案例分析：目前家庭处于形成期，夫妻工作都非常稳定，家庭收入预计在未来几年不会有太大的变动，家庭的开支计划和预算能力很强，但每年可积累的资产不多，家庭未来负担预计较重，需要追求较高的收入增长率。

从家庭资产负债情况来看，银行存款20万元，开放式基金3万元，说明家庭活期存款较多，但增值能力却很差，投资资产比例不足。

理财建议：从目前家庭投资情况来看，张先生比较倾向于高风险的基金投资组合产品，建议根据家庭风险承受能力和偏好适当进行调整，制定合理的基金投资组合比例，分散投资风险，获得更大的收益。

张先生的3万元资金配置的基金品种达到了6只，投资太过分散；而投资的6只基金，以股票型基金为主，风险太过集中；同时存款太多，收益偏低。

建议张先生用70%左右的资金选择2～3家基金公司旗下的3～4只不同投资风格的基金产品进行投资（或者3～4只蓝筹股或成长股），30%左右的资金购买3年期或5年期的国债。

模块四　证券投资资产配置

任务1　设定证券投资组合目标

微课5

证券投资的基本技巧

投资组合是投资者对各种投资工具进行一定的选择而形成相对固定的若干个投资品种，以达到在一定的约束条件下，实现投资收益最大化的基本目标。这种组合并非若干个投资工具简单随意的拼凑，应体现出投资者的意愿和所受的约束，是经过精心选择和科学搭配的，并可随时调整，使其不偏离投资者的预定目标，也就是在投资收益与风险的权衡中做出的最佳组合，也是希望达到投资本金安全、投资收益相对稳定并逐步实现资本增值的一个综合目标。投资组合是一种常用的风险规避方式，其目的在于分散风险，即“不能把鸡蛋放在一个篮子里”。

好的投资组合可以在投资收益和投资风险中找到一个平衡点，即在风险一定的条件下实现收益的最大化，或在收益一定的条件下使风险尽可能地降低。当投资者对投资组合的风险和收益做出权衡时，他能够得到比投资单个资产更为满意的收益与风险的平衡。我国金融市场上主要理财工具的风险和收益对比见表6-4。

表6-4 我国金融市场上主要理财工具的风险和收益对比

金融工具	交易场所	投资门槛	风险	收益	备注
银行存款	银行	无	极低	较低	存在货币贬值风险
国债	银行柜台，证券交易所	100元	极低	低	
企业债	银行柜台，证券交易所	100元	低	中等	
理财产品	银行		中等	中等	需细致阅读产品说明书
A股	证券交易所		高	高	可能退市
融资融券	证券交易所特定股票	50万元	极高	极高	
可转换债券	证券交易所	100元	中等	中等	
权证	证券交易所	100元	极高	极高	到期需要行权
金融期货	中国金融期货交易所		极高	极高	
外汇实盘	银行		中等	中等	
外汇期权	银行		极高	极高	
黄金实盘	银行，上海黄金交易所		中等	中等	
黄金期货	上海期货交易所		极高	极高	
货币基金、债券基金	基金管理公司及各代销点	一般为1 000元	极低	低	
股票基金、混合基金、QDII基金	基金管理公司及各代销点	一般为1 000元	高	高	
私募基金	信托投资公司	一般为100万元	高	高	
非金融期货	上海、郑州、大连期货交易所		极高	极高	零和博弈

一、证券投资组合的预定目标

(1) 保本：重点在于保持投资的“初始”本金价值。通常投资者不能容忍任何本金的损失。注重本金的安全性意味着投资者希望将发生损失的风险最小化，适当的投资工具包括债券和货币市场工具。

(2) 获取当前收益：希望当期能够实现稳定的现实收入，主要通过固定收益证券获取收益。

(3) 收益增长：期望获取较高的收益年增长率，至少超过通货膨胀率。

(4) 资本增值（成长）：投资者希望投资组合的价值随时间的推移而快速增长，以满足其未来的资金需要。具体投资工具可参考图6-11。

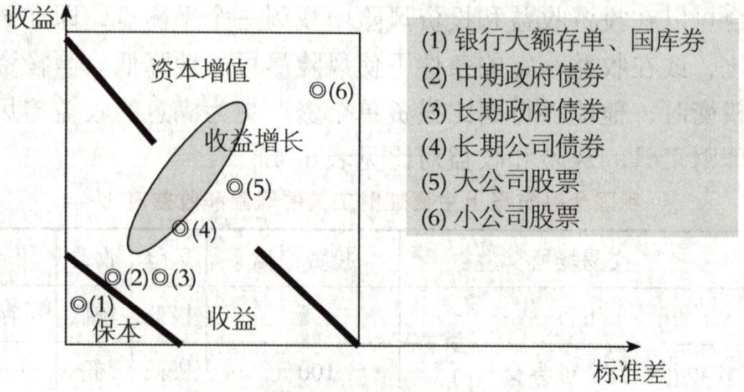

图6-11　传统的投资组合目标

二、制定投资组合目标应遵循的原则

一个好的理财目标不是随随便便就能付诸实施的，必须忠实于投资者家庭真实的情况，是经过深思熟虑并反复推敲，而且执行起来既有压力又有动力。制定投资组合目标要把握好以下4条重要原则：

（1）目标必须符合生活目标。赚钱是实现生活目标的一种手段，因此投资是为了实现生活目标服务的，如果脱离了生活目标，投资也失去了意义。在做投资规划时，要为自己的生活目标服务。

（2）合情合理又切实可行。每个人的投资组合目标要根据自己的财务状况和风险承受能力来决定，这是对投资组合目标设置在定量上的限制。目标既不能过于保守也不能过于冒险：过于保守的目标尽管很容易实现，但没有达到本身的能力，从而影响到了生活水平；而过于激进的目标将会使投资人承担超出其能够承受的风险水平，或者由于完全不可能实现而失去了意义。

（3）目标必须明确而具体。应该具体到多少钱，投资比例怎么样，收益率是多少，未来若干年达到怎样的水平等。

（4）目标要具有内在的一致性。各个阶段、各个目标之间要有联系，最好是有轻重缓急的层次关系，同时各项投资之间要有一定的连续性和可发展性。

三、设定投资组合目标的影响因素分析

（1）投资者的风险承受能力。这个因素很重要，它又可以细分为主观风险承受能力和客观风险承受能力。主观风险承受能力是在市场预期下，投资者能忍受的波动极限的能力，会因为投资者的心理素质不同而有所差异。客观风险承受能力是指投资者做投资组合时需要考虑自身财务状况、年龄阶段、家庭情况等客观因素。一般来说，越年轻的时候，风险承受能力往往是越强的，可以适当多配置风险较高的品种。

（2）投资者的投资专业知识。影响投资工具价格波动的因素多且不同，直接影响到投资组合目标的实现。

（3）投资规模。投资规模是指投资者所有的、能够用于投资的资金实力。投资者应该根据资金情况构建投资组合，量力而行。那种拆借资金投资到高风险资产上的做法是不可取的。

（4）投资期限和资产的流动性。投资者预期的投资期限也很重要。期限越长，资本市场的平滑风险作用越明显，短期的市场波动会显得没那么重要，同时资产的流动性与投资

者资产需求的流动性要相互匹配。因此，选择好的品种，是构建一个好组合的关键。

（5）家庭储蓄现状。如果投资者除去用于投资的资金外，还有一定的储蓄，那么投资的那部分资金就能承受较高的风险，因为即使发生了损失，也不会对投资者产生很大影响。相反，如果将所有资金都用于投资，那么他的投资压力会增大，进而影响到投资行为。

（6）投资市场。投资是一个长期的过程，是一件灵活的事情，投资者可以根据投资市场的变化对投资组合进行一定调整。

任务2　掌握资产配置的策略

资产配置是指依据所要达到的理财目标，按照资产的风险最低与收益最高的原则，将资金有效分配到不同类型的资产上，构建能够达到增强投资组合收益与规避风险的资产投资组合。

资产配置的目的在于以资产类别的历史表现与投资者的风险偏好为基础，决定不同资产类别在投资组合中所占的比重，从而降低投资风险，提高投资收益，消除投资者对收益所承担的额外风险。资产配置是投资过程中最重要的环节之一，也是决定实现投资组合目标的主要因素。

一、证券投资组合的主要方式

1.投资工具组合

投资工具组合是指不同投资工具的选择和搭配。选择何种投资工具，一方面应考虑投资者的资金规模、管理能力以及投资者的偏好；另一方面则应考虑不同投资工具各自的风险和收益以及相互间的相关性。

2.投资期限组合

投资期限组合是指证券投资资产的长短期限的搭配。不同的投资工具所形成的资产的期限是不同的，同种投资工具所形成的不同的资产也会有不同的期限。证券投资的期限组合主要应考虑：一是投资者预期的现金支付的需求，包括支付的时间和数量；二是不同资产的约定期限及流动性；三是经济周期变化。

3.投资的区域组合

投资的区域组合是指通过向不同地区、不同国家的金融资产进行投资，来达到分散投资风险，获得稳定收益的目的。证券投资的区域组合主要应考虑如下因素：一是各国资本市场的相关性；二是各国经济周期的同步性；三是汇率变动对投资的影响。

二、资产配置的主要策略

1.买入并持有策略

买入并持有策略是指在确定恰当的资产配置比例、构建了某个投资组合后，在诸如3～5年的适当持有期间内不改变资产配置状态，保持这种组合。买入并持有策略是消极型的长期再平衡方式，适用于有长期计划并满足于战略性资产配置的投资者。

买入并持有策略适用于资本市场环境和投资者的偏好变化不大，或者改变资产配置状态的成本大于收益时的状态。

2.恒定混合策略

恒定混合策略是指保持投资组合中各类资产的固定比例。它假定资产的收益情况和投资者偏好没有大的改变，因而最优投资组合的配置比例不变。恒定混合策略适用于风险承受能力较稳定的投资者。

如果股票市场价格处于震荡、波动状态，恒定混合策略就可能优于买入并持有策略。

3.保险投资组合策略

保险投资组合策略是在将一部分资金投资于无风险资产从而保证资产组合的最低价值的前提下，将其余资金投资于风险资产并随着市场的波动调整风险资产和无风险资产的比例，同时不放弃资产升值潜力的一种动态调整策略。当投资组合价值因风险资产收益率的提高而上涨时，风险资产的投资比例也随之提高；反之则下降。

4.动态资产配置策略

动态资产配置策略是指动态地根据市场情况在不同类型的资产之间配置资金。当股市繁荣时，将更大比例的资金投向股票；相反，当股市萧条时，要及时削减投资于股票的资金比例，防止股票进一步下跌的损失。

理财案例分析6-4

案例介绍：李先生今年60岁，夫妻二人都已退休，两人除了每月退休金7 000元外，每月还能收入3 000多元。独生子刚结婚，自己买房单过。老两口现有存款30万元。李先生估计，按自己的身体状况，还能工作四五年，攒到60万元是有可能的。他的问题是，眼下这30万元存款该如何投资。

案例分析：退休人员面临的主要经济问题是在养老、治病、护理、补贴儿孙等方面所需花的费用。李先生一家收入颇为稳定，医疗有保障，所以即便发生意外，也不必负担过多费用。因此，李先生一家风险承受能力属中等偏低类型，理财目标则是资产增值和财产传承。

理财建议：建议根据家庭风险承受能力和偏好适当进行调整，确定合理的基金投资组合比例。建议投资比例为：组合存款30%、债券基金50%、股票基金20%。

1.组合存款将整笔存款分成若干份额，按不同期限、起止时间存为定期存款，这样既可随时使用，又可获得高于活期存款的利息。此笔资金作为备用金，应急时使用。

2.债券基金（或者3年、5年期国债）相对比较稳健，风险较小，但收益可能比储蓄高。

3.股票基金由专家理财，长期投资可获较大收益。建议购买成长型和收入型股票基金，比例为各占一半。

项目小结

1.证券投资理财是指投资者通过买卖股票、债券、基金等证券类理财产品，以实现资产保值、增值的行为。

2.股票就是股份公司发给股东作为已投资入股的证书与索取股息的凭证，其实质是公司的产权证明书。股票的特点有不可偿还性、参与性、收益性、流通性、风险性。股票按风险程度的不同分为蓝筹股、成长股、投机股、防守股、周期股。

3.证券价格判断和预测的方法主要有基本分析法和技术分析法。基本分析法是准备做长线交易的投资者应采取的最主要也是最重要的分析方法。其内容主要包括宏观分析、行业分析和公司分析三个方面。公司分析主要包括公司的基本面分析、公司的财务分析两个方面。技术分析法注重短期分析，它的目的是让投资者把握具体购买的时机。技术分析构成要素有价格、成交量、时间和空间。

4.在移动平均线运用中，美国人葛兰威尔创造的八大买卖法则可谓其中的精华，历来的移动平均线使用者无不视其为技术分析中的至宝，而移动平均线也因为它，淋漓尽致地发挥了道氏理论的优势。

5.债券是政府、金融机构、工商企业等机构直接向社会筹措资金时，向投资者发行，承诺按规定利率支付利息并按约定条件偿还本金的债权债务凭证。债券的基本要素主要有票面价值、债务人与债权人、债券的价格、还本期限、债券利率。债券具有偿还性、流通性、安全性、收益性等特点。债券投资需要防范的风险有信用风险、利率风险、通货膨胀风险、流动性风险、经营风险。债券的投资策略有消极型、积极型的投资策略。

6.基金（这里是指投资基金）是指将众多投资者的资金集中起来，形成独立财产，由基金托管人（一般是商业银行）托管，由基金管理人以投资组合的方法进行证券投资的一种投资工具，是一种利益共享、风险共担的集合投资方式。基金收益主要有利息收入、股利收入、资本利得，基金的费用主要有申购费、赎回费、管理费、托管费。投资者需要对基金公司、基金产品进行评估，基金投资组合的方式有选择不同投资风格的基金进行组合、选择不同投资方向的基金进行组合。基金投资的误区及防范体现在基金选择中存在的误区防范和基金持有中存在的误区防范。

7.投资组合是投资者对各种投资工具进行一定的选择而形成相对固定的若干个投资品种，以达到在一定的约束下，实现投资收益最大化的基本目标。证券投资组合的预定目标有保本、获取当前收益、收益增长、资本增值。制定投资组合目标应遵循目标必须符合生活目标、合情合理又切实可行、目标必须明确而具体、目标要具有内在的一致性等原则。证券投资组合的主要方式有投资工具组合、投资期限组合、投资的区域组合。

【学习分享】请将学习的过程和成果做成文字、图片或视频内容，分享在相应的自媒体或社群中。请将线上分享的文件转成二维码后张贴在空白处，文字分享可以打印后张贴在空白处。

粘贴二维码	粘贴二维码	粘贴二维码	粘贴二维码
粘贴文字	粘贴文字	粘贴文字	粘贴文字

思考与练习

一、单选题

1.从有价证券的性质上看，有价证券是属于一种（　　）。

A.真实资本　B.虚拟资本　C.真实商品　D.实业资本

2.股份公司资本中最普通、最基本的股份是（　　）。

A.优先股　B.普通股　C.混合股　D.股份

3.尽管与经济周期的波动呈现相同方向，但相对稳定的行业属于（　　）。

A.增长型行业　B.周期型行业　C.防御型行业　D.成长型行业

4.相对于金融债券、政府债券，公司债券具有（　　）的特征。

A.收益较低　B.收益相同　C.风险较大　D.风险较小

5.如果企业盈利下降，对（　　）持有人造成的风险最大。

A.企业债券　B.普通股票　C.优先股票　D.企业商业票据

6.当市场利率波动时，（　　）的市场价格波动最大。

A.普通股　B.银行承兑汇票　C.短期债券　D.长期债券

7.一般情况下，某类企业处在（　　）时，投资风险相对较小。

A.初创期　B.成长期　C.成熟期　D.衰退期

8.安全性最高的有价证券是（　　）。

A.国债　B.股票　C.长期国债　D.企业债务

9.证券投资基金的资金主要投向是（　　）。

A.实业　B.邮票　C.有价证券　D.珠宝

10.一般情况下，市场利率上涨，股票价格将（　　）。

A.上涨　B.下跌　C.不变　D.盘整

二、多选题

1.下列项目属于股票特点的是（　　）。

A.参与性　B.收益性　C.风险性　D.流通性

2.证券价格判断和预测的方法是（　　）。

A.定性分析　B.定量分析　C.基本分析　D.技术分析

3.行业的生命周期主要有（　　）。

A.初创期　B.成长期　C.成熟期　D.衰退期

4.技术分析的基本假设前提是（　　）。

A.价格沿趋势移动　B.经济政策决定证券市场的变化趋势

C.市场价格说明一切　D.历史预知未来

5.以下关于政府债券，说法正确的是（　　）。

A.政府债券几乎没有信用风险　B.政府债券具有流动性强的特点

C.政府债券不受公司经营风险的影响　D.政府债券不受利率风险的影响

6.关于市场利率与债券价格的关系，以下说法正确的是（　　）。

A.负相关　B.正相关　C.没有关系　D.有重要影响

7.以下属于决定债券价格因素的是（　　）。

A.投资预期的现金收入流量　　B.必要的到期收益率

C.债券面值　　D.债券期限

8.以下属于影响股票价格波动的因素的是（　　）。

A.利率　　B.汇率　　C.失业率　　D.通货膨胀

9.下列项目属于基金特点的是（　　）。

A.集合理财　　B.风险　　C.流通性

D.收益性　　E.风险性

10.基金按基金投资对象的不同，可分为（　　）。

A.股票型基金　　B.债券型基金　　C.货币市场基金

D.混合型基金　　E.保本型基金

三、判断题

1.股票本身有价值，所以有价格。（　　）

2.市场利率上涨，股价随之上涨。（　　）

3.投资者应避免投资处于生命周期为初创期的行业。（　　）

4.公司债券因收益较为稳定、市场价格波动较平稳、风险相对较小，特别受那些稳健型投资者的欢迎。（　　）

5.债券的发行价格与票面价格比较接近，但股票的发行价格通常与票面价格相差较大。（　　）

6.债券投资的风险相对于股票投资的风险要低。（　　）

7.一般说来，期限长的债券票面利率高于期限短的债券，信用级别低的债券利率高于信用级别高的债券。（　　）

8.资产组合的收益率应该高于组合中任何资产的收益率，资产组合的风险也应该小于组合中任何资产的风险。（　　）

9.买入并持有策略要求市场有较强的流动性。（　　）

10.投资者的风险偏好是影响其风险承受能力的重要因素。（　　）

四、简答题

1.什么是股票？股票具有哪些特点？

2.股票按风险程度的不同，分成哪几类？各自的含义是什么？

3.什么是基本分析？基本分析的主要内容有哪些？

4.什么是技术分析？技术分析的优缺点有哪些？

5.相反理论的要点有哪些？

6.什么是移动平均线？如何利用移动平均线买卖证券？

7.什么是债券？债券的基本要素有哪些？

8.投资者如何对基金产品进行评估？

9.投资者如何对基金公司进行评估？

10.证券投资组合的主要方式有哪些？分别应该注意什么？

项目实训

股票投资理财

训练目的：了解股票的特点，熟悉股票投资的风险。

训练内容：掌握证券交易软件的安装及其使用，了解股票的投资品种，熟悉股票的交易基本规则。

训练素材：通达信证券交易软件、同花顺证券交易软件。

训练场所：一是上机（网）实验；二是上网股票分析软件。

训练步骤：

1.安装证券行情及交易软件，并能够较熟练使用该软件查看股票、债券、基金的交易行情及历史数据。

2.选择一家上市公司，分析实训日的交易情况。

3.查看上市公司基本信息和近期年报，熟悉股票投资的风险。

项目七　保险理财

保险的意义，只是今日做明日的准备，生时做死时的准备，父母做儿女的准备，儿女小时做儿女长大的准备，如此而已。今日预备明日，这是真稳健；生时预备死时，这是真豁达；父母预备儿女，这是真慈爱。

——胡适

学习目标	
重点及难点	
模块一 模块二 模块三	保险认知 人寿保险规划 健康保险与人身意外伤害保险规划
项目小结 思考与练习 项目实训	

学习目标

【知识目标】

1. 掌握保险的基本原则；
2. 掌握投资型寿险规划与非投资型寿险规划的流程与方法。

【技能目标】

1. 能掌握保险合同的要素；
2. 能利用年金进行理财规划；
3. 能自行在网上购买保险产品。

【思政目标】

1. 理解可保利益原则与社会主义法治间的关系；
2. 从保险业的发展看中国特色社会主义保障制度的完善。

重点及难点

重点：人寿保险的分类及影响寿险需求的因素。

难点：如何利用保险的基本原则进行案例分析、寿险合同中的重要条款。

案例导入

一个周末，丈夫带着妻子和孩子出海游玩。途中遇到一个卖救生圈的小贩，小贩说："买个救生圈吧！只要10元一个。"这个丈夫不耐烦地摆摆手，带着家人出海了。一路上风平浪静，很快他们来到了海中央。一家人说说笑笑正玩得开心，突然狂风大作，船也被风浪掀翻了。一家人落入了水中，拼命挣扎。这时旁边划来了一艘船，船里坐着卖救生圈的小贩。丈夫大喊道："快给我3个救生圈，我出500元！"小贩回答道："不卖！现在要10万元一个！"如果你是这位丈夫会如何选择呢？案例中所体现的就是保险的作用：救生圈就是保险，风浪就是风险事件。平时的微小付出有可能换来巨大的回报，当然也有可能毫无回报。我们在个人理财中，该如何选购合适的保险产品呢？

模块一 保险认知

很多人认为股票、基金等是投资理财，保险与理财无关。事实上，保险不仅仅具有保障功能，还具有理财功能。保险理财，广义上来说，就是通过购买相关的保险产品达到对个人（家庭）进行风险管理和投资的目的。而购买的这些具有理财功能的保险产品就是保险理财产品。狭义的保险理财是指通过购买具有理财功能的保险产品来实现自有资产的保值增值功能。首先我们来认识保险。

【我的认知】我对保险的认知是这样的

保险理财以其转移风险的特殊功能，是理财生涯中必不可少的工具之一，也是从事理财工作时提供理财组合的构成部分之一。在学习之前，请就您的理解、罗列几类保险产品，并用关键词或短语表达出该类保险产品的核心要点（特点），并提示您认识到的、投资该品种保险的注意事项。

保险类型	关键要点	注意事项

任务1　认识保险

一、保险的含义

微课6

保险理财的方式与技巧

一般来说，保险分为广义的保险和狭义的保险。

广义的保险是指集合具有同类风险的众多单位和个人，以合理计算分担保险金的形式，向少数因该风险事件发生而导致经济损失的成员提供保险经济保障（或赔偿或给付）的经济行为。

狭义的保险即商业保险。所谓商业保险，是指保险双方当事人（保险人和投保人）自愿订立保险合同，由投保人交纳保险费，用于建立保险基金，当被保险人发生合同约定的财产损失或人身伤亡事件时，保险人履行赔付或给付保险金的义务。

教学互动 7-1

试比较商业保险与储蓄的异同点？商业保险与社会保险有哪些不一样？

二、保险的分类

1.按照实施方式分类

（1）自愿保险。自愿保险是指保险双方当事人通过签订保险合同，或是由需要保险保障的人自愿组合而实施的一种保险。

（2）法定保险。法定保险又称强制保险，是国家对一定群体以法律、法令或条例规定其必须投保的一种保险。法定保险的保险关系不是产生于投保人与保险人之间的合同行为，而是产生于国家或政府的法律效力。

2.按照保险标的分类

（1）财产保险。财产保险是指以财产及其相关利益为保险标的，因保险事故发生导致的财产损失，以金钱或实物进行补偿的一种保险。财产保险有广义与狭义之分。

广义的财产保险包括财产损失保险、责任保险、保证保险等。狭义的财产保险是以有形的物质财富及其相关利益为保险标的的一种保险。狭义的财产保险包括火灾保险、海上保险、汽车保险、航空保险、利润损失保险、农业保险等。

（2）人身保险。人身保险是以人的身体或生命为保险标的的一种保险。根据保障范围的不同，人身保险可以分为人寿保险、意外伤害保险和健康保险。

人寿保险是以人的寿命为保险标的，当发生保险事故时，保险人对被保险人履行给付保险金责任的一种保险。意外伤害保险是指被保险人在保险有效期内因遭遇非本意的、外来的、突然的意外事故，致使其身体蒙受伤害时获得补偿的一种保险。健康保险是以被保险人的身体为保险标的，使被保险人在疾病或意外事故中所致伤害时发生的费用或损失获得补偿的一种保险。

（3）责任保险。责任保险是以被保险人依法应负的民事损害赔偿责任或经过特别约定的合同责任为保险标的的一种保险。责任保险的种类包括公众责任保险、产品责任保险、职业责任保险、雇主责任保险。

（4）信用、保证保险。信用、保证保险都是以信用风险作为保险标的的保险，都是具有担保性质的保险。当债权人作为投保人向保险人投保债务人的信用风险时就是信用保险，当债务人作为投保人向保险人投保自己的信用风险时就是保证保险。

3.按照承保方式分类

（1）原保险。这是相对于再保险而言的，是指投保人与保险人直接签订保险合同而建立保险关系的一种保险。

（2）再保险。再保险又称分保，是指保险人在原保险合同的基础上，通过签订合同的方式，将其所承担的保险责任，部分或全部转移给其他保险人的一种保险。

（3）复合保险。复合保险是指投保人以保险利益的全部或部分，分别向数个保险人投保相同种类保险，签订数个保险合同，其保险金额总和不超过保险价值的一种保险。

（4）重复保险。重复保险是指投保人以同一保险标的、同一保险利益、同一风险事故分别与数个保险人订立保险合同的一种保险。重复保险与复合保险的区别在于，其保险金额的总和超过保险价值。

（5）共同保险。共同保险是指投保人与两个以上保险人之间就同一保险利益、同一风险共同缔结保险合同的一种保险。

任务2　了解保险的基本原则

保险的基本原则包括可保利益原则（又称保险利益原则）、最大诚信原则、近因原则和损失补偿原则。

一、可保利益原则

1.可保利益原则的含义

可保利益又称保险利益，是指投保人对投保标的所具有的法律上承认的利益。可保利益是订立保险合同以及保持保险合同效力的前提条件。投保人或被保险人对保险标的所拥有的任何利益并非都能成为可保利益。确认某一项利益是否构成可保利益必须具备三个条件：

（1）必须是合法的利益。

可保利益必须是被法律认可并受到法律保护的利益，必须符合法律规定，与社会公共利益相一致。它产生于国家制定的相关法律或法规以及法律所承认的有效合同。凡是违法或损害社会公共利益而产生的利益都是非法利益，不能作为可保利益。比如，以盗窃、诈骗、贪污等手段所获取的财物都不能成为保险合同的标的物，因此产生的利益不能构成可保利益。

（2）必须是确定的利益。

确定的利益包括已经确定和能够确定的利益。已经确定的利益指事实上的利益，即现有利益；能够确定的利益指客观上可以实现的利益即预期利益。这里所说的预期利益是基于现有利益在未来可能产生的利益，必须具有客观依据，仅凭主观预测和想象可能会获得的利益不能成为可保利益。

（3）必须是经济上的利益。

所谓经济上的利益，是指投保人或被保险人对保险标的的利益价值必须能够用货币来衡量。如人的精神创伤是无法以货币来衡量的，所以通常不作为可保利益。

2.可保利益原则的应用

可保利益原则在人身保险与财产保险应用上由于保险标的的性质不同而有所区别，主要表现在以下两个方面：

（1）可保利益的形成条件不同。

财产保险中可保利益包括：①财产所有权，即财产所有人、经营管理人对其所拥有的财产具有可保利益；②财产经营权、使用权，即经营者或使用者对其负责经营或使用的财产具有可保利益；③财产的保管人、货物的承运人、各种承包人、承租人等对其保管、占用、使用的财产，在负有经济责任的条件下具有可保利益；④财产的抵押权人对抵押财产具有可保利益。抵押是一种对债务的担保，抵押人为债务人，抵押权人为债权人。抵押权人对抵押财产具有经济上的利害关系，即可保利益。

人身保险的可保利益是指投保人与被保险人之间所具有的各种利害关系，包括：①人身关系，即投保人对自己的寿命或身体具有可保利益；②亲属关系，投保人对与其具有婚姻或亲密的血缘关系的人具有可保利益，如夫妻之间、父母与子女之间；③雇佣关系，由于企业或雇主与其雇员之间具有经济利益关系，因而企业或雇主对其雇员具有可保利益；④债权债务关系，由于债务人的生存、死亡关系到债权人的切身利益，所以债权人对债务人具有可保利益。

（2）对可保利益的时效要求不同。

一般情况下，财产保险不仅要求投保人在投保时对保险标的具有可保利益，还要求可保利益在保险有效期内始终存在，特别在发生保险事故时，被保险人对保险标的必须具有可保利益。在海上货物运输保险中，可保利益不必在保险合同订立时存在，但当损失发生时被保险人必须具有可保利益。

与财产保险不同，人身保险则着重强调投保人在保险合同订立时对被保险人必须具有可保利益，而保险事故发生时是否具有保险利益并不重要。之所以必须在保险合同订立时存在可保利益，是为了防止投保人对被保险人无利害关系而诱发道德风险，进而危及被保险人生命或身体的安全，并且领取保险金的受益人必须由被保险人或投保人指定。

教学互动 7-2

3岁的多多父母在国外工作，暂时由在国内的外祖父、外祖母抚养。其外祖父为多多购买了1份人寿保险。1年后多多意外死亡，父母和外祖父要求保险公司给付死亡保险金，遭到保险公司的拒绝。

请根据可保利益原则分析，保险公司是否应该履行合同。

二、最大诚信原则

最大诚信原则的基本含义是：保险双方在签订和履行保险合同时，必须以最大的诚意履行自己应尽的义务，互不欺骗和隐瞒，恪守合同的认定与承诺；否则，受到损害的一方可以此为由宣布合同无效或不履行合同的约定义务或责任，甚至对因此而受到的损害还可要求对方予以赔偿。

最大诚信原则的主要内容包括告知、保证、弃权与禁止反言。

1.告知

告知也称披露或陈述，是指合同订立前、订立时及在合同有效期内，要求当事人按照法律将与保险标的有关的重要事实尽自己所知，毫无保留地向对方所做的口头或书面的陈述。

告知的形式在国际上主要有两种：无限告知和询问告知。无限告知是指法律对告知的内容没有做具体的规定，只要是事实上与保险标的的危险状况有关的任何重要事实，投保人都有义务告知保险人。无限告知对投保人的要求比较高，法国、比利时以及英美法系国家的保险立法均采用无限告知的形式。询问告知是指投保人对保险人询问的问题必须如实告知，对询问以外的问题，投保人无须告知。我国采用的即是这一形式。

2. 保证

保证是指被保险人在保险期限内对某种特定事项的作为或不作为、某种事实的存在或不存在做出的承诺。

根据保证事项是否已存在，保证可分为确认保证与承诺保证。确认保证是指投保人或被保险人对过去或者现在某一特定事实的存在或不存在的保证；承诺保证是指投保人对将来某一事项的作为或不作为的保证。

此外，根据保证存在的形式，保证又可分为明示保证与默示保证。明示保证是以文字或书面的形式载明于保险合同中，成为保险合同的条款；默示保证是指一些重要保证并未在保单中订明，但为订约双方在订约时都清楚的保证。默示保证是根据有关的法律、惯例及行业习惯来决定的，实际上是法庭判例影响的结果，也是某行业习惯的合法化。默示保证与明示保证具有同等的法律效力，对被保险人具有同等的约束力。

3. 弃权与禁止反言

弃权与禁止反言是指合同一方任意放弃其在保险合同中可以主张的某种权利，将来不得再向他方主张这种权利。事实上，无论保险人还是投保人，如果任意放弃可以主张的某种权利，将来都不能反悔。但从保险实践看，这一规定主要约束保险人。例如，某企业为员工投保团体人身保险，在提交的被保险人名单上，已注明某被保险人因肝癌已病休2个月，但因代理人未严格审查，办理了承保手续，签发了保单，日后该被保险人因肝癌死亡，保险人不能因该被保险人不符合投保条件而拒付保险金。

教学互动 7-3

某银行投保火险附加盗窃险，在投保单上写明24小时有警卫值班，保险公司予以承保并以此作为减费的条件。后银行被窃，经调查，某日24小时内有半小时警卫不在岗。则该保险公司是否承担赔偿责任？

三、近因原则

近因并非指时间上或空间上与损失最接近的原因，而是指造成损失的最直接、最有效的起主导性作用或支配性作用的原因。

近因原则是判明风险事故与保险标的损失之间因果关系、以确定保险责任的一项基本原则。按照这一原则，当被保险人的损失是直接由于保险责任范围内的事故造成时，保险人才给予赔付。从近因的认定与保险责任的确定来看，主要包括下列几种情况：

1. 单一原因

单一原因即损失由单一原因造成。如果这一原因又属于保险责任范围，保险人就应履行赔付责任；反之，则不负有赔付责任。

2.多种原因并存发生

多种原因并存发生即损失由多种原因造成，并且这些原因几乎同时发生，无法区分时间上的先后顺序。如果造成风险事故发生的原因有多种，并且都对损失起决定作用，则它们都是近因。如果这些原因都属于保险风险，则保险人要承担赔付责任；相反，如果这些原因都属于非保险风险，保险人则不必承担赔付责任。还有一种情况，如果这些原因中既有保险风险，也有非保险风险，保险人只负责保险风险所致损失的赔付。对于损失难以划分的，保险人一般不予赔付。

3.多种原因连续发生

多种原因连续发生即损失由若干个连续发生的原因造成。如果损失的发生是由具有因果关系的连续事故所致，并且这些原因中没有非保险风险，则保险人应负赔付责任。如果这些原因中既有保险风险，也有非保险风险，则要分情况讨论：若前因是保险风险，后因是非保险风险，但后因是前因的必然结果，则保险人应承担赔付责任；相反，若前因是非保险风险，后因是保险风险，且后因是前因的必然结果，那么保险人不必承担赔付责任。

4.多种原因间断发生

多种原因间断发生即损失由间断发生的多种原因造成。如果风险事故的发生与损失之间的因果关系由于另外独立的新原因介入而中断，则该新原因即为损失的近因。如果该新原因属于保险风险，则保险人应承担赔付责任；相反，如果该新原因属于非保险风险，则保险人不必承担赔付责任。

理财案例分析7-1

案例介绍：莱兰船舶公司对诺威奇保险公司诉讼案

1918年，第一次世界大战期间，莱兰船舶公司的一艘轮船被敌方潜艇用鱼雷击中，但仍拼力驶向哈佛港。由于情况危急，又遇到大风，港务局担心该船会沉在码头泊位上堵塞港口，因此拒绝它靠港。该船在航行途中船底触礁，终于沉没。该船只投保了海上一般风险，没有投保战争险，保险公司拒赔。

案例分析：根据法庭判决，损失的近因是战争，保险公司胜诉。虽然在时间上导致损失的最近原因是触礁，但船在被鱼雷击中了以后，始终没有脱离险情，触礁是被鱼雷击中引起的，被鱼雷击中（战争）属未保风险。

四、损失补偿原则

1.损失补偿原则的含义

损失补偿原则是指保险合同生效后，如果发生保险责任范围内的损失，被保险人有权按照合同的约定，获得全面、充分的赔偿。保险赔偿是弥补被保险人由于标的遭受损失而失去的经济利益，被保险人不能因保险赔偿而获得额外的利益。

损失补偿原则包含两层含义：一是质的规定，即只有保险事故发生造成保险标的毁损致使被保险人遭受经济损失时，保险人才承担损失补偿的责任；二是量的限定，即被保险人可获得的赔偿数额，仅以其保险标的遭受的实际损失为限，即赔偿恰好可以使保险标的在经济上恢复到受损以前的状态。

2. 影响损失补偿的因素

坚持损失补偿原则必须把握以下三个限度，以保证被保险人既能恢复失去的经济利益，又不会因为保险赔款而获得额外收益。

(1) 实际损失。

以被保险人的实际损失为限进行保险补偿，即当被保险人的财产遭受损失后，保险赔偿应以被保险人所遭受的实际损失为限。在实际赔付中，由于财产的价值经常发生变动，所以在处理赔案时，应以财产损失当时的实际价值或市价为准，按照被保险人的实际损失进行赔付。

(2) 保险金额。

保险金额是保险人承担赔偿或给付责任的最高限额，赔偿金额不能高于保险金额。另外，保险金额是保险人收取保险费的基础和依据。即使在通货膨胀的条件下，被保险人的实际损失往往会超过保险金额，也必须受此因素的制约。

(3) 可保利益。

发生保险事故造成损失后，被保险人在索赔时，首先必须对受损的标的具有可保利益，而保险人的赔付金额也必须以被保险人对该标的所具有的可保利益为限。

3. 损失补偿原则的派生原则

(1) 代位追偿原则。

代位追偿原则是指在财产保险中，保险标的发生保险事故造成推定全损，或者保险标的由于第三者责任导致保险损失，保险人按照合同的约定履行赔偿责任后，依法取得对保险标的的所有权或对保险标的的损失负有责任的第三者的追偿权。

通过代位追偿，既防止被保险人由于保险事故的发生，从保险人和第三者责任方同时获得双重赔偿而额外获利，又使得致害人无论如何都应承担损害赔偿责任，同时也使得保险人可以通过代位追偿权从过失方追回支付的赔偿费用，从而维护保险人的合法权益。代位追偿原则的主要内容包括权利代位和物上代位。

(2) 重复保险分摊原则。

重复保险分摊原则是在被保险人重复保险的情况下而产生的补偿原则的一个派生原则，即在重复保险情况下，被保险人所能得到的赔偿金由各保险人采用适当的方法进行分摊，从而所得到的总赔偿金不得超过实际损失额。

知识链接 7-1

损失补偿原则的例外

在定值保险、重置成本保险和人寿保险中都存在损失补偿原则的例外，最为典型的就是人寿保险。

人寿保险中的保险金额是由投保人或被保险人自行确定的，而且当被保险人残疾或死亡时，倘若其持有多份保单，被保险人或受益人可获得多重给付。因此，人寿保险对损失补偿的原则也是一种例外。

模块二 人寿保险规划

任务1 认识人寿保险

一、人寿保险的概念及分类

人寿保险简称寿险，是以被保险人的生命作为保险标的，以被保险人的生死作为保险事件，在保险期间内发生保险事件时，保险人履行给付保险金责任的一种保险。

人寿保险由于其保险标的的特殊性，使其具有与其他险种不同的特点：保险标的不可估价；保险金额定额给付；保险费用采取均衡保费；不能代位求偿。

在传统意义上，一般将寿险分为生存保险（包含年金保险）、死亡保险和两全保险，但是随着时代的进步，这些传统的保险形式已无法满足人们的需求，由此产生了新型的投资型寿险，包括投资连结险（投连险）、万能险和分红险三大种类。

1.生存保险

生存保险是以被保险人在保险期间内仍然生存作为给付条件的一种人寿保险。如果在此期间内保险人死亡，所缴保费亦不退还。生存保险主要是为了给年老的人提供养老的保障，一般不作为独立的险种，而是与其他险种结合办理，例如生存保险与年金保险结合成为现行的养老保险。

2.死亡保险

定期死亡保险一般称为定期寿险，是指被保险人在一定期限内发生死亡事故时由保险人给付保险金的一种保险（见表7-1）。保险期限长短较灵活，可以短于1年，也可以是10年甚至更长，并且具有可续保的特征，即允许保单持有人在保单到期时，不通过可保性审查便可续保，但对续保时的年龄有一定限制。以某保险公司一款定期寿险为例：

表7-1 定期寿险的保障范围与保险利益

项目	保障范围	保险利益
基本保险利益	主险合同生效起1年内疾病身故	按保险金额的10%领取身故保险金，并无息返还所交保费，主险合同终止
	意外伤害身故或主险合同生效起1年后疾病身故	按保险金额领取身故保险金，主险合同终止
附加保险利益	意外残疾保险金（若购买了附加残疾意外伤害保险）	被保险人自意外事故发生之日起180天内造成残疾，领取意外残疾保险金

投保年龄：18～60周岁

交费方式：5年、10年、15年、20年、30年交和趸交

保险期限：10年、15年、20年、30年

如一男性30岁时投保该定期寿险，30年交，保险期限30年，基本保险金额10万元，交费期内附加基本保险金额10万元的附加残疾意外伤害保险，保费支出为每年590元。

基本保险利益如下：

身故保险：被保险人主险合同生效之日起1年内疾病身故，领取10 590元；被保险人主险合同生效之日起1年后疾病身故，领取10万元保险金。

附加保险利益：交费期内被保险人自意外伤害事故发生之日起180天内造成的残疾，被保险人领取意外残疾保险金。

3.两全保险

两全保险是指不论被保险人在保险期内死亡还是生存到保险期满均能领取约定保险金的一种保险。其中死亡给付的对象是受益人，期满生存的给付对象是被保险人。

4.新型寿险

除了以上几种传统寿险之外，还有将保障和投资融于一体的投资型险种，主要包括投资连结险（投连险）、万能险和分红险。

（1）投资连结险，也称变额寿险。它集保障和投资功能于一体，其保额随着投资收益的变化而变化。这就意味着投保人至少存在一个保费分离账户用于投资，一般而言，投资方向有货币市场基金、普通股票基金、债券基金以及其他形式的基金，保额与投资收益直接挂钩。投保人可根据自身喜好将用于投资的保费分配到不同投资账户，并可以随时支取投资账户里的资金。投资连结险在投保人收益和保险金给付方面具有以下特点：

①保证最低死亡给付金。也就是说，不论投资账户的收益如何，保额不能低于某个限额。

②不设定最低保证利率。将来获得的保险金取决于投资账户中资金的投资收益。

③投资账户内的资金由保险公司的投资专家负责投资运作，投保人享有全部投资收益，但同时也承担了全部的投资风险。

（2）万能险，也称万能寿险。它是一种交费灵活、保额可调整、非约束性的保险，具有成本透明、可投资的特征。投保人在交纳了一定量的首期保费后，可随着自身的需求和经济状况选择缓缴或者停缴任何数量的保费，以此改变保险金额。

知识链接 7-2

给孩子投保万能险时，可根据孩子的成长阶段储备必要的抚养金、教育金、婚嫁金等。

给20岁到40岁的年轻人投保万能险时，由于他们正处于事业的起步或者上升阶段，可能刚刚组建家庭，有车贷和房贷压力，又是家里的经济支柱，因此可适当提高保障比例。

对于50岁以上的中老年人，生活压力减少，养老需求提高，可适当降低保障比例，提高投资比例。

（3）分红险。分红险是指保险公司将经营成果当中的可分配盈余按照一定比例向投保人进行分配的人寿保险。值得注意的是，保险公司的分红既不是固定的，也不是保证的，其分红水平与公司的经营状况有着直接的联系。分红险的红利主要来源于利差益、死差益和费差益。

①利差益：资产运用的实际利益率大于预定利益率时产生的利益。

②死差益：保险公司的实际风险发生率低于预计的风险发生率，即实际死亡人数比预计的死亡人数少时所产生的盈余。

③费差益：实际所用的营业费用比依预定营业费用率所计算的营业费用少时所产生的利益；反之，则称为费差损。

3种不同类型的保险综合比较见表7-2。

表7-2 3种不同类型的保险综合比较

类型	保障型保险	储蓄型保险	投资型保险
品种	人身意外伤害险、定期寿险、重疾险、财产保险	终身寿险、两全保险、年金保险	投连险、万能险、分红险
缴费方式	定期、定额	定期、定额	不定期、不定额
保额	固定	固定	不固定
资产管理	只有保障账户	只有保障账户	保障账户和投资账户都有
现金价值	没有保证	有保证	没有保证
投资方式	没有投资功能	保险公司代理	自行选择投资组合
投资风险	无投资风险	保险公司承担风险	风险自担

二、影响寿险需求的因素

寿险需求是指在一定时期内，消费者在各种可能的价格水平下愿意并且能够购买的人寿保险的数量总和。影响寿险需求的外在因素包括保险供给、保险价格、利率水平、通货膨胀、经济制度、相关法律法规等；除此之外与消费者自身因素相关的有年龄、性别、身体健康情况、已有保障水平、收入、职业、保险意识、家庭成员状况等。

1.保险供给

保险供给是指在一定时期内一定的费率水平上，保险市场上各家保险企业愿意并有能力提供的保险商品的总和。

2.保险价格

任何一种商品的需求量都与该商品价格密切相关。对寿险产品而言，其需求与价格也是负相关的关系。但由于寿险产品定价的复杂性，消费者难以判断保险价格中包含了多少附加保费，因而降低了保险价格对个人寿险需求的影响程度。

3.通货膨胀

由于人寿保险的缴费和支付形式是保费交纳在前、保险金的给付在后，因此通货膨胀将使给付的保险金额大幅贬值。换句话说，投保人的实际缴费率大幅提高，从而使个人寿险需求下降。此外，通货膨胀会使得消费者实际收入减少，消费者收入的实际增长水平慢于名义增长水平，甚至会出现负增长，从而使得寿险需求减少。

另外，通货膨胀对个人寿险需求的影响也与险种有关，目前市场上推出的新型险种如万能险、投连险、分红险等，能在一定程度上抵消通货膨胀的影响。

4.收入与储蓄

收入水平越高，消费者购买力越强，对寿险的需求也就越多。另外，收入水平高的人，对生活水平要求也高，因而需要通过购买寿险产品来保证现有的生活水平。在收入水平既定的条件下，寿险需求和储蓄之间存在一定的替代关系。特别是一些长期寿险产品，或多或少都具有一些储蓄功能，因此储蓄和寿险需求之间是可以相互转化的，高储蓄量也意味着较高的寿险需求潜力。

5. 利率水平

大多数寿险产品都带有储蓄性，人们在购买时，会与其他的储蓄和投资工具进行机会成本的比较。如果寿险产品的预定利率水平低于或者其调整滞后于市场利率，人们就会减少对寿险产品的需求；但利率的变动又会对保险资金的运用产生影响，特别是现在很多保险产品属于投资型的，对利率的变动比较敏感。

6. 风险意识

风险的存在是保险潜在需求的客观前提，人们厌恶风险的假设则是保险潜在需求的主观前提。一些人只需较低的风险水平就能达到其风险偏好需求，而另一些人则需较高的风险水平才能达到匹配的风险程度，显然后者要比前者对风险的意识更趋于冒险性。正是由于对风险的不同意识，才导致购买保险也分为偏爱、肯定、冷淡和拒绝等几种消费意识与行为，从而影响保险需求。

7. 保障水平

人们已有的保障水平对寿险需求也具有相当重要的影响。随着社会保障体系的逐步完善，广覆盖、低保障的社会基本养老保险只能为社会成员提供最基本的生活保障，不足部分必然要通过企业年金和个人年金解决。因此，随着社会保障制度改革的深入，会刺激企业或个人对员工福利保险计划和储蓄性商业保险的需求，从而为商业保险开辟了广阔的市场空间。

8. 生命周期

人的一生在不同的年龄阶段对保障的需求是不同的，在未成年期（出生至独立工作）基本没有生活负担，主要依靠父母，在这个阶段面临的主要风险包括父母的死亡、意外伤害、疾病、失业等。在开始工作后的青年期（开始工作至40岁）不再依赖父母，在这个时期所面临的最大压力来自工作、小孩、车、房等，主要风险包括疾病、意外伤害、死亡、收入中断以及养老。40岁到退休的已婚中年期，儿女自立后家庭负担减轻，但自身健康状况下降，医疗费用增加，这个时期所面临的风险包括疾病、意外伤害、死亡和养老。退休到去世这段时期，收入减少，健康状况大不如前，担心生活费不足，风险包括疾病、意外伤害、养老和丧葬。

此外，性别对寿险的需求也有一定程度的影响。一般而言，女性的平均寿命长于男性，因此女性更倾向于选择储蓄型寿险，而男性更倾向于保障型寿险。另外，女性的家庭观念较强，更有风险意识，对于寿险的需求也较大。

总之，寿险是家庭理财的重要内容，各种形式的家庭都有其客观需求，只是侧重点不同而已。

任务2　了解寿险理财产品

一、投资连结险

投资连结保险（以下简称投连险）又称变额寿险，是一种新形式的终身寿险产品，集保障和投资于一体。保障主要体现在被保险人保险期间意外身故，会获取保险公司支付的身故保障金，同时通过投连险附加险的形式也可以使被保险人获得重大疾病等其他方面的保障。

与其他寿险产品比较，投连险具有以下特点：

(1) 投连险更强调客户资金的投资功能。投连险产品中包含多个不同类型（根据投资对象分类）的投资账户，供客户选择，客户购买后资金将直接进入其选择的投资账户。

(2) 投连险产品可以向客户提供人身风险保障功能，保障责任可多可少，客户购买保障发生的费用及其他投连险产品规定向客户收取的管理费用均定期从客户的投资账户中扣除。

(3) 投连险具有交费方式灵活的特点。保险金额可灵活调整，投资账户也可以灵活转换。如果账户价值能够支付保险成本与各项费用，投保人也可暂停交费。

(4) 客户享有投连险账户中的全部资金收益，保险公司不参与任何收益分配而只收取相应管理费用，同时客户要承担对应的投资风险。

投连险运作机制如图7-1所示：

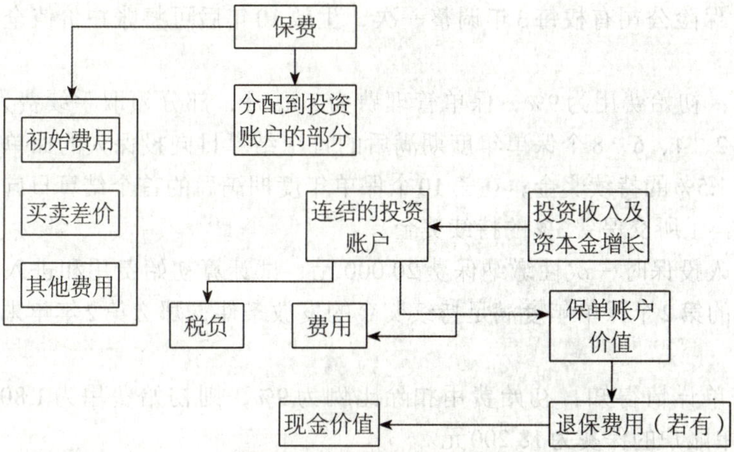

图7-1 投连险运作机制

理财案例分析7-2

案例介绍： 李先生30岁，投保B保险公司某投连险产品，年缴基本保费5 000元，基本保额50 000元。额外保费固定为交费期内每年5 000元。在扣除了一系列的费用之后，保费以投资单位买入价买入投资单位，进入个人选择的投资账户进行累积。如果在99岁之前的合同有效期内身故，将获得保额50 000元与保单账户价值之和；如果在未满60周岁时残疾，两年内分3次提前给付保额50 000元与保单账户价值之和（给付比例为10%、20%、70%）。在陈先生99岁时，可以领取全部的保单账户价值。

案例分析： 该投连险产品具有以下特点：(1) 基本保险费的初始费用较高；(2) 缴费方式更方便灵活，缴费期由消费者自己决定；(3) 理财账户投资管理费用差异化收取；(4) 持续性奖励较高；(5) 提供更多的保单功能。所以投连险产品具有一定的理财价值。

二、万能险

万能险也是集保障和储蓄投资于一体，保险人缴付的保险费分为两个部分：一部分用于风险保障；另一部分记入保单账户，由保险公司负责投资运作，投保人的资金可以获得高度专业化的管理。它具有以下特点：

（1）交费灵活，费用结构具有很强的透明性。通常来说，投保人支付首期保费后，可不定期、不定额地支付保费。同时，保险公司向投保人明示所收取的各项费用。

（2）资金灵活，可随时领取部分资金。账户资金可在合同约定的条件下灵活支取。按照合同约定，投保人通常可以提高或降低保险金额。

（3）提供最低保证利率，保证资金安全。此类产品通常可以为投资账户提供最低保证收益，并可与保险公司分享最低保证收益以上的投资回报。

（4）每月公布结算利率，定期结算投资收益。这实际上相当于以复利的方式为消费者计算利息，因此与市场利率变动具有较强的关联性。

在购买万能险之前，投保人同样要了解清楚初始费用、手续费等必须支付的费用。

【例7-1】李明先生准备购买泰康放心理财经典版终身寿险（万能型），产品的基本情况如下：起售金额为2 000元，单件保额最高为5万元（含），同一被保险人累积最高50万元；投保年龄是出生满30天到65周岁，采取趸交的交费方式，保险期间是终身，保证年利率为2.5%，保险公司有权每3年调整一次，生效10年后可将账户价值全部或部分转换为年金领取。

费用信息：初始费用为9%，保单管理费为5元/月，部分领取手续费为25元/笔，持续奖金是在第2、4、6、8个保单年度期满后的首个结算日向投保人的保单账户内分配相当于所交保费1.5%的持续奖金；在第10个保单年度期满后的首个结算日向投保人的保单账户内分配相当于所交保费3%的持续奖金。

假设投保人投保时一次性缴纳保费20 000元，试计算初始费用和进入保单账户的保费。若购买后的第2个保单年度满足持续奖金的发放条件，那么第2年年末的持续奖金是多少？

根据该保单详情得知：初始费用扣除比例为9%，则初始费用为1 800元（20 000×9%），进入保单账户的保费为18 200元。

第2年年末的持续奖金为300元（20 000×1.5%）。

三、分红险

分红险依据功能，可以分为投资型分红险和保障型分红险两类。

投资型分红险以银保分红产品为代表，主要为一次性缴费的保险，通常为5年或10年期。它的保障功能相对较弱，多数只提供人身死亡或者全残保障，不能附加各种健康险或重大疾病保障。在给付额度上，意外死亡一般为所交保费的2～3倍，自然或疾病死亡给付只略高于所缴保费。比如某保险公司的银保分红产品，在1年内身故只退回保险费，1年以后疾病身故则按保额赔偿，意外身故则按保额3倍赔偿。

保障型分红险主要是带分红功能的普通寿险产品，如两全分红保险和定期分红保险等。这类保险侧重人身保障功能，分红只是作为附加利益。以两全分红保险为例，在固定返还生存金的同时，还有固定保额的身故或全残保障，红利将按照保险公司每年的经营投资状况分配，没有确定的额度。保障型分红险通常可作为主险，再附加健康险、意外险和重大疾病保险，从而形成完善的保障计划。

教学互动 7-4

投资连结险与传统非分红险产品和传统分红险产品有何区别？

任务3　认识寿险合同中的重要条款

对购买保险产品的个人来说，必须清楚地了解保险合同的主要条款，明确自己的权利与义务，才能有效地保障自身利益，避免出现法律纠纷。

就人寿保险合同而言，除了注明保险金额、保险责任、保险费、保险期限等基本事项以外，通常还有以下重要条款：

一、不可抗辩条款

不可抗辩条款又称不可争辩条款。其基本内容是：在被保险人生存期间，自保险合同生效之日或合同复效之日起，经过一定时期（通常为2年）后，除非投保人不再履行交纳保险费义务，保险人不得以投保人或被保险人在投保时的误告、漏告和隐瞒等为理由否定合同的有效性，解除保险合同或拒绝给付保险金。

人寿保险要求投保人对被保险人的身体健康等足以影响保险人正确客观判断承保风险的重要事实如实告知。如果投保人在购买保险时没有履行告知义务，故意隐瞒重要事实或因过失做出不实说明，保险人有权宣告保单无效。但在实际操作中，有的保险人却滥用此项权利。在发生保险事故时，以投保人告知不实为由，拒付保险金。因此，为了保护被保险人和受益人的利益，要求保险公司在保单上附上：保险人对投保人是否履行如实告知义务提出异议的时间一般被限制在两年之内。这个两年期称为可抗辩期。在两年抗辩期之后，保险人不得行使抗辩权，即使保险人查明投保人违反诚信原则，也不能解除合同或拒绝给付保险金。

二、自杀条款

自杀条款是人寿保险合同里的常用条款之一。一般规定，在包含死亡责任的人寿保险合同中，保险合同生效后的一定时期内（一般为1年或2年）被保险人因自杀死亡属除外责任，保险人不给付保险金，仅退还所交纳的部分保险费；而保险合同生效满一定期限之后，被保险人因自杀死亡，保险人要承担保险责任，按照约定的保险金额给付保险金。该条款通常规定，在签发保单后2年内，被保险人如果由于其自己的行为而造成死亡时，不论其神经是否正常，保险人只负责退还已交保费的责任，退保费一次付给保单上注明的受益人。

三、宽限期条款

宽限期条款又称交付保险费的宽限条款。由于人寿保险都是长期性的保险合同，需要投保人几年甚至几十年内按时交纳保费，难免碰到由于投保人因经济状况或者疏忽等无法按时交纳保费。为了不使保险合同轻易失效，保险公司会给出一定的宽限期（我国保险法规定的宽限期为60天），在宽限期内一旦发生保险事故，保险人也会给付保险金，但要扣除欠缴的保费。若超过宽限期还未交纳保费，双方也无其他约定，则保险合同自宽限期结束的次日起失效，除非投保人要求复效。

四、复效条款

复效条款是指投保人因不能如期交纳保费而导致合同效力中止或失效后，投保人可以保留一定时间的申请复效权。在此期间内，投保人有权申请保险单复效。经过保险公司审查同意后，投保人补交失效期间的保险费及利息，保单可恢复效力。

复效和重新投保是不同的。复效是指保留原来保险合同的权利和义务不变，如保险责任、保险期限、保险金额等，都按原保险合同规定办理。而重新投保是指一切都重新开始。值得注意的是，保险合同复效后，保险人对于失效期间发生的保险事故仍不予负责。尽管如此，在一般情况下，投保人愿意申请复效，而不愿意重新投保。

此外，申请复效需要满足以下条件：

（1）复效申请的时间不得超过复效申请的保留期限，即自保险合同失效之日起一定期限（一般为两年）内提出申请，并不曾退保或把保险单变为定期寿险；

（2）保险人一般要求被保险人须符合可保条件或提供可保性证明。在保单失效期间，被保险人的条件，如健康状况、生活环境、职业等都可能发生变化。如果是失效期较长的保单，在申请复效时，被保险人需要向保险人提供健康检查书和可保证明，说明上述情况。保险人再据此决定是否同意复效。

（3）投保人必须一次性补缴失效期间所欠缴的保险费和利息，扣除应分配的红利，并归还所有保险单质押贷款。

教学互动 7-5

王力为自己购买一份寿险，期限为25年，每年交费1 000元，在合同生效的第5年，因其失业，经济拮据。

1.如果在逾期的第10天，王力遭遇车祸死亡，保险公司如何处理？

2.在合同的宽限期后仍不能缴费，保险公司如何处理？

3.如果8个月后王力要求降低一定比率的保险费，但保险公司未予批准，王力遂缴纳了拖欠的保险金，保险公司接受吗？

五、年龄或性别误报条款

被保险人的年龄和性别是决定保险费率的重要依据。不同年龄和性别的人的死亡率是不同的，即使他们所投保的险种和保险期限相同，他们所交纳的保费也不尽相同。需要指出的是，保险人是按照被保险人投保时的年龄而并非实际年龄来计收保费的。投保时的年龄不仅直接影响到购买保险的价格，甚至还会影响到是否能够购买该保险产品。

投保人告知的被保险人年龄不真实，并且其真实年龄不符合合同约定的年龄限制时，保险公司可以解除合同，但是自合同成立之日起逾2年的除外。当投保人由于误报被保险人年龄致使投保人支付的保险费少于应交保险费的，保险公司有权更正并要求投保人补交保险费，或者在给付保险金时，按照实付保险费与应付保险费的比例支付；相反，若投保人由于误报被保险人年龄致使投保人实付保险费多于应付保险费的，保险公司应将多收的保险费退还投保人。

六、保费豁免条款

所谓保费豁免，是指在保险合同规定的某些特定情况下导致完全丧失工作能力时，由保险公司批准，同意投保人可以不再交纳后续保费，保险合同仍然有效。保费豁免条款一般分为投保人保费豁免和被保险人保费豁免两种。其具体表现为：一是针对投保人豁免。例如，父母给孩子投保，在交费期，一旦父母发生变故，孩子的保费就可以得到豁免，保险合同继续有效。二是投保人与被保险人为同一人。例如，在交费期，被保险人发生意外状况，可豁免未交完的后续保费，保险合同继续有效。

豁免的前提是必须符合保险合同中规定的特定情况。各家保险公司的豁免规定不尽相同：有的公司规定，投保人因意外或者疾病导致身故或者全残可以豁免；有的公司则规定，只有投保人身故才能豁免；还有的公司规定，只有意外身故才能豁免，疾病身故或者全残不在豁免范围之内。因此，投保人投保时应问清楚豁免条款的豁免范围。

七、不丧失现金价值条款

视频3

三分钟教你秒懂保险理财，守住你的“财”

不丧失现金价值条款，又称不丧失现金价值任选条款，是指保险人在约定的范围内，允许投保人自由处理其保险单现金价值的一种合同约定。不丧失现金价值条款的基本内容是：当投保人没有能力或不愿意继续交纳保险费时，保险单已经积存的责任准备金可以作为退保金以现金返还给投保人，也可以作为趸缴保费将原保险单改为缴清保险单或展期保险单，而究竟如何处理，由投保人自由选择。除了定期死亡保险以外，大多数人寿保险（特别是终身寿险）在缴付一定时期的保费之后都具有现金价值。虽然这部分现金由保险人保管运用，但实际上同储蓄存款一样，应归保单所有人所有。

在保险实务中，保险公司会在保险合同中载明现金价值，为了简明易读，一般都会采用表格形式，将现金价值的数额列在保单上，说明计算方法及采用的利率，使保单所有人可以随时掌握保单的现金价值。

模块三　健康保险与人身意外伤害保险规划

任务1　健康保险规划

一、健康保险的概念及分类

健康保险是以被保险人的身体为保险标的，使被保险人在疾病或意外事故所致伤害时发生的费用或损失获得补偿的一种保险。由于划分标准不同，健康保险的分类也有所不同。

1.按给付方式划分

健康保险按照给付方式可分为以下三种类型：

（1）给付型：保险公司在被保险人患保险合同约定的疾病或发生合同约定的情况时，按照合同规定向被保险人给付保险金。保险金的数目是确定的，一旦确诊，保险公司按合同所载的保险金额一次性给付保险金。各保险公司的重大疾病保险等就属于给付型。

（2）报销型：保险公司依照被保险人实际支出的各项医疗费用按保险合同约定的比例报销。例如，住院医疗保险、意外伤害医疗保险等就属于报销型，该给付方式遵循的是补偿原则。若被保险人的诊疗费和医药费等费用通过社会医疗保险等其他途径已获得了补偿，则不再重复补偿。

（3）津贴型：保险公司依照被保险人实际住院天数及手术项目赔付保险金。保险金一般按天计算，保险金的总数依住院天数及手术项目的不同而不同。例如，住院医疗补贴保险就属于津贴型。投保前需注意的是，大多数津贴型医疗险对每次住院最多给付天数都有限制（大多不超过180天），应事先了解清楚。

2.按保险责任划分

健康保险按照保险责任可分为疾病保险、医疗保险、收入补偿保险和长期护理保险。

（1）疾病保险（包括重大疾病保险）是指以疾病为给付保险金条件的保险。通常这种保单的保险金额比较大，给付方式一般是在确诊为特种疾病后，立即一次性支付保险金额。只要被保险人罹患保险条款中列出的某种疾病，无论是否发生医疗费用或发生多少费用，都可获得保险公司的定额补偿。

疾病保险可作为一个独立的险种由投保人自由选择，不必附加于某个险种之上，并且该保险条款会规定一个等待期或观察期，观察期结束后保单才正式生效。

（2）医疗保险是指以约定的医疗费用为给付保险金条件的保险，即提供医疗费用保障的保险，它是健康保险的主要内容之一。

常见的医疗保险包括普通医疗保险、住院保险、手术保险、综合医疗保险、住院津贴保险。

（3）收入补偿保险是指以因意外伤害、疾病导致收入中断或减少为给付保险金条件的保险，具体是指当被保险人由于疾病或意外伤害导致残疾，丧失劳动能力不能工作以致失去收入或减少收入时，由保险人在一定期限内分期给付保险金的一种健康保险。

收入补偿保险的给付方式一般有两种：①按月或按周给付。可由被保险人自行选择。②按给付期给付。其中短期补偿是为了补偿在身体恢复前不能工作的收入损失，而长期补偿一般是补偿全部残疾以致不能恢复工作的被保险人的收入。

（4）长期护理保险是为因年老、疾病或伤残而需要长期照顾的被保险人提供护理服务费用补偿的健康保险。长期护理保险的责任范围一般包括三种护理类型：专业护理、日常家庭护理和中级家庭护理，几乎涵盖被保险人在任何场所接受的各种个人护理服务。

二、健康保险的常见条款

1.免赔额条款

在健康保险的保单中一般规定了免赔额。保险人只负责超过免赔额的部分，即小额的医疗费由被保险人自付，大额的医疗费由保险人承担。这种做法可以促使被保险人加强对医疗费用的自我控制，避免浪费。

2.观察期条款

健康保险合同生效一段时间后，保险人才对被保险人因疾病发生的医疗费用履行给付责任。因为仅仅依据被保险人过往的病历难以判断其是否已经患有某些疾病，为了防止已经患有疾病的被保险人投保，一般在保单中规定一个观察期或称免责期。观察期一般为半年，被保险人在观察期内因疾病支出医疗费及收入损失，保险人不负责，观察期结束后保单才正式生效。

3.给付限额条款

健康保险的保险事故发生时，可以赔付的费用包括门诊费、药费、住院费、护理费、医院杂费、手术费、各种检查费等。由于疾病的差异很大，与之相对应的医疗费用支出差异也很大，因此对医疗保险的保险金给付规定一个最高保险金额。

三、健康保险的选择

随着保险业不断发展创新，各种新型保险产品层出不穷，在此不一一列举，下面仅针对比较常见的健康保险险种在选择过程中值得注意的几大问题做具体分析。

1.重大疾病的规定及重疾险的选择

中国保险行业协会与中国医师协会合作制定的《重大疾病保险的疾病定义使用规范（2020年修订版）》中明确指出：以“重大疾病保险”命名、保险期间主要为成人阶段的保险产品，其保障范围必须包括六种必保疾病：恶性肿瘤——重度、较重急性心肌梗死、严重脑中风后遗症、重大器官移植术或造血干细胞移植术、冠状动脉搭桥术（或称冠状动脉旁路移植术）、严重慢性肾衰竭。

之所以规定这六种疾病是任何重疾险产品必须承保的内容，是因为在重疾险所保障的多种疾病中，发生率和理赔率较高的疾病主要集中在这六种，这些疾病对重疾险产品价格的影响最大。事实上，各大保险公司所推出的重疾险产品不仅覆盖了这六种疾病，几乎所有保险公司的产品都至少涵盖了25种疾病之多。因此，重疾险几乎可以说是一张人人用得到的保单。那么，该如何选购重疾险呢？

（1）类别选择。

目前市场上的重疾险产品主要分三类：第一类是保费较高，但提供终身保障，重疾或者身故可以两倍或者三倍给付；第二类是保费比较便宜，但是不还本，包括一些短期的重疾保障产品；第三类是以附加险形式出现的产品，主险可以是分红、两全保险等，保费一般只有几百元，也比较便宜，但是出险后主合同随之中止。

这三类产品并无好坏之分，关键看自身需要，要根据年龄、性别和经济状况量力而行。作为消费型险种，短期重疾险是不能单独销售的，只能作为附加险销售。相对长期重疾险来说，短期重疾险在较短保险期间内以较低保费，为被保险人提供较高保障，但其保障时间短，需要年年续保。长期重疾险保障期较长，还有一定的储蓄功能，但保费也较高。随着年龄的增大，重大疾病的发病率也增加，因此早买较为划算。选择短期重疾险还是长期重疾险，主要视个人的经济状况而定。收入不稳定人士，如刚踏入社会的年轻人，可选择短期重疾险，以获得重疾保障；而收入较稳定、有一定经济基础的人士，可选择长期重疾险，以获得长期的保障。若家庭年收入10%以内可满足长期重疾险保费，则建议购买长期重疾险，使其对应保额基本能满足长期需求。

（2）条款选择。

大多数人都认为，在保险产品的选择上，保障范围越多越好。目前市场上的重疾险保障疾病已从数种增加到几十种不等，许多保险公司经常会在宣传时强调保障疾病的种类。事实上，对个人而言，保险责任的范围并非越广越好。保障的病种越多，保费越高。对具体的投保人来说，有些疾病的发生率几乎为零，或者他们原先购买的意外险中已经能够保障某些疾病，那么就没有必要花钱再去购买有交叉保障项目的重疾险。

选择重疾险时最重要的是考察条款中是否包含了常见的心血管、器官性和老年性疾病，有了这三大类，基本上就满足了一般投保人的保障需求。另外，还要注意为自己量身定做，比如儿童购买重疾险，其中一定要包含白血病；单身青年人可以考虑重点购买重疾险；新婚的夫妻经济负担较大，不一定要选购重疾险；女性可考虑购买涵盖了原位癌等女性多发病种的重疾险。取己所需，以不增加自己和家人的额外负担为前提，更好地保障未来。

（3）额度选择。

购买重疾险之前要了解目前患重疾之后所需花费的医疗费用。重大疾病的治疗费用少则10万元，多则几十万元甚至更高，因此购买10万元到30万元的保额比较合适，低于10万元的保障功能太弱，而超过30万元对普通大众来说也没有必要。当然，每隔三五年，投保者还可以根据家庭人员和经济状况的变化做一些适当的调整。

现在市场上推出的重大疾病保险，一般有定额给付型保险和费用补偿型保险。定额给付型保险适用人身险的给付原则。譬如，被保险人在两家保险公司同时投保了保额均为20万元的重大疾病给付保险，只要在保险期间内出险，最多可以领取两家保险公司共计40万元的给付金，而不需要医疗费用收据作为凭证，也不涉及重复投保、额外获利的问题。在实际操作中费用补偿型保险往往采用补偿原则。在保险额度范围内对被保险人发生的医疗费用进行补偿。当被保险人从第三方获得补偿时，保险公司仅补偿差额部分。若向多家保险公司投保，保险公司根据一定分摊原则对被保险人补偿，被保险人不能获得双份赔偿。因此，即使投保多份保险，其给付也限定在实际所花费的医药费和保险金额内，并按比例分摊。被保险人不能因为重复保险而额外获利。需要注意的是，费用补偿型保险申请赔付时要求提交相关费用发生的凭证，而定额给付型保险给付与费用发生无关，无须提供发票，只需证明医疗行为的发生或某事实的存在。

另外，目前市面上的重疾险有两种：作为主险单买或者作为附加险与主险一同购买。事实上这两种模式的投入费用和意义差别都不大。

（4）交费方式选择。

一般来说，若投保人一次性交足保费会有一些价格上的优惠，但重疾险的保费还是年缴比较好。虽然所付总额可能略多些，但每次交费较少，不会给家庭带来太大的负担。加之利息等因素，实际成本不一定高于一次交清的付费方式。年缴还有利于估量家庭每年的支出状况，便于家庭理财规划。

另外，不少保险公司都有“保费豁免”的规定，若重大疾病保险金的给付发生在交费期内，从给付之日起，免交以后各期保险费，保险合同继续有效。这就是说，如果被保险人缴费第2年身染重疾，若本应是10年缴的，实际支付了1/5保费；若是20年缴的，实际支付了1/10的保费。

总的来说，选择重疾险要遵循量身定做的原则，还要考虑保险公司的服务质量和业务员的专业化程度。保险公司在投保后的服务情况可以从理赔、缴纳续期保费、保单保全变更等方面是否便捷、合理来考察。消费者在投保前可以多和保险公司沟通，了解各家保险公司在这些方面的规定。

2.综合医疗保险的选择

综合医疗保险是保险人为被保险人提供的一种全面的医疗费用保险，其费用范围包括医疗和住院、手术等的一切费用。这种保单的保险费较高。一般都确定一个较低的免赔额连同适当的分担比例。综合医疗保险对各种住院和门诊费用都提供了广泛的保障，其保险责任一般包括：

（1）住院床位费：综合医疗保险对住院床位费的补偿一般是双人间病房的床位费。

（2）检查检验费：包括各种实验室检查、X光检查和超声波等仪器检查费用的补偿。

（3）手术费：包括对手术费、麻醉费和手术室费用的补偿。

（4）诊疗费：综合医疗保险能对各类诊断和治疗费用进行补偿，除了医疗诊断费和一般的药物治疗及护理费用外，还包括各种物理治疗费、氧气费和输液费等。

除此之外，综合医疗保险的保险责任中还包括对门诊医疗费用，某些康复治疗的费用如假肢、人工关节和轮椅及救护车费用等的补偿。

对上述医疗费用项目，综合医疗保险的给付限额相对较高，甚至只有一个总的保险金额给付限额，这与基本医疗保险是不同的。

知识链接 7-3

综合医疗保险的比较

优点：

1.门诊、住院均可随时报销；

2.可以对全国范围内发生的医疗费用进行报销；

3.不要求被保险人必须有社保。

缺点：

1.对投保前已经患有的较严重疾病可能不予承保；

2.专业性和复杂度较高，最好由专业保险机构提供配套服务。

总体来说，各保险公司的综合医疗保险大体框架类似，但区别也有很多方面，主要体现在：（1）对医院的要求有差异；（2）对投保人数要求不同；（3）对不承保疾病定义有差异；（4）观察期有差异；（5）赔款支付手段不同；（6）保险责任和适用条款略有差异；（7）对儿童赔付标准有差异；（8）投保及变更手续有差异。

3.长期护理险的选择

长期护理险又称老年护理保险，是对保障被保险人因为功能丧失、生活无法自理、需要康复中心或需要在家中接受他人护理时的种种费用给予补偿的一种健康保险。作为主要负担中老年人专业护理、家庭护理及其他相关服务项目费用支出的新型健康保险产品，长期护理保险相对传统健康医疗险来说，更易满足年老后的看护需求。

（1）长期护理保险的类型。

长期护理保险的责任范围一般包括三种护理类型：专业护理、日常家庭护理和中级家庭护理。专业护理提供医疗服务，由专业医生负责，主要是指具有治疗性质的护理服务，如诊断、预防、康复等。日常家庭护理一般由非医疗护理机构提供，以个人护理为主，如协助洗澡、穿衣、吃饭和帮助解决其他日常生活问题。中级家庭护理则介于以上两者之间，为那些不需要专业医务人员全日看护的病人而设。

值得注意的是，长期护理保险还有严格的除外责任，投保前就存在的既往症所导致的生活自理能力丧失一般作为除外责任。此外，由于精神、神经疾患或情感障碍、酗酒和吸毒以及自杀自伤所导致的生活自理能力丧失一般也都在除外责任之列。

（2）购买长期护理保险的适合人群。

虽然长期看护险的优势较为明显，但相对应费率也较高。因此，以下三类族群可以考虑选择购买该类险种：

①不婚、不育或晚育族。虽然这类人年轻时养育负担较轻，但等到自己多病的晚年来临时，没有子女在身旁，基本社保也肯定满足不了老年护理的费用支出，所以应该购买长

期护理保险以未雨绸缪。

②重视退休规划的“蚂蚁族”。已经准备好生活到85岁以上的人群，若是在六七十岁时就需要长期看护，即便有子女照应，子女也不一定吃得消，所以得先筹措长期看护的保障。

③肩负赡养父母责任的年轻人。因为目前二三十岁的年轻人，将来需要扶养的老年对象大多比自己的小孩还多，要保证自己能够孝顺父母甚至是祖父母，就可以为目前在50岁以下的父母购买长期护理保险，以适当减轻自己未来的压力。

任务2　人身意外伤害保险规划

人身意外伤害保险是指以被保险人因遭受意外伤害造成死亡、残疾为给付保险金责任的一种人身保险。简单地说，保险公司一般只对被保险人发生以下两种情况承担给付责任：因意外伤害导致身故，因意外伤害导致残疾。

一、人身意外伤害保险的保险责任及除外责任

1.人身意外伤害保险的保险责任

人身意外伤害保险的保险责任必须具备3个必要条件：

（1）被保险人在保险期限内遭受了意外伤害是构成人身意外伤害保险的保险责任的首要条件。

这包括两个方面的要求：一是被保险人遭受的意外伤害必须是客观发生的事实，而不是臆想的或者推测的。二是遭受意外伤害的客观事实必须发生在保险期限内。也就是说，如果意外伤害发生在保险期限开始之前，而死亡或伤残发生在保险期限之内，则不构成保险责任。

（2）被保险人在责任期限内死亡或残疾是构成人身意外伤害保险的保险责任的必要条件之一。

这里指的是在法律上发生效力的死亡和残疾。在法律上发生效力的死亡包括两种情况：一是生理死亡，即已被证实的死亡；二是宣告死亡，即按照法律程序推定的死亡。

（3）意外伤害必须是死亡或残疾的直接原因或近因。

该条件要求意外伤害与死亡或残疾之间必须存在因果关系，否则不能构成保险责任。这里的因果关系包括意外伤害是死亡或残疾的直接原因、近因、诱因等3种情况。

2.人身意外伤害保险的除外责任

不同保险公司人身意外伤害保险的除外责任会有稍许差异，但内容大致相同，以某保险公司某人身意外伤害保险产品的除外责任为例：

（1）投保人、被保险人、受益人的故意行为；

（2）因被保险人故意犯罪或拒捕、自杀、自残、斗殴、吸毒等所致意外伤害（被保险人自杀时无民事行为能力的除外）；

（3）因被保险人私自服用、注射药物所致意外伤害；

（4）因被保险人挑衅或故意行为而导致的打斗、被袭或者被谋杀；

（5）被保险人因疾病、妊娠、流产安胎、分娩导致的伤害（意外伤害所致的流产或分娩除外）；

（6）被保险人因药物过敏、整容手术、内外科手术或其他医疗导致的伤害；

（7）被保险人未遵医嘱私自服用、涂用、注射药物（按使用说明的规定使用非处方药的除外）；

（8）被保险人因意外伤害、自然灾害事故以外的原因而被法院宣告死亡的；

（9）被保险人进行潜水、跳伞、滑雪、滑水、滑翔、狩猎、攀岩、探险、武术、摔跤、特技、赛马、赛车、蹦极、卡丁车等高风险运动和活动；

（10）任何生物、化学、原子能武器，原子能或核能装置所造成的爆炸、灼伤、污染或辐射；

（11）恐怖袭击。

此外，被保险人在受如醉酒或毒品、管制药物的影响期间遭受伤害导致身故、残疾的，保险人也不承担给付保险金责任。

二、人身意外伤害保险与寿险在费率决定上的区别

人身意外伤害保险是按照被保险人职业的危险程度制定费率的，职业危险程度越高，需要缴纳的保费就越多。

在实际理赔中，也会根据被保险人的职业类型，确定一定比例的免赔率。保险公司一般会按照不同职业相应的风险系数对应的给付比例进行理赔：一类职业100%、二类职业80%、三类职业50%、四类职业30%、四类以上职业5%。一般而言，一类职业属于相对安全的职业，如公务员、教师、企事业单位行政人员等，四类职业是危险职业，如防火员、警察、保安等，四类以上则是高危职业。

另外，职业变更也会影响意外险的赔付。大部分的意外险条款中会明确约定：被保险人变更其职业或工种时，投保人或被保险人应于10日内以书面形式通知保险公司。如果被保险人变更后的工作危险程度增加，保险公司自接到通知之日起，按其差额增收未满期净保费。

如果被保险人变更职业或工种未依照约定通知保险公司，并且发生了保险事故，那么保险公司会按其原保险费与应收保险费的比例计算给付保险金。若被保险人所变更职业或工种在保险公司拒保范围内的，保险公司可拒绝给付保险金责任。

与意外险不同，寿险的费率是保险精算师根据死亡率假设、利率假设、失效率假设、费用率假设和平均保额五个因素来推定的，因此对被保险人而言，与寿险保费直接相关的是被保险人的年龄、健康状况等因素。意外险不会随着被保险人年龄增长而改变费率（18周岁到55周岁范围内），前提是被保险人职业或工种不变；而寿险产品在不同年龄段购买同样的产品时保费收取会有所不同。

三、如何网上购买人身意伤害保外险

与其他险种相比，人身意外伤害保险在选择购买时相对简单，因此可以考虑在网上直接购买。

1.选择一个比较权威的网站

以在聚米网选购保险为例，如图7-2所示。

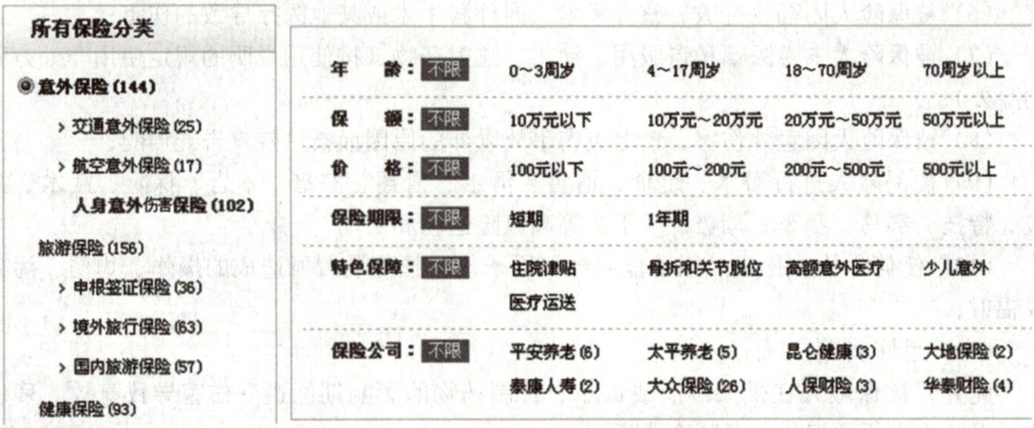

图7-2 保险产品选购界面

微课7

家庭保险投资的配置原则

屏幕左侧下拉菜单里有可供选择的险种类别，点击所需的险种，在右边界面会出现可选的范围，包括年龄、保额、价格、保险期限、特色保障、保险公司等项目，也可按照销量、价格或产品上架时间排序来进行挑选。

2.选择合适的保险品种

以购买太平精英综合意外保险为例，如图7-3所示。

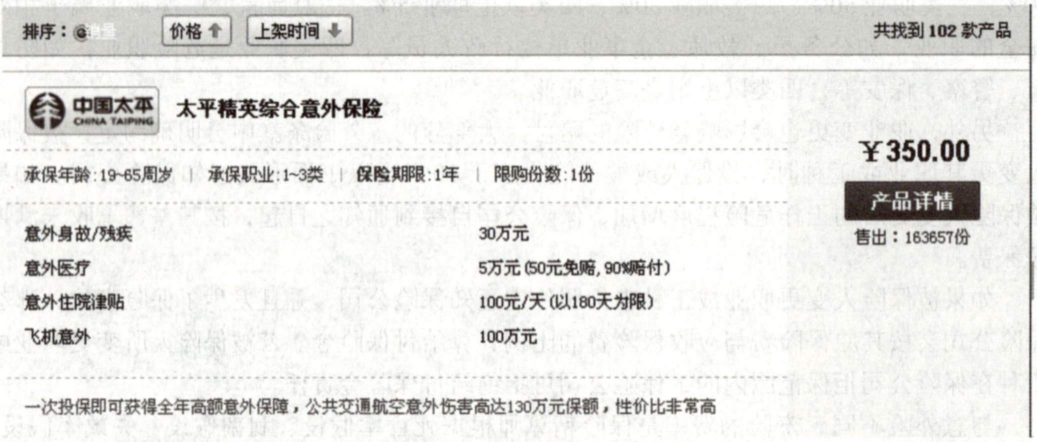

图7-3 具体险种介绍

3.参看保险产品的具体说明

点击页面右边的产品详情，即出现具体保险产品的说明，如图7-4所示。消费者所需的所有产品详情都罗列其中了。

浏览大部分意外险产品不难发现，大多数意外险的保险期限都是1年，只有少数公司推出的个别产品可以供消费者在一定范围内选择保险期限。

4.网上支付完成购买

随着保险业的不断发展，提供给消费者的购买渠道也越来越多，但需要注意的是，网上购买的人身意外伤害保险产品相对便宜和便捷，但并无自动续保功能，容易断保。在保险公司写投保书投保的可以默认第2年直接从账户中扣款，不会出现断保。

太平精英综合意外保险		
产品特色	意外伤害（身故、残疾）、意外医疗、公共交通工具保障、意外住院津贴保障。一般意外伤害保险金与公共交通工具意外伤害保险金可累计赔付。	
保险期限	1年	
保障内容	保险责任	保险金额
	意外身故或残疾	30万元
	公交航空意外身故或残疾	100万元
	公交列车轮船意外身故或残疾	30万元
	公交机动车意外身故或残疾	20万元
	意外医疗	5万元（免赔50元，90%赔付）
	意外住院津贴	100元/天（以180天为限）

图 7-4　具体保险产品说明

教学互动 7-6

由中国保险行业协会联合中国法医学会共同发布的新版《人身保险伤残评定标准》自2014年1月1日起正式实施。与旧标准相比，新标准大幅度扩展了意外伤害保险的保障范围，新标准实施后，人身意外伤害保险的赔偿范围由34项增至281项。

“伤残新标”的实施将对人身意外伤害保险市场产生哪些方面的影响？

【检验】制订一个家庭成员的保险计划

依据保险原理，用关键词表达出家庭及家庭成员的现状和特点。根据您的家庭及家庭成员特点，为每一个家庭成员制订一个投保计划，说出相应的理由。

我的家庭情况				
我推荐的家庭保险计划	关系	保险产品	核心条款	理由

项目小结

1.商业保险是指保险双方当事人（保险人和投保人）自愿订立保险合同，由投保人缴纳保险费，用于建立保险基金，当被保险人发生合同约定的财产损失或人身事件时，保险人履行赔付或给付保险金的义务。保险按照保险标的分为财产保险、人身保险、责任保险、信用保险。

2.保险的基本原则包括可保利益原则（又称保险利益原则）、最大诚信原则、近因原则和损失补偿原则。

3.人寿保险简称寿险，是以被保险人的生命作为保险标的，以被保险人的生死作为保险事件，在保险期间内发生保险事件时，保险人履行给付保险金责任的一种保险。一般将寿险分为生存保险（包含年金保险）、死亡保险和生死两全保险。新型的投资型寿险包括投资连结险（投连险）、万能险和分红险三大种类。

4.健康保险是以被保险人的身体为保险标的，使被保险人在疾病或意外事故所致伤害发生费用或损失后获得补偿的一种保险。人身意外伤害保险是指以被保险人因遭受意外伤害而造成的死亡、残疾为给付保险金责任的一种人身保险。

5.个人根据自身的需要和收入选择合适的保险产品，可以通过营销人员、网上渠道购买保险。购买保险要了解保险合同的主要条款以明确自己的权利与义务，这样才能有效保障自身利益，避免出现法律纠纷。

【学习分享】请将学习的过程和成果做成文字、图片或视频内容，分享在相应的自媒体或社群中。请将线上分享的文件转成二维码后张贴在空白处，文字分享可以打印后张贴在空白处。

粘贴二维码	粘贴二维码	粘贴二维码	粘贴二维码
粘贴文字	粘贴文字	粘贴文字	粘贴文字

思考与练习

一、单选题

1.投保人或被保险人对（　　）应当具有法律上承认的经济利益。

A.保险事故　　B.保险责任　　C.保险标的　　D.保险风险

2.某人投保了人身意外伤害保险，在回家的路上被汽车撞伤送往医院，在其住院治疗期间因心肌梗死而死亡。那么，这一死亡事故的近因是（ ）。

A.被汽车撞倒　　B.心肌梗死

C.被汽车撞倒和心肌梗死　　D.被汽车撞倒导致的心肌梗死

3.以下有关两全保险的说法错误的是（ ）。

A.两全保险是死亡保险和生存保险的综合，其保险金额分为危险保障保额和储蓄保额

B.两全保险的危险保障保额和储蓄保额都随保险年度的增加而增加，因此其现金价值也逐渐累积

C.两全保险的保单持有人可在保险期间向保险公司申请保单质押贷款

D.两全保险的保险责任较全面，适应性较广，其年均保费要高于终身寿险

4.保险人在确定人身意外伤害保险费率时考虑的最主要因素是（ ）。

A.年龄　　B.性别　　C.职业　　D.体格

5.下列关于保险产品在个人理财中的应用，说法错误的是（ ）。

A.在日常生活中，个人或家庭可以通过购买保险产品，将风险转嫁给保险公司

B.保险赔款可以免征个人所得税

C.保险产品具有其他投资理财工具不可替代的功能是保障功能

D.客户面临现金流短缺时，可以将保险产品退保来解决临时现金不足

二、多选题

1.按照承保方式划分，保险可以分为（ ）。

A.直接保险　　B.人身保险　　C.财产保险　　D.再保险

2.投资型保险产品与普通的保障型保险产品相比，具有的特点包括（ ）。

A.保费中含有投资保费

B.同时具有保障功能和投资功能

C.给付的保险金由风险保障金和投资收益组成

D.费用较低

3.投资型保险产品包括（ ）。

A.人身意外伤害保险　　B.分红保险

C.万能寿险　　D.投资连结保险

4.个人保险规划的原则包括（ ）。

A.先大人，后小孩　　B.家庭互保原则　　C.先保障，后投资　　D.量力而行原则

5.在进行保险规划时，会面临很多风险，引发风险的行为有（ ）。

A.王先生对自己价值100万元的商品房投保了50万元

B.刚工作的小李给自己买了一份10年期的定期人寿保险

C.张先生在一家保险公司为自己购买了10份人身意外伤害保险

D.王女士为自己价值80万元的房屋在3家保险公司都投保了80万元

三、判断题

1.最大诚信原则只是对投保方的要求，对保险人无约束力。（ ）

2.终身死亡保险的给付必须以被保险人死亡为条件，被保险人不死亡，则不能领取保险金。但被保险人生存到100周岁，也可以领取终身保险金。（ ）

3.投资连结险的风险完全由投保人自己承担，而分红险的风险是由投保人和保险人共同承担的。（　　）

4.从保险责任来看，终身寿险除了保险期限较长外，与定期寿险类似。（　　）

5.意外伤害保险具有损害赔偿性和储蓄性的双重性质。（　　）

四、简答题

1.请分析保险的功能。

2.再保险与共同保险有何异同？

3.投资连结险、万能险、分红险的区别与联系是什么？

项目实训

训练目的：能根据案例中人物实际需求进行保险规划。

训练内容：田先生（38岁）是某合伙企业的合伙人，年收入约40万元，但不稳定。田太太（35岁）是小学教师，年收入在5万元左右，有社保。女儿田田今年10岁。田先生的父亲与田先生一家同住，今年70岁，没有任何收入。

根据以上案例完成下列题目：

1.田先生一家应该优先为（　　）投保。

A.田先生　　B.田太太　　C.田田　　D.田父

2.对于田先生父亲的风险管理与保险规划的建议，不合适的是（　　）。

A.立即为其购买人身意外伤害险　　B.立即为其购买重大疾病险

C.立即为其购买养老险　　D.通过家庭的收入为其建立风险保障基金

3.田先生想通过保险为女儿准备教育基金，则可以购买下列（　　）产品。

A.少儿人身意外伤害险　　B.少儿两全险

C.少儿健康险　　D.少儿医疗险

4.田先生投保了一份20年交清的终身健康险，每年的交费日是6月8日。第3年的6月20日田先生还没有缴费，由于身体不适，去医院检查，得知患了保险范围内的重大疾病，则（　　）。

A.保险公司不予给付，因为田先生没有按时缴保费

B.保险公司在扣除应缴保险费后给付剩余的保险金

C.保险公司在扣除应缴保险费及其利息后给付剩余的保险金

D.保险公司不予给付，因为保险合同已经终止

5.田先生投保了定期寿险、健康保险、意外险、两全保险，其中哪个保险合同中的受益人是不能变更的（　　）。

A.定期寿险　　B.健康保险　　C.意外险　　D.两全保险

项目八　房产理财

投资不仅是一种行为，更是一种带有哲学意味的东西！

——约翰·坎贝尔

学习目标	
重点及难点	
模块一 模块二	住宅房地产理财 购房融资规划
项目小结 思考与练习 项目实训	

学习目标

【知识目标】

1. 了解房地产投资的风险因素；
2. 掌握住宅房地产的估价；
3. 了解个人（家庭）购房支付能力评估的主要内容；
4. 掌握住房抵押贷款的类型、贷款业务流程。

【技能目标】

1. 能够分析影响住宅房地产价值的主要因素；
2. 熟悉商业性住房抵押贷款与公积金住房抵押贷款的还款方式；
3. 掌握住房抵押贷款提前还贷的决策分析。

【思政目标】

1. 从住房条件的改善看人们对美好生活的向往；
2. 从住房抵押贷款的发展看社会主义市场经济中宏观调控的意义。

重点及难点

重点：住宅房地产投资风险与投资价值；住宅房地产商业性抵押贷款；住宅房地产公积金抵押贷款。

难点：等额本息还款方式与等额本金还款方式的计算；提前还贷的决策分析。

案例导入

"中国幸福指数调查"得出一个结论：有房贷的人比没有房贷的人幸福。很多人从开始买一套房成为刚需"房奴"，到后来买下多套房，成为投资"房奴"。这些"房奴"将每月工资的40%，甚至更高的比例贡献给银行，面对长时间的还款压力，生活质量下降，但对于"家"的强烈需求还是让一批又一批的人前仆后继地加入"房奴"大军。刚需"房奴"虽然每月还贷供房日子苦，但是有了房子才算有了家，有了辛苦努力的奔头，生活才更充实；投资"房奴"则最大限度地利用银行的杠杆，通过按揭买房，以房价的上涨获得收益。相对于股票、黄金、期货等市场，买房是最稳定的投资方式。暂且不讨论这个"幸福指数"的真实性，面对国内房价的飞涨，你会加入那个"幸福"的"房奴"群体吗？

模块一 住宅房地产理财

任务1 了解住宅房地产的类型

房地产是指土地、地上建筑物及其附带的各种权益的总称。它既包括建筑物的结构、设备、外观和土地等实体部分，又包括房地产所有权及其衍生出来的使用权、租赁权、抵押权、典权和地役权等权益。位置的固定性和不可移动性是房地产的一大特点，因此在经济学上又其称为不动产。

房地产具有投资和消费的双重性，一方面可以用于生产消费或生活消费（居住），另一方面可以作为投资而获取收益。从理财的角度来看，房地产不管是用于生活消费还是投资获利，都没有脱离投资的本质。房地产投资按投资对象可分为土地开发投资、工业房地产投资、商业房地产投资和住宅房地产投资。在个人理财中，我们重点研究住宅房地产投资。

一、住宅房地产的概念

住宅是供人类居住的房地产，满足人类最基本的生存条件。随着社会经济的发展和人口的增长，住宅需求量日趋增加。我国国民经济的飞速发展、城镇化建设的推进以及人民收入水平的提高，使得广大居民对于逐步改善居住条件的愿望日益强烈。因此，住宅房地产投资已成为我国房地产开发投资的主要内容，其投资市场潜力巨大，发展空间非常广阔。

二、住宅房地产的类型

1.商品房和政策性保障住房

住宅房地产按照性质分类，可分为商品房和政策性保障住房。商品房是指房地产开发商开发经营的房屋。它由房地产开发商投资建设，按照市场规律运作，以盈利为目的出售、出租给个人用于居住的房屋。政策性保障住房是指政府为中低收入家庭提供住房保障，在住宅建设中给予房地产开发商一定税费减免、土地出让金减免和政策性补贴，从而提供具有社会保障性质的住房。政策性保障住房在提供过程中会限定建设标准、销售金额（或租金标准）和供应对象。政策性保障住房是我国住房保障体系的重要组成部分，具体可分为经济适用房、廉租房、公共租赁房等。

经济适用房是政府提供优惠政策，组织房地产开发商或集资建房单位建造，以低于市场的价格向中低收入家庭和住房困难户出售，具有社会保障性质的住房。经济适用房具有经济性和适用性的特点：经济性是指住宅销售价格由政府定价，低于同期市场价格，适应中低收入家庭的经济承受能力；适用性是指房屋建设标准能够满足居住的基本生活需要，户型一般是中小套型，面积控制在60～90平方米。经济适用房的土地性质为政府划拨（商品房的土地性质为出让土地），在建设和销售过程中政府减免了部分税费，因此经济适用房在转让时不但有时间上的限制，而且必须在补缴相关费用后方可转让。

廉租房是政府以住房补贴、租金核减或实物配租的方式，向无力购买经济适用房、符合城镇居民最低生活保障标准且住房困难的家庭提供社会保障性质的住房。廉租房是我国推行的一项旨在解决城市特困人口住房问题的保障措施，其特点为只租不售，只收取象征性的租金。

公共租赁房是为解决“夹心层”群体住房保障问题而设计的。所谓的“夹心层”群体，是指既买不起经济适用房又不够廉租房条件的人群，如刚毕业的大学生、外来务工人员等。政府针对这类不属于低收入水平，但近期在市场上无法解决自身住房问题的群体，将政府或公共机构所有的房屋以低于市场的价格或承租者能够承受的价格出租，以满足该群体的住房需要。公共租赁房是政府为“夹心层”群体提供的一种过渡性住房保障，当该群体具有一定支付能力时会回到市场去购买或租赁商品房。

知识链接 8-1

财政部、国土资源部、建设部1999年7月联合发文（节选）

已购公有住房和经济适用住房上市出售土地出让金和收益分配管理的若干规定（节选）

（财综字〔1999〕113号）

为了深化城镇住房制度改革，培育和发展住房二级市场，规范已购公有住房和经济适用住房上市出售的收益分配和管理，根据《中华人民共和国城市房地产管理法》和《国务院关于深化城镇住房制度改革加快住房建设的通知》的有关规定，现对已购公有住房和经济适用住房上市出售土地出让金和收益分配管理问题规定如下：

一、职工个人购买的经济适用住房和按成本价购买的公有住房，房屋产权归职工个人所有。

二、已购公有住房和经济适用住房上市出售时，由购房者按规定缴纳土地出让金或相当于土地出让金的价款。缴纳标准按不低于所购买的已购公有住房或经济适用住房坐落位置的标定地价的10%确定。购房者缴纳土地出让金或相当于土地出让金的价款后，按出让土地使用权的商品住宅办理产权登记。

三、职工个人上市出售已购公有住房取得的价款，扣除住房面积标准的经济适用住房价款和原支付超过住房面积标准的房价款以及有关税费后的净收益，按规定缴纳所得收益。其中，住房面积标准内的净收益按超额累进比例或一定比例缴纳，超过住房面积标准的净收益全额缴纳。

教学互动 8-1

温家宝总理在2009年的《政府工作报告》中明确地提出，要采取更加积极有效的政策措施，稳定市场信心和预期，稳定房地产投资，推动房地产业平稳有序发展。加快落实和完善促进保障性住房建设的政策措施，争取用3年时间，解决750万户城市低收入住房困难家庭和240万户林区、垦区、煤矿棚户区居民的住房困难问题，扩大农村危房改造试点范围。请您思考一下国家出台的经济适用房、廉租房、公共租赁房政策分别是针对哪类群体提供的住房保障？它们之间的区别是什么？

2.现房和期房

住宅房地产按照销售模式分类，可分为现房和期房。现房是指购房者在购买时房屋建设已经竣工，达到交付验收标准，可以正式入住的住宅。需要说明的是，现房不是简单意义上盖好的房屋，而是不仅竣工验收合格而且取得房地产权证的住宅。房地产开发商销售现房，有利于购房者眼见为实，直观地了解房屋的结构、户型、朝向等，并且即买即住，不需要像期房那样等待较长的时间才能入住。期房是指购房者在购买时房屋在建，尚未交付使用，未达到入住条件的住宅。房地产开发商销售期房时没有取得房地产权证，但应按要求取得商品房预售许可证，购房者购买期房时应与开发商签订商品房预售合同。

当前我国房地产市场以期房销售模式为主。这是因为房地产开发建设周期长，资金占用量大，开发商依赖自己的资金量和银行贷款也很难满足整个建设项目的资金需求，而开发商采取商品房预售，可以提前拿到预售款，从而以自身较少的资金来完成整个项目的开发。现房销售模式下，购房者可以规避或降低房屋质量不达标、开发商逾期交房等买房风险。期房销售模式下，购房者所签订购房合同中约定的权利、义务履行，受到开发商自身经营和诸多客观因素的影响，购房风险较大，但相对于购买现房而言，期房的价格则较低，房屋增值空间大。

知识链接 8-2

购房学会验明“五证”，预售许可证最关键

购买期房风险大，如何做到放心购房，首先要学会验明“五证”，尤其是商品房预售许可证（如图8-1所示）。

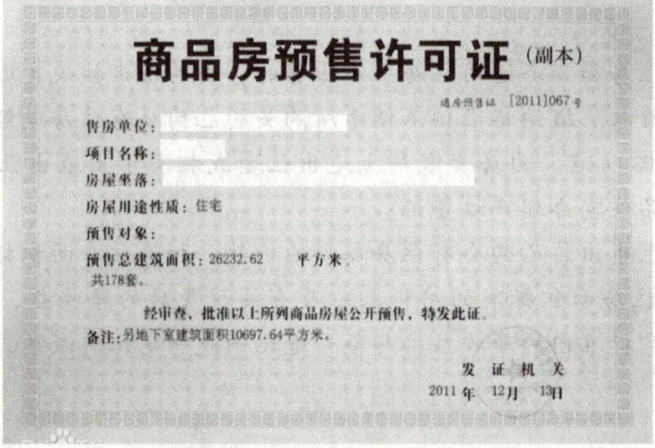
商品房预售许可证（副本）

通房预售证 [2011]067号

售房单位：

项目名称：

房屋坐落：

房屋用途性质：住宅

预售对象：

预售总建筑面积：26232.62 平方米

共178套。

经审查，批准以上所列商品房屋公开预售，特发此证。

备注：另地下室建筑面积10697.64平方米。

发证机关

2011年 12月 13日

图8-1 商品房预售许可证

商品房销售分为两种：一种是商品房现售；另一种是商品房预售。目前，我国销售的商品房大都属于商品房预售。购房者在选购期房时，一定要查验开发商的“五证”，即国有土地使用权证、建筑工程规划许可证、建筑工程施工许可证、商品房预售许可证和房地产开发企业资质证。这些证件在当地发证机关的网站上均可鉴别真伪。“五证”之中最关键的是商品房预售许可证，因为若其他四证不全便无法取得商品房预售许可证。同时，在查验“五证”时，一定要注意查看所载明内容是否对应购房者选定的商品房。

3.一手房和二手房

住宅房地产按照转让交易次数，可以分为一手房和二手房。一手房就是日常生活中俗称的“新房”，是指房地产开发商新建，第一次进行销售交易的房屋。二手房是指房屋第一次交易在房地产交易中心备案，完成初始登记后，再次上市进行交易的房屋。二手房既包括商品房，也包括满足一定条件允许上市交易的公房、经济适用房、拆迁还建房、限价房等。在实际生活中，即使房屋在房地产产权交易二级市场上转让两次以上，人们也习惯上统称为二手房。

二手房通常经过了从一个新的社区建立到发展为成熟社区的时间历程，因此周边配套齐全、生活便利，比同一地理位置的新房价格便宜，是经济压力较大的购房者的热衷选择。但二手房的购买也存在风险，购买时应注意房屋产权的合法性与真实性、房屋质量、装修品质、交接手续、水电燃气费用、物业管理等方面的问题。

4.低层、多层、小高层、高层和超高层住宅

住宅房地产按照楼层高低，可分为低层、多层、小高层、高层和超高层住宅。低层住宅一般为一至三层，主要是指独立式住宅（如别墅）、联立式住宅和联排式住宅。低层住宅多建于城市郊区和小城镇，远离城市密集人口，环境优美，亲近自然，但密度低，不利于节约用地，住宅整体价格高。多层住宅一般为四至六层，不设置电梯，由楼梯作为上下楼的通道，每梯两个或两个以上户型。由于土地资源的稀缺性，多层住宅在城市中已越来越少见。高层住宅一般为七层以上、三十层以下，其中七层至十层的住宅称为小高层住宅（也有将十八层以内的住宅称为小高层）。高层住宅配备有电梯，上下楼便利快捷，采光通风效果好，景观视野开阔，采用钢筋混凝土结构，建筑质量相对于多层住宅有较大提高。超高层住宅多为三十层以上，随着房地产市场的升温，城市土地价格不断攀升，超高层住宅在城市中已越来越多。由于其施工质量要求高、工艺设计复杂，超高层住宅价格也不菲。

任务2 分析住宅房地产投资的特点与风险

微课8

房产理财需有宏观眼光

房地产投资是资本所有者将其资本投入到房地产开发、经营、管理、服务和消费等活动中，以期在将来获取预期收益的一种经济行为。随着经济的不断发展，人们对住宅房地产市场的投资热度也在逐渐升温。住宅房地产投资已成为广大投资者获取高额利润、资产保值并快速增值的重要投资形式。由于住宅商品的特殊性，其投资存在不同于其他投资类型的特点，而很多人由于缺乏专业的房地产投资知识，加之对千变万化的房地产市场不甚了解，在进行住宅投资时感觉无从下手，甚至遭受损失。因此，只有认识住宅房地产投资的特

点，分析其投资风险，做到科学理财，才能在住宅投资中获取高额回报的同时把风险降至最低。

一、住宅房地产投资的特点

1.投资规模大、成本高

住宅房地产投资所需成本高，投资一处住宅少则几十万元，多则上百万元甚至几百万元。住宅投资成本高的原因是：城市土地资源稀缺且不可替代，其供给是有限的，而人类对土地的需求却与日俱增；建筑在土地之上的住宅，需要大量的建筑材料、人工和施工机械设备，造价远远高于普通意义上的商品；住宅投资往往还需要银行贷款的支持，偿还银行贷款利息的部分在投资成本中也会占有较大的比重。另外，房地产市场投资热度经久不衰，也大幅度提高了其市场价格。

2.投资的独特性

住宅房地产处于一定的地理位置和外部环境，每一处住宅具有其独特性。住宅房地产位置固定，不可移动，不同住宅因其地域不同而存在生活配套、自然环境、物业水平、教育资源等方面的差异，这些因素决定了房地产价格的千差万别。住宅投资的独特性还表现在即使处于同一地域、同一社区、同一建筑的住宅，也会在楼层、房型、朝向等方面存在差异。

3.投资周期长

住宅投资与金融商品投资相比较，投资周期相对较长。整个住宅投资过程受到房地产市场各方面因素的制约，加之住宅交易过户手续相对复杂，往往需要较长的时间才能收回投资，特别是通过经营租赁方式收回投资和获取收益的，则投资周期更长。

4.投资的专业性

任何投资都需要具备专门的投资知识，住宅投资同样也要掌握房地产投资方面的专业知识。投资者应学习有关房屋质量鉴别、市场交易规则、相关法律法规、税费计算等方面的知识，从而理性进行住宅投资，控制好投资成本，避免风险事故的发生。

5.投资的高收益与高风险

风险收益均衡观念揭示了任何投资活动风险与收益并存，等量的风险才能取得与所承担风险相对等的等量收益。住宅房地产因其自身的特性而具有良好的保值与增值性。随着城市人口的增多，房地产市场刚需的增长，住宅价格被不断推高，投资房地产往往可以获得较高的回报。但由于住宅投资周期长、占用资金量大，随着时间的推移其风险因素也将不断增多，住宅投资者一旦投资失败，资金不能按期收回，将陷入窘迫的财务困境，所造成的损失难以弥补。

二、住宅房地产投资风险分析

房地产市场千变万化，住宅房地产投资占用了投资者大量的资金，且时间周期长，各种不确定因素的动态变化给投资者带来了不同形式的风险。

1.政策风险

政策风险是由于政策的潜在变化而有可能给房地产投资者带来的经济损失。住宅房地产关系民生，在我国整个房地产市场中地位显著，与国家经济发展紧密相关，在很大程度上受到政府的关注。近年来，住宅房地产飞速发展，也暴露出价格上涨过快、市场交易不规范等问题，政府为保障人民的居住需要，出台了一系列政策调控房地产市场。政府在金融、税收、交易等方面的政策，会在一定程度上限制投资者的投资行为，加重投资成本，增加住宅投资收益的不确定性。

知识链接 8-3

房地产周期变化背后的政策逻辑

中国房地产市场的发展具有鲜明的周期性。如果用70个大中城市新建住宅价格指数同比增速来衡量，从2006年至今，中国房地产市场经历了四个周期。

在这四个周期中，前三个周期是非常相似的。一方面，用上述价格指数同比增速来衡量，前三个周期的持续时间几乎都为3年，分别为2006年年中至2009年年中、2009年年中至2012年年中、2012年年中至2015年年中；另一方面，每个周期都是比较对称的，上升期与下降期基本上都是一年半。

然而，第四个周期表现出与前三个周期截然不同的特征。一方面，第四个周期从2015年年中持续至今，已经长达近六年，且目前还看不出来是否已经真的见底；另一方面，这个周期的上升期也仅为一年半左右，即从2015年年中到2017年年初，但下行期却由2017年年初延续至今。从图形上来看，可以发现，下行期在2017年年底2018年年初经历了一个拐点。在这个拐点之后，城市房价增速下行的速度显著放缓，但下行的持续时间却显著拉长了。

资源来源：张明. 房地产周期变化背后的政策逻辑［EB/LO］.［2021-06-02］. https://baijiahao.baidu.com/s?id=1701432853503799611&wfr=spider&for=pc&searchword=房地产周期变化后的政策逻辑&ivk_sa=1024320u.

2.购买力风险

当社会经济下滑，由于通货膨胀、物价水平上升而导致购买力下降，人们会降低对房地产商品的消费需求。投资者难以在市场上将住宅出售或出租，销售价格或租金收入会大幅度下降，从而使投资者遭受经济损失。

3.变现风险

住宅是一种特殊的商品，在市场上不具备股票等证券那样短时间变现的特征。房地产交易往往需要较长的时间，资产难以及时变现，只有在经济形势较好、机会合适的情况下才能回收投资。一旦投资者急于变卖住宅获得资金，又找不到有需求的买家，可能不得不大幅降价，以低于市场的价格出售而蒙受经济损失。

4.交易风险

在住宅投资活动中，交易过程复杂，存在的风险较大。投资者在购买开发商建造的商品房时，市场交易双方信息不对称，投资者对城市规划、开发商的资质、房屋建筑质量不了解，对购房合同条款中约定的权利和义务不熟悉，一旦发生问题很难索回赔偿。在二手房交易过程中，容易忽视房屋的权属问题，对交易税费计算不清，甚至为规避税费而进行一些虚假的交易行为，这些都蕴藏着潜在的风险。

5.意外风险

意外风险是自然灾害的发生和人们意外的过失行为而导致损失的可能性，如洪水、地震、台风等自然灾害，意外的火灾等人为事故，一旦发生将会给住宅造成致命的损毁，从而给投资者带来巨大的经济损失。意外风险往往不以人的意志为转移，是不可抗拒的，通常这类风险人们可以通过保险的方式将风险转嫁给保险公司。

知识链接 8-4

汶川地震引发的商品房毁损由谁担责问题

2008年5月12日发生在四川省汶川县的8级地震是中华人民共和国成立以来最大的、破坏性最严重的地震。地震不但造成大量的人员伤亡，还造成大批房屋倒塌和毁坏，特别是一些新建商品房的倒塌更是让受灾群众雪上加霜。这类商品房的住房贷款应不应该偿还，由谁来担责引起了社会上的激烈争论。

就按揭贷款房屋是否受地震影响的问题，商业银行和法律界人士认为，这种债务关系不会因房屋损毁而解除，贷款者仍需还清余款。同时，大部分银行鉴于社会责任方面的考虑，短期内不会对逾期还款者罚息。从民法角度来看，贷款者和银行分别担当债务人和债权人的角色，而房屋产权便是银行发放贷款时收取的抵押品，但抵押品的灭失并不导致债务人和债权人之间关系的终结。事实上，按照《中华人民共和国民法典》和以往的判例，如果抵押品受损，且抵押品已投保的情况下，则银行有权从保险金中优先受偿；如果没有投保，银行也能从追索贷款者的其他财产中优先受偿。由于我国尚未建立个人破产保护制度，这意味着银行有权利要求法院对贷款者的其他存款或资产实施冻结。

作为商业企业，银行是不可能主动免除债务人还款义务的。那么，房贷险能否为地震受灾房屋埋单呢？答案也是不能的。根据保险业通行的《个人贷款抵押房屋保险条款》，由于"地震或地震次生原因"所造成"保险财产的损失，保险公司不承担赔偿责任"。有律师表示，根据《民法典》的自治原则，在保险合同双方充分协商的基础上，依据权利义务相一致的原则，在保险公司风险增大的情况下，按揭贷款者可以通过增加保费等方式，同保险公司协商重新确定保险条款。可是，这对已经发生损失的房屋显然于事无补。

任务3 住宅房地产估价

住宅房地产价格是指为取得住宅及其相应权益而付出的代价。房地产估价是由专业估价人员根据估价目的，收集市场资料，运用一定的方法，在充分考虑住宅价格影响因素的基础上，对交易时点住宅价值进行估算和判断的活动。房地产估价包括交易评估、抵押评估、拆迁补偿评估等。在个人理财中，我们着重研究住宅的交易评估。

【我的认知】我对房屋价格影响因素的认知

房地产价格的形成机制十分复杂，即便是真正的房地产专家，也不一定能够准确判断房地产的合理价格和价格趋势。但是，我们可以通过自己的判断来促使自己思考，这有助于提高我们的学习兴趣、掌握更多的观察视角和思考方法。请将您理解的房地产价格的影响因素用自己的语言表述在下表中。

影响因素	影响过程	我的思考

一、住宅房地产估价原则

住宅房地产估价有利于市场交易的公平，在价格评估中应遵循以下原则：

1. 合法性原则

房地产估价应遵循相关法律法规，符合国家的价格政策，以合法的住宅权属证明文件为依据。

2. 公平性原则

房地产估价人员应充分考虑交易双方当事人的利益，运用专业的技术方法，公平合理地评估住宅价格。估价人员在估价前应以各方当事人角度分别考虑价格，然后再以专业的角度来测算、权衡住宅价格。

3. 估价时点原则

房地产估价应明确估价的日期，估价人员根据住宅交易时间等依据，客观、科学地确定评估时点，不得主观臆断，随意设定。

4. 替代原则

房地产估价应根据相同性质的替代性不动产价格来决定，通过市场交易案例的相互比较所决定，评估结果不得与同类型房地产在同等条件下的交易价格有明显的偏差。

二、住宅房地产估价方法

住宅房地产估价方法有市场比较法、收益法、成本法、假设开发法等，这里我们介绍在个人理财中比较常见也易于理解的两种方法：市场比较法和收益法。

1.市场比较法

市场比较法是将估价对象与估价期日近期内已发生交易的所处区位、用途、建筑结构类似的房地产进行比较，对这些类似房地产的交易价格进行适当的修正，以此作为估价对象在估价时点的客观合理价格的估价方法。

市场比较法运用的前提是尽可能收集类似房地产交易资料，足够的实例资料是估价结果客观性与准确性的支撑。在收集大量类似房地产交易资料的基础之上，估价人员应根据区位、估价时点、用途、建筑结构、权属性质相同及交易时间相近的原则选取可比实例，然后进行交易情况、交易日期、区位因素、个别因素等方面的修正，从而得出比准价格。

$$\text{比准价格}=\text{可比实例价格}\times\text{交易情况修正系数}\times\text{交易日期修正系数}\times\text{区位因素修正系数}\times\text{个别因素修正系数}$$

对多个可比实例价格进行修正后的比准价格，求其平均数、加权平均数、中位数或众数得到估价对象的最终估价结果。

【例8-1】某商品住宅2017年6月1日进行价格评估，估价人员在该住宅所在区位附近选出了甲、乙、丙3宗近期已交易的类似住宅作为可比实例（见表8-1）。该区位住宅价格在2016年12月1日至2017年3月1日每月平均比上月下降1%，从2017年3月1日起至2017年6月1日每月平均比上月上涨1%。试评估该商品住宅的市场价格。

表8-1 甲、乙、丙住宅情况

已交易住宅	甲住宅	乙住宅	丙住宅
交易价格	7 800元/平方米	8 500元/平方米	9 000元/平方米
交易时间	2016年12月1日	2017年3月1日	2017年5月1日
交易情况	-6%	3%	0
区位因素	2%	-5%	2%
个别因素	-3%	8%	3%

$$\text{甲住宅的比准价格}=7\,800\times\frac{1}{1-6\%}\times(1-1\%)^3\times(1+1\%)^3\times\frac{1}{1+2\%}\times\frac{1}{1-3\%}=8\,384.26\text{（元）}$$

$$\text{乙住宅的比准价格}=8\,500\times\frac{1}{1+3\%}\times(1+1\%)^3\times\frac{1}{1-5\%}\times\frac{1}{1+8\%}=8\,287.02\text{（元）}$$

$$\text{丙住宅的比准价格}=9\,000\times\frac{1}{1+0\%}\times(1+1\%)^1\times\frac{1}{1+2\%}\times\frac{1}{1+3\%}=8\,652.20\text{（元）}$$

$$\text{评估住宅价格}=(8\,384.26+8\,287.02+8\,652.20)\div 3=8\,441.16\text{（元）}$$

市场比较法需要对大量的类似房地产交易实例进行比对，因此这种方法主要适用于房地产交易频繁、市场发达、有充足的可替代性比较实例的地区，而对于交易量比较少的地区和很少在市场上交易的评估对象则不适用。

2.收益法

收益法是合理预测评估住宅未来每年的正常净收益，选取适当的资本化率或投资报酬率予以折算来求取评估对象价值的评估方法。住宅在其整个使用周期内将持续地给投资者带来收益，基于资金时间价值的原理，这些未来净收益现在的价值即为评估住宅在评估期日的价格。

收益法的关键是合理预测住宅未来的净收益和确定折算的资本化率或投资报酬率。住宅未来净收益的预测应充分考虑住宅的收入与费用。住宅收入的确定需在住宅现有经营管理水平条件下的实际收入基础之上，排除特殊性、偶然性的因素，确定其正常的客观收入；住宅费用是维持住宅正常使用或营业的必要费用，包括房产税、维护费、人工费等。资本化率是将住宅净收益转换为评估价格的比率。资本化率有综合资本化率、建筑物资本化率和土地资本化率三种，可运用市场比较法、安全利率加风险调整值法等方法求得。

合理预测住宅未来净收益，利用选取的资本化率就可对净收益进行折算求取住宅价格。在实际评估中，通常可以选取多个可行的资本化率予以折算，对多种计算结果进行比对，最终确定客观合理的评估价格。

住宅净收益=住宅收入-住宅费用

住宅评估价格=未来净收益按资本化率折算的现值之和

【例8-2】某商品住宅建筑面积121平方米，用于出租预计收益年限50年，空置率为10%。该住宅月租金（不含物业管理费）为3 200元，物业管理费标准为每月1.5元/平方米，预计每年用于住宅的维修费等费用约1 000元。假设该商品住宅未来每年的净收益不变，资本化率为8%，试评估该住宅的价格。

每年的租金收入=3 200×12×（1-10%）=34 560（元）

每年的费用=1.5×121×12+1 000=3 178（元）

每年净收益=34 560-3 178=31 382（元）

住宅评估价格=31 382×12.233=383 896（元）

（注：50年期利率8%的普通年金现值系数为12.233）

收益法以住宅净收益的现在价值来确定房屋住宅价格，因此这种方法适用于具有收益性的商品住宅的估价，而对于公益性质无收益的房屋则不适用。

任务4　影响住宅房地产投资价值的主要因素分析

投资者购买住宅是家庭最大的消费支出和投资支出，每一个投资者都希望自己的房产不但能保值还能不断升值。想了解投资者购买的住宅增值潜力有多大，就需要了解影响房地产投资价值的主要因素。

一、区位因素

在影响房地产投资价值的诸多因素中，区位因素是决定住宅价值的决定性因素。

1.交通便利程度

住宅周围交通便利程度是决定房地产投资价值的重要因素。交通条件是购房人每天都要面对的现实问题，道路、公交车、轻轨与地铁等交通网络、设施是否发达、完善，是每一个投资人在购房时都要优先考虑的因素。投资房地产应密切关注住宅区域的发展规划，做到先知先觉。如果周边要兴建地铁等交通设施，那么就是房地产投资价值升值潜力巨大的标志。

2.配套设施齐全程度

住宅生活需要齐全的配套设施，水、电、天然气和通信等的状况，医院、超市、菜市场等配套设施的完善程度直接影响到住宅今后的出售或出租，也决定着住宅价值的保值、增值能力。

3.周边环境优越程度

住宅不是独立存在的，而是与所处地段、周边环境密不可分的。居住环境绿化覆盖面广、自然景观多、空气质量好、商业人气旺的住宅必然抢手。如果住宅临街噪声大、地段偏僻、污染严重，这样的住宅就有可能无人问津了。

4.人文素质高低程度

人们都希望居住在一个有良好人文背景的社区，生活文明程度高，邻里之间容易交往，居住人群有文化品位，那么这种房地产的档次与价格自然会比较高。

5.教育资源丰富程度

学区房永远是抢手的“香饽饽”。住宅区域内优质的教育资源是吸引投资者的重要因素，多数人为了解决子女日后的入学问题和为子女创造一个良好的学习环境，宁可花大的代价也会选择附近有名校的楼盘。

二、质量因素

1.房屋质量

房屋质量的高低决定着房屋折旧的程度，高质量的房屋折旧速度会减慢，其本身因陈旧而导致的价值减少会推移延后。房屋质量好，具有一定的超前性，对于房产未来的保值、增值是十分有利的。

2.容积率

容积率是一个楼盘总建筑面积与土地面积的比率。容积率高，则楼盘用于绿化、园林建造的用地空间就有限，建筑拥挤程度高，影响居住质量。因此低容积率的楼盘更吸引投资者，其投资价值也大。

3.物业管理

房产的物业管理水平、物业管理费高低也是投资者应重点关注的问题。好的物业管理，会使小区环境优美、清洁卫生、生活井井有条，避免了业主或租户的很多麻烦。因此在做住宅投资决定前，多了解物业管理的资质、信誉、管理水平等是明智之举。

三、经济周期因素

经济周期对房地产市场的影响是很大的，如果处于经济下降期，或者国家对房地产市场出台较多的严厉调控政策，则投资风险会加剧；如果处于经济上升期，房价上涨则有现实可能。住宅投资者应多留意利率、通货膨胀等指标和国家有关房地产的宏观政策，从而指导对房地产投资价值的预期判断。

四、创新因素

房地产市场竞争激烈，开发商为了提高其竞争力，也会在楼盘概念、户型设计等方面不断创新，一些具有独特创新理念的房产显然会具有较大增值潜力。因此投资者在选择楼盘时，要有独到的眼光，善于发现那些具有创新理念的住宅。

模块二　购房融资规划

微课9

房地产投资理财

任务1　评估个人（家庭）购房支付能力

住宅投资者在购买住房时，由于房价总额过高，难以一次性付清房款，通常需要借助于银行贷款等融资方式来完成其购房行为。目前，我国购房融资形式最常见的是住房抵押贷款，它是在个人购买住房时，由于经济能力有限，只支付房屋总价一定比例的首付款，银行向购房者提供余下的大部分房款，购房者在较长时期内分期向银行还本付息。抵押贷款中所购住房为抵押物，作为偿还贷款的担保。若购房者不能按期还本付息，银行有权将房屋出售，以抵销欠款。贷款买房对个人（家庭）来说是一项长期投资，在若干年内面临还本付息的压力，因此购房者应客观理性地评价自身的支付能力，做好融资规划，以免陷入财务困境，造成不必要的经济损失。

个人（家庭）在进行住宅投资时，首先应对自己（家庭）的购房能力进行一次综合评估，然后再做决策。个人（家庭）购房支付能力评估包括首付款支付能力评估和每月还款能力评估。

首付款是住房购买时的第一笔预付款，目前我国关于最低首付比例的规定是：个人（家庭）首套房购房贷款最低首付比例为房款全额的三成，贷款购买二套房首付款比例不低于四成。个人（家庭）投资住宅首先应考虑是否具备首付能力，并且在支付首付后不影响个人（家庭）的基本生活水平。

其次，个人（家庭）还应充分评估自己在取得住房抵押贷款后，每月偿还贷款本息所能承受的程度。个人（家庭）还款能力评估需充分考虑家庭月收入、家庭月支出、月还款额等因素。这里的家庭收入主要指家庭成员的工资、奖金、津贴等较为稳定的货币收入部分，家庭支出是指满足家庭日常生活需求必需的支出部分。家庭月收入扣除家庭月支出后的差额至少要大于住房贷款每月所需偿还的贷款本息，才能说明该家庭具备基本的还款能力，通常认为房贷月供不应超过个人（家庭）每月正常可支配收入的1/3到1/2。个人（家庭）月还款能力评估，除考虑上述因素以外，还应关注还款对家庭消费水平、生活品质的影响程度，银行对个人收入证明的规定，购房各项税费以及房屋交付入住不菲的装修费等。

任务2　商业性住房抵押贷款融资规划

目前，我国住房抵押贷款按是否具有政策性可分为商业性住房抵押贷款和公积金住房抵押贷款，住房投资者也可同时采用商业性住房抵押贷款与公积金住房抵押贷款相结合的组合贷款方式。

商业性住房抵押贷款，又称按揭，是指商业银行向购房者提供大部分购房款项，购房者按月分期向银行还本付息。在未清偿全部贷款之前，用其所购房屋作为抵押物，若购房者不能按期还本付息，银行有权将房屋出售，以抵销欠款。

一、商业性住房抵押贷款的常见种类

商业性住房抵押贷款按照银行贷款利率是否调整，可以分为固定利率抵押贷款和浮动利率抵押贷款。

固定利率抵押贷款在订立贷款合同时已预先确定了利率，在贷款期间，贷款利率不随央行调整的贷款基准利率而改变，还款人始终按照合同签订的固定利率支付利息，不会因利率变化而改变还款额。浮动利率抵押贷款则在整个贷款期间贷款利率随着法定利率或市场利率的变化而定期调整。

在加息的背景下，固定利率抵押贷款是住宅投资者一种不错的选择，有利于节省利息支出，规避了利率上升的风险。但在降息的情况下，投资人会被锁定在一个较高的利率水平之上，支付较高的利息，这时就体现出浮动利率的优势了。

近年来，商业银行为吸引客户，提高市场竞争力，不断推出住房抵押贷款创新品种。

1.结构性固定利率住房贷款

结构性固定利率住房贷款是指购房者在贷款期内，可以将整个贷款总期限划分为几个不同的阶段，分段执行不同的固定利率标准。显然，同样的固定期限，采用结构性固定利率的贷款比不采用结构性固定利率的贷款总利息支出少。

2.个人住房接力贷款（简称接力贷）

个人住房接力贷款是父母与其子女共同作为借款人贷款购买住房。接力贷既可解决年轻人工作时间不长，收入水平低而无法独立承担房贷的问题（通过父母加入作为共同借款人以增加贷款金额和还款能力），又可以让父母购房时化解因年龄偏大而受到的贷款年限上的限制（通过子女加入作为共同借款人以延长贷款期限）。

3.直客式贷款

直客式贷款是指商业银行直接面向购房者的住房贷款。通常某商业银行向开发商发放了开发贷款，则购买开发商楼盘的投资者会被指定到该银行办理个人住房贷款，限制了投资者选择不同商业银行服务的权利。直客式贷款是银行直接将购房款贷给购房者，购房者将获得的贷款与自己的首付款加在一起以全款支付的方式付给开发商，那么就可以享受开发商给予的一次性付款优惠折扣。直客式贷款可节约投资者的购房成本，但门槛较高，一般只针对银行优质客户。

4.双周供贷款

传统的个人住房贷款是按月还款付息，双周供则改为每两周还款一次，每次还款额为原来月供的一半。由于在贷款期内，还款频率提升，加速了本金的下降速度，购房者在整个还款期内可以节省可观的利息。双周供贷款适用于还款能力强、每月收入分次到账、欲缩短还款期限的借款人。要特别提出的是，双周供贷款的风险高于月供，还款资金短缺和忘记还款的概率都会变大。

教学互动 8-2

双周供加快了还款频率，为什么会缩短还款期限并节省利息开支？

请在学习完“等额本息”还款方式后，再来计算分析一下双周供的原理。

5.宽限期还款

购房者在取得住房贷款后，银行给予一定的宽限期限，在此期限内，购房者只需支付贷款利息，待宽限期之后才开始归还本金。宽限期还款考虑了购房者在支付房屋首付款后，前期还贷的经济压力。宽限期还款延迟了本金的归还时间，因此与传统还款方式相比，会多支出一部分利息。

二、商业性住房抵押贷款的业务流程

在模块一的任务1中我们知道住宅房地产类型按照住宅交易转让次数可分为一手房与二手房。投资者在购房时，所办理的一手房商业性抵押贷款业务和二手房商业性抵押贷款业务有诸多不同之处，在这里我们分开讨论。

1.一手房商业性抵押贷款业务流程

一手房商业性抵押贷款是指购买开发商开发的住房，银行向购房者发放用于支付一手房贷款，开发商提供阶段性保证担保的贷款。购房者以所购住房为抵押物，获得一手房抵押贷款，业务流程如图8-2所示。

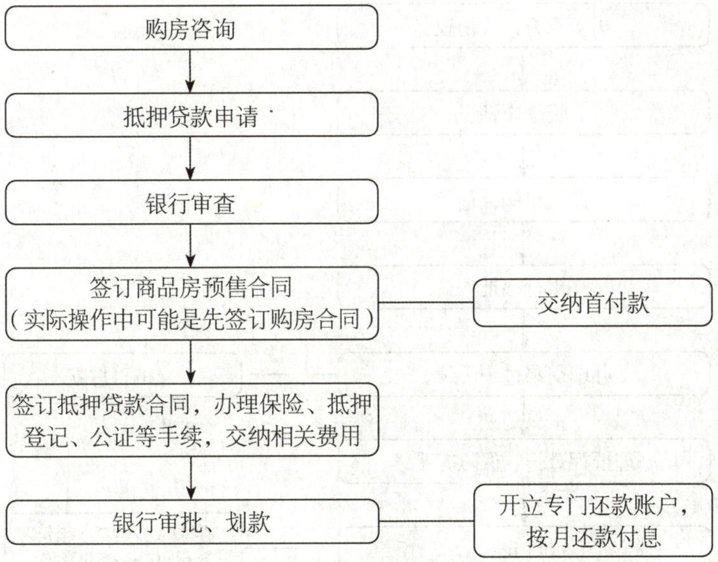

图 8-2 一手房抵押贷款业务流程

购房咨询：购房者在选择房产、有明确购买意向后，向楼盘销售人员或派驻楼盘售楼部的银行工作人员咨询该项目办理抵押贷款的基本条件及所需资料，可选择的贷款银行有哪几家。

抵押贷款申请：填写贷款银行个人住房借款申请表，并提交借款人身份证、户口簿、结婚证、购房意向书、所在单位出具的经济收入证明以及贷款银行要求的其他证明。

银行审查：银行审核借款人提供资料的完整性、真实性，对借款人信用、还款能力等方面进行分析、审查。

签订商品房预售合同：借款人与开发商签订商品房预售合同，一般在签订时支付首付款并取得付款凭证。在实际业务操作中有时是先签购房合同，后办理贷款申请手续。如果开发商销售的是现房，则签订商品房销售合同。

签订抵押贷款合同：借款人签订个人住房抵押贷款合同、担保合同、委托转账付款授权书等书面文件，并办理保险、抵押登记等手续，交纳贷款手续费等相关费用。抵押贷款合同是规定银行与借款人双方权利和义务的法律文件，主要内容包括双方基本信息、贷款及用款、利息计算方法及还款方式、提前还款、贷款抵押及约定、抵押物保险、合同的担保、费用、违约及处理等。

银行审批、划款：贷款银行审批签署抵押贷款合同递交借款人，将贷款划入购房合同中开发商的银行账户。借款人按抵押贷款合同的约定，在贷款银行开立专门还款账户，按月还本付息。

2. 二手房商业性抵押贷款业务流程

二手房商业性抵押贷款是购房者在房地产二级市场购买具有完整产权的住房，以二手房为抵押物，向贷款银行申请的贷款。二手房交易手续较一手房交易手续相对复杂，其抵押贷款业务流程如图 8-3 所示。

买卖双方达成协议：购房者对房屋现场查勘，查验房产证等文件。

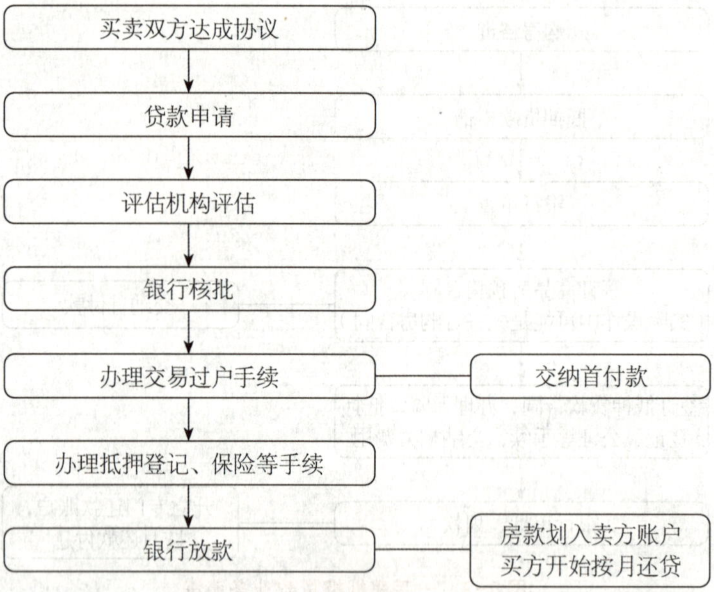

图 8-3　二手房抵押贷款业务流程

贷款申请：借款人填写二手房个人借款申请表，向贷款银行提供证明材料。借款人需提供身份证、户口簿、结婚证、收入证明、抵押声明、房屋买卖契约等；卖方需提供身份证、户口簿、结婚证、房产证等。银行通常会要求买卖双方共同开立账户，借款人用于还款，卖方用于房款的划款。

评估机构评估：贷款银行联系指定的房地产评估机构到房源处验房评估，向银行出具房屋评估报告。

银行核批：银行对借款人的资质进行审核，根据房屋评估报告，对贷款额度、贷款期限进行审批，并出具同意贷款证明。

办理交易过户手续：买卖双方到房地产交易所办理交易过户手续，买方向卖方支付房屋首付款。

办理抵押登记、保险等相关手续：买方取得房产证后，办理抵押登记、保险等相关手续。

银行放款：贷款银行发放贷款，将款项划入卖方账户，买方开始依照抵押贷款合同偿还本息。

三、商业性住房抵押贷款融资规划

对投资者而言，要在众多的抵押贷款品种之间进行选择，做好住房融资规划是一个非常实际的问题。个人住房融资规划，不但要客观评价自己的收入水平、首付能力、可承受最大月供额度，还要清楚选择哪一种贷款偿还方式最适合自己。

商业性住房抵押贷款还款方式可分为等额本金还款和等额本息还款，这两种还款方式在本金的偿还和利息的支付上有很大的不同。

1. 等额本金还款

等额本金还款，还款人将贷款本金平均分摊到每月等额偿还，同时支付当期应付贷款利息。等额本金还款每月还款额包括偿还的本金和当月应付的贷款利息两个部分。其还款公式是：

每月偿还的本金=贷款本金÷还款期数

还款期数=贷款年限×12（抵押贷款按月还款）

每月应付利息=当月贷款余额×月利率=（贷款本金-累计已还本金）×月利率

式中：月利率=年利率÷12

日利率=年利率÷360

$$\text{等额本金还款方式月供款}=\text{每月偿还的本金}+\text{每月应付利息}=\text{贷款本金}\div\text{还款期数}+(\text{贷款本金}-\text{累计已还本金})\times\text{月利率}$$

假设某笔商业性住房抵押贷款为42万元，贷款期限为15年，贷款年利率为6.6%，该笔贷款在等额本金还款方式下每月还款情况见表8-2。

表8-2 等额本金还款方式月供情况 金额单位：元

期数（月）	月利率	月支付利息	月归还本金	月还款额	贷款余额
0	—	—	—	—	420 000.00
1	0.55%	2 310	2 333.33	4 643.33	417 666.67
2	0.55%	2 297.17	2 333.33	4 630.50	415 333.34
3	0.55%	2 284.33	2 333.33	4 617.66	413 000.01
4	0.55%	2 271.50	2 333.33	4 604.83	410 666.68
5	0.55%	2 258.67	2 333.33	4 592.00	408 333.35
6	0.55%	2 245.83	2 333.33	4 579.16	406 000.02
7	0.55%	2 233.00	2 333.33	4 566.33	403 666.69
8	0.55%	2 220.17	2 333.33	4 553.50	401 333.36
9	0.55%	2 207.33	2 333.33	4 540.66	399 000.03
10	0.55%	2 194.50	2 333.33	4 527.83	396 666.70
⋮	⋮	⋮	⋮	⋮	⋮
171	0.55%	128.34	2 333.33	2 461.67	21 000.57
172	0.55%	115.50	2 333.33	2 448.83	18 667.24
173	0.55%	102.67	2 333.33	2 436.00	16 333.91
174	0.55%	89.84	2 333.33	2 423.17	14 000.58
175	0.55%	77.00	2 333.33	2 410.33	11 667.25
176	0.55%	64.17	2 333.33	2 397.50	9 333.92
177	0.55%	51.34	2 333.33	2 384.67	7 000.59
178	0.55%	38.50	2 333.33	2 371.83	4 666.66
179	0.55%	25.67	2 333.33	2 359.00	2 333.33
180	0.55%	12.83	2 333.33	2 346.16	0.00
合计		209 055.29	420 000.00	629 055.29	

说明：计算结果保留小数点后两位。

表8-2中，

月利率=6.6%÷12=0.55%

还款期数=15×12=180（月）

月归还本金=420 000÷180=2 333.33（元）

月支付利息=贷款余额×0.55%

第1个月支付的利息=420 000×0.55%=2 310（元）

第2个月支付的利息=417 666.67×0.55%=2 297.17（元）

月还款额=月归还本金+月支付利息

贷款余额=贷款本金-累计已还本金=上月贷款余额-月归还本金

表8-2中贷款余额每月降低2 333.33元，月支付利息每月均下降12.83元（2 333.33×0.55%）。可以看出，等额本金还款方式下由于月归还本金相同，贷款余额每月减少同样金额，因此月支付利息每月降低的金额也是一样的。

2.等额本息还款

等额本息还款，每月还款额（月归还本金加月支付利息）是固定不变的，它是将贷款本金与利息总额平摊到还款期限的每个月。这种还款方式每月还款额相同，借款人偿付相对较简便，目前被较为广泛采用。

等额本息还款方式下每期还款额相同，时间间隔也相等。根据普通年金现值原理，其月还款额的现值之和就是贷款本金，即：

$$贷款本金 = 月还款额 \times 普通年金现值系数 = 月还款额 \times \frac{1-(1+月利率)^{-n}}{月利率}$$

$$因此：月还款额 = 贷款本金 \times \frac{月利率}{1-(1+月利率)^{-n}}$$

式中：n为还款期数，还款期数=贷款年限×12

假设上述贷款期限为15年，贷款年利率为6.6%，本金42万元的贷款采用等额本息还款方式，则每月还款情况见表8-3。

表8-3 等额本息还款方式月供情况 金额单位：元

期限（月数）	月利率	月支付利息	月归还本金	月还款额	贷款余额
0	—	—	—	—	420 000.00
1	0.55%	2 310	1 371.78	3 681.78	418 628.22
2	0.55%	2 302.46	1 379.32	3 681.78	417 248.90
3	0.55%	2 294.87	1 386.91	3 681.78	415 861.98
4	0.55%	2 287.24	1 394.54	3 681.78	414 467.45
5	0.55%	2 279.57	1 402.21	3 681.78	413 065.24
6	0.55%	2 271.86	1 409.92	3 681.78	411 655.31
7	0.55%	2 264.10	1 417.68	3 681.78	410 237.64
8	0.55%	2 256.31	1 425.47	3 681.78	408 812.17
9	0.55%	2 248.47	1 433.31	3 681.78	407 378.85

续表

期限（月数）	月利率	月支付利息	月归还本金	月还款额	贷款余额
10	0.55%	2 240.58	1 441.20	3 681.78	405 937.66
⋮	⋮	⋮	⋮	⋮	⋮
171	0.55%	196.50	3 485.27	3 681.78	32 242.85
172	0.55%	177.34	3 504.44	3 681.78	28 738.41
173	0.55%	158.06	3 523.72	3 681.78	25 214.69
174	0.55%	138.68	3 543.10	3 681.78	21 671.59
175	0.55%	119.19	3 562.59	3 681.78	18 109.01
176	0.55%	99.60	3 582.18	3 681.78	14 526.83
177	0.55%	79.90	3 601.88	3 681.78	10 924.94
178	0.55%	60.09	3 621.69	3 681.78	7 303.25
179	0.55%	40.17	3 641.61	3 681.78	3 661.64
180	0.55%	20.14	3 661.64	3 681.78	0.00
合计		242 720.29	420 000.00	662 720.29	

说明：计算结果保留小数点后两位。

表8-3中，

$$月还款额=420\,000\times\frac{0.55\%}{1-(1+0.55\%)^{-180}}=3\,681.78(元)$$

月支付利息=贷款余额×0.55%

第1个月支付的利息=420 000×0.55%=2 310（元）

第2个月支付的利息=418 628.22×0.55%=2 302.46（元）

月归还本金=月还款额-月支付利息

贷款余额=贷款本金-累计已还本金=上月贷款余额-月归还本金

从表8-3中可以看出，在还贷开始阶段，每月固定的还款额中绝大部分用于支付利息，而清偿本金的部分很少。第1个月还款3 681.78元中，支付利息2 310元，而偿还本金1 371.78元。而到了还贷后期，每月固定还款额中大部分才用于归还本金，所付利息逐渐降低。

知识链接8-5

各大商业银行的网站上均提供了贷款计算器，你只需要输入贷款金额、贷款期限、贷款利率，选择还款方式，贷款计算器会自动计算并提供还款月供表。

等额本金还款方式的优势在于前期还款较多（清偿本金较多），后期还款压力逐渐减弱，但等额本金还款每月还款额不固定，给借款人的计算工作与偿付带来不便。大多数刚购房的个人（家庭）在支付住宅首付款和装修费之后，经济紧张，而等额本金还款方式注重本金偿还的特点，使得贷款初期月还款额过高，对个人（家庭）而言还款压力过大。随着贷款期限的推移，每月还款额按一定的速度递减，这又与居民收入水平稳定提高的实际情况相违背。

等额本息还款方式的优势在于每月还款额固定，便于借款人安排支出，操作简单。但由于前期每月还款额中大部分用于支付利息，而本金偿还较少，使得整个贷款期限内支付总利息比等额本金还款方式高。在表8-2和表8-3中，等额本金还款方式下支付的总利息为209 055.29元，而等额本息还款方式下支付的总利息为242 720.29元，两者相差达33 665元。

可见，在商业性住房抵押贷款融资规划中，还款方式是一个重要的选择题。还款方式的选择要结合个人（家庭）的实际情况，等额本息还款方式每月还款额相同，适合刚参加工作、收入水平较低的年轻人，这样可以减轻前期的还款压力；而等额本金还款方式前期还款额较高，适合有一定储蓄，工作较稳定的中老年人（家庭）。

理财案例分析8-1

案例介绍：张先生购买了一套总价75万元的住房，首付30万元，银行贷款45万元，贷款年限为20年，年利率为6.55%。张先生在向银行贷款咨询时了解到，该笔贷款如果采取等额本息还款方式月供款为3 368.34元，支付利息总额为358 401.27元；采取等额本金还款方式月供款第1个月为4 331.25元，以后逐月递减10.23元，支付利息总额为295 978.13元。两种方式利息支付总额相差62 423.14元。张先生考虑到自身收入较高，又有一定的积蓄，为了节省利息，因此选择了等额本金还款方式。

张先生选择的等额本金还款方式比等额本息还款方式更加划算吗？

案例分析：商业银行计算贷款利息受贷款本金、利率、占用时间3个因素的影响，即银行贷款利息=贷款本金×利率×占用时间。

在借款人不可能改变利率的情况下，所付利息多少完全由贷款本金与占用时间两个乘数因子来决定。从表面来看，等额本金还款方式支付的总利息更少，比等额本息还款方式更划算。但本质上是因为等额本金还款方式前期归还本金较多，后期减少了贷款本金，缩短了占用银行资金的时间，所以贷款总利息要少一些，借款人并没有从银行身上占到便宜。

两种还款方式的选择，没有哪个更划算，只有哪个更适合。商业性住房抵押贷款融资规划要把握的重点是结合个人（家庭）经济实际情况，尽量少贷款，贷短款。

任务3 公积金住房抵押贷款融资规划

一、住房公积金和住房公积金制度

1.住房公积金

住房公积金是根据国家相关法规，由单位及其在职职工各自按职工工资收入的规定比例缴存的长期住房储蓄金。住房公积金实行专户储存，个人及单位缴存的公积金归职工个人所有。住房公积金制度是我国一项重要的住房社会保障制度，国家机关、国有企业、城镇集体企业、外商投资企业、城镇私营企业及其他城镇企业、事业单位、民办非企业单位、社会团体等单位及职工须缴纳公积金并存入专户。

住房公积金作为城镇职工住房的一种保障，具有强制性、福利性、普遍性和长期性的特点。

（1）强制性。

《住房公积金管理条例》对公积金制度进行了规范，参加住房公积金的单位和个人必须缴存公积金，未办理住房公积金缴存登记和未为其职工设立公积金专门账户的，公积金管理机构有权按照《住房公积金管理条例》责令限期办理及予以处罚，并可申请人民法院强制执行。

（2）福利性。

住房公积金的福利性主要体现在公积金除职工缴存一定金额外，职工所在单位也缴存一定金额，两者均归职工个人所有。另外，住房公积金贷款的利率低于银行商业贷款利率，从而减轻了职工还贷的压力。

（3）普遍性。

住房公积金涵盖面广，城镇职工无论工作单位性质，家庭收入高低，有无住房，都必须按照规定缴存住房公积金。

（4）长期性。

城镇职工自参加工作开始，至达到法定退休年龄或终止劳动关系的时期内，其单位及个人均应缴纳住房公积金。它是一项义务性的长期住房储蓄金。

2.住房公积金制度

住房公积金制度是关于住房公积金缴存、提取、使用、管理和监督的系列规定。我国住房公积金制度是住房分配货币化制度改革的产物。职工住房分配从实物分配制度向货币分配制度转化，公积金的长期积累增强了职工个人购房支付能力，住房公积金制度在资金筹集方面发挥了巨大的作用。

1999年4月，国务院颁布《住房公积金管理条例》，通过立法规范了公积金制度。2002年3月，国务院下发《国务院关于修改〈住房公积金管理条例〉的决定》，2002年5月，国务院下发《国务院关于进一步加强住房公积金管理的通知》，进一步明确了住房公积金管理机构的设置，公积金专户的管理，完善了住房公积金体系。目前，住房公积金制度已成为我国主要的住房金融形式。

（1）住房公积金的缴存。

各直辖市和省、自治区人民政府所在地的市以及其他设区的市（地、州、盟）应设立住房公积金管理中心。住房公积金管理中心应当在受委托银行设立住房公积金专户。单位应当到住房公积金管理中心办理住房公积金缴存登记，经住房公积金管理中心审核后，到受委托银行为本单位职工办理住房公积金账户设立手续。每个职工只能有一个住房公积金账户。住房公积金管理中心应当建立职工住房公积金明细账，记载职工个人住房公积金的缴存、提取等情况。

单位录用职工的，应当自录用之日起30日内到住房公积金管理中心办理缴存登记，并持住房公积金管理中心的审核文件，到受委托银行办理职工住房公积金账户的设立或者转移手续。新参加工作的职工从参加工作的第2个月开始缴存住房公积金，单位新调入的职工从调入单位发放工资之日起缴存住房公积金。

职工住房公积金的月缴存额为职工本人上一年度月平均工资乘以职工住房公积金缴存比例。单位为职工缴存的住房公积金的月缴存额为职工本人上一年度月平均工资乘以单位住房公积金缴存比例。职工和单位住房公积金的缴存比例均不得低于职工上一年度月平均工资的5%；有条件的城市，可以适当提高缴存比例。具体缴存比例由住房公积金管理委员会拟订，经本级人民政府审核后，报省、自治区、直辖市人民政府批准。

职工个人缴存的住房公积金，由所在单位每月从其工资中代扣代缴。单位应当于每月发放职工工资之日起5日内将单位缴存的和为职工代缴的住房公积金汇缴到住房公积金专户内，由受委托银行记入职工住房公积金账户。单位应当按时、足额缴存住房公积金，不得逾期缴存或者少缴。住房公积金自存入职工住房公积金账户之日起按照国家规定的利率计息。住房公积金管理中心应当为缴存住房公积金的职工发放缴存住房公积金的有效凭证。

单位与职工终止劳动关系的，单位应当自劳动关系终止之日起30日内到住房公积金管理中心办理变更登记，并持住房公积金管理中心的审核文件，到受委托银行办理职工住房公积金账户转移或者封存手续。

（2）住房公积金的提取使用。

职工个人对缴存的住房公积金提取使用，有一定的限制条件。提取使用职工住房公积金账户内的存储余额，应符合下列条件之一：购买、建造、翻建、大修自住住房的；离休、退休的；完全丧失劳动能力，并与单位终止劳动关系的；出境定居的；偿还购房贷款本息的；房租超出家庭工资收入的规定比例的。职工死亡或者被宣告死亡的，职工的继承人、受遗赠人可以提取职工住房公积金账户内的存储余额；无继承人也无受遗赠人的，职工住房公积金账户内的存储余额纳入住房公积金的增值收益。

职工提取住房公积金账户内的存储余额的，所在单位应当予以核实，并出具提取证明。职工应当持提取证明向住房公积金管理中心申请提取住房公积金。住房公积金管理中心应当自受理申请之日起3日内做出准予提取或者不准予提取的决定，并通知申请人；准予提取的，由受委托银行办理支付手续。

缴存住房公积金的职工，在购买、建造、翻建、大修自住住房时，可以向住房公积金管理中心申请住房公积金贷款。住房公积金管理中心应当自受理申请之日起15日内做出准予贷款或者不准予贷款的决定，并通知申请人；准予贷款的，由受委托银行办理贷款手续。住房公积金贷款的风险，由住房公积金管理中心承担。申请人申请住房公积金贷款的，应当提供担保。

（3）住房公积金的管理与监督。

住房公积金管理中心有权督促单位按时履行住房公积金的缴存登记或者变更、注销登记，住房公积金账户的设立、转移或者封存，足额缴存住房公积金等义务。住房公积金管理中心应当督促受委托银行及时办理委托合同约定的业务，受委托银行应当按照委托合同的约定，定期向住房公积金管理中心提供有关的业务资料。

职工、单位有权查询本人、本单位住房公积金的缴存、提取情况。职工、单位对住房公积金账户内的存储余额有异议的，可以申请受委托银行复核；对复核结果有异议的，可以申请住房公积金管理中心重新复核。受委托银行、住房公积金管理中心应当自收到申请之日起5日内给予书面答复。

住房公积金管理中心在保证住房公积金提取和贷款的前提下，经住房公积金管理委员会批准，可以将住房公积金用于购买国债。住房公积金的增值收益应当存入住房公积金管理中心在受委托银行开立的住房公积金增值收益专户，作为住房公积金贷款风险准备金、住房公积金管理中心的管理费用和建设城市廉租住房的补充资金。

地方人民政府财政部门应当加强对本行政区域内住房公积金归集、提取和使用情况的监督，并向本级人民政府的住房公积金管理委员会通报。住房公积金管理中心编制的住房公积金年度预算、决算，应当经财政部门审核后，提交住房公积金管理委员会审议。住房公积金管理中心应当每年定期向财政部门和住房公积金管理委员会报送财务报告，并将财务报告向社会公布。住房公积金管理中心应当依法接受审计部门的审计监督。

二、公积金住房抵押贷款

公积金住房抵押贷款是住房公积金管理中心委托商业银行，以住房公积金为资金来源，向购买、建造、翻建、大修自住住房的公积金缴存职工发放的住房优惠贷款。

1. 贷款条件

职工购买、建造、翻建、大修自住住房，可以申请住房公积金贷款，申请贷款应具备下列条件：连续正常缴存住房公积金6个月以上；具有购买住房的合同或其他证明文件；有较稳定的经济收入，能按时偿还贷款本息，无还贷方面的不良信用记录；无住房公积金还贷债务，并且无影响住房公积金贷款偿还的其他债务以及法律、法规规定的其他条件（以上条件各地住房公积金管理中心不尽相同，以当地政策为准）。

借款人的贷款期限加借款人的实际年龄一般不得超出其法定退休年龄；对连续正常缴存住房公积金且具有稳定收入、无还贷方面的不良信用记录、有偿还贷款本息能力的借款人，其贷款期限可以超出法定退休年龄1～5年，但不得超过人民银行规定的住房公积金贷款最长年限。

2. 贷款流程

（1）贷款咨询：借款申请人向所购房屋公积金贷款银行就贷款资格、贷款年限、贷款额度等事项进行咨询。

（2）贷款申请：借款人向当地公积金管理中心或公积金管理中心委托办理住房公积金抵押贷款的商业银行提出贷款申请，提交借款申请表、身份证、户口簿、结婚证、收入证明、购房合同等相关资料。

（3）贷款审批：当地公积金管理中心审验借款人提供资料及购房交易的真实性，对借款人的公积金缴存、还款能力、个人信用等情况进行审核，提出具体贷款年限、贷款额度的审批意见。

（4）签订合同：贷款申请经公积金管理中心审批通过后，贷款银行与借款人签订贷款合同及抵押合同等相关贷款文件。

（5）办理抵押、保险：合同签订后，根据国家有关法律规定应办理抵押登记、保险等手续，抵押登记费用、保险费由借款人承担。

（6）银行放款：由公积金管理中心委托贷款银行将借款人的贷款资金直接转账划入开发商（或售房者）的账户。

（7）按月还款：借款人按照合同约定按月还款，通常在每月20日前按时偿还贷款本息，直至全部贷款结清。

（8）注销抵押：借款人在清偿全部贷款后，凭贷款银行出具的贷款结清证明和撤销房屋抵押证明到房地产抵押登记部门办理抵押登记注销手续。

知识链接 8-6

住房公积金抵押贷款与商业性抵押贷款的区别

1.贷款利率不同，公积金贷款实行低利率，其贷款利率较商业性贷款利率要低。

2.贷款对象不同，公积金贷款的贷款对象是正常足额缴存公积金并达到一定时期的在职职工，而商业性贷款则面向的是所有具有还款能力、信用资质审查合格的自然人。

3.贷款主体不同，公积金贷款是职工向住房公积金管理中心提出贷款申请，贷款主体是住房公积金管理中心，商业性贷款的主体是各商业银行。

4.贷款资金来源不同，公积金贷款的资金来源是职工及其单位缴存的住房公积金，商业性贷款的资金来源是各商业银行的自营资金。

三、公积金住房抵押贷款融资规划

1.贷款额度

公积金贷款额度根据借款人还贷能力、房屋价格、住房公积金账户余额和贷款最高限额4个因素来确定，4个因素中计算的最小值即为借款人最高可贷额度。

（1）根据借款人还贷能力确定。

按借款人本人还款能力计算的贷款额度：

$$\text{贷款额度}=\left[\left(\frac{\text{借款人}}{\text{月工资总额}}+\frac{\text{借款人所在单位}}{\text{住房公积金月缴存额}}\right)\times\frac{\text{还贷能力}}{\text{系数}}-\frac{\text{借款人现有}}{\text{贷款月还款额}}\right]\times 12\text{个月}\times\text{贷款年限}$$

按夫妻双方还款能力计算的贷款额度：

$$\text{贷款额度}=\left[\left(\frac{\text{夫妻双方}}{\text{月工资总额}}+\frac{\text{夫妻双方所在单位}}{\text{住房公积金月缴存额}}\right)\times\frac{\text{还贷能力}}{\text{系数}}-\frac{\text{夫妻双方现有}}{\text{贷款月还款额}}\right]\times 12\text{个月}\times\text{贷款年限}$$

式中，还贷能力系数为45%（各地政策规定有所不同）。

（2）根据房屋价格确定。

按照房屋价格计算的贷款额度：

贷款额度=房屋价格×贷款成数

根据借款人公积金缴存情况，公积金缴存额达1 400元及以上的，在考虑其偿还能力的基础上，额度不得超过所购房屋总价的70%（建筑面积在90平方米以下的可放宽至80%）；低于1 400元的，贷款额度一般不超过所购房屋总价的50%。

（3）根据住房公积金账户余额确定。

住房公积金贷款额度不得高于职工申请贷款时住房公积金账户余额（同时使用配偶住房公积金申请公积金贷款，为职工及配偶住房公积金账户余额之和）的10倍，住房公积金账户余额不足2万元的按2万元计算。

（4）根据贷款最高限额确定。

使用本人住房公积金申请住房公积金贷款的，贷款最高限额为40万元；同时使用配偶住房公积金申请住房公积金贷款的，贷款最高限额为60万元。购买二套房的，最高贷款额度为50万元，且最高不超过房屋价格的40%。

以上公积金贷款额度的确定，各地公积金管理中心的政策规定不尽相同，投资者在进行住房公积金贷款融资规划时应详细咨询当地公积金管理机构。

2.贷款利率

相对于商业性贷款而言，住房公积金贷款实行优惠贷款利率。贷款年限在1～5年的，贷款利率为4.0%，贷款年限在5年以上的，贷款利率为4.5%。二套房公积金贷款利率标准与首套房公积金贷款利率是一样的。

同样的贷款金额和还款年限，公积金贷款与商业性贷款相比能节省数万元利息。

以一套总价90万元的房屋为例，假设贷款50万元，贷款年限为30年，采用等额本息还款方式。商业性贷款年利率为6.55%，则月还款3 176.80元，30年供款总额为1 143 648元，其中支付利息总额高达643 648元。公积金贷款年利率为4.5%，则月还款2 533.43元，30年供款总额为912 034.80元，其中支付利息总额412 034.80元，与商业性贷款相比，每月能少支付643.37元，30年共节省利息支出231 613.20元。

3.还款方式

住房公积金贷款的还款方式与商业性贷款一样，也包括等额本息还款和等额本金还款两种方式，借款人可以在申请贷款时选择。1年期以内的公积金贷款到期一次还本付息，1年以上的公积金贷款应当按月偿还贷款本息。逐月使用住房公积金偿还购房贷款本息的职工，其住房公积金账户内应当按照公积金管理中心的规定保留余额。

等额本息还款和等额本金还款两种方式的计算与比较，我们在模块二的任务2商业性住房抵押贷款融资规划中已做了详细的介绍，这里就不再赘述。

近年来，公积金贷款也推出了一些新的还款方式，如自由还款方式。自由还款方式是指借款人申请住房公积金贷款时，住房公积金管理中心与借款人明确贷款金额、期限后，确定贷款每期的最低还款额度，借款人可在不低于最低还款额度的情况下自由选择每月的还款额度进行贷款偿还的还款方式。在自由还款方式下，借款人月供只要不低于最低还款额，可以通过公积金管理中心客户服务电话自由调整设定每月的还款金额，操作省时省力。这种还款方式有利于借款人的债务安排，最大限度地方便了借款人。

4.组合贷款

住房组合贷款是借款人办理住房公积金贷款，因为住房公积金贷款有一定的最高贷款额度限制，通过住房公积金贷款不足以支付购房款时，如果符合商业银行住房贷款条件，可以向受委托办理住房公积金贷款的商业银行申请商业性贷款。组合贷款是政策性和商业性贷款的结合，是住房公积金管理中心运用政策性住房资金、商业银行运用信贷资金向同一借款人发放的，用于购买同一套住房的个人住房贷款。

组合贷款是公积金贷款和商业性贷款的同时使用，职工在个人贷款超过当地规定的公积金贷款最高额度后会就超出部分申请商业性贷款。公积金贷款和商业性贷款需同时办理申请与审批手续，贷款审批通过后银行会将两部分贷款资金一起划付到开发商（或售房者）账户。在组合贷款中，两部分贷款的贷款期限、还款方式都是相同的，不同的是分别执行各自的贷款利率。

任务4 住房贷款提前还贷分析

一、住房贷款提前还贷方式

住房贷款提前还贷是指借款人在贷款期间按月偿还本息的基础之上，在贷款未到期之前，提前偿还部分或全部贷款本金的经济行为。借款人提前还贷，往往是出于节省利息的考虑，同时又有闲置的盈余资金。

借款人提前还贷可以节省利息支出，但除非贷款合同中有关于提前还贷的约定，否则借款人提前还贷属于一种违约行为，会给贷款银行造成一定的损失。这是因为提前还贷破坏了商业银行的贷款组合安排，银行重新安排资金的放贷需要一定的时间，必然会因为资金的暂时闲置而造成损失，而且重新放贷也会发生一定的费用，所以银行可能会对提前还贷借款人实施一定的处罚，但目前我国商业银行出于竞争压力的考虑，为了吸引客户，通常对借款人提前还贷行为只是做了提前预约等方面的规定，而不采取惩罚措施。

当前国内商业银行提供给借款人提前还贷的方式有：

（1）提前全部清偿贷款本金。

（2）提前偿还部分本金，剩余贷款月供额度不变，还款期限缩短。

（3）提前偿还部分本金，剩余贷款月供额度减少，还款期限不变。

（4）提前偿还部分本金，剩余贷款月供额度减少，还款期限缩短。

（5）提前偿还部分本金，剩余贷款月供额度增加，还款期限缩短。

此外，还有一种特殊的提前还贷方式是不提前偿还部分本金，只是缩短还款期限，增加月供额度，因为月供额度增加必然会增加本金的偿还，因此本质上也属于提前还贷。

二、住房贷款提前还贷分析

1.贷款余额的分析

借款人在考虑提前还贷时，首先需要清楚尚有多少贷款本金还未还清，因此需要计算贷款本金的余额。

等额本息还款方式下，根据资金时间价值理论，贷款月还款额的现值之和就是贷款本金，因此提前还贷时尚未支付的月还款额现值之和就应为贷款本金余额。其计算公式是：

$$贷款本金余额 = 月还款额 \times 普通年金现值系数 = 月还款额 \times \frac{1-(1+月利率)^{-(n-t)}}{月利率}$$

式中：n为还款期数，还款期数=贷款年限×12

t为已偿还期数，已偿还期数=已偿还年数×12

【例8-3】王先生有一笔住房抵押贷款，金额为50万元，贷款年限为30年，贷款年利率为6%，已偿还15年，试计算等额本息和等额本金两种还款方式下的贷款本金余额。

（1）等额本息还款方式下：

$$月还款额 = 贷款本金 \times \frac{月利率}{1-(1+月利率)^{-n}} = 500\,000 \times \frac{0.5\%}{1-(1+0.5\%)^{-360}} = 2\,997.75(元)$$

$$贷款本金余额 = 月还款额 \times 普通年金现值系数$$

$$= 2\,997.75 \times \frac{1-(1+0.5\%)^{-(360-180)}}{0.5\%} = 355\,244.22(元)$$

式中：n=30×12=360，t=15×12=180

（2）等额本金还款方式下：

每月偿还的本金=贷款本金÷还款期数=500 000÷360=1 388.89（元）

贷款本金余额=500 000−1 388.89×180=250 000（元）

第1个月还款额=1 388.89+500 000×0.5%=3 888.89（元）

逐月递减金额=1 388.89×0.5%=6.94（元）

两种还款方式的贷款本金余额相比较，等额本息还款方式在还款15年（180个月）后本金余额为355 244.22元，远远高于等额本金还款方式的余额250 000元。等额本息还款方式的贷款本金余额呈现先慢后快的下降态势，而等额本金还款方式呈现的是均匀直线下降态势。从整个贷款的还款期限来看，等额本金还款方式下贷款本金的清偿速度快于等额本息还款方式。

2.提前还贷分析

借款人提前还贷主要是出于节省利息支出的目的，但并非所有的提前还贷都是经济划算的，住宅投资人一定要做好理财分析，选择合适的提前还贷方式。

例8-3中王先生的贷款已偿还15年，在等额本息还贷方式下各种提前还款方式节省的利息情况比较如下（计算结果保留小数点后两位）：

（1）提前全部清偿贷款本金余额355 244.22元。

提前全部清偿本金，则支付的利息总额为提前还贷前利息额。

利息总额=2 997.75×180-（500 000-355 244.22）=394 839.22（元）

（2）提前偿还本金15万元，月供额度不变，还款期限缩短为7年零1个月。

提前偿还本金15万元后，则：

贷款余额=355 244.22-150 000=205 244.22（元）

利息总额=394 839.22+46 626.24=441 465.46（元）

（3）提前偿还本金15万元，月供额度减少为1 731.97元，还款期限不变。

提前偿还本金15万元后，贷款余额205 244.22元，剩余还款期仍为15年（180个月），则月供款减少为1 731.97元。

$$月还款额=205\ 244.22\times\frac{0.5\%}{1-(1+0.5\%)^{-180}}=1\ 731.97(元)$$

利息总额=394 839.22+106 509.91=501 349.13（元）

（4）提前偿还本金15万元，月供额度减少为2 278.63元，还款期限缩短为10年。

提前偿还本金15万元后，贷款余额205 244.22元，剩余还款期缩短为10年（120个月），则月供款减少为2 278.63元。

$$月还款额=205\ 244.22\times\frac{0.5\%}{1-(1+0.5\%)^{-120}}=2\ 278.63(元)$$

利息总额=394 839.22+68 191.58=463 030.80（元）

（5）提前偿还本金15万元，月供额度增加到3 401.49元，还款期限缩短为6年。

提前偿还本金15万元后，贷款余额205 244.22元，剩余还款期缩短为6年（72个月），则月供款增加到3 401.49元。

$$月还款额=205\ 244.22\times\frac{0.5\%}{1-(1+0.5\%)^{-72}}=3\ 401.49(元)$$

利息总额=394 839.22+39 663.02=434 502.24（元）

不同提前还贷方式节省利息情况比较见表8-4。

从表8-4中可以看出，提前全部清偿本金显然最节省利息，其次则是月供增加且缩短还款期限的方式，但这种方式下月供增加会给借款人带来新的经济压力，它只适合工作稳定、月收入较高的人群。因此提前还贷不能片面地一味追求节省利息，还要结合自己的实际经济情况，客观地对自己目前的收入状况和预期未来还款能力做出评估，只有选择适合自己的提前还贷方式才是最佳的。

表8-4 不同提前还贷方式节省利息情况比较 金额单位：元

提前还贷方式	月供额度	剩余还款期限	利息总额	节省利息
不提前还贷	2 997.75	15年	579 190	0
提前全部清偿本金	0	0	394 839.22	184 350.78
月供不变，还款期缩短	2 997.75	7年零1个月	441 465.46	137 724.54
月供减少，还款期不变	1 731.97	15年	501 349.13	77 840.87
月供减少，还款期缩短	2 278.63	10年	463 030.80	116 159.20
月供增加，还款期缩短	3 401.49	6年	434 502.24	144 687.76

另外，以下几种情况则不宜提前还贷：

第一种情况是采用等额本息还款方式，已进入还款中期的贷款。等额本息还款方式前期月供多用于支付利息，而偿还的本金较少，因此还款中期以后再提前还贷则更多是在偿还本金，实际节省的利息是有限的。

第二种情况是采用等额本金还款方式，已还款期达到整个贷款期限1/4左右的贷款。这时等额本金还款的月供款中偿还本金的部分通常多于支付利息部分，提前还贷也不利于有效节省利息。

第三种情况是公积金贷款和享受7折利率的商业性贷款。商业银行5年期定期存款利率、国债5年期利率一般都高于公积金贷款利率和7折商业性贷款利率，投资者将提前还贷资金投向定期存款或国债更划算，而且投资者再次购房将不会享受到7折利率。

第四种情况是投资者手上有较好的投资项目，其投资收益率高于贷款利率，则没有必要选择提前还贷。

【检验】我对本市房地产市场的走势判断及计划

学习房地产理财并不一定就完全掌握了房地产理财的技巧，但一定要具备自己的思考方法。现在，请您根据自己拥有的知识和方法，判断本市的房地产价格走势，并将该理由说给同学、家长听，向他们提出你的建议（见解）。

我对本市房地产价格走势的判断	
我对本市房地产投资的思考和建议	

项目小结

1. 在个人理财中，我们重点研究住宅房地产投资。住宅房地产按照不同的标准，可以分为商品房和政策性保障住房、现房和期房、一手房和二手房等。

2. 房地产市场千变万化，各种不确定因素的动态变化给投资者带来了不同形式的风险。这些风险包括政策风险、购买力风险、变现风险、交易风险、意外风险。

3. 住宅房地产价格是指为取得住宅及其相应权益而付出的代价。房地产估价有市场比较法、收益法、成本法、假设开发法等。

4. 个人（家庭）在进行住宅投资时，首先应对自身的购房能力进行一次综合评估，然后再做决策。个人（家庭）购房支付能力评估包括两个方面的内容，即首付款支付能力和每月还款能力评估。

5. 目前，我国住房抵押贷款按是否具有政策性可分为商业性住房抵押贷款和公积金住房抵押贷款，住房投资者也可同时采用商业性住房抵押贷款与公积金住房抵押贷款相结合的组合贷款方式。

6. 商业性住房抵押贷款，又称按揭，是指商业银行向购房者提供大部分购房款项，购房者按月分期向银行还本付息，在未清偿全部贷款之前，用其所购房屋作为抵押物。商业性住房抵押贷款的还款方式可分为等额本金还款方式与等额本息还款方式。这两种还款方式在本金的偿还和利息的支付上有很大的不同。

7. 住房公积金是根据国家相关法规，由单位及其在职职工各自按职工工资收入的规定比例缴存的长期住房储备资金。住房公积金作为城镇职工住房的一种保障，具有强制性、福利性、普遍性和长期性的特点。

8. 借款人提前还贷，往往是出于节省利息的考虑，同时又有闲置的盈余资金。提前还贷不能片面地一味追求节省利息，还要结合自己的实际经济情况，客观地对自己目前的收入状况和预期未来还款能力做出评估，只有选择适合自己的提前还贷方式才是最佳的。

【学习分享】请将学习的过程和成果做成文字、图片或视频内容，分享在相应的自媒体或社群中。请将线上分享的文件转成二维码后粘贴至空白处，文字分享可以打印后粘贴至空白处。

粘贴二维码	粘贴二维码	粘贴二维码	粘贴二维码
粘贴文字	粘贴文字	粘贴文字	粘贴文字

思考与练习

一、单选题

1.由于政策的潜在变化而有可能给房地产投资者带来经济损失，是指住宅房地产投资存在（　　）。

A.意外风险　　B.交易风险　　C.政策风险　　D.变现风险

2.前期还款较多（清偿本金较多），后期还款压力逐渐减弱，这种还款方式是指（　　）。

A.等额本金还款　　B.等额本息还款

C.双周供还款　　D.宽限期还款

3.某笔商业性抵押贷款50万元，贷款期限为20年，贷款利率为6%，该笔贷款在等额本息还款方式下每月还款额为（　　）元。

A.3 825.16　　B.3 582.16　　C.4 325.26　　D.4 253.26

4.职工购买、建造、翻建、大修自住住房，可以申请住房公积金贷款，申请贷款应具备的条件之一是连续正常缴存住房公积金（　　）。

A.6个月以上　　B.1年以上　　C.3个月以上　　D.无时间规定

5.职工在个人贷款超过当地规定的公积金贷款最高额度后会就超出部分申请商业性贷款。公积金贷款和商业性贷款的同时使用称为（　　）。

A.联合贷款　　B.组合贷款　　C.全额贷款　　D.综合贷款

二、多选题

1.房地产是土地、地上建筑物实体部分及其附带的各种权益的总称，权益部分包括房地产（　　）。

A.所有权　　B.使用权　　C.租赁权　　D.抵押权

2.以下属于政策性保障住房的有（　　）。

A.期房　　B.廉租房　　C.公共租赁房　　D.经济适用房

3.住宅房地产估价有利于市场交易的公平，在价格评估中应遵循的原则有（　　）。

A.合法性原则　　B.公平性原则　　C.替代原则　　D.一致性原则

4.影响住宅房地产投资价值的因素包括（　　）。

A.配套设施齐全程度　　B.教育资源丰富程度

C.楼盘容积率　　D.物业管理水平

5.职工个人对缴存的住房公积金提取使用有一定的限制条件。提取使用职工住房公积金账户内的存储余额，下列符合提取条件的有（　　）。

A.购买、建造、翻建、大修自住住房

B.离休、退休职工

C.因公造成残疾

D.完全丧失劳动能力，并与单位终止劳动关系

三、判断题

1.住宅房地产投资已成为我国房地产开发投资的主要内容，其投资市场潜力巨大，发展空间非常广阔。（　　）

2.在实际生活中，即使房屋在房地产产权交易二级市场上转让两次以上，人们也习惯

地统称为二手房。 （ ）

3.我国商业银行出于竞争压力的考虑，为了吸引客户，通常对借款人提前还贷行为只是做了提前预约等方面的规定，而不采取惩罚措施，因此借款人提前还贷不属于一种违约行为。 （ ）

4.容积率与楼盘绿化、园林建造用地空间，建筑拥挤程度密切相关，关系到居住质量，因此高容积率的楼盘更吸引投资者，其投资价值也大。 （ ）

5.首付款是住房购买时的第一笔预付款，目前我国规定个人（家庭）首套房购房贷款最低首付比例为房款全额的四成。 （ ）

四、简答题

1.投资者购买期房时应查验开发商的“五证”，其中最关键的是哪一个证件？

2.简述住宅房地产投资的特点。

3.投资者购房能力评估应包括哪些方面的内容？

4.简述等额本金还款和等额本息还款两种方式的主要区别。

5.哪些情况下不宜提前还贷？

项目实训

训练目的：通过对商业性住房抵押贷款还款计算分析，掌握住宅投资融资规划。

训练内容：学习商业性住房抵押贷款还款方式及其特点，对案例内容中的贷款进行本息偿还计算分析，提交还款计划安排。

训练素材：

王先生购买了一套总价105万元的住房，首付42万元，向银行取得商业性住房抵押贷款63万元，贷款年限为25年，年利率为6%。王先生了解到目前贷款还款方式有两种选择：一种是等额本金还款方式；另一种是等额本息还款方式。王先生夫妻工作相对较稳定，有一定的积蓄，两人月收入合计在1万元左右。请为王先生分析计算两种还款方式下的月还款安排计划，并针对王先生目前收入状况提供选择哪种还款方式更为有利的建议。

训练场所：校内实训室。

训练步骤：

1.学员分组（每组5人左右）；

2.计算分析该笔商业性住房抵押贷款两种还款方式的月供情况；

3.编制两种还款方式的月还款计划表；

4.对比两种还款方式的还款情况，分析各自的优劣；

5.针对王先生的具体情况，提出选择哪种还款方式更为理想的建议。

项目九　外汇与黄金理财

承担风险，无可指责，但同时记住千万不能孤注一掷！

——乔治·索罗斯

学习目标	
重点及难点	
模块一 模块二	外汇理财规划 黄金理财规划
项目小结 思考与练习 项目实训	

学习目标

【知识目标】

1. 了解外汇与汇率，掌握汇率的标价方法；
2. 掌握个人外汇实盘交易的流程；
3. 了解黄金市场，掌握黄金价格变动的影响因素；
4. 掌握黄金理财产品的操作流程。

【技能目标】

1. 能独立完成个人外汇实盘交易的开户、交易工作；
2. 能独立完成黄金理财产品的交易。

【思政目标】

1. 从我国外汇储备的规模看社会主义经济建设的伟大成就；
2. 从我国黄金储备的规模看社会主义经济建设的伟大成就。

重点及难点

重点：个人外汇实盘交易流程、黄金理财产品交易流程。

难点：汇率的标价方法、黄金T+D、黄金期货。

案例导入

小张参加工作已经3年，有一定的积蓄，他想把手头闲置的资金做外汇或黄金投资，可是小张只了解基本的外汇和黄金知识，自己从未真正参与过外汇或黄金投资，不知从何入手，他该怎么做呢？

模块一　外汇理财规划

任务1　认识外汇与汇率

通胀使得消费者的实际购买力降低，通过理财来提高资金收益率成为规避通胀的有效手段之一。外汇作为一种相对较新的金融产品，其理财功能正日益受到广泛的关注。

一、外汇

1.外汇的含义

外汇具有动态和静态两种含义。

外汇的动态含义是指把一国货币兑换成另一国货币的国际汇兑活动，用以清偿国际债权和债务关系的行为。

外汇的静态含义是指以外币表示的可用于对外支付的金融资产。

教学互动 9-1

以外币表示的可用于对外支付的金融资产包括什么？

你知道哪些外币？

人们通常所说的外汇一般是指其静态含义。

国际货币基金组织将外汇定义为：外汇是货币行政当局（中央银行、货币管理机构、外汇平准基金及财政部）以银行存款、财政部库券、长短期政府证券等形式保有的，在国际收支逆差时可以使用的债权。

2008年修订的《中华人民共和国外汇管理条例》所称外汇，是指下列以外币表示的可以用作国际清偿的支付手段和资产：①外币现钞，包括纸币、铸币；②外币支付凭证或支付工具，包括票据、银行存款凭证、银行卡等；③外币有价证券，包括债券、股票等；④特别提款权；⑤其他外汇资产。

从以上对外汇的解释中可以看出，外汇具有以下特征：

第一，外币性。外汇必须是外国货币，而非本国货币。

第二，可兑换性。外汇必须能够兑换成本国货币或其他货币。

第三，可清偿性。外汇的形式不仅包括外币资金，也包括可以在国外得到偿付并可转让的一切支付凭证。

教学互动 9-2（判断以下说法正确与否，正确请打√，错误请打×）

1.在英国，英镑可以自由兑换成美元，因此英镑是外汇。（　　）

2.在中国，以美元表示的空头支票是外汇。（　　）

知识链接 9-1

认识外币

1. 美元

美元由美国联邦储备银行发行，流通的纸币主要有1美元、2美元、5美元、10美元、20美元、50美元、100美元7种面值。另外，有500美元及以上面值的纸币，流通量极为有限。图9-1为新版100美元纸币图样。

图9-1 新版100美元纸币图样

2. 欧元

欧元由欧洲中央银行发行，加入欧元区的欧盟成员，统一使用欧元。欧元诞生于1999年，于2002年正式流通，是仅次于美元的主要货币。欧元纸币共分为5欧元、10欧元、20欧元、50欧元、100欧元、200欧元、500欧元7种面值，尺寸和颜色各不相同。票面由窗户、大门和桥梁三个基本建筑要素构成，分别代表欧盟之间的开放、合作与沟通精神。图9-2为100欧元纸币图样。

图9-2 100欧元纸币图样

2. 外汇的分类

按不同的标准，外汇可以划分为不同的种类。

（1）按外汇兑换的限制程度不同，可分为自由外汇和记账外汇。

自由外汇是指无须外汇管理当局批准，可以自由兑换成其他国家货币或用于对第三国支付的外汇。例如，美元、英镑、日元、欧元等货币以及用这些货币表示的支票、汇票、公债等都是自由外汇。常见的货币名称及其符号见表9-1。

表9-1 常见的货币名称及其符号

国家和地区	货币名称	货币符号	国家和地区	货币名称	货币符号
中国	人民币	CNF	美国	美元	USD
欧盟	欧元	EUR	日本	日元	JPY
英国	英镑	GBP	中国香港	港元	HKD
加拿大	加拿大元	CAD	澳大利亚	澳元	AUD

记账外汇是指在两国政府间签订的支付协定项目中使用的外汇，不经货币发行国批准，不准自由兑换成他国货币，也不能对第三国进行支付，又称清算外汇、协定外汇、双边外汇。

（2）按外汇的来源和用途不同，可分为贸易外汇、非贸易外汇和金融外汇。

贸易外汇：进出口贸易所收付的外汇，是一个国家外汇的主要来源与用途。

非贸易外汇：除进出口贸易和资本输出/输入以外的其他各方面所收付的外汇，包括劳务外汇、侨汇、捐赠外汇和援助外汇等。

金融外汇：金融外汇与贸易外汇、非贸易外汇不同，是属于一种金融资产外汇。例如，银行同业间买卖的外汇，它并非来自或用于贸易活动，而是管理各种货币头寸过程中的金融资产。又如，国家间资本转移的外汇，其无论间接投资还是直接投资，都以某国货币表示的金融资产形态出现。

（3）按外汇管理对象的不同，可分为居民外汇和非居民外汇。

居民外汇：居住在本国境内的机关、团体、企事业单位和个人，以各种形式持有的外汇。

非居民外汇：暂时在某国或某地区居住者持有的外汇，如外国侨民、旅游者、留学生等非居民持有的外汇。

二、外汇汇率

1.外汇汇率的概念

在商品市场中，商品都有价格，在外汇市场中，外汇作为一种可自由兑换的特殊商品，同样有价格。外汇交易中，将一种货币兑换成另一种货币，必须有一个兑换比率，才能达成交易，这个比率就是汇率。

汇率又称汇价、外汇牌价、外汇行市，是一国货币兑换成另一国货币的价格。例如，2018年6月1日美元与人民币的汇率是：100美元=640.79/643.51元人民币（中国银行现汇买入/卖出价）。

2.汇率的标价

在外汇市场上，汇率表现方式是以货币对货币的组合方式来表示的。基本货币在前，目标货币在后，中间以“/”分隔，表示一个单位基本货币能兑换多少目标货币。例如，1欧元可以兑换成1.1704美元（2018年8月2日汇买价），可以用EUR/USD=1.1704来表示，其中EUR为基本货币，USD为目标货币。

汇率小数点前面的为“元”，小数点后面最后一位为“点”。汇率的最小变化单位为一个“基本点”，即最后一位数的数字变化。例如，美元/日元=109.98（2018年8月2日汇买价），一个基本点就是0.01，而英镑/美元=1.3353（2018年8月2日汇买价），一个基本点就是0.0001。

汇率的标价方法有直接标价法和间接标价法两种。

（1）直接标价法。

直接标价法是以本国货币表示的外国货币的价格。一般是1个单位或100个单位的外币能折合多少本国货币，如在我国100美元=643.51元人民币。在这种标价法下，如果本币数额增加，则说明外币升值，本币贬值，外汇汇率上升；反之，则说明本币升值，外汇汇率下降。目前，大多数国家采用直接标价法，我国国家外汇管理局公布的外汇牌价也采用这种方法。

（2）间接标价法。

间接标价法是以外国货币表示的本国货币的价格。一般是1个单位或100个单位的本币能够折合多少外国货币。在这种标价法下，本币的数额固定不变，外币的数额随着本、外币币值的变化而变化。如果外币数额减少，则表示外币升值，本币贬值，外汇汇率下降；反之，则表示本币升值，外汇汇率上升。目前，实行间接标价法的国家主要有英国、澳大利亚、新西兰等。

教学互动9-3（判断以下说法正确与否，正确请打√，错误请打×）

1.在直接标价法下，外汇汇率的升降和本国货币的数值变化成反比关系。（　）

2.在间接标价法下，外汇汇率的升降和外国货币的数值变化成正比关系。（　）

3.汇率的分类

外汇汇率的种类有很多，为了认识和把握汇率，投资者可以从不同的角度对汇率分类。

（1）按汇率的稳定性，可分为固定汇率（Fixed Rate）和浮动汇率（Floating Rate）。

固定汇率是指一国货币同另一国货币的汇率基本固定，其波动被限制在极小的范围内，波动幅度很小。

浮动汇率是指一国货币当局不规定本币对其他货币的官方汇率，外汇汇率完全由市场供求关系来决定。事实上，完全由市场来决定汇率的浮动并不存在，各国货币当局都审时度势地干预外汇市场，实行有管理的浮动。

（2）按汇率的管制程度，可分为官方汇率（Official Rate）和市场汇率（Market Rate）。

官方汇率是指由一国货币当局或外汇管理部门制定和公布的用于一切外汇交易的汇率。

市场汇率是指在自由外汇市场上买卖外汇所使用的实际汇率。

官方汇率与市场汇率之间往往存在差异，在外汇管制较严的国家不允许存在外汇自由买卖市场，官方汇率就是实际汇率。而在外汇管制较松的国家，官方汇率往往流于形式，通常有行无市，实际外汇买卖都是按市场汇率进行的。

（3）按外汇交易期限，可分为即期汇率（Spot Rate）和远期汇率（Forward Rate）。

即期汇率是指即期外汇交易所使用的汇率。远期汇率是指远期外汇交易所使用的汇率。

（4）按外汇市场营业时间，可分为开盘汇率（Opening Rate）和收盘汇率（Closing Rate）。

一般情况下，主要外汇市场都在当地时间上午开市，中午时间不休息，下午闭市。世界主要外汇市场交易时间见表9-2。

表9-2　**世界主要外汇市场交易时间**

地区	市场	当地时间开盘、收盘	4—10月	11月至次年3月
			北京时间开盘、收盘	
大洋洲	惠灵顿	9：00—17：00	04：00—12：00	05：00—13：00
	悉尼	9：00—17：00	06：00—14：00	07：00—15：00
亚洲	东京	9：00—15：30	08：00—14：30	
	中国香港	9：00—16：00	09：00—16：00	
	新加坡	9：30—16：30	09：30—16：30	
欧洲	法兰克福	9：00—16：00	15：00—22：00	16：00—23：00
	苏黎世	9：00—16：00	15：00—22：00	16：00—23：00
	巴黎	9：00—16：00	15：00—22：00	16：00—23：00
	伦敦	9：30—16：30	16：30—23：30	17：30—00：30
北美洲	纽约	8：30—15：00	20：00—03：00	21：00—04：00
	芝加哥	8：30—15：00	21：00—04：00	22：00—05：00

备注：由于夏时制原因，部分主要外汇交易市场的开收盘时间提前一个小时。具体的夏时制时间的起始日期与结束日期请参照该国的具体规定。

随着全球经济一体化的发展，全世界电信已经形成网络。当前，全球各地区外汇市场能够按照世界时区的差异相互衔接，出现了全球性的、24小时不间断的连续外汇交易。

处在亚洲时区的中国，一般把纽约外汇市场的收盘时间作为前一天全球24小时外汇交易的结束点，即通常所说的全球外汇市场收盘价；把新西兰惠灵顿外汇市场的开盘时间作为当日全球外汇交易的起始点，即通常所说的全球外汇市场开盘价。

（5）按汇率是否适用于不同来源与用途，可分为单一汇率（Single Rate）和多重汇率（Multiple Rate）。

单一汇率是指一国对外只有一个汇率，不同来源和用途的外汇收支均按此进行结算。多重汇率是指一国对某一外币的汇价因来源与用途不同而规定两种以上的汇率。

（6）按外汇买卖对象，可分为银行同业汇率（Inter-bank Rate）和商业汇率（Mercantile Rate）。

银行同业汇率是银行间进行外汇买卖所使用的汇率。商业汇率是银行与一般客户进行外汇买卖所使用的汇率。通常银行同业汇率的买卖差价要小于商业汇率的买卖差价。

（7）按银行买卖外汇的角度不同，可分为买入汇率、卖出汇率和中间汇率。

买入汇率又称买入价，是指银行买入外汇时的汇率。卖出汇率又称卖出价，是指银行卖出外汇时的汇率。中间汇率一般在理论分析和新闻报道中使用，该汇率并不是外汇买卖中的实际成交价格。

知识链接 9-2

现钞和现汇

小张到中国银行网站了解外汇行情，发现2018年8月2日当天美元的外汇牌价有现钞买入价和现汇买入价，分别为100美元=672.7100元，100美元=678.2200元。

现钞和现汇有什么不同？

现汇是指从国外银行汇到国内的外汇存款，以及外币汇票、本票、旅行支票等国际结算凭证。现钞是指客户手中的外汇钞票，现钞买入价是银行买入外币现钞、客户卖出外币现钞的价格。当银行买入现钞时需在银行库存中保留一段时间，凑齐足够的金额后才能存到其他银行获取利息，所以现钞买入价要低于现汇买入价。

任务2 分析汇率变动的因素

在外汇交易中，汇率的变动直接影响到交易者的盈亏，因此外汇交易者都要对未来的汇率走势做出判断。了解影响汇率走势的各种因素，是进行外汇交易的重要前提。汇率的变动受到许多因素的影响，有经济因素也有非经济因素，各个因素之间相互联系、相互制约，因此汇率变动的原因极其错综复杂。

1.政治因素

政治因素包括政权更替、政变、政治丑闻、战争、罢工等，政治因素具有的突发性和难以预测性会对汇率变化带来较大影响。例如“9·11事件”中的世贸大厦受到恐怖袭击，造成数千美国金融业的精英死亡，当时引发了美元汇率的大幅波动，人们纷纷抛售美元，买入瑞士法郎、欧元等避险货币来逃避风险，半个小时内瑞士法郎的涨幅接近5%。

2.货币政策

货币政策对汇率的影响主要是通过货币供应量的变动和利率的变动而实现的。如果一国政府实行扩张性的货币政策，增加货币供应量，降低利率，则该国货币的汇率将下跌。

这是因为增加货币供应量将使国内物价水平上升，降低利率则使资本流出增加，资本流入减少，这两种情况都会导致本币对外币比价的下降。例如，美国自2007年次贷危机以来，实行宽松的货币政策，先后10次大规模降息，将利率从5.25%降到0～0.25%之间，2010年美联储主席伯南克提出实行第二轮量化宽松货币政策，引发了美元的持续下跌。

3.国际收支

国际收支是一国对外经济活动的综合反映，它对一国货币汇率的变动有着直接的影响。从短期来看，一国国际收支状况是影响该国货币对外比价的直接因素。若其他条件不变，一国的国际收支状况改善，顺差扩大或逆差缩小，则外汇收入增加，该国货币就升值，以较少的本币就能换取原来相同数量的外币；如果一国的国际收支状况恶化，顺差缩小或逆差扩大，该国货币就对外贬值，要以更多的本币才能换取原来相同数量的外币。

4.通货膨胀

通货膨胀是影响汇率变动的一个长期、主要而又有规律性的因素。在纸币流通条件下，两国货币之间的比率取决于货币所代表的价值量的对比。因此，如果一国发生通货膨胀，该国货币所代表的价值量就会减少，货币实际购买力下降，那么对外比价也会下跌。当然，如果对方国家也发生通货膨胀，且幅度恰好一致，两者就会相互抵消，两国货币间的名义汇率则不受影响。

5.心理预期

在外汇市场上，人们买进还是卖出某种货币，与交易者对市场走势的预期有密切关系。当交易者预期某种货币的汇率在今后可能下跌时，他们为了避免损失或获取额外的好处，便会大量地抛出这种货币。而当他们预计某种货币今后可能上涨时，则会大量地买进这种货币。国际一些外汇专家甚至认为，外汇交易者对某种货币的预期心理现在已是决定这种货币市场汇率变动的最主要因素，因为在这种预期心理的支配下，转瞬之间就会诱发资金的大规模运动。由于外汇交易者预期心理的形成大体上取决于一国的经济增长率、货币供应量、利率、国际收支和外汇储备的状况、政府经济改革、国际政治形势及一些突发事件等很复杂的因素，因此预期心理不但对汇率的变动有很大影响，而且还带有捉摸不定、十分易变的特点。

知识链接 9-3

汇率变动对人们生活的影响

近年来，人民币不断走高，直接后果之一就是带热了出境游和海外消费。根据国家旅游局的统计数据，2000年至2012年间，中国海外旅游的游客人数从1 000万人次增加到8 300万人次，旅游消费额增长近8倍。相较于出境游的火热，入境游却遇冷。最新数据显示，2013年1月至4月，入境旅游人数为4 289.68万人次，同比下降2.74%。

资料来源：佚名. 汇率变动对人们生活的影响［EB/OL］.［2015-03-18］. http: //money.huagu.com/foreignexchange/whzx/1306/220869.html.

任务3　了解个人外汇理财产品

一、外币存款

中国银行个人外币存款分乙、丙两种存款。乙种存款对象为外籍华人、外国人、港澳同胞，丙种存款对象为境内外居民。凡持有外币的中国境内居民均可以开立丙种存款账户。中国银行对外汇或外币现钞存入采取不同账户管理原则，即区分外汇账户和外钞账户。

凡从境外携入的可自由兑换的外币现钞，存入外钞账户。

凡从境外汇入、携入或寄入的可自由兑换的外汇可存入外汇账户。不能立即付款的外币票据，需经银行办理托收，托收后方可入账。

外币存款种类分活期、定期两大类，定期存款一般有1个月、3个月、6个月、1年、2年5个档次（中国银行外币存款年利率见表9-3）。外币存款到期，本行按原约定的存期自动转存并加计复利。

表9-3 中国银行外币存款年利率（2018年8月2日起执行） 单位：%

货币	活期	7天通知	1个月	3个月	6个月	1年	2年
美元	0.0500	0.0500	0.2000	0.3000	0.5000	0.7500	0.7500
英镑	0.0500	0.0500	0.1000	0.1000	0.1000	0.1000	0.1000
欧元	0.0050	0.0050	0.0300	0.0500	0.1500	0.2000	0.2500
日元	0.0001	0.0005	0.0100	0.0100	0.0100	0.0100	0.0100
港元	0.0100	0.0100	0.1000	0.2500	0.5000	0.7000	0.7000
加拿大元	0.0100	0.0500	0.0500	0.0500	0.3000	0.4000	0.4000
瑞士法郎	0.0001	0.0005	0.0100	0.0100	0.0100	0.0100	0.0100
澳大利亚元	0.2375	0.2625	1.2400	1.3125	1.3250	1.5000	1.5000
新加坡元	0.0001	0.0005	0.0100	0.0100	0.0100	0.0100	0.0100

理财案例分析9-1

案例介绍：全球金融体系改革使居民理财方式日益多样，小张有3 160美元，现美元对人民币汇率为1美元=6.3270元人民币，人民币存款年利率为4.4%（2年期），美元存款年利率为0.75%，预计2年后人民币升值到1美元=5.800元人民币，在忽略利息税的前提下，小张的最佳理财方式是什么？

案例分析：1.如果用美元存款，2年后可得：

（3 160+3 160×0.75%×2）×5.8=18 602.92（元人民币）

2.如果换成人民币存款，2年后可得：

3 160×6.327×（1+4.4%×2）=21 752.73（元人民币）

理财建议：在本币看涨的情况下，外币存款并非最佳理财方式，客户可采用将手中外币兑换成本币，用本币存款的方式可获得更多收益。

二、外汇交易

根据2017年国际清算银行（BIS）公布的数据，全球外汇交易的日交易量已达5.1万亿美元，外汇市场已经成为全球最大的金融市场。随着境内金融衍生产品与国际市场的逐步接轨，越来越多的国内银行开办了外汇交易业务。

1.个人外汇交易形式

个人外汇交易有两种形式：一是外汇保证金交易业务；二是外汇实盘交易。

外汇保证金交易业务最初产生于20世纪80年代的伦敦，投资者以银行或经纪商提供的信托进行外汇交易，在交易中投资者只需支付一定的保证金就可以进行100%额度的交易。例如，小张进行外汇保证金交易，保证金比例为1%，如果小张预期日元将上涨，则投入10万美元的保证金，就可以买入合同价值为1 000万美元的日元。如果日元对美元的汇率上涨1%，则小张获利10万美元；如果日元下跌1%，则小张的保证金全部亏损。当投资者的损失超过一定额度后，银行或经纪商有权为停止损失而强制平仓。

自2006年交通银行率先推出“满金宝”外汇保证金交易业务后，中国银行、民生银行也分别推出“外汇宝”“易富通”外汇保证金交易业务。从试运行的效果来看，虽然银行因开办此项业务均能盈利，但投资者从事外汇保证金交易业务亏损的比例很高，80%～90%的投资者都处于亏损状态。这种参与者高损失、低盈利的概率状况已近似于“赌博”。因此，中国银监会2008年6月12日发布《中国银监会办公厅关于银行业金融机构开办外汇保证金交易有关问题的通知》，要求银行在相关管理办法发布前不得开办或变相开办外汇保证金交易业务。

外汇实盘交易是指个人可以卖出手中持有的外币，买入存款利率较高或处于升值中的另一种外币，从而获取更高的利息收益或者获得外汇升值的好处，避免汇率风险。例如，买入利率较高且处于升值中的货币，可获得汇差、利息两个方面的收入。通过外汇买卖，个人还可以调整手中所持外汇的币种结构，既方便使用，也有利于保值。1993年年底，中国人民银行允许国内银行开展面向个人的实盘外汇买卖业务。随着境内金融衍生产品与国际市场的逐步接轨，越来越多的国内银行开办了外汇实盘交易业务，如中国银行开展的外汇宝业务、中国工商银行的汇市通业务、招商银行的外汇通业务等。

2.个人外汇交易特点

与股票、债券、期货等投资品种相比，个人外汇交易有其自身的特点，这主要表现在以下方面：

（1）交易时间长。

由于全球外汇市场连续24小时在运作，因此外汇交易的时间最长。除周六、周日、休市和其他非交易日，国际外汇市场全天候交易，白天、晚间均可投资。只要银行能够提供服务，个人可以进行24小时的外汇买卖。

（2）汇率波动大。

由于目前全球汇率体制主要是浮动汇率，加之国际外汇市场受国际上各种政治、经济因素以及各种突发事件的影响，汇率波动已经成为一种正常现象，有时甚至会出现大幅波动。国际外汇市场汇率涨跌幅没有限制。汇价波动给个人外汇买卖业务既带来机遇，也带来风险。

（3）交易方式灵活。

个人外汇买卖可以即时买卖，也可以挂单委托交易；可以通过柜台交易，也可以通过电话、自助终端和网上完成交易，交易方式十分灵活。

（4）资金结算时间短。

外汇交易可当日进行多次反向交易，起息日采取T+0方式，即居民个人可以把当天买入（卖出）的货币当天卖出（买入），交易次数没有限制。

理财案例分析9-2

案例介绍：2017年10月，小张的父亲汇款1万欧元给小张进行投资，小张经过比较选择了外汇实盘交易。小张顺利完成招商银行外汇买卖的准备工作后，在收集整理历史资料后最终决定在2018年3月6日以1欧元=1.3705美元的汇率卖出欧元买入美元。2018年8月2日，小张通过对美元走势进行分析，最终决定将手中的美元兑换成欧元，外汇牌价为1欧元=1.1704美元。请问，小张是否获利？获利多少欧元？

案例分析：2018年3月6日，买入美元：

10 000×1.3705=13 705（美元）

2018年8月2日，卖出美元：

13 705÷1.1704=11 709.67（欧元）

因此，小张可获利：

11 709.67−10 000=1 709.67（欧元）

任务4　进行个人外汇交易

2008年银监会叫停外汇保证金业务后，在我国境内可以进行的外汇交易只有外汇实盘交易一种，个人外汇实盘交易流程如下：

1.开设账户

个人进行外汇实盘交易前应持有效证件在银行开设账户，如一卡通、活期一本通等。开立外汇账户有最低的资金要求，不同的银行要求不同，一般是100美元或等值的其他外汇。

2.业务申请

个人进行外汇实盘交易可以通过柜台和网上进行申请。下面以招商银行为例进行说明。

柜台申请：携带本人身份证明、“一卡通”或财富账户到招商银行当地任一网点，填妥“招商银行个人实盘外汇买卖功能申请表”，并签署《招商银行个人实盘外汇买卖协议书》，经招商银行柜台人员确认后即可开通。

网上申请：一卡通客户通过招商银行网上个人银行专业版办理功能开通手续。财富账户客户通过财富账户专业版办理功能开通手续。

3.了解银行交易规则

（1）交易币种和汇率。

目前，每个商业银行推出的实盘交易币种和汇率有所差别，甚至同一银行不同分行所推出的实盘交易币种和汇率也不一样。以中国银行为例，可交易币种包括美元、欧元等主要货币，部分分行还包括新加坡元等。

以招商银行为例，招商银行外汇通业务提供37种交易汇率（见表9-4）：

基准汇率8种，分别是：美元/港元（USD/HKD）、美元/日元（USD/JPY）、欧元/美元（EUR/USD）、英镑/美元（GBP/USD）、澳大利亚元/美元（AUD/USD）、美元/瑞士法郎（USD/CHF）、美元/新加坡元（USD/SGD）、美元/加拿大元（USD/CAD）。交叉汇率有29种。

表9-4 **招商银行北京分行外汇交易实时汇率** 2018-07-19 14：15：27

货币/兑换货币	基本买入价	基本卖出价	优惠买入价	优惠卖出价	大额买入价	大额卖出价	贵宾买入价	贵宾卖出价	至尊买入价	至尊卖出价
澳大利亚元/港元	5.8069	5.8189	5.8075	5.8183	5.8081	5.8177	5.8087	5.8171	5.8093	5.8165
澳大利亚元/加拿大元	0.9749	0.9779	0.9751	0.9777	0.9752	0.9776	0.9753	0.9775	0.9754	0.9774
澳大利亚元/美元	0.7395	0.7417	0.7398	0.7414	0.7399	0.7413	0.7400	0.7412	0.7400	0.7412
澳大利亚元/日元	83.47	83.71	83.49	83.69	83.51	83.67	83.52	83.66	83.52	83.66
澳大利亚元/瑞士法郎	0.7390	0.7420	0.7392	0.7418	0.7393	0.7417	0.7394	0.7416	0.7395	0.7415
澳大利亚元/新加坡元	1.0120	1.0144	1.0121	1.0143	1.0122	1.0142	1.0122	1.0142	1.0122	1.0142
加拿大元/港元	5.9474	5.9600	5.9482	5.9592	5.9490	5.9584	5.9498	5.9576	5.9505	5.9569
加拿大元/日元	85.52	85.72	85.54	85.70	85.56	85.68	85.56	85.68	85.56	85.68
加拿大元/新加坡元	1.0365	1.0389	1.0366	1.0388	1.0367	1.0387	1.0368	1.0386	1.0369	1.0385
美元/港元	7.8438	7.8538	7.8453	7.8523	7.8458	7.8518	7.8463	7.8513	7.8468	7.8508
美元/加拿大元	1.3168	1.3198	1.3172	1.3194	1.3174	1.3192	1.3175	1.3191	1.3177	1.3189
美元/日元	112.72	113.02	112.76	112.98	112.78	112.96	112.79	112.95	112.81	112.93
美元/瑞士法郎	0.9984	1.0014	0.9988	1.0010	0.9990	1.0008	0.9991	1.0007	0.9993	1.0005
美元/新加坡元	1.3665	1.3695	1.3669	1.3691	1.3671	1.3689	1.3672	1.3688	1.3674	1.3686
欧元/澳大利亚元	1.5686	1.5734	1.5688	1.5732	1.5690	1.5730	1.5692	1.5728	1.5693	1.5727
欧元/港元	9.1237	9.1397	9.1245	9.1389	9.1253	9.1381	9.1261	9.1373	9.1269	9.1365
欧元/加拿大元	1.5320	1.5356	1.5322	1.5354	1.5323	1.5353	1.5325	1.5351	1.5326	1.5350
欧元/美元	1.1620	1.1650	1.1624	1.1646	1.1626	1.1644	1.1627	1.1643	1.1629	1.1641
欧元/日元	131.15	131.49	131.18	131.46	131.20	131.44	131.22	131.42	131.23	131.41
欧元/瑞士法郎	1.1615	1.1651	1.1617	1.1649	1.1618	1.1648	1.1620	1.1646	1.1621	1.1645
欧元/新加坡元	1.5894	1.5938	1.5897	1.5935	1.5899	1.5933	1.5901	1.5931	1.5902	1.5930
日元/港元	6.9467	6.9617	6.9482	6.9602	6.9492	6.9592	6.9502	6.9582	6.9512	6.9572
瑞士法郎/港元	7.8440	7.8560	7.8447	7.8553	7.8454	7.8546	7.8461	7.8539	7.8468	7.8532
瑞士法郎/加拿大元	1.3174	1.3196	1.3175	1.3195	1.3175	1.3195	1.3176	1.3194	1.3177	1.3193
瑞士法郎/日元	112.78	112.98	112.79	112.97	112.80	112.96	112.81	112.95	112.82	112.94
瑞士法郎/新加坡元	1.3669	1.3695	1.3670	1.3694	1.3671	1.3693	1.3672	1.3692	1.3673	1.3691
新加坡元/港元	5.7324	5.7424	5.7339	5.7409	5.7344	5.7404	5.7349	5.7399	5.7354	5.7394
新加坡元/日元	82.42	82.60	82.43	82.59	82.44	82.58	82.45	82.57	82.46	82.56
新西兰元/美元	0.6751	0.6791	0.6753	0.6789	0.6755	0.6787	0.6757	0.6785	0.6759	0.6783
英镑/澳大利亚元	1.7599	1.7669	1.7604	1.7664	1.7607	1.7661	1.7609	1.7659	1.7613	1.7655
英镑/港元	10.2411	10.2591	10.2426	10.2576	10.2438	10.2564	10.2447	10.2555	10.2456	10.2546
英镑/加拿大元	1.7191	1.7241	1.7194	1.7238	1.7197	1.7235	1.7199	1.7233	1.7201	1.7231
英镑/美元	1.3045	1.3075	1.3049	1.3071	1.3051	1.3069	1.3052	1.3068	1.3053	1.3067
英镑/欧元	1.1197	1.1253	1.1200	1.1250	1.1202	1.1248	1.1205	1.1245	1.1207	1.1243
英镑/日元	147.18	147.62	147.21	147.59	147.24	147.56	147.26	147.54	147.28	147.52
英镑/瑞士法郎	1.3033	1.3083	1.3036	1.3080	1.3039	1.3077	1.3041	1.3075	1.3043	1.3073
英镑/新加坡元	1.7832	1.7898	1.7837	1.7893	1.7841	1.7889	1.7843	1.7887	1.7845	1.7885

注：表9-4中数据来自招商银行官方网站。

（2）报价规则。

个人实盘外汇买卖的报价是由商业银行根据国际外汇市场行情，按照国际惯例进行报价。个人实盘外汇买卖的报价采用A/B的格式，A是被报价货币，可视为商品，B是报价货币，可视为货币。所有的报价都是站在银行的角度，“A/B”读为A对B。“买入价”表示银行买入1单位A货币所付出的B货币的数量。“卖出价”表示银行卖出1单位A货币所得到的B货币的数量。

例如，表9-4中招商银行美元/日元的报价显示买入价112.72、卖出价113.02，就表示银行买入1美元支付112.72日元，而银行卖出1美元收回113.02日元。

（3）交易成本。

个人实盘外汇买卖业务不需要交手续费，银行的费用体现在买卖价格的不同上。外汇实盘交易的交易成本体现在买卖点差里。银行根据国际外汇市场行情，按照国际惯例报出买价和卖价。银行针对不同币种的汇率设置了不同的买卖点差。刚刚接触外汇实盘交易的人不容易分辨清到底哪个是银行的买入价哪个是银行的卖出价。其中的规律是，银行总是买低卖高。

（4）买卖指令。

个人外汇实盘交易的买卖指令分为市价交易、委托交易、止损指令3种。

市价交易是指按照银行当前的报价即刻成交。

委托交易又称挂盘交易，即投资者可以先将交易指令传给银行，当银行报价达到投资者希望成交的汇率水平时，银行电脑系统就立即根据投资者的委托指令成交。委托交易指令给客户带来的方便在于，客户无须每时每刻紧盯外汇市场变化，节省了大量时间。但外汇市场瞬息万变，客户使用委托交易指令也可能会带来很大风险。

止损指令，即一个自动平仓的委托交易指令。当市场汇率朝不利于投资者所建立的仓位的方向变化时，可以通过这种委托交易指令自动平仓。例如，小张在1.9000买入了英镑，如果不能忍受英镑下滑到1.8900以下造成的损失，就可以将止损指令下在1.8900的位置上，当汇率下跌到这个价位时，银行系统会自动平掉英镑多头仓位。

个人实盘外汇买卖一旦成交，对交易双方都具有约束力，不可撤销。一笔交易完成后，银行电脑系统会自动完成资金交割，即T+0的清算方式。

（5）交易方式。

目前，国内的商业银行为外汇实盘交易提供了多种交易方式。客户可以通过银行柜台、银行营业厅内的个人理财终端、电话和互联网进行外汇实盘交易。例如，招商银行的交易系统提供网上银行、自助终端和电话银行等交易方式。

招商银行个人外汇买卖交易委托的起点金额为日元1 000元，港元78元，美元等其他币种均为10元。单笔卖出委托金额上限为日元4 000万元，港元400万元，美元等其他币种均为50万元。招商银行提供的交易价格根据国际市场价格发布，并实时变化和调整，招商银行对每一种汇率组合均可提供基本价、优惠价、大额价、贵宾价和至尊价5档报价，所有报价均为现汇交易价，客户账户内现钞存款也按照现汇交易价进行交易。

4.进行交易

（1）柜台交易。

投资者选择柜台交易时，需填写“个人外汇买卖水单”，在上面清楚填写要买进或卖出外汇的名称、数额、交易价格，连同本人身份证件和个人外汇买卖专用存折交与经办人员。成交后，银行将“外汇买卖回单”交给投资者以确认成交价格和成交金额。

柜台交易方式中，投资者可以选择时价交易或限定价格交易，时价交易的优点是银行会在较短的时间内完成交易，但因外汇市场价格波动，导致实际成交价格可能会偏离投资者的心理价位，造成损失。限定价格交易按照价格优先、时间优先的顺序排列，而外汇市场价格不一定等于或优于限定价格，导致交易时间过长。

（2）电话交易。

电话交易是指投资者利用电话直接进行外汇交易。投资者在利用电话交易前，需要跟银行签订“电话交易协议书”，银行为投资者设定用户名，投资者设定密码。投资者拨通银行外汇交易电话后，会有语音提示操作。进行电话交易时，无论电话线路因何故障中断，断线前未完成的电话服务自动失效，断线前已完成的电话服务依旧有效。

与柜台交易一样，进行时价交易和限定价格交易委托时，投资者账户内必须有足够的资金，否则委托将不被系统接受。

电话交易比柜台交易更有利的地方是，每个交易日的起止时间比柜台交易长，除我国以及国际市场公共假期和法定假期以外的工作日均可进行电话交易。

（3）网络交易。

网络交易有两种：一种是投资者用个人电脑进入银行网站主页，在银行网站上输入用户名和密码进行交易；另一种是投资者下载专门的外汇交易软件进行外汇交易。

网络交易的优点是投资者可以充分利用网页中的分析资料，判断汇率的走势；缺点是一旦网络发生故障，则会影响交易的进行。

模块二　黄金理财规划

任务1　了解黄金理财产品

黄金（化学符号Au），其拥有量是一个国家实力的象征，也是一般投资者保值、升值、预防通货膨胀的重要选择。

黄金具有良好的物理特性。它具有极好的韧性和延展性，延伸率可达到40%～50%，1克黄金可被拉成长度为420米以上的金丝，也可碾成0.231毫米厚的金箔。它的熔点高达1 064.43摄氏度，所谓“真金不怕火炼”的俗语就源于此。

由于黄金在自然界中的存储量少，开采难度大、成本高，因而价值昂贵。同时，黄金具有体积小、重量轻、便于分割和携带、物理化学性质稳定等特点，成为同时具有商品属性和货币属性的特殊商品。

黄金由于其内在性质的不同，会显现出各种不同的属性状态，人们按其是否经过精炼提纯来区分，一般可分为生金和熟金两大类。生金就是从矿山或河床中采掘淘选出来未经精炼提纯加工的自然金。生金经过黄金冶炼公司的精炼提纯，并根据生产、流通的需要被加工成各种黄金制品，这些黄金制品被称为熟金，熟金又称纯金、色金、赤金等。

世界的黄金市场主要分布在欧洲、亚洲、北美洲三个区域。欧洲以伦敦、苏黎世黄金市场为代表；亚洲主要以东京、中国香港和新加坡为代表；北美洲主要以纽约、芝加哥和加拿大的温尼伯为代表。世界各大金市的交易时间，以伦敦时间为准，形成伦敦、纽约

(芝加哥)、东京连续不断的黄金交易。

黄金理财是将资金投入黄金，以力求升值的行为，黄金理财相对于股票而言，较为稳妥，风险较小，是一种较好的理财选择。目前，常见的黄金理财产品有实物黄金、纸黄金、黄金衍生品。

一、实物黄金

实物黄金投资在我国由来已久。广义上的实物黄金可分为具有纪念性、装饰性的实物黄金和投资性实物黄金。具有纪念性、装饰性的实物黄金是指纪念类金条、金币以及各类黄金首饰制品。其价格变动并不完全取决于金价变动，影响其价格的因素还有收藏价值和艺术价值等。因为其加工成本带来的较高溢价以及回购不便导致流动性欠佳，投资者购买此类实物黄金并不能充分享受金价上涨带来的收益。因此，纪念类金条、金币以及各类黄金首饰制品并不是真正意义上的黄金投资品种。

例如，交通银行黄金理财产品中的实物黄金分为投资型金条和收藏型黄金两种。投资型金条定价会随上海黄金交易所每日价格变化而波动，每克加收11元左右，规格包括50克、100克、500克、1 000克4种，银行可回购；收藏型黄金价格相对固定，造型有金碗、金壶、貔貅、蟾蜍、金葫芦等，还可根据客户需求定制。

二、纸黄金

纸黄金是指客户不持有实物，其权益只反映在账户上，客户通过在账户上进行买卖赚取差价。投资者的买卖交易记录只在个人预先开立的“黄金存折账户”上体现，不发生实物黄金提取和交割。由于纸黄金业务操作简单，不存在实物储存问题，最适合中小投资者操作。2003年11月18日，中国银行上海市分行率先试运行人民币对本币金的个人实盘买卖，即黄金宝业务，开创了国内个人投资黄金的先河。之后，各大银行纷纷推出纸黄金业务。2006年，中国银行又推出以美元报价的新业务。

相对其他黄金理财产品，纸黄金具有一定的优势。

(1) 交易成本低。纸黄金为记账式黄金，相对于实物黄金而言，纸黄金无需实物交割，省去了储存、运输、鉴定等成本。

(2) 交易时间长。纸黄金与国际金价挂钩，采取24小时交易模式，交易时间不间断。

(3) 交易机会多。纸黄金提供了美元金和人民币金两种交易模式，为外币和人民币的理财提供了相应的机会。同时，纸黄金采用T+0的交割方式，可以当天做多次交易，比国内股票市场多了更多的短线操作机会。

三、黄金T+D

2006年，上海黄金交易所推出黄金T+D交易品种。T+D里的“T”是Trade（交易）的首字母，“D”是Delay（延期）的首字母。

黄金T+D是指由上海黄金交易所统一制定的、规定在将来某一特定的时间和地点交割一定数量标的物的标准化合约。黄金T+D在交易所内依法公平竞争而进行，以保证金制度作为保障。保证金一般为合约价值的15%，即只需交纳合约资金的15%就可以进行交易，俗称“以小博大”。

黄金T+D的投资者不能在当前价格立即建仓，而是需要先设立一个价格和数量，然后等到市场发现完全吻合的交易对手才能建仓。因为投资者提交建仓申请后需要等待，很多时候会因为等待系统撮合而错失投资时机。目前，黄金T+D交易的市场区域仅限国内，成交量及活跃度远不及国际市场。

目前，已开通黄金T+D理财产品的有民生银行、工商银行、平安银行、兴业银行、广发银行、浦发银行、恒丰银行、中信银行等，各家银行办理黄金T+D的操作流程基本相同。

黄金T+D的交易时间（北京时间）为：

日市：每周一至周五（国家法定节假日除外）9：00—11：30（周一早市时间提前10分钟），13：30—15：30；

夜市：每周一至周四（国家法定节假日除外）20：00—次日2：30。

每日20点开盘到次日15：30收盘为一个交易日。

由于黄金T+D可以在晚上进行交易，而且波动最活跃的时候也恰恰是在晚上，因此非常适合平时白天需要上班的投资者。

交易费用：在银行投资黄金T+D业务要向银行缴纳保证金、手续费。

四、黄金期货

黄金期货交易是指黄金期货合约的买卖，是在黄金现货交易的基础上产生的。20世纪70年代初，加拿大的温尼伯商品交易所最先开办黄金期货交易，但没有很好地发展起来。1975年，美国的纽约商品交易所开办黄金期货交易，一举获得成功，从而带动了世界黄金期货市场的发展。1978年11月新加坡、1980年中国香港、1981年英国伦敦和日本东京等地都开办了黄金期货交易，2008年1月9日，中国内地的黄金期货在上海期货交易所正式上市交易。

黄金是一种具有金融和商品多重属性的贵金属，黄金期货的上市对我国期货市场的发展具有重要意义。黄金期货的推出有利于进一步完善黄金市场体系和价格形成机制，使现货市场、远期交易市场与期货市场相互促进、共同发展，同时也为投资者利用黄金期货套期保值提高风险管理水平提供了途径。

黄金期货的投资对象是黄金期货合约。国内投资者投资黄金期货多是通过上海期货交易所进行的，下面以上海期货交易所黄金期货合约为例做简单介绍（见表9-5）。

表9-5 上海期货交易所黄金期货合约

交易品种	黄金
交易单位	1 000克/手
报价单位	元（人民币）/克
最小变动价位	0.05元/克
每日价格最大波动限制	不超过上一交易日结算价±3%
合约交割月份	最近3个连续月份的合约以及最近13个月以内的双月合约
交易时间	上午9：00—11：30，下午1：30—3：00和交易所规定的其他交易时间
最后交易日	合约交割月份的15日（遇法定节假日顺延）
交割日期	最后交易日后连续5个工作日
交割品级	金含量不小于99.95%的国产金锭及经交易所认可的伦敦金银市场协会（LBMA）认定的合格供货商或精炼厂生产的标准金锭
交割地点	交易所指定交割金库
最低交易保证金	合约价值的4%
交割方式	实物交割
交易代码	Au
上市交易所	上海期货交易所

与其他形式的黄金投资相比，黄金期货投资是一种最具魅力的投资工具。第一，期货交易实行保证金的交易制度，投资者只需交纳期货合约面值4%的资金，就可以做100%的全额交易。第二，在黄金期货交易中，绝大多数交易是以合约对冲的方式了结，买空和卖空非常盛行，只有约2%的期货交易进行最终的实物交割。第三，在黄金期货投资中，投资者既可以在行情上升过程中先买后卖赚取差价，也可以在行情下跌过程中先卖后买赚取差价，从而可以做到双边获利。

任务2 分析黄金产品价格变动的因素

20世纪70年代以前，全球黄金价格基本稳定。20世纪70年代初，布雷顿森林体系崩溃后，黄金价格逐渐市场化，影响黄金价格的因素日益增多，具体来说可分为以下7个方面：

一、供求关系

微课10

黄金价格变动五因素

供求关系是影响黄金价格的重要因素。世界黄金市场供求关系决定价格的长期走势。例如，新采金技术的应用、新矿的发现都会使黄金的供给增加，从而引发黄金价格的下跌。对一个国家或地区而言，如果短期内出现黄金投资热潮，即需求增加，则会使黄金价格上涨。例如，2013年3月开始，英国巴克莱银行、加拿大丰业银行、法国兴业银行、德意志银行以及美国高盛银行先后下调关于黄金价格的预期，美国高盛银行预言金价将跌到1 100美元每盎司，这对于已经持续12年牛市的黄金市场，无异于卖出了白菜价。然而，大量亚洲民间买家充分买进，势头持续不减，竟然与国际金融大鳄的看空势力形成对冲，金价止跌回暖。

知识链接 9-4

黄金多空大战："中国大妈"抢金完胜华尔街大鳄

据中国之声《新闻纵横》报道，有人猜测，2013年全球最红的词将是"中国大妈"。华尔街大鳄在美联储的授意下举起了做空黄金的屠刀，黑色星期一黄金大跌20%，世界哗然！不料半路杀出一群"中国大妈"，出手1 000亿元人民币，300吨黄金瞬间被扫，华尔街不论卖出多少黄金，大妈们照单全收。多空大战中，世界五百强之一的高盛集团率先举手投降。一场"金融大鳄"与"中国大妈"之间的黄金阻击战，"中国大妈"完胜。

资料来源：佚名."中国大妈"抢金完胜华尔街大鳄［EB/OL］.［2013-05-01］. http：//finance.eastmoney.com/news/1361，20130501288902079.html.

二、美元走势

美元汇率是影响金价波动的重要因素之一。从近30年的统计数据来看，黄金价格与美元保持着高度的负相关。2003年8月—2013年8月黄金价格走势如图9-3所示。美元汇率对黄金价格的影响主要表现在：美元和黄金都是最重要的储备资产，美元的坚挺削弱了黄金作为储备资产和保值功能的地位。另外，黄金市场价格是以美元标价的，美元升值会促使黄金价格下跌，而美元贬值又会推动黄金价格上涨。美元强弱在黄金价格方面会产生非常重大的影响。例如，2005年5月国际金价从730美元/盎司跌到541美元/盎司，其原因就在于市场预期美联储会加息，美元汇率上升。

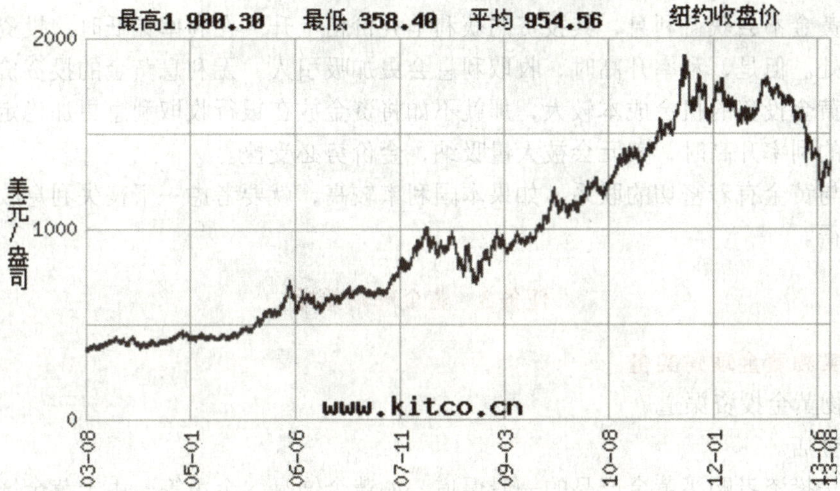

图9-3　2003年8月—2013年8月黄金价格走势

三、国际政治

国际上重大的政治、战争事件都将影响金价。这些事件一般包括战役、边界冲突、政治丑闻、政府首脑更迭等。在时局震荡时期，经济发展会受到很大的限制。任何当地的货币都可能会由于通货膨胀而贬值。大量投资者会转向黄金保值投资，这些都会扩大对黄金的需求，刺激金价上扬。例如，在1990年8月2日伊拉克入侵科威特的当天，伦敦金价从370.65美元上升到380.70美元，而后又攀升至413.80美元的水平。

四、石油价格

石油是全球重要的战略资源，也是石油生产国的支柱产业。为规避风险，石油生产国通常会选择黄金作为避险工具，当石油价格上涨后，这些国家会提高黄金的储备比例，使黄金价格上涨。第二次世界大战以后到20世纪70年代，石油价格与黄金价格基本保持1盎司黄金兑换6桶原油的比例，布雷顿森林体系崩溃后，黄金和石油的价格走势表现出一定的正相关性，即两者价格变动具有同向性。1970年原油价格上升，同期黄金价格上升。1990年，石油价格在低位徘徊，黄金的价格更是跌入谷底。

五、金融危机

当美国等西方大国的金融体系出现不稳定的时候，世界资金就会投向黄金，黄金的需求增加，价格即会上升。黄金在金融危机时就会发挥其资金避难所的功能。如2008年全球经济危机以来，黄金价格在2008年10月的681美元/盎司迅速攀升，到2009年9月达到1 025.80美元/盎司的高位。只有在金融体系稳定的情况下，投资者会对黄金的信心大打折扣，将黄金沽出，造成黄金价格下跌。

六、通货膨胀

我们知道，一个国家货币的购买能力是基于物价指数而决定的。一国的物价越稳定，其货币的购买能力就越稳定；相反，通胀率越高，货币的购买力就越弱，这种货币就越缺乏吸引力。温和的长期通货膨胀，对黄金的价格影响不大；但是遇到短期内程度剧烈的通货膨胀，物价普遍大幅度上升，货币购买力下降，必然会引起人们的恐慌，引起市场激烈的反应，带动黄金价格上升。

七、本国利率

投资黄金不会获得利息，其投资的获利全凭价格上升。在利率偏低时，投资黄金会有一定的益处。但是，利率升高时，收取利息会更加吸引人，无利息黄金的投资价值就会下降，既然黄金投资的机会成本较大，那就不如将资金放在银行收取利息更加稳定可靠。特别是美国的利率升高时，美元会被大量吸纳，金价势必受挫。

利率与黄金有着密切的联系，如果本国利率较高，就要考虑一下丧失利息收入去买黄金是否值得。

任务3　黄金理财策略

一、实物黄金理财实务

1.实物黄金投资渠道

（1）金店。

金店是投资者购买黄金产品的一般渠道，如黄金饰品、金币等。由于黄金饰品本身的附加费用非常高，购买价格与黄金原料的内在价值差异较大，因此黄金饰品的实际交易成本费用非常高。金币工艺设计水准高、图案精美丰富、发行量较少，具有一定的艺术品特征和收藏价值。所以，一般通过金店渠道购买黄金更偏重使用价值而不是投资。

（2）银行。

银行作为最具资信、最受投资者认可的金融机构是个人参与实物黄金投资最重要的渠道。投资者可以通过银行购买实物黄金，包括标准金条、金币等产品。目前，我国银行提供的个人实物黄金投资产品有两大类：一类是银行代理的上海黄金交易所实物黄金交易产品；另一类是银行直接销售和代销的品牌实物黄金产品，如工商银行的“如意金”实物金条、建设银行的“建行金”实物黄金。

2.实物黄金交易流程

投资实物黄金操作分为两种：一种是购买银行自行设计的实物黄金；另一种是购买银行代理的上海黄金交易所的实物黄金交易产品。

下面分别以建设银行和招商银行为例，对以上两种业务的具体流程进行介绍，以方便个人投资。

（1）银行自行设计的实物黄金产品。

投资者只需持现金或在建设银行开立的理财卡或龙卡通以及有效身份证件，即可按建设银行公布的价格购买相关产品。

知识链接 9-5

建设银行投资型实物黄金产品

投资金条：50克、100克、200克、500克、1 000克、2 000克（样例如图9-4所示）。

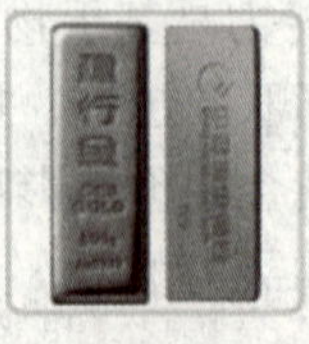

图9-4　投资金条样例

投资金条（金锭）：10克、15克、20克、50克、100克、500克（样例如图9-5所示）。

图9-5 投资金条（金锭）样例

投资金条（梯形金）：10克、15克、20克、50克、100克、500克（样例如图9-6所示）

图9-6 投资金条（梯形金）样例

其中，100克投资金条最受投资者欢迎。

交易时间为营业日9：00—15：30，交易价格为上海黄金交易所现时报价。手续费按每克15元人民币收取。

保管。购买建设银行实物黄金后，投资者可以选择自行保管或委托银行保管，如自行保管则银行不提供回购服务。

出售。若投资者选择委托银行保管，则可在黄金交易时间内根据需要随时出售给银行，并交纳手续费。自行保管的投资者可以通过黄金交易市场出售实物黄金。

（2）银行代理的上海黄金交易所实物黄金交易产品。

招商银行根据上海黄金交易所相关规定，代理个人客户提出上海黄金交易所挂牌交易的黄金的买入、卖出等交易委托，并代理客户完成相应的结算、交割处理，以及协助客户完成上海黄金交易所实物黄金的提货等相关业务，推出“招财金”业务。

上海黄金交易所交易时间（北京时间）为：

日市：每周一至周五（国家法定节假日除外）9：00—11：30（周一早市时间提前10分钟），13：30—15：30；

夜市：每周一至周四（国家法定节假日除外）20：00—2：30。

交易方式：客户可以通过招商银行向上海黄金交易所以一定的价格申报买入黄金或者卖出黄金，上海黄金交易所受理客户的委托申报后，按“价格优先、时间优先”的原则进行撮合处理。

客户委托申报允许被部分成交。未成交的委托申报或者成交部分的委托申报可以申请撤销。

上海黄金交易所黄金交割为T+0，即当日买入的黄金可以当日卖出；资金交割为T+1，即当日卖出的资金下一交易日可以提取。

交易品种：目前，上海黄金交易所个人客户可交易现货品种为：Au100g、Au99.99和Au99.95。各个品种的基本情况见表9-6。

表9-6 上海黄金交易所现货品种基本情况

品种	Au100g	Au99.99	Au99.95
基本报价单位	0.01元	0.01元	0.01元
基本交易单位	100克/手	100克/手	1 000克/手
基本提货单位	100克的整数倍	1 000克的整数倍	3 000克的整数倍
实物金锭成色	不低于99.99%	99.99%	99.95%

知识链接9-6

招商银行“招财金”业务流程

1.凭借个人有效身份证件和招商银行“一卡通”，经由招商银行网上银行或网点柜台提出黄金交易专户开户申请。

2.完成“招商银行个人投资风险承受能力评估”，并通过“‘招财金’代理个人实物黄金交易业务产品适合度评估”。

3.签订《“招财金”代理个人实物黄金交易业务协议书》。

4.将所开立的黄金交易专户与客户的交易所黄金账户进行绑定（若客户尚未开立交易所黄金账户，则可由招商银行向交易所代为申请开户）。

5.将资金转入客户的个人黄金交易专户，即可在交易时段通过招商银行网上银行、电话银行、网点柜台等渠道提出报价并进行交易，成功购入后可申请提取实物金。

二、纸黄金理财实务

纸黄金交易流程较实物黄金更为复杂，下面以建设银行为例加以说明。

建设银行提供5种主要购买账户贵金属的渠道，投资者可以选择网站购买、网银购买、手机购买、电话购买或柜台购买。在建行首次购买账户贵金属需开通证券交易账户和贵金属账户，可以在选择购买的同时开通或前往建行营业网点开通，投资者还需存入足额的认购资金。

1.柜台交易流程

投资者应持个人有效身份证件原件、建行理财卡或龙卡通，存入相应金额，并填写“个人开通/取消证券交易申请表”，开通贵金属账户，进行交易。

2.网站交易流程

首先，进入建设银行网站，点击贵金属频道，如图9-7所示，进入个人账户贵金属模块“在线交易”，选择要交易的产品及交易方式，点击“买入”或“卖出”，如图9-8所示。

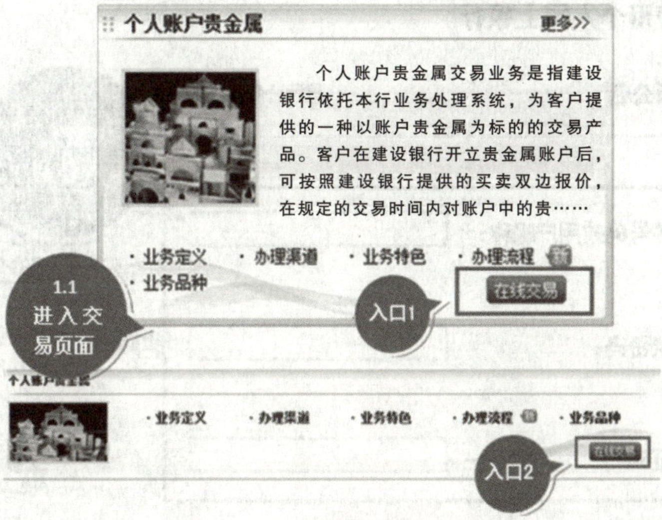

图 9-7 个人贵金属交易界面

产品类型	客户买入价	客户卖出价	单位	报价时间	实时交易	挂单交易
AU9995	322.26	321.66	元/克	11:43分		
AU9999	322.46	321.86	元/克			
人民币银	5.87	5.83	元/			
人民币铂	290.48	289.88	元/			
美元金(钞)	1586.10	1584.10	美元/盎			
美元金(汇)	1586.10	1584.10	美元/盎司	11:43分		
美元银(钞)	28.97	28.37	美元/盎司	01月05日 11:43分		
美元银(汇)	28.97	28.37	美元/盎司	01月05日 11:43分		
美元铂(钞)	1430.75	1424.75	美元/盎司	01月05日 11:43分		
美元铂(汇)	1430.75	1424.75	美元/盎司	01月05日 11:43分		

图 9-8 个人贵金属品种选择界面

其次，选择一种购买方式，并输入身份证件号码及密码等登录，如图 9-9、图 9-10 所示。

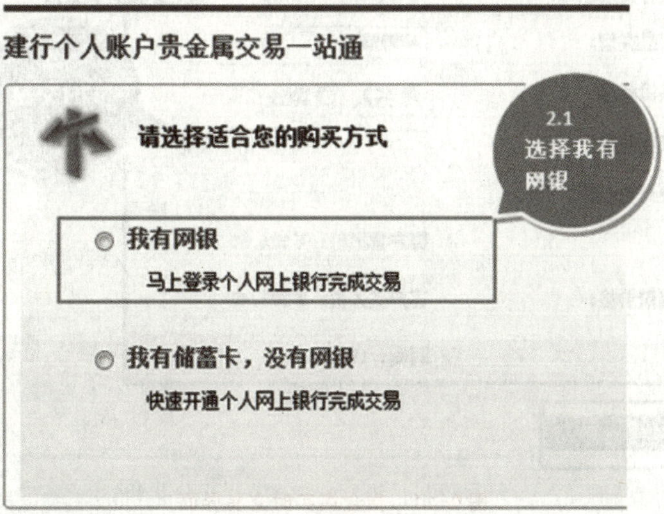

图 9-9 网银界面（1）

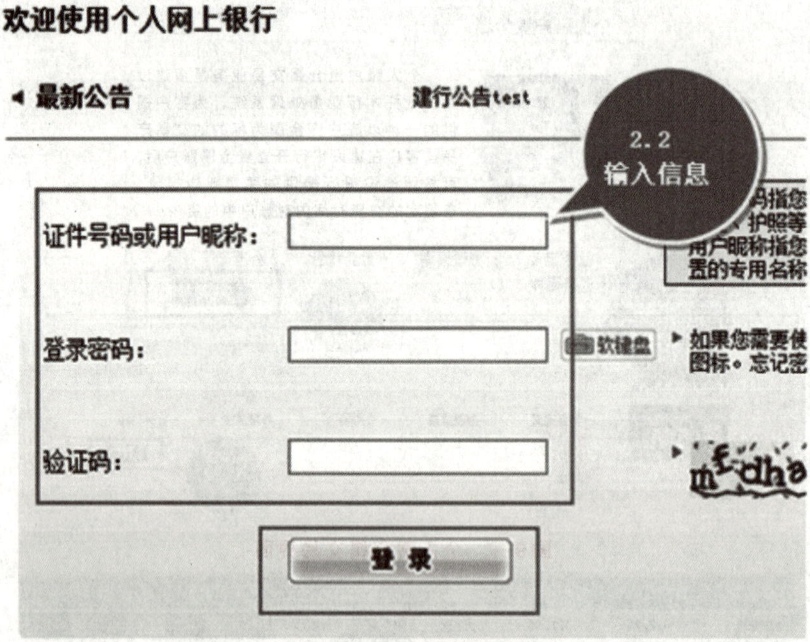

图9-10　网银界面（2）

最后，根据网站提示，输入交易信息进行实时交易或挂单、撤单交易，如图9-11、图9-12所示。

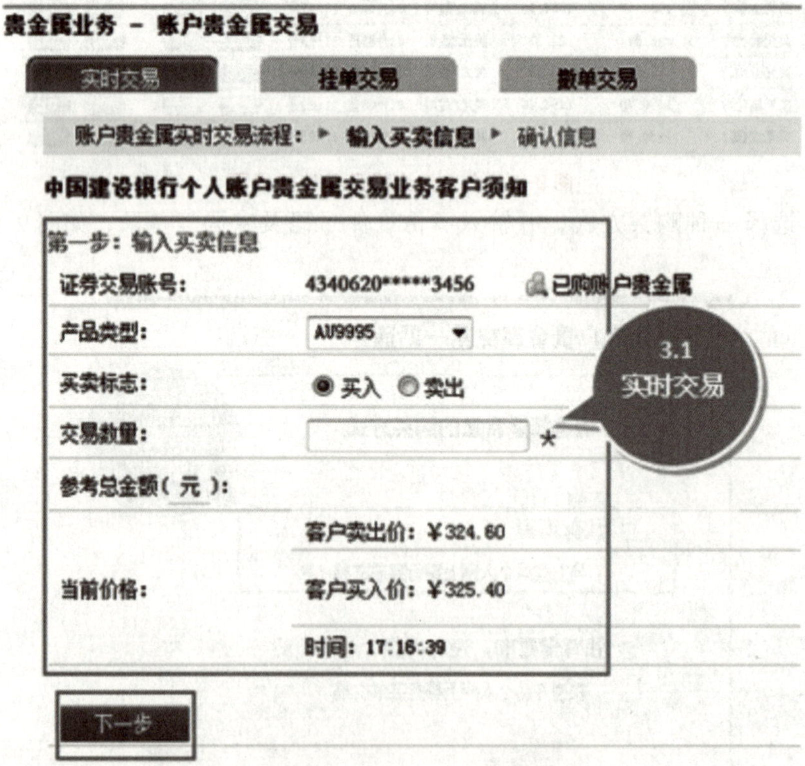

图9-11　贵金属实时交易界面

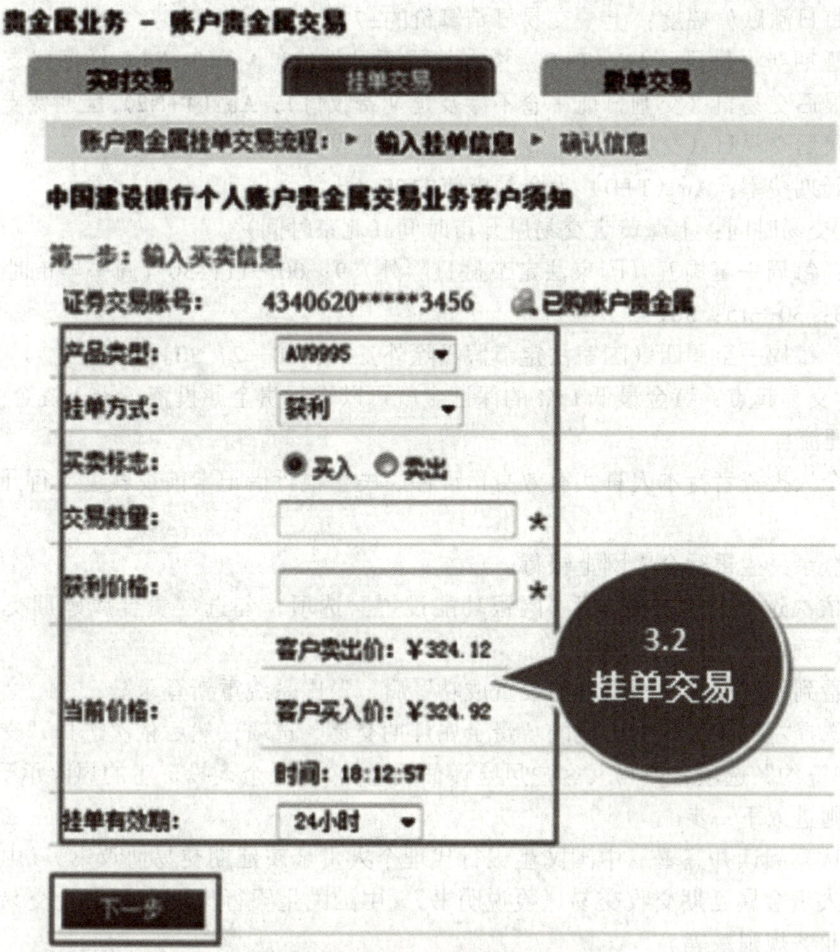

图9-12　贵金属挂单交易界面

资料来源：以上图片截取于中国建设银行官方网站。

三、黄金T+D操作实务

目前，已开通黄金T+D理财产品的有民生银行、工商银行、平安银行、兴业银行、广发银行、浦发银行、恒丰银行、中信银行等多家银行，各银行的操作流程基本相同，下面以民生银行为例加以说明。

1.交易规则

（1）交易品种：黄金延期Au（T+D）、黄金单月延期Au（T+N1）、黄金双月延期Au（T+N2）。

（2）交易渠道：个人网上银行贵宾版。

（3）交易报价：元（人民币）/克，精确到小数点后两位。

（4）交易单位：1 000克/手（交易起点为1手）。

（5）交易保证金率：黄金合约价值的15%。

（6）交易手续费：Au（T+D）手续费最高不超过交易全额的13.5‰，Au（T+N1）、Au（T+N2）手续费最高不超过交易全额的13‰，其中包含Au（T+D）2.5‰，Au（T+N1）、Au（T+N2）2‰的上海黄金交易所手续费。

（7）每日涨跌停幅度：上一交易日结算价的±7%。

（8）延期费收付日：Au（T+D）按自然日逐日收付；Au（T+N1）延期费支付日为单数月份的最后交易日（交割日前平仓不涉及延期费收付）；Au（T+N2）延期费支付日为双数月份的最后交易日（交割日前平仓不涉及延期费收付）。

（9）延期费率：Au（T+D）为合约市值的2‰/日。

（10）交易时间：上海黄金交易所开市时间（北京时间）

日市：每周一至周五（国家法定节假日除外）9：00—11：30（周一早市时间提前10分钟），13：30—15：30；

夜市：每周一至周四（国家法定节假日除外）20：00—2：30。

（11）交易起点：黄金最低15%的保证金就可以进行贵金属投资，投入资金少。

2.办理流程

（1）个人投资者持本人真实有效身份证件、民生银行借记卡前往就近支行开通民生银行网银。

（2）登录民生银行个人网上银行。

（3）依次选择“客户管理”“网银功能设置”选项，勾选“贵金属延期交易”选项后，点击“确定”。

（4）看到系统提示“网银功能设置成功”后，退出系统重新登录。

（5）选择左侧菜单栏中出现的“贵金属延期交易”选项，然后依次选择“交易账户管理”“客户签约”选项，填写《客户风险评估问卷》，如果个人投资者的风险承受度在4级或以上，则进入下一步。

（6）认真阅读并签署《中国民生银行代理个人贵金属延期交易协议书》《中国民生银行代理个人贵金属延期交收交易风险说明书》《中国民生银行代理上海黄金交易所贵金属延期交易业务规则》等。

（7）填写个人相关信息后点击“确定”。

（8）输入交易密码后点击“确定”。

（9）系统提示开户成功，并显示“黄金交易账号”编码。

虽然黄金T+D业务操作起来就像买股票一样便捷，而贵金属市场又很难出现庄家，但是这并不代表黄金T+D的风险低于其他贵金属投资方式。相反，由于黄金T+D业务具备杠杆放大功能，风险比一般黄金类投资更高，发生更大损失的可能性也更高，黄金T+D更适合已经拥有一定投资经验且风险承受能力较高的客户。但即便是拥有一定经验的投资者，在进行黄金T+D投资时，也需用心做好资金管理，一定要实时监控保证金的状况，随时注意控制仓位，高仓位或满仓操作在黄金T+D的投资中是大忌。

四、黄金期货操作实务

黄金期货市场与其他期货市场一样，虽然都是大众化的市场，大家都可以进入市场开展期货交易，但根据期货市场的通行规则，只有成为期货交易所的会员单位，才有资格委派自己的出市代表直接进入期货交易所开展期货交易；而交易所的非会员单位，无论机构还是个人，要从事期货交易，都必须通过会员单位来进行。

作为普通的期货交易投资者来说，最好是选择专职的期货经纪公司会员单位进行期货交易。为此，对初入黄金期货交易市场的投资者来说，需要办理以下手续：

1.选择期货经纪公司

期货经纪公司是期货市场交易的中介，是连接投资者与交易所的桥梁和纽带。通常情况下，投资者选择期货经纪公司可以考虑以下条件：期货经纪公司依法成立，拥有雄厚的资金和良好的声誉，拥有完备的通信系统，收取的保证金与佣金比较合理，经营业绩良好，拥有众多的客户。

2.选择交易代表

如果投资者本人精通期货业务，善于收集、整理与分析材料，熟悉交易规则，则选择交易代表可以随便些，但如果投资者本人是新手，对期货业务不熟悉，则要选择具有丰富交易经验、高超市场分析能力及服务水平高的交易代表。

3.开立交易账户

期货投资者从事期货交易前，必须与选择好的期货经纪公司签订《期货交易协议书》。双方同意后，投资者才能在期货经纪公司开立交易账户。

个人从事期货交易必须提供真实的身份证明，并以真实身份开立交易账户。同时需要与期货经纪公司签署《期货交易风险说明书》《期货经纪合同书》，需要提供资金调拨和指令下达人员的身份证复印件、开户申请表、签字留样。

4.进行交易

投资者在认为价格合理的情况下，可以通过电话、电传等方式向期货经纪公司的交易代表发出买卖指令（包括买卖类型、商品、数量、交易所名称、价格、指令类型、指令的有效期等），也可以亲自填写交易指令，通过期货经纪公司交易席位在交易场所内进行交易。

项目小结

1.从动态角度来看，外汇是指把一国货币兑换成另一国货币的国际汇兑活动。从静态角度来看，是指以外币表示的可用于对外支付的金融资产。

2.外汇作为一种可自由兑换的特殊商品，同样有价格，即汇率。汇率的标价方法有直接标价法和间接标价法两种。

3.在外汇交易中，汇率的变动直接影响到交易者的盈亏，政治因素、货币政策、国际收支、通货膨胀等都会影响汇率的变动。在我国，投资者可以购买的外汇理财产品有外币存款和外汇实盘交易两种。

4.黄金作为特殊的商品，是投资者保值、升值、预防通货膨胀的重要选择。黄金理财相对于股票而言，较为稳妥，风险较小，是一种较好的理财选择。

5.黄金价格的变动受供求关系、美元走势、国际政治、石油价格等因素的影响。目前，常见的黄金理财产品有实物黄金、纸黄金、黄金衍生品。

【学习分享】请将学习的过程和成果做成文字、图片或视频内容，分享在相应的自媒体或社群中。请将线上分享的文件转成二维码后粘贴至空白处，文字分享可以打印后粘贴至空白处。

粘贴二维码	粘贴二维码	粘贴二维码	粘贴二维码
粘贴文字	粘贴文字	粘贴文字	粘贴文字

思考与练习

一、单选题

1.在我国，以下不属于外汇的是（　　）。

A.500欧元现钞　　B.2 000美元银行存款

C.10万元A股股票　　D.20万日元政府债券

2.在直接标价法下，如果一定单位的外国货币折成本国货币数额增加，则说明（　　）。

A.外币币值上升，外汇汇率上升　　B.本币币值上升，外汇汇率上升

C.外币币值下降，外汇汇率下降　　D.本币币值下降，外汇汇率下降

3.个人实盘外汇买卖的报价是由商业银行根据国际外汇市场行情，按照国际惯例进行报价，采用A/B的格式，以下正确的是（　　）。

A.A是被报价货币，可视为商品；B是报价货币，可视为货币

B.“A/B”读为B对A

C.“买入价”表示银行买入1单位B货币所付出的A货币的数量

D.“卖出价”表示银行卖出1单位B货币所得到的A货币的数量

4.以下黄金投资方式风险最高的是（　　）。

A.银行纸黄金　　B.实物金

C.黄金期货　　D.上海黄金交易所Au（T+D）

5.黄金价格一般和美元价格关系为（　　）。

A.正相关　　B.负相关

C.有时相关，有时不相关　　D.不相关

二、多选题

1.下列经济因素会对汇率的变动产生影响的有（　　）。

A.国际收支状况　　B.通货膨胀率

C.利率水平　　D.财政政策和货币政策的协调

2.影响汇率变动的因素有（　　）。

A.政治因素　　B.货币政策　　C.国际收支　　D.通货膨胀

3.在我国，个人外汇理财可以通过（　　）等方式进行。

A.外币存款　　B.外汇保证金业务

C.外汇实盘交易　　D.交通银行“满金宝”

4.影响黄金产品价格变动的因素有（　　）。

A.供求关系　　B.美元走势　　C.国际政治　　D.石油价格

5.目前，我国常见的黄金理财产品有（　　）。

A.实物黄金　　B.纸黄金　　C.黄金T+D　　D.黄金期货

三、判断题

1.在我国，1USD=6.2846CNY的标价方法为直接标价法。（　　）

2.中国银行个人外币存款分乙、丙两种存款，凡持有外币的中国境内居民均可以开立乙种存款账户。（　　）

3.在中国境内银行开设外汇账户进行外汇实盘交易没有最低资金限额。（　　）

4.黄金制品的投资价值高于艺术价值。（　　）

5.纸黄金与国际金价挂钩，采取24小时不间断交易模式。（　　）

四、简答题

1.影响汇率变动的因素有哪些？

2.影响黄金价格变动的因素有哪些？

3.请比较纸黄金、黄金T+D、黄金期货3种理财产品的优缺点。

项目实训

训练目的：熟悉交易规则与流程，加深对教材内容的理解。

训练内容：外汇投资或黄金投资模拟操作。

假设你拥有人民币10万元的闲置资金，准备进行外汇及黄金交易从中获利。请你选择一家银行，咨询该银行的外汇实盘交易和黄金投资业务流程及要求，根据所学知识，结合自身的抗风险能力，完成训练步骤中的内容。

关注外汇及黄金市场，提高分析市场走势的能力。

训练素材：10万元虚拟资金、教材。

训练场所：各商业银行营业网点、网上银行等。

训练步骤：

1.选择一家商业银行，通过电话或面谈进行咨询。根据教材介绍的理财产品，选择外汇实盘交易及黄金投资业务的一种，写出该银行外汇及黄金交易的具体规则。

2.查阅知名财经网站，如东方财富网、和讯财经等，选择1种外汇，写出近5年该外汇的价格变动规律及影响因素。

3.查阅专业书籍如《黄金投资要领》《黄金投资与理财》，画出黄金自1973年布雷顿森林体系崩溃后的价格变动图。

4.选择在1中咨询的业务，写出自己的投资方案，该方案应包括所用资金、买入产品、买入价格、预期卖出时间及价格、预期收益等。

项目十　互联网金融理财

促进互联网金融健康发展，完善金融监管协调机制。

——李克强

学习目标	
重点及难点	
模块一 模块二	认识互联网金融工具 众筹理财
项目小结 思考与练习 项目实训	

学习目标

【知识目标】

1. 互联网金融、互联网金融的发展趋势；
2. 了解众筹、众筹的经营价值、众筹的理财价值。

【技能目标】

能设计众筹项目。

【思政目标】

1. 从移动支付的发展看我国数字经济的发展和地位；
2. 从“大众创业、万众创新”出发，理解众筹的意义。

重点及难点

重点：众筹理财的基本原则和技巧。

难点：众筹方案设计。

案例导入

2014年春节，微信“抢红包”活动席卷网络。在和支付宝钱包的竞争中，“抢红包”能否帮助微信完成“逆袭”?

微信“抢红包”事件，有报道说马云也表示宛如“珍珠港偷袭”，更有媒体报道说，微信“抢红包”活动一个晚上干了支付宝8年的活，而且还不花腾讯一分钱。微信团队让用户发红包，从最终的市场反馈来看，微信“抢红包”活动无疑是一场成功的策划，腾讯成为最大赢家，取得了这场“抢红包”活动的全胜。

从直接经济利益来看，微信红包在很短时间里带来了巨量资金沉淀，给腾讯带来了巨大收益。微信红包从2014年1月26日推出，在约10天里，就算陆续提留、发放但滞留的红包资金超过了亿元。腾讯公司可以不动用任何资源、不投入任何成本，每天坐拥无任何风险的滞留资金带来的利息收益。

微信“抢红包”的成功，无疑给马云的支付宝带来了沉重一击，于是马云也不甘落寞，于2016年春节推出支付宝“咻一咻”抢红包，以期能够在客户资源争夺上分得一杯羹。

资源来源：作者根据相关资料整理编写。

模块一 认识互联网金融工具

任务1 认识互联网金融

随着搜索引擎、大数据、社交网络和云计算技术等的不断发展，互联网行业和金融行业正发生着悄无声息的变革，原本两个一度平行发展的行业，在现代信息技术不断成熟的时代背景下，在相互交融、相互碰撞中产生交集，互联网金融时代正在来临。互联网金融在家庭资产配置中发挥的作用也越来越大。

一、互联网金融的含义

【我的认知】我对互联网金融的认知

2007年开始，互联网金融在中国大地上走过了一段极其不平凡的历史。对互联网金融的认知，既关系到您的金融知识的全面程度、也关系到您未来的理财或代客理财的能力及视野。在学习之前，请您用关键词表达出自己对互联网金融的认知，并写出你所了解的互联网金融的类别及相关事项。

我对互联网金融的认识		
类别	机构	产品

续表

我对互联网金融的认识		
类别	机构	产品

互联网金融的模式是既不同于商业银行的间接融资，也不同于资本市场的直接融资的第三种金融模式。在这种金融模式下，支付便捷、超级集中支付系统和个体移动支付系统统一，信息处理和风险评估通过网络化方式进行，市场信息不对称程度非常低；资金供需双方在资金期限匹配、风险分担等方面的成本非常低，可以直接进行交易，银行、券商和交易所等金融中介都不起作用，可以达到与现在直接和间接融资一样的资源配置效率，并在促进经济增长的同时，大幅度减少交易成本。这体现了互联网金融去中介化的特点。也就是说，未来互联网金融将没有严格的金融中介，是一种更为民主化，而不是少数专业精英控制的金融模式，市场充分有效，接近一般均衡定理描述的无金融中介状态，能通过提

高资源配置效率、降低交易成本来促进经济增长，将产生巨大的社会效益。虽然学术界、互联网界，以及政府监管部门和银行界对互联网金融内涵的界定存在一些差异，但是总的来看也存在一些共识：

（1）互联网金融是一种新兴金融业态，其存在有一定的合理性，对传统金融体系形成有益的补充。

（2）互联网金融需要具备“平等、开放、协作、分享、创新”的精神。

（3）互联网金融将互联网作为开展金融活动的资源平台，大数据是互联网金融的核心资源，云计算是互联网金融的核心技术。

（4）互联网金融的模式尚未定型，处于不断演化过程之中。

（5）互联网金融通过降低交易成本、提高资源配置效率和风险管理水平，满足不断增长的金融需求，促进经济增长。

从狭义层面来看，互联网金融是指以互联网平台企业为主体，具备互联网精神，基于互联网平台，借助互联网新技术如大数据、云计算技术、搜索技术、移动互联网等开展的类金融业务。这些业务有别于传统金融机构开展的业务，是一种新型的金融脱媒现象，提升个体参与的充分性和普及性，体现了普惠金融的思想。

从广义层面来看，互联网金融是具备互联网精神的金融业态的统称，无论互联网企业跨界金融行业还是传统金融机构，都借助于互联网技术更好地开展金融业务，凡是基于互联网平台开展的金融业务，包括网上银行、网络证券、网络保险、第三方支付、网络理财、P2P网贷、众筹等，都属于互联网金融的范畴。这种模式下的互联网金融，体现了互联网精神与金融功能的深度结合，通过运用大数据和云计算等技术在互联网平台开展业务，改变了传统金融的服务模式、服务内容和服务体系，创造出新的金融业态，使金融活动更加民主化、平台化、信息化和个性化。

二、互联网金融的发展历程

1.国外互联网金融的发展历程

国外互联网金融是伴随互联网技术的出现及其蓬勃发展应运而生的，20世纪90年代以后，在发达国家和地区发展十分迅速。1995年10月18日，美国3家银行联合在互联网上成立了全球第一家没有任何分支机构的纯网络银行——美国第一安全网络银行（Security First Network Bank，SFNB），它被视为互联网金融的雏形，而美国嘉信理财集团（Charles Schwab Corporation）开始提供网上股票交易等业务以及Scottrade.com的上线则标志着互联网金融时代的开启。国外互联网金融的发展大致可分为3个阶段（如图10-1所示）。

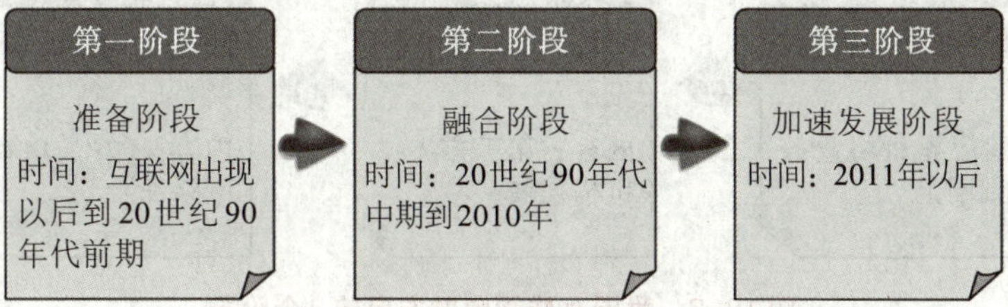

图10-1　国外互联网金融发展的3个阶段

第一阶段：准备阶段。在互联网出现以后，金融业就开始运用互联网为客户提供金融产品和服务。

第二阶段：融合阶段。20世纪90年代中期到2010年，这一阶段是互联网与金融的融合期，专业的互联网金融业态开始正式出现。

第三阶段：加速发展阶段。自2011年以后，互联网金融呈现出加速发展的态势，创业者、互联网公司以及非金融机构开始涌入互联网金融领域，互联网金融的类型日益丰富，互联网对金融业的冲击和重塑作用日益显现。

经过多年的发展，尤其是近几年的飞速发展，国外的互联网金融从最初的主要集中在网络支付领域，逐渐扩展到网络证券领域、网络保险领域，然后又蔓延到网络信贷领域等，业务触角已经深入支付、融资和理财等方方面面。网络银行业务走向成熟，网络证券业务获得长足发展，网络保险业务稳步前进，电子货币和网络支付业务受到青睐，在线贷款和众筹融资平台得以兴起……总体而言，国外互联网金融的发展已经相对成熟、完善并已具备相当规模，服务全方位、多元化，内容的集成度相当高且创新频繁。

2.国内互联网金融的发展历程

国内互联网金融是在国外互联网金融发展的基础上逐渐被引入的，除了阿里巴巴小额贷款，互联网金融的其他模式，如第三方支付、P2P网贷等都来自国外，并从2007年开始传入中国。虽然国内互联网金融起步较晚，但相对于国外互联网金融的发展来说，国内互联网金融领域的表现异常活跃，发展势头迅猛（见表10-1）。

表10-1 国内外互联网金融发展标志性事件比较

国内互联网金融的发展状况	国外互联网金融的发展状况
1999年12月，首信易支付在北京成立	1998年12月，PayPal在美国正式成立
2003年10月，支付宝正式上线运营	2005年3月，全球第一家P2P平台在英国诞生
2005年9月，财付通正式推出	2006年2月，美国第一家P2P平台Prosper诞生
2007年，P2P模式传入国内	2009年4月，众筹网站Kickstarter在美国诞生
2010年，阿里小贷公司开始向会员发放贷款	2013年4月，PayPal开始向其在线商家提供融资服务
2011年4月，国内首家众筹网站“点名时间”成立	
2013年，余额宝理财神器推出	

纵观国内互联网金融的发展，大致也可以分为3个阶段（如图10-2所示）。

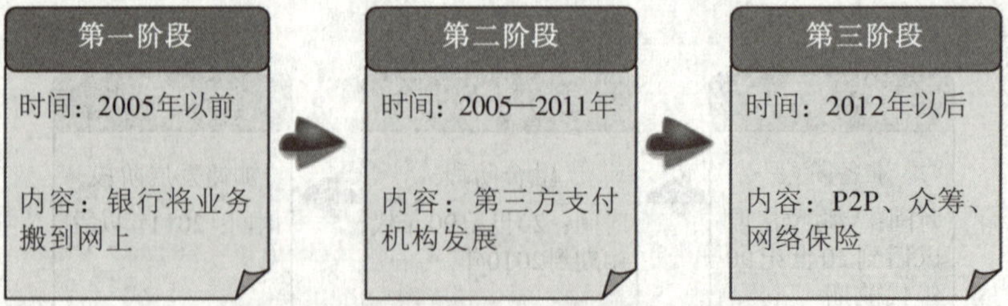

图10-2 我国互联网金融发展的3个阶段

第一阶段：2005年以前。互联网与金融的结合主要体现为互联网为金融机构提供技术支持，帮助银行“把业务搬到网上”。但是，这一阶段还没有出现真正意义上的互联网金融业态。

第二阶段：2005—2011年。在这一阶段网络借贷开始在国内萌芽，第三方支付机构逐渐成长起来，互联网与金融的结合开始从技术领域深入到金融业务领域。这一阶段具有标志性的事件是2011年人民银行开始发放第三方支付牌照，第三方支付机构进入了规范发展的轨道。

第三阶段：2012年以后。如果说2012年是国内互联网金融孕育的一年，那么2013年则可以被称为互联网金融发展的“元年”。在这一阶段国内互联网金融呈现“爆炸式”增长态势，各种模式竞相发展，引起了社会各界高度关注。学术界、各级政府、各行各业的巨头们、创业者以及风险投资界等纷纷参与到这一领域的大发展中来。

首先，第三方支付。银联与支付宝暗战升级，2013年7月新浪、百度获得第三方支付牌照。同时，中国首次向外资机构艾登瑞德（中国）有限公司和上海索迪斯万通服务有限公司发放第三方支付牌照。2013年8月，微信5.0版本正式推出微信支付，同时与中国人保财险达成合作推出“你敢付，我敢赔”的全额赔付保障。支付宝新版本升级，支持声波支付和二维码扫描支付。

其次，网贷平台。我国P2P网贷公司呈现井喷式发展。早在2012年12月，陆金所、拍拍贷等10家网络信贷服务业企业联合成立了首个“网络信贷服务业企业联盟”，并积极寻求与央行征信的对接。电商系京东、苏宁、百度均已开始布局互联网融资。2013年8月，中关村33家互联网公司发起成立互联网商业协会以推动行业自律，第三方支付、P2P机构、众筹融资等互联网金融企业均参与其中。2013年10月，盛大开始内测中国梦网项目，进军众筹领域。

最后，基金保险领域。2013年6月，阿里巴巴支付宝推出余额宝业务，上线4个多月用户突破1 600万个，累计转入金额突破1 300亿元，与支付宝合作的天弘基金也从年年亏损摇身一变进入基金资产规模国内前10。继阿里巴巴支付宝推出余额宝业务之后，2013年10月，百度理财金融中心上线并推出类余额宝业务——百度百发。腾讯、苏宁等公司也纷纷涉足理财类业务。2013年8月，富国、汇添富、上投摩根、广发、鹏华等超过10家基金公司的直营店在淘宝上线。在保险领域，2013年2月，由阿里巴巴的马云、中国平安的马明哲、腾讯的马化腾联手设立了众安在线财产保险公司。

2013年被称为“互联网金融元年”，是互联网金融得到迅猛发展的一年。自此，P2P网贷平台得到快速发展，众筹融资平台开始起步，第一家专业网络保险公司获得批准，一些银行、券商也以互联网为依托，对业务模式进行重组改造，加速建设线上创新型平台，互联网金融的发展进入了新的阶段。

任务2　了解互联网金融的基本工具

目前为止，国内关于互联网金融的模式仍没有统一的界定。谢平和邹传伟（2012）首次提出了互联网金融模式的概念。他们全面介绍了互联网金融模式的代表性案例，并分别从支付方式、信息处理、资源配置三个角度对互联网金融模式进行了详细论述。罗明雄等（2013）则将互联网金融分为6大模式：第三方支付、P2P网贷、大数据金融、众筹、信息化金融机构和互联网金融门户。本文结合现有文献及我国的实际，将互联网金融模式分成以下7种。

一、P2P模式

P2P是“Peer to Peer”的简写，意为“个人对个人”，其实质为网络借贷。P2P模式是指拥有资金并且有理财投资意愿的机构或个人，通过网络平台，以信用贷款的方式将闲置资金贷给资金需求方。

由于缺乏监管，P2P网贷在21世纪的前20年酿成了多起金融事件，许多平台发生了动辄数十亿元甚至高达数百亿元的非法融资，为居民理财带来了巨大的风险。从2017年起，监管部门和其他相关部委连续开展执法和市场整顿。截至2021年，我国实际运营的P2P网贷机构完全归零。

二、互联网支付模式

互联网支付模式是指客户为购买特定商品或服务，依托互联网发起支付指令，实现货币资金转移的行为模式。互联网支付模式的快速发展为社会公众提供了更加便捷、高效、低成本的支付服务，从根本上改变了支付清算模式，甚至改变了人们的消费习惯和生活方式。目前，市场上第三方支付模式主要有两类：第一类是独立第三方支付模式。这类模式的第三方支付完全独立于电商平台，不具有担保功能。在美国比较成功的PayPal，以及国内的“快钱”都实行这种模式。第二类是依托于电子商务的第三方支付模式。这类模式主要依托于自有B2C、C2C电子商务网站，并提供担保功能，像支付宝、财付通都是这类模式。

三、众筹工具

众筹模式是以团购+预购的形式向网友募集项目资金的模式。国内众筹平台类型及代表性网站见表10-2。

表10-2　国内众筹平台类型及代表性网站

平台类型	创意融资平台	垂直众筹平台	创业股权式众筹平台	网络募捐平台
代表性网站	点名时间	淘梦网	天使汇、3W咖啡	积木网

2009年众筹网站Kickstarter在美国诞生，2011年中国首家众筹网站“点名时间”成立。众筹融资一般涉及发起人、支持者、平台三方。发起人是指有创造能力但缺乏资金的人。支持者是指对发起人的项目和回报感兴趣的、有能力支持的人。平台则是像Kickstarter、“点名时间”这样连接发起人和支持者的互联网终端。

从目前国内运行的众筹平台来看，由于受到股东人数限制及公开募资的相关规定，国内众筹平台主要是以“点名时间”为代表的产品预售及市场宣传平台，以“淘梦网”“追梦网”等为代表的创意性项目的梦想实现平台，以“创投圈”“天使汇”为代表的一批针对种子期、天使期的创业服务平台。

受相关法律环境的限制，国内众筹网站上的所有项目不能以股权、债券、分红或者利息等金融形式作为回报，项目发起人更不能向支持者许诺任何资金上的收益，必须是以其相应的实物、服务或者媒体内容等作为回报，否则可能涉及非法集资（罗明雄等，2013）。因此，虽然国内已经有一批如“点名时间”“3W咖啡”等众筹平台，但发展程度远不及美国。

四、大数据金融模式

大数据金融是指集合海量非结构化数据，通过对其进行实时分析，可以为互联网金融机构提供客户全方位信息，通过分析和挖掘客户的交易与消费信息掌握客户的消费习惯，并准确预测客户行为，使金融机构和金融服务平台在营销与风险控制方面有的放矢。基于大数据的金融服务平台主要指拥有海量数据的电子商务企业开展的金融服务，大数据的信息处理往往以云计算为基础。大数据服务平台的运营模式可以分为以阿里小额信贷为代表的平台模式和以京东、苏宁为代表的供应链金融模式。

五、数字货币模式

数字货币是指采用一系列经过加密的数字，在全球网络上传输的可以脱离银行实体而进行的数字化交易媒介物，表现为数字货币、在线货币、电子钱包、电子信用卡等形式，以比特币等为突出代表。事实上，不管人们现在怎样支付，所有的交易都必须用中央银行的货币，这样才能形成定价，但是针对网上交易、数据商品的消费和购买，人们发明了点对点的、不是一个集中发行体制发行的货币，如比特币。但目前来看，尽管德国是世界上首个承认比特币合法的国家，但仅仅只是被认定为“记账单位”，中国、韩国等国家则均不承认比特币的合法地位，而美国对此含糊不清。

六、互联网金融门户模式

互联网金融门户模式是指利用互联网进行金融产品的销售以及为金融产品销售提供第三方服务的平台，其核心就是“搜索+比价”。比较典型的如我国的“融360”平台。它将互联网的大数据、搜索引擎技术与金融咨询、贷款初审等金融专业技术进行了有效的融合，采用金融产品垂直比价的方式，将各家金融机构的产品放在平台上，用户通过对比挑选合适的金融产品。该模式呈现出多元化创新发展态势，形成了提供高端理财投资服务和理财产品的第三方理财机构，提供保险产品咨询、比价、购买服务的保险门户网站等。

七、信息化金融机构模式

信息化金融机构是指在互联网金融时代，通过广泛运用以互联网为代表的信息技术，对传统运营流程、服务产品进行改造或重构，实现经营、管理全面信息化的银行、证券和保险等金融机构。

金融信息化是金融业发展趋势之一，而信息化金融机构则是金融创新的产物。目前，金融行业正处于一个由金融机构信息化向信息化金融机构转变的阶段。总的来说，相比传统金融机构，信息化金融机构呈现出金融服务更加高效便捷、资源整合能力更为强大、金融创新产品更加丰富等特点。比较典型的如我国传统银行开展的网上银行、手机银行、电话银行，众安在线互联网保险，余额宝模式的互联网基金等。

微课11

互联网金融理财的四大误区

利用互联网金融工具理财，是当前的一个大趋势，但互联网金融理财是一个大课题，涉及以上所描述的所有金融工具。为了教材编写的需要，我们将重点选择众筹这种方式谈一谈互联网金融理财的问题。

模块二　众筹理财

任务1　认识众筹的起源与发展

众筹的发展，经历了从线下到线上，国外到国内，野蛮生长到逐步纳入监管框架的演进历程。了解众筹的起源与发展，有助于我们走进众筹新天地，把握当下，启迪未来。

一、众筹的起源

众筹，译自英语Crowd Funding，即大众筹资的意思。众筹的雏形最早可追溯至17、18世纪，当时很多文艺作品都是依靠一种叫作“订购（Subscription）”的方法来完成的。例如，1713年，英国诗人亚历山大·蒲柏着手将15 693行的古希腊诗歌翻译成英语。他花费近5年的时间完成了注释版的“伊利亚特”，该译本被第一部现代英语词典的编纂者塞缪尔·约翰逊博士称为“世界前所未见的高贵的诗译作”。因此，蒲柏获得荣誉与经济的双丰收，获得英国桂冠诗人的荣誉称号。这个项目得以成功完成，离不开蒲柏创新性的运作方式——初露端倪的众筹。莫扎特、贝多芬也曾采取这种方式来筹集资金，他们去找订购者，这些订购者给他们提供资金。当作品完成时，订购者会获得写有他们名字的乐谱书或成为音乐会的首批听众。类似的情况还有教会捐赠、竞选募资等。

上述案例说明了众筹在西方的悠久历史，同时体现了传统线下众筹的一些典型特点，如主要集中于文学、艺术等创意类领域；项目发起人具有较高的声誉或拥有较强的信息传播途径；投资兼具商业与慈善目的，既有预付费性质，又带有资助和赞助性质。

通过公众来筹集资金的众筹虽然由来已久，但进入21世纪以来，随着互联网的发展，特别是与时髦光鲜的互联网金融相伴的众筹焕发出充满未来的质感，有着跨越时空地域之后的“别处的生活”的写意，也有着科技和艺术齐步向前的“日新月异”。

2001年，世界上第一个众筹网站ArtistShare在美国成立，打开了互联网众筹的大门。与西方众筹的历史渊源相吻合，这家最早的众筹平台主要面向音乐界的艺术家及其粉丝。

ArtistShare的CEO创建这家公司时的想法是支持粉丝们资助唱片生产过程，获得仅在互联网上销售的专辑；艺术家则可以获得更加合意的合同条款。艺术家通过该网站采用“粉丝筹资”的方式资助自己的项目，粉丝们把钱直接投给艺术家后可以观看唱片的录制过程。2005年，ArtistShare“为富于创造力的艺术家服务的全新商业模式”受到广泛赞誉，它通过新颖的原创项目筹措渠道同时惠及艺术家和粉丝，并创造了一个坚定、忠诚的粉丝基地。同年，美国作曲家Maria Schneider的“Concert in the Garden”成为格莱美历史上首张不通过零售店销售的获奖专辑。该专辑是ArtistShare的第一个粉丝筹资项目。Schneider因为该专辑获得4项格莱美提名，并最终荣获“最佳大爵士乐团专辑”奖。

二、众筹在国外的发展

2005年之后，众筹网站在各国相继涌现。初创企业很难从银行等传统融资渠道获取信贷支持，资金的不足促使这些初创企业寻求新的融资渠道，这加速了众筹融资在全球的发展。

1.美国众筹的发展

美国是当前众筹规模最大、最活跃的国家，其平台数量占据全球一半以上，其中最具代表性的众筹平台是2009年4月成立的Kickstarter网站。该网站通过搭建网络平台面对公众筹资，让有创造力的人可能获得其所需要的资金，以使其梦想有可能实现。这种模式的兴起打破了传统的融资模式，每一位普通人都可以通过该众筹模式获得从事某项创作或活动的资金，使得融资的来源者不再局限于风投等机构，而可以来源于大众。Kickstarter网站是美国甚至全球最大的商品众筹平台，从其成立到2013年年底，仅4年时间已经筹资超过9亿美元，其运营模式已经成为世界范围内商品众筹平台的标杆。

2008年上线的IndieGoGo是美国最大的综合类众筹平台，涵盖商品众筹与捐赠众筹等多种类型，灵活的筹资方式是其主要特点。目前，这两个平台已经面向全球开放。Angel List是美国比较有代表性的股权众筹平台，仅2014年一年就已融资超过1亿美元，扶持243家创业公司。事实上，由于美国对证券发行实施严格监管，股权众筹在美国发展比较缓慢，如Angel List在2012年以前一直以一种融资中介平台的身份运营，之后随着美国总统奥巴马签署《创业企业融资法案》，即JOBS法案的出台，Angel List才开始了真正意义上的股权众筹平台模式。Angel List引入了一种被称为“联合投资（Syndicates）”模式的领投人制度，即由专业投资人（Syndicate）带领欲投资的普通民众形成一个针对某融资项目的圈子（Syndicates），领投人负责调查风险并引领组织普通公民对该项目进行跟投。Angel List所采用的这种模式属于比较迂回的一种股权众筹模式，主要是为了规避美国的证券法律风险，该模式也已成为在股权众筹法律地位尚不明确的国家运营股权众筹网站的主要做法。2013年12月23日，美国证券交易委员会（SEC）全票通过延宕日久的基于JOBS法案中第三篇众筹法案的众筹监管法规，新法规使得初创公司和小企业通过众筹方式向普通美国公民发行股票融资进入实施阶段，再次引起了全球对股权众筹融资的高度关注。2017年6月，澳大利亚证券与投资委员会发布了一份针对众筹融资的监管指南，被喻为澳大利亚版“JOBS法案”，允许创业企业向投资者发行股票募资，每年至多可融资500万澳大利亚元，于2017年9月起执行。

2.英国众筹的发展

英国是全球仅次于美国的众筹发展活跃地区，其主要以股权众筹模式运营。由于英国现行的法律框架对股权众筹十分友好，且英国政府也推出了多项减税措施鼓励股权众筹，因此股权众筹在英国等欧洲国家发展十分迅速。Crowdcube和Seedrs是英国最大的两个众筹平台，两者都以股权众筹为主且均获得了英国金融行为监管会（FCA）的合法认定。此外，英国也是第一个成立众筹协会的国家。良好的制度环境和成熟的行业发展使英国的股权众筹更接近理想化的股权众筹，其采用个人直接投资的形式，公民个人一般可以自由地直接在平台上选择项目进行投资，省去了先形成投资圈再跟投的环节，并且在后期的股权转让等程序上完全电子化，可直接在平台上完成。

近几年，互联网众筹在欧美国家迎来了黄金上升期，业内认为其发展经历了3个阶段：第一阶段是用个人力量就能完成，支持者成本比较低，在最初更容易获得支持；第二阶段是技术门槛稍微高的产品；第三阶段是需要小公司或者多方合作才能实现的产品，这个阶段的项目规模比较大、团队最专业、制作能力最精良，因此也能吸引到最多的资金。鉴于互联网众筹的种种优势，它在欧美以外的国家和地区也迅速传播开来，但大都以模仿追随为主。全球众筹融资交易规模（2009—2016年）见表10-3。

表10-3 全球众筹融资交易规模（2009—2016年）

年份	全球众筹融资当年交易额（亿美元）	同比增长（%）
2016年	1 989.6	77.2
2015年	1 123.1	82.8
2014年	614.5	94.6
2013年	315.7	86.8
2012年	169.0	82.9
2011年	92.4	77.4
2010年	52.1	62.3
2009年	32.1	—

资料来源：前瞻数据库．2016年全球众筹融资交易规模统计［EB/OL］．［2017-01-23］．http://www.sohu.com/a/124987599_114835.

【随堂测试10-1】请根据表10-3数据，绘制全球众筹融资交易额（2009—2016年）柱形图和同比增长率折线图，进一步体会全球众筹融资交易规模的变化趋势，并结合网络检索，试分析变化的原因。

三、我国众筹的发展与现状

1.我国众筹发展的概况

在欧美国家众筹迅速发展的同时，我国的众筹也逐渐开始起步。受美国众筹平台Kickstarter成功运营的影响，2011年我国首家众筹网站——“点名时间”正式上线，成为早期实物众筹平台的代表。2013年，我国股权众筹也开始蹒跚探路，并在与相关政策和法规不断博弈中缓慢发展，直到2014年，众筹募资规模迎来高速增长，被视为众筹元年。统计结果显示，2014年我国股权众筹市场融资总规模达到4.4亿元，同比增长123.5%，2018年股权众筹市场融资规模突破150亿元。典型代表有天使汇、大家投、人人投等。

随着淘宝、京东、百度等国内互联网巨头以及浦发银行、建设银行等金融机构纷纷进入众筹领域，众筹平台如雨后春笋般在国内出现。众筹项目种类繁多，涉及众多垂直细分市场，不仅包括新产品研发、新公司成立等商业项目，还包括科学研究项目、民生工程项目、赈灾项目、电影艺术、图书出版、教育医疗、二手车等。只要是网友喜欢的项目，都可以通过众筹方式获得项目启动的第一笔资金，或者获得项目发展的第一批粉丝用户。

2016年3月17日，《国民经济和社会发展第十三个五年规划纲要》正式发布，众筹首次被纳入国家五年规划纲要，并提出“建设创业创新公共服务平台，全面推进众创、众包、众扶、众筹”。这意味着众筹在过去的发展得到了认可，未来的地位将进一步提升。据世界银行预测，至2025年发展中国家有能力达到每年960亿美元的众筹投资规模，其中我国预计占50%以上，可见我国众筹行业发展前景十分广阔。

2.我国众筹行业现状

据众筹家旗下人创咨询统计，2017年全国众筹行业整体情况为：截至年底，全国共上线众筹平台834家，其中正常运营的为294家，下线或转型的为540家；运营中平台的类型分布为权益型平台90家、股权型平台89家、物权型平台62家、综合型平台41家、公益型平台12家；2017年全年共有76 670个众筹项目上线，其中成功项目有69 637个，占比90.83%；2017年全年成功项目的实际融资额约为260亿元，比2016年成功项目融资额增加了42.57亿元，同比增长19.58%；在细分领域中，2017年汽车众筹市场的全部项目数和成功项目数都是最多的，成功项目融资额也是最高的。除汽车众筹外，实体场所及科技众筹的整体市场规模较大；2017年，成功项目中融资额排名前10的股权型项目融资额均在6 000万元及以上，成功项目中融资额排名前10的权益型项目融资额均超过3 000万元；众筹行业最受投资者欢迎的10个项目的支持人数均超过9万人次。

（1）众筹平台上线时间分布。

据不完全统计，截至2017年年底，国内上线众筹平台共计834家。其中，2011年上线平台3家，2012年上线平台11家，2013年上线平台20家，2011—2013年共计上线34家，占到所有平台的4.08%；2014年，国内众筹行业爆发，全年共有168家平台上线，占到所有平台的20.14%；2015年，众筹平台持续增加，全年共有289家平台上线，占到所有平台的34.65%；2016年，上线平台数稍有回落，全年共上线平台279家，占到所有平台的33.45%；2017年，上线平台大幅度减少，全年共有64家平台上线，仅占比7.67%。

截至2017年年底，这834家平台中已下线或转型的共有540家，正常运营的平台共294家。2017年，大量众筹平台下线或转型，同时新增平台数量也较少，众筹行业进行了一场优胜劣汰、适者生存的洗牌。众筹平台下线或转型，是内部因素和外部因素共同作用的结果。一方面，越来越多的行业巨头进入众筹行业使其他平台面临巨大的竞争压力，同时政策法规的相继出台也使平台面临监管压力；另一方面，这些平台自身也或多或少存在不同的问题，如项目质量参差不齐，平台专业度不够等，这都使其难以持续稳步发展。

（2）众筹平台类型分布。

众筹平台按其回报模式划分，可分为股权型、权益型、物权型、公益型和综合型。股权型平台是指互联网非公开股权融资，即融资者通过股权众筹参与互联网平台以非公开发行方式进行的股权融资活动；权益型平台是指发起项目的个人或公司以提供产品或服务作为投资回报；物权型平台是指通过互联网向大众筹集资金，用于收购实物资产，通过资产升值变现获取利润；公益型平台是指发起项目的个人或公司无偿获得支持者的捐赠；综合型平台是指包括两种及以上众筹模式。

截至2017年年底，全国处于运营中的294家众筹平台中，权益型平台数量最多，共有90家，占比30.61%；股权型平台89家，占比30.27%；物权型平台62家，占比21.09%；综合型平台41家，占比13.95%；公益型平台数量最少，只有12家，仅占比4.08%。2016年下半年，二手车众筹全面爆发，大量平台上线，使得物权型平台一度成为各平台类型中占比最高的，但在2017年，大量的二手车众筹平台下线或转型，使得现运营中的平台数量低于权益型平台和股权型平台。

（3）众筹平台地域分布。

截至2017年年底，全国34个省级行政区中，众筹平台覆盖23个。从地域分布来看，平台主要集中在经济较为发达的沿海地区，而分布在东北、西北和西南地区的平台较少。平台数最多的是北京，共有69家，占比23.47%；其次是广东，共有55家，占比18.71%；排名第三的是山东，共有36家，占比12.24%；上海共有33家，占比11.22%；随后是浙江和江苏，平台数量分别为25家和14家。而2017年全年成功项目实际融资额超过10亿元的地区也正是这6个地区，位居全国前6位，详见表10-4。

表10-4 众筹平台主要地域分布（截至2017年年底）

省级行政区	平台数（家）	平台数占比（%）	平台数位次	融资额（亿元）	融资额占比（%）	融资额位次
北京	69	23.47	1	90.59	34.84	1
广东	55	18.71	2	19.91	7.66	6
山东	36	12.24	3	27.30	10.50	4
上海	33	11.22	4	37.90	14.58	3
浙江	25	8.50	5	46.05	17.71	2
江苏	14	4.76	6	25.73	9.90	5

资料来源：根据众筹家《2017中国众筹行业发展年报》整理。

（4）众筹项目统计分析。

据不完全统计，2017年全年共上线76 670个众筹项目，其中成功项目有69 637个，占比达90.83%，成功项目的实际融资额高达260亿元，相比2016年上涨19.58%。可见，虽然众筹平台数量并不可观，但是从融资规模上来看，众筹行业整体发展相对稳健，发展态势良好。不同众筹类型在2017年全年发生的全部项目数、成功项目数、成功项目预期融资额、成功项目已筹金额和成功项目支持人次的具体数据见表10-5。

表10-5 2017年全年众筹情况一览表

众筹类型（按照回报方式划分）	全部项目数（个）	成功项目数（个）	成功项目预期融资额（亿元）	成功项目已筹金额（亿元）	成功项目支持人次（万人）
公益型	11 866	9 521	19.90	4.01	1 597.63
股权型	1 053	745	27.29	33.61	4.19
权益型	18 209	13 927	20.99	97.43	2 303.35
物权型	45 542	45 444	124.93	124.95	76.99
合计	76 670	69 637	193.11	260.00	3 982.16

资料来源：根据众筹家《2017中国众筹行业发展年报》整理。

从项目数来看，无论全部项目数还是成功项目数，都以物权型平台最多，权益型平台次之，然后是公益型平台，股权型平台最少。2017年物权型平台的项目共45 542个，相比2016年的23 150个，涨幅达96.73%。物权型平台的全部项目数和成功项目数分别占据了2017年总项目数和总成功项目数的59.40%和65.26%。

从融资金额来看，物权型平台的成功项目的预期融资额和已筹金额均为最高，权益型平台和股权型平台次之，公益型平台最少。其中，权益型平台的成功项目的超募率最高，达到364.17%。

从支持人次来看，权益型平台的成功项目的支持人次最多，其次是公益型平台，再次是物权型平台，最后是股权型平台。公益型平台和权益型平台的项目的单笔支持金额相对不高，所以在支持人次上获得了很大的优势。股权型平台由于受相关法规的限制，支持人次相对其他类型较少。

（5）众筹垂直细分领域分析。

从众筹垂直细分领域来看，选取10个具有代表性的细分市场进行分析，分别是汽车、实体场所、科技、农业、房地产、旅游、影视、音乐、游戏和出版领域。2017年，上述十大细分领域总计上线50 923个项目，详见表10-6。

表10-6　**2017年众筹十大细分领域发展概况**

细分市场	全部项目数（个）	成功项目数（个）	成功项目已筹金额（亿元）	成功项目支持人次（万人）
汽车	39 513	39 437	107.94	50.32
实体场所	1 227	1 120	49.80	16.24
科技	3 717	2 921	38.58	890.08
农业	3 457	2 987	9.64	314.38
房地产	1 178	1 168	7.52	11.53
旅游	187	150	3.46	4.95
影视	313	217	2.96	37.09
音乐	816	325	0.53	12.04
游戏	186	142	0.25	14.54
出版	329	268	0.18	13.72

资料来源：根据众筹家《2017中国众筹行业发展年报》整理。

从表10-6中可以看出，汽车众筹的全部项目数和成功项目数最多，分别占十大细分市场总项目数和总成功项目数的77.59%和80.92%。其成功项目已筹金额也排名第一，可见2017年汽车众筹延续了2016年的火爆趋势，发展情况较好。但汽车众筹成功项目的支持人次较少，仅为50.32万人次，不如科技众筹和农业众筹。

在剩余的9个细分市场中，科技众筹的市场规模相对较大，全部项目数排名第一，成功项目数及成功项目已筹金额均排名第二，成功项目支持人次总量优势最为明显，高达890.08万人次。

除汽车众筹外，农业众筹的成功项目数最多，但已筹金额为9.64亿元，数额相对较少，主要原因是农业众筹多为权益型项目，单个项目所涉及的金额一般不大。2017年房产众筹成功获得融资7.52亿元，居于十大细分市场中的第5位。

【做中学10-1】 **我国众筹行业最新发展趋势分析**

众筹已经成为我国经济转型过程中新经济、新生态的核心组成部分，众筹行业的发展更是日新月异，新模式、新平台、新产品不断涌现，但您拿到这本书时，以上介绍的“众筹行业现状”已然成为“过去式”。本环节，将通过步骤引导，帮助您了解我国众筹行业的最新发展现状，“与时俱进”地把握发展趋势。

步骤1：注册并登录“众筹之家”网站。

打开“众筹之家”官方网站（https：//www.zczj.com）（如图10-3所示），点击右上角“注册”，进入注册页面，填写手机号、设置密码等，完成注册并登录网站。

图10-3 “众筹之家”网站首页（局部）

步骤2：点击“众筹之家”网站菜单栏中的“数据”，进入数据页面了解行业的最新发展概况。

进入“数据”页面，可以看到“众筹报告”“项目融资数据”“解码数据”“行业数据”等栏目，请逐一点击各栏目，了解我国众筹行业的最新发展概况。同时，从“项目融资数据”中选择一个您感兴趣的最新众筹项目，点击“项目名称”（如图10-4所示），直接跳转到项目详情页面，具体了解该众筹项目的基本内容。

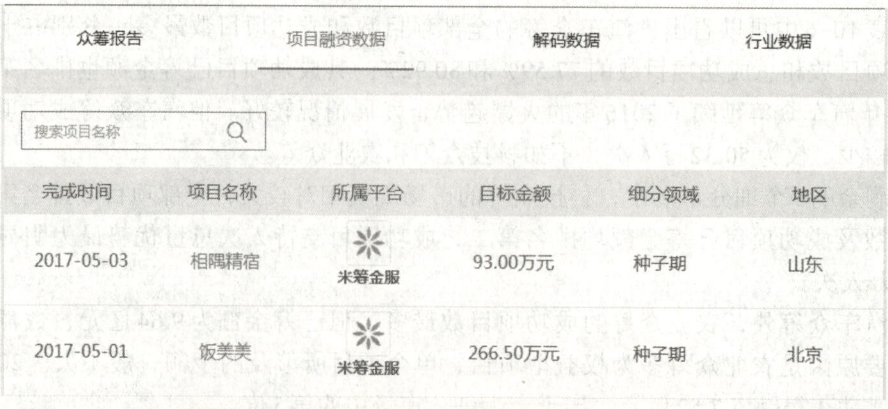

完成时间	项目名称	所属平台	目标金额	细分领域	地区
2017-05-03	相隅精宿	米筹金服	93.00万元	种子期	山东
2017-05-01	饭美美	米筹金服	266.50万元	种子期	北京

图10-4 “众筹之家”项目融资数据页面（局部）

步骤3：收集最近12个月的众筹行业简报，仔细浏览并将其主要数据填入表10-7中。

回到“众筹报告”页面，可以看到“众筹之家”最新发布的各期“众筹行业简报”，如图10-5所示。

图10-5　“众筹之家”众筹行业报告汇总页面（局部）

收集最近12个月的众筹行业简报，仔细浏览并将其主要数据填入表10-7。

表10-7　我国众筹行业最新发展数据统计（最近1年）

时间（年月）												
运营平台数量												
当月成功项目												
当月融资金额												
参与投资人次												
人均投资金额												

步骤4：分析统计数据，绘制图表，分析我国众筹行业最新发展趋势。

根据表10-7中的数据，计算各项指标的环比变化情况；以时间为横轴，各统计指标为纵轴，绘制各种统计图表，揭示我国众筹行业的最新发展情况。结合“众筹之家”提供的“解码数据”“行业数据”等内容，尝试分析我国众筹行业的未来发展趋势。

任务2　众筹理财的技巧

众筹在各类争议中顽强成长，已经成为炙手可热的商业模式。应该说，众筹不仅仅拉低了创业融资的门槛，更是通过大众集资这样的方式，让更多的人有机会去实现自己的梦想。众筹行业的快速发展与其在社会经济发展、企业融资、市场营销、投资标的选择等方面显现出的巨大价值密不可分。

一、众筹对企业经营具有巨大价值

1.筹资

众筹成功往往意味着企业在没有开始生产时便获得了一笔资金，而且这笔资金是不需要偿还利息的。这笔资金将在产品生产出来后以产品的形式偿还，或者在企业有盈利后以红利的形式偿还。这对改善企业的财务状况无疑有重大的好处。我国企业的平均负债率比较高，高于发达国家，而众筹无疑是一种权益类和预付类的融资，显然降低了企业的负债率和资金成本。

2.营销

众筹这个概念本身就是一个很大的营销点，通过众筹匹配上下游的产业链，包括资本市场、最终的用户，实现资源资金的对接。

众筹最大的价值莫过于广告价值了。众筹是一个很热的概念，关注的人自然多，也会吸引大量的媒体。很多企业因而希望通过在互联网上发起一个众筹项目以宣传企业。

传统媒体的标准化宣传很难精准地传达到潜在客户，而众筹是自媒体时代绝佳的宣传模式。如果众筹成功，支持者将获益，因而支持者会努力促使众筹成功。在如今的自媒体时代，每一个支持者都会成为新一轮宣传的发起点。同时，众筹体现了互联网时代的“产销合一”的特征。支持者是产品的消费者，同时其自发的宣传对企业的生产也有一定的帮助，因而也是生产者。

通过众筹的广告效应，发起人也可在众筹过程中结识一批志同道合的朋友，以期共同完成更大的事业。因此，众筹的广告效应帮助很多人实现“筹资源”“筹人脉”“筹思想”的目标。

3.验证

国外的高科技、新奇特究竟是不是符合中国市场？创业者的理想究竟符不符合人们正常对于产品的需求？对奖励众筹来说，众筹往往是在产品还未生产出来时就发起了，发起人并不了解市场对众筹产品的反应，因此众筹作为接受产品预订的一种方式带有对市场的调查作用。对股权众筹来说，众筹过程实质上是众筹平台上的投资人对企业创意进行投票的过程，票数的多少决定了众筹可否成功。俗话说“三个臭皮匠顶个诸葛亮”，大众的信息集比一两个人大得多，因而大众对企业的认知往往比一两个人准确得多。股权众筹实际上是采集多数人意见的过程。如果众筹成功，则发起人更有理由把其想法付诸实践，因为很多人已经预测企业大有可为。

在互联网金融快速发展的浪潮下，众筹模式也得到了越来越多的人的认可，与此同时，其自身的平台价值和发展潜力也不断地受到资本市场的追捧。

4.资源

众筹为参与者带来了巨大的资源，这对创业者而言具有无与伦比的吸引力。无论股权众筹还是奖励众筹，更多投资人的参与给创业者带来了难以想象的资源。可以想象的是，在传统模式下，创业者单打独斗，在产品生产、营销、宣传、危机处理等方面都疲于应付，往往因一些突发性事件而面临创业失败。而在众筹模式下，所有生产经营的环节都有了投资人的参与，创业者变得更加轻松，各类生产经营手段将变得更加有效。

举例来说，在众筹模式下，一旦有新品上市，只要创业者发出说明，所有的众筹参与人（投资人）一定会积极参与宣传。届时，许许多多的投资人的朋友圈、社交媒体、人际圈子都成了该产品的免费、精准的宣传媒介，获得了传统经营模式下难以企及的宣传效果。

另一个例子更有说服力。在创业者的生产经营过程中，难免会遇到各类麻烦或者“黑天鹅”事件，创业者往往因为难以应对税务、城管、价格、卫生、质检等部门的临时性或者专业性的检查。这个时候众筹投资人中可能会有人有相关的资源或者“关系”，他们的一个努力，也许就让企业化险为夷，渡过难关。

二、众筹的理财价值凸显

众筹为中产阶级及高净值人群提供了更多的投资选择和创富机会。

我们知道，企业融资难固然严重，投资者没有投资渠道更是许多人的切肤之痛。就众筹所解决的痛点来说，它面对的不仅仅是企业的融资、营销这个层面，也能够为社会提供更多的投资标的，供中产阶级及高净值人群作为投资和创富的重要选择。

从社会发展的历程来看，中国人已经经历了3次财富爆发期。第一次是20世纪80年代，在那个物资极度短缺的时代，只要你敢于倒买倒卖或者勇于下海经营，很容易成为第一批富起来的人群。第二次是20世纪90年代，在我们对资本市场的出现表现出极大的陌生感的时候，一群先知先觉者勇于进行债券投资、认股权交易、股票炒作，涌现出一批资本枭雄。第三次是21世纪初，在住房货币化改革和拉动内需的双重作用下，房地产市场经历了一轮历史性的爆发。凡是敢于进行房地产投资的人，都取得了不菲的投资业绩。

到了今天，所有资源性的资产巨额增值的机会都已时过境迁，经济已经到了一个产能过剩、买方市场的格局，所以我们看到社会上合适的投资渠道很少：股票市场剧烈震荡，大量投资者出现亏损；房地产市场泡沫巨大，房地产价格摇摇欲坠；银行及理财产品收益率低下，甚至有的坠入负利率的深渊。这个时候，如果有一群优秀的创业者，将自己的创业项目放在众筹平台上，通过开放的互联网平台向所有合格的投资者开放投资，这些投资者将可能分享创业项目带来的巨大的增值机会。

1.中产阶级激增，投资需求亟待满足

一般认为中产阶级（或中产阶层）可以根据马斯洛需求层次理论来进行定义，是指人们低层次的“生理需求，安全需求”得到满足，且中等层次的“感情需求和尊重需求”也得到了较好满足，但达不到追求高层次的“自我实现需求”的阶级（或阶层）。由于家庭是社会的细胞，且大部分人的财富是以家庭为单元拥有的，因此中产阶级主要由“中产家庭”组成。中产阶级，大多从事脑力劳动，或技术基础的体力劳动，主要靠工资及薪金谋生；一般受过良好教育，具有专业知识和较强的职业能力及相应的家庭消费能力；有一定的闲暇，追求生活质量，对其劳动、工作对象一般也拥有一定的管理权和支配权。

中产阶级对于社会稳定具有十分重要的意义。中国改革开放40年的显著成果之一，就是产生了世界上最大规模的中产阶级群体。当前的中国，中产阶级与高净值人群已经积累了巨额的财富。随着居民财富的快速增加，尤其是中产阶级和高净值人群的激增，居民的投资需求正在不断膨胀。

2.投资工具不足，居民理财缺乏渠道

“以经济建设为中心”的基本国策确立以来，40多年来我们积累了大量的居民财富。虽然随着金融市场的发展，居民可以使用的投资工具越来越多，但与居民的投资需求相比，依然存在工具不丰富、结构不合理、服务不规范等一系列问题。

由于我国对金融市场的改革和开放遵循的是“渐进式”原则，所以金融工具的供给总体上还不丰富，无法给广大的投资者提供足够的投资选择。同时，投资人理财知识匮乏，许多金融从业人员也不具备较高的专业素质，不能很好地为理财者提供投资理财服务。大多数居民对于风险和收益之间的关系还不够明确，很多居民盲目追求高收益的理财产品而忽略了较高的风险性。除此之外，居民在投资理财时风险分散意识还不够强，常造成“把所有鸡蛋都放在一个篮子里”的现象。有时候也会高估自己承受风险的能力，进行超出能力的理财活动。

3.投资趋于理性，自主选择成就众筹

从投资属性来看，股权众筹必将成为中产阶级以及高净值人群的投资选择之一。中国人民大学博士生导师马庆泉教授认为，股权众筹是互联网金融发展的最新阶段，是投资银行业务的前端延伸，是多层次资本市场的有机构成部分，是解决中小微企业融资难的有效途径，是推动大众创业万众创新、为经济转型注入活力、实现中华民族伟大复兴的中国梦的重要杠杆。股权众筹为代表的新兴金融业态，是中国进入真正的股权时代的重要标志。

相对于IPO股票发行，股权众筹不需要券商承销；相对于新三板挂牌，股权众筹不需要主办券商和做市商。股权众筹业务是通过互联网平台进行的股权融资活动。传统投行业务对于项目要求较高，而对中小微企业来说，由股权众筹来承担融资职能，延伸了传统投行业务领域。股权众筹业务为专业性的私募股权投资、创业投资公司提供了独特的业务渠道；被投企业的发展会为私募股权投资、创业投资公司带来更多的机会和回报。对广大居民而言，股权众筹提供了股权投资尤其是企业在成长早期进行股权投资的机会，从而让每一个人都可能在企业成长中获得超高回报。

对于股权众筹项目，应严格坚持私募股权融资对合格投资人的要求；同时，采取“两次尽职调查”的风控措施，以此作为每个众筹项目的必经流程，严控众筹项目融资风险。众筹项目上线后，对于所筹资金由第三方机构进行托管。项目完成后，根据约定，资金托管机构将所筹资金划至项目方指定的银行账户内。股权众筹资金的托管制度可以确保众筹资金的安全。

在马庆泉看来，一个企业的不同发展阶段，对资金的需求是不同的，而每个阶段的融资方式也相应地有所不同。大量未达到挂牌和IPO条件的中小企业一直以来都面临融资难、融资贵的难题。这些企业融资需求非常强烈，但因种种原因，达不到现有挂牌和IPO的条件，而券商对这些企业也不感兴趣。当前就普遍发生证券公司对规模小或盈利能力较差的企业不愿接单的情况，出现了很多企业的新三板挂牌申请被券商拒之门外的现象。这些企业找银行贷款更是难上加难。在这样的背景下，股权众筹应运而生，一批风险控制能力好，想企业之所想、急企业之所急的股权众筹平台，必将受到企业的热烈欢迎。可以说，股权融资是适应社会经济发展的内生需要而产生的新生事物，是金融发展的必然要求，中国已经或者即将进入股权融资时代。

三、参与众筹的基本原则

众筹理财知识的核心理念就是把零散的资金集中起来，通过几何倍增的法则，再按照一定的比例重新分配，最终获得一定的收益。现如今众筹理财的花样繁多，有股权众筹、产品众筹等模式，投资者在投资理财的时候一定要慎之又慎，确保收益，同时以下这些知识你也必须要知道：

1.进入一个行业，首先要了解规则

众筹成功之后多久能够收回本息，需要投资多少，最重要的一点是如果众筹失败之后，投资者能否直接取回自己的投资成本等，投资者需要全面了解众筹的规则。由于每个产品或企划的众筹规则都不同，因此投资者一定要了解清楚再投资。

2.要进行风险测评

所有的投资产品都是收益越高风险越大，天底下没有高收益低风险的产品，如果你遇到了，那你很可能就要吃大亏了。所以在投资前一定要先进行风险测评，在确定了自己的风险类型后，再按照适合自己的风险属性进行产品挑选。

3.投资自己了解的领域和产品

如果你对所要投资的领域和产品不熟悉，还是一定要先学习再投钱。毕竟投资是为了收益，谁也不希望到头来竹篮打水一场空。即便是熟悉的领域，在这个互联网时代，一切都在变化，持续学习才是做好投资理财的根基。

理财案例分析10-1

案例介绍：爱梓教育是北京爱梓教育投资管理有限公司旗下的品牌，是中国第一个明确提出素质教育具体内容和参与素质教育实践的企业，已构建起国内领先的青少年素质教育平台。爱梓教育以全面提升青少年综合素质为己任，通过行为习惯养成、学习、沟通和交际能力提升，将素质教育与应试课程全面对接，目前已经开发了军事拓展系列、超强大脑系列、超强口才系列、国际插班系列等产品，成为素质教育行业领跑者。

爱梓教育2015年上半年落地武汉后，亟需尽快在湖北省各地市县建立起营销渠道。这使得爱梓教育面临两难选择：如果采用直营点的方式开展经营，将耗费数以千万元计的投资和大量的人力、物力到各地考察、选址、招聘、装修、招生……如果选择招商加盟的方式，又使得公司陷入控制力缺失、品牌管理不严的难题。在这种情况下，爱梓教育与梦想众筹网经过反复推敲，决定采用"筹人"的方式，来化解这一难题。

梦想众筹网位于中国光谷腹地、武汉金融港隔壁，成立之初即得到共青团湖北省委、武汉市委、武汉市科技局及相关高等教育机构的大力支持，志在服务于大学生和有志青年实现创业梦想，帮助企业家和中产家庭搭建优质投融桥梁，目前已成为湖北省、武汉市的重要创业孵化平台。

梦想众筹网提交的方案是以"寻找合伙人"的方式来"筹人"。通过梦想众筹网在湖北省各地市县寻找有共同愿景的教育投资者加盟爱梓教育，爱梓教育负责当地的投资，合伙人负责当地的经营。合伙人以交纳保证金的形式显示投资和经营的决心，同时分担了爱梓教育亲自选址、招聘、装修、招生等的投资成本。爱梓教育以现金投资，化解了合伙人经营的风险。项目的核心内容如下：

一、合伙人选择依据

1.在当地有教育资源；

2.具有一定市场开拓能力；

3.10万元保证金（由爱梓教育董事长李绍琼以个人担保退还）。

二、合伙人权益

1.爱梓教育承担营业场所租金、物业、押金；

2.合伙人享受最低收入10%的提成；

3.合伙人管理网点运行，可得到每年3万元左右的工资；

4.合伙人第一年完成招生任务，将获得爱梓教育赠予0.5%（相当于10万元）的股权，并在第三年由爱梓教育退还10万元保证金；

5.股权的分红权。

三、合作风险

任何投资都有风险，爱梓教育风险在于：

1.投资者如果完不成招生任务，爱梓教育有权在退还投资者的10万元保证金及其他提成后，解除与投资者的合作关系；

2.爱梓教育运行状况不佳，可能导致没有股权分红；

3.如果爱梓教育因无法预见的情况破产，将可能导致投资者部分股权受损，但如果投资者招生情况良好，将可以有效化解这种不可预见风险，所以请投资者重点关注并衡量当地招生状况。

该方案一经推出，立刻在湖北省的教育市场形成了一股新的合作模式，爱梓教育也迅速在湖北省各地市县建立了20多家分支机构，实现了低成本快速扩张，企业估值也呈10倍增长。

案例分析：爱梓教育的这种“筹人”模式，打开了互联网众筹难以想象的适应空间。以这种方式，实现了资金、资源、人才、市场的有效匹配，显示了互联网金融极强的生命力和适应性。

爱梓教育以这种方式实现了自身规模的迅速扩张，很好地协调了规模扩张和控制力不丧失的矛盾。20多家分支机构的建设，正常情况下需要2 000万元以上的投入，还要应对团队迅速扩大带来的管理难题。通过这种方式，爱梓教育将自身规模的扩张与合伙人的利益进行了有效的捆绑，合伙人的现实收益和股权增值与自身的市场开拓效果进行紧密结合，具有股权激励的同等效力。同时，合伙人的保证金同样可以成为爱梓教育现金流的重要准备。

对合伙人而言，其重大吸引力就在于，自己只需要缴纳10万元的保证金，所有的经营风险都将转嫁于爱梓教育。也就是说，自己的最大风险仅在于10万元保证金无法按时归还，企业经营中的装修、门面、人员工资等投入自己都不需要承担，同时又拥有了一份具有前景的教育事业。

这种模式将合伙人和项目方的利益进行了有效的结合，具有极大的市场价值，已经在湖北素质教育领域成为赫赫有名的“爱梓模式”。

案例思考：股权众筹就像是在找合伙人，这种形式在有企业经营活动的时候就已经存在，为什么我们现在会特别重视这种方式？股权众筹活动成功的关键在哪里呢？股权众筹在我国合法合规吗？

【学习分享】请将学习的过程和成果做成文字、图片或视频内容，分享在相应的自媒体或社群中。请将线上分享的文件转成二维码后粘贴至空白处，文字分享可以打印后粘贴至空白处。

粘贴二维码	粘贴二维码	粘贴二维码	粘贴二维码
粘贴文字	粘贴文字	粘贴文字	粘贴文字

项目小结

1.随着搜索引擎、大数据、社交网络和云计算技术等的不断发展，互联网行业和金融行业正发生着悄无声息的变革，原本两个一度平行发展的行业，在现代信息技术不断成熟的时代背景下，在相互交融、相互碰撞中产生交集，互联网金融时代正在来临。互联网金融在家庭资产配置中发挥的作用也越来越大。

2.国内互联网金融是在国外互联网金融发展的基础上逐渐被引入的，除了阿里巴巴小额贷款，互联网金融的其他模式，如第三方支付、P2P网贷平台等都来自国外，并从2007年开始传入中国。虽然起步较晚，但相对于国外互联网金融的发展来说，我国的互联网金融领域表现得异常活跃，发展势头迅猛。

3.众筹理财知识的核心理念就是把零散的资金集中起来，依据几何倍增的法则，再按照一定的比例重新分配，最终获得一定的收益。

思考与练习

一、单选题

1.股权众筹的参与主体不包括（　　）。

A.众筹平台　　B.项目发起人　　C.金融机构　　D.投资人

2.领投人的尽职调查报告能够提供更加专业的判断，有助于（　　）弥补在专业判断能力上的不足。

A.中小投资人　　B.专业投资人　　C.社会人士　　D.境外人士

3.2014年年底，国务院总理李克强开始号召（　　），众筹行业迎来发展最好机遇。

A.高等教育大众化　　B.促进互联网金融健康发展

C.“万众创新、大众创业”　　D.供给侧改革

4.JOBS法案简化了（　　）美元以下的网上小额集资交易的注册程序，鼓励网上小额融资交易，降低中介机构参与交易的门槛，减少了发行公司的交易成本和融资成本。

A.10万　　B.50万　　C.100万　　D.1 000万

5.股权众筹顾名思义是投资者通过众筹平台完成对项目或公司的投资后，获得其一定

比例的（　　）的众筹模式。

A.债权　　B.股权　　C.股票　　D.现金

二、多选题

1.以下属于描述众筹模式的价值的选项有（　　）。

A.筹资　　B.营销　　C.验证

D.资源　　E.发现价值

2.在我们把众筹分为四大类的时候，是指（　　）四类。

A.股权众筹　　B.债权众筹　　C.公益众筹

D.奖励众筹　　E.项目众筹

3.从众筹本身的逻辑来说，股权众筹改变了股权投资过去由专业投资人垄断的现象，给普通投资人创造出（　　）等价值。

A.无风险收益　　B.上市公司股权

C.更多投资选择　　D.更高投资收益

4.在众筹的过程中，领投人与跟投人入股创业企业通常有两种方式，即（　　）。

A.成立投资公司　　B.开展项目开发　　C.设立有限合伙企业

D.投资人代持　　E.自行协商

三、判断题

1.众筹不可能为中产阶级及高净值人群提供更多的投资选择和创富机会。（　　）

2.股权众筹价值巨大，不会产生什么风险。（　　）

3.优秀的跟投人是天使众筹能否成功的关键所在。（　　）

4.行业发展初期，国内的众筹市场也经历了一个野蛮的生长过程，但这却为国内的众筹发展奠定了基础，同时让众多的创业者和巨头看到了众筹的价值所在。（　　）

5. 2016年年底，国务院总理李克强开始号召“万众创新、大众创业”“双创”之风开始席卷全国。众筹以其对创新创业的天然支撑，开始进入新一轮的爆发期。（　　）

四、简答题

1.互联网金融有哪些主要的投资工具？

2.众筹的理财价值有哪些？

项目实训

训练目的：股权众筹是极具发展潜力的互联网金融理财工具，合法、恰当的创业企业股权投资充满理财想象力。本训练的目的是利用互联网金融渠道为客户找到合适的初创企业投资机会。

训练内容：综合运用本项目所学知识，实践如何利用第三方资讯平台获取信息，通过金融垂直搜索门户与在线金融超市选择众筹平台或自建平台，为客户制订特色理财计划，实现客户的投资理财目标，并最终制定个人投资理财规划。要求训练过程中至少找到10个以上的众筹平台或其他股权融资平台，洽谈20个以上的潜在投资项目，最终提供3套参考方案。

主要参考文献

[1] 郭福春，史浩. 互联网金融基础 [M]. 2版. 北京：高等教育出版社，2020.

[2] 李丽. 商业银行个人理财业务风险控制 [J]. 合作经济与科技，2008 (7).

[3] 涂永江，李伟，刘新安. 美国个人理财方案设计对我国的启示 [J]. 南方金融，2005 (5).

[4] 牟建华，胡亚林. 构建个人理财业务新体系 [J]. 农村金融研究，2006 (3).

[5] 孟祥林. 商业银行业务创新的策略选择 [J]. 金融电子化，2006 (2).

[6] 张岱云，陈静. 商业银行个人理财业务的现状与发展对策 [J]. 新金融，2002 (8).

[7] 张九龄. 对拓展个人理财业务的思考 [J]. 甘肃金融，2004 (1).

[8] 谢珍贵. 试论我国商业银行竞争的新焦点——银行个人理财业务 [J]. 深圳信息职业技术学院学报，2004 (2).

[9] 李书坤. 商业银行个人理财业务探索 [J]. 河北金融，2006 (6).

[10] 张淼. 商业银行个人理财业务探讨 [J]. 时代金融，2007 (5).

[11] 朱晶华. 关于商业银行发展个人理财业务的思考与策略 [J]. 新疆金融，2007 (3).

[12] 郑兴，张旋. 个人理财实务 [M]. 北京：中央广播电视大学出版社，2014.